筋力トレーニングの
理論と実践

ブラディミール・ザチオルスキー＋ウイリアム・クレーマー

高松 薫……監訳／図子浩二……訳

Vladimir
M. Zatsiorsky＋
William
J. Kraemer

Science
and Practice
of Strength
Training

大修館書店

**Science and Practice
of Strength Training (2nd Edition)**
by Vladimir M. Zatsiorsky and William J. Kraemer

▼　▼　▼

Copyright © 2006 by Vladimir M. Zatsiorsky and William J. Kraemer
© 1995 by Vladimir M. Zatsiorsky
Japanese translation rights arranged with Human Kinetics Inc.
through Japan UNI Agency, Inc.,Tokyo.

私の孫たち
アナスターシャ，ジェームス，イェーナ，エレン，エレナ，
そしてジャックリンへ，愛を込めてこの本を捧げる。

ブラディミール・ザチオルスキー

妻　ジョアン，
そして私の子ども　ダニエル，アンナ，そしてマリア，
君たちの愛と支援に感謝してこの本を捧げる。

ウイリアム・クレーマー

序

　この筋力トレーニングの基礎と応用に関する本は，筋力トレーニングの研究者および実践者として，私が真に認める2人が書いたものである。2人の実績は，筋力トレーニングの研究者および実践者として，他に類を見ないほど素晴らしい。ザチオルスキー氏は旧ソビエト連邦や東欧諸国における筋力トレーニングの第一人者として，クレーマー氏は米国における筋力トレーニングの第一人者として高い成果を収めている。本書では，2人の筋力とコンディショニングに関する卓越した知識を紹介する。この成果は，彼らがペンシルバニア州立大学の上級クラスで筋力トレーニングの実践と理論をともに教えたことにより生まれたものである。すなわち，2人で筋力トレーニングの授業を行った経験は，筋力トレーニングに関する知見やアイデアを変えることになったのである。また，2人は筋力トレーニングに関する優れた研究経験を持つだけでなく，コーチや実践者としても優れた経験を持ち合わせている。本書は，筋力トレーニングプログラムを計画し，成功させるために必要な感性と科学を融合させたものである。

　本書は，長期間にわたり，継続的に体力とパフォーマンスを向上させることを目的とし，個別の筋力トレーニングプログラムを計画しようとするコーチやスポーツ選手，あるいは体力増進を望む人々に役立つ内容となっている。トレーニングプログラムに用いる運動の種類，セット数，セットごとの反復回数を画一的に決めている人には，有益な内容ではないかもしれない。また，本書は，プログラムデザイン，ピリオダイゼーション，用いる運動の専門性など，トレーニングに関するすべての内容を説明するとともに，女性やジュニアおよびシニアのための筋力トレーニングについても紹介している。本書を読むことによって，筋力トレーニングを行う際のトレーニングプログラムに関するアイデアや計画立案に際して，素晴らしい考えが見つかるに違いない。筋力トレーニングやコンディショニングに真剣に取り組んでいるすべての人々に，本書を強く推薦したい。

　　　　　　　　　　　　　　　　　　　　　　　　コロラド大学　　スティーブン・フレック

まえがき

　私たちは，筋力トレーニングの基礎と実践に関する第2版を出版することができたことを非常に嬉しく思っている。私たちはともに10年間にわたって，ペンシルバニア州立大学における筋力トレーニング理論の授業を担当してきた。この本の出版に関して，私たちはたがいに興味のあるトピックスを，以前の内容に加えて新しく取り上げた。その結果，初版本に加えて，トレーニングを実践するスポーツ選手のための理論と原理に関する最新情報を取り入れることができた。また，トレーニングを行う人の特性に応じた内容を解説する新しい章を設けることができた。

　本書は筋力それ自体と筋力を高める方法に興味のある読者のためのものである。また，現在コーチとして活躍している人，あるいは将来コーチになることを目指している学生，セルフコーチングによってトレーニングを実践しているスポーツ選手のためのものである。本書の内容は，オリンピックや世界選手権などの大会で活躍したり，優れた記録を有した1000人以上の一流スポーツ選手から得られた知見や経験をもとにしたものである。クレーマー氏は，中学生から大学生までの年代をコーチングした経験を有しており，本書では大学生やプロ選手を対象にしたクレーマー氏のトレーニング研究についても解説している。

　本書は内容を覚えたり，繰り返して読むだけではなく，大切な内容を十分理解し利用できるように意図して書いている。トレーニング実践の場に生きるコーチやスポーツ選手は，私たちに対して，最も良いエクササイズは何か，トレーニング方法は何か，あるいは筋力を有効に高めるためのトレーニングプログラムは何かという質問を投げかけてきた。しかし，それぞれに異なる時期や状況にあるすべてのスポーツ選手に適合するトレーニングプログラムなど存在しない。そのために，この問題に答えることは困難である。個々のスポーツ選手におけるニーズは非常に多様であり，ある時には成功しても，次には成功しないことはよくあることである。したがって，ベストのプログラムは存在せず，必然的に生じる変化を十分に予測しながら，確固とした原理や原則に従って個々の選手ごとにプログラムを作成することが何よりも重要になる。

　本書はトレーニングを実践する人のために書いたものでもある。そのために，スポーツ選手のためのプログラム計画の原理や原則に関するモデルを提供している。筋力トレーニングを簡約化する試みが存在するが，実際には複雑すぎて簡約化は不可能である。しかし，特別な環境下で行うトレーニングの複雑性に対応できる簡単な方法を取り上げながら，いくつかのプログラム例を提供している。本書は間違い満載の料理教本とは異なる。トレーニングの原理や原則をよく理解していただくために，種々のプログラム例を紹介しているが，本書は単なるレシピのみを示した料理教本にはならないように配慮してある。

　筋力トレーニングの研究は，年々劇的な発展を遂げている。必ずしも信頼できない経験則のみのトレーニング方法については，信頼性を追求し検証し続けてきた。しかしながら，適切な筋力トレーニングプログラムの計画や実践は，科学的な研究の積み重ねだけで引き出せるものではない。それは実践的な洞察力，コーチング経験，専門的スポーツ選手

に関するプログラム作成について最適な知識の蓄積を目指した科学的な知見，これらのすべてを融合させることによって初めて達成できるものである。

　著者である私ザチオルスキーは，スポーツの競技力が著しく高かった旧東欧諸国，特にソビエト連邦，東ドイツ，ブルガリアに大きな影響を与えることができた。一方，クレーマー氏は，高校生や大学生のコーチの経験を積みながら，アメリカ人の視点で私の考えや原理を取り入れてきた。20年間にわたった私たちの統合作業は非常な成功を収めるとともに，諸外国へ紹介するための多くの統合されたトレーニング理論を完成させるに至った。

　本書では女性やジュニア選手，シニア選手など，人の特性に応じた専門的トレーニングについて紹介している。古臭く非効率的な理論や原則は，研究を通して修正され，時には除去され，この過程を通して，筋力トレーニングに関する理論と実践を洗練させてきた。

　本書は3つの部から構成した。第1部には3つの章を設けて，筋力トレーニングの基礎を紹介した。1章ではトレーニングにおける適応現象や一般理論について示した。2章では人間の運動に応じた専門的な筋力について説明した。3章ではスポーツ選手の筋力について説明した。第2部では，筋力トレーニングの方法とコンディショニングについて説明した。4章では筋力トレーニングに用いる手段と強度について説明した。5章では筋力トレーニングのタイミングについて説明した。6章ではビギナーから高いレベルのスポーツ選手が行う筋力トレーニング手段について説明した。7章では筋力トレーニングによる怪我の予防について説明した。8章では目的に応じた筋力トレーニングについて説明した。第3部では女性やジュニア選手，シニア選手などの人の特性に応じた専門的トレーニングについて紹介した。9章では性差の問題や女性のためのトレーニングに関して，特に重視する点を説明した。10章ではジュニア選手が最適な体力向上を行うためのトレーニングに関して重視する点を説明した。11章ではシニア選手が最適な筋力トレーニングを行うために重視する点を説明した。

　一方，本書では世界的な話題であるドーピングの問題については説明していない。私たちは，スポーツは健康との調和が大切であり，非倫理的で非合法なものであってはないらないと信じている。スポーツ選手が利用しているアナボリックステロイドは，例えば免疫系の機能などの身体の持つ本質的なタンパク同化作用を阻害し，減少させるものであると思っている。本書は薬物を使わず，最適な筋力トレーニングプログラムによって，身体能力を本質的に向上させようとしている人々のためのものである。

　本書では実践的な知見を理解していただくために，参考・引用文献を厳選して示している。すべての参考・引用文献を示すと，その多さに圧倒されてしまう。したがって，筋力トレーニング領域の基本的知識とともに，トレーニングの原理原則を理解するために役立つ本や文献のみを提供した。本書で行ったコーチングの理論と科学的な基礎の統合は，筋力トレーニングの実践をより洗練させることになるだろう。

ブラディミール・ザチオルスキー

謝　辞

　本書は多くの人々からの助けをいただいてできあがったものである。本書の初版は，多くの支援や助けなしには完成させることができなかった。特に，リチャード・ネルソン氏に多大なる助けをいただいた。また，ロバート・グレゴー氏（ジョージアテック大学）とベノー・ニック氏（カルガリー大学）にも感謝したい。初版本は，私が招聘研究者として彼らといっしょに研究していた時期に書いたものである。

　第2版を出すにあたっては，多くのヒューマンキネティクスのプロフェッショナルの恩恵を受けた。感謝でいっぱいである。マイク・バーク氏には，先に示した2名の研究者達と相互に新しい共同作業を行う際に大きく貢献していただいた。また，マギー・シュワルツェントラウフ氏には，本の編集や校正に関して多大な貢献をしていただいた。ペンシルバニア州立大学とコネチカット大学において，同様の研究を行う学生達や同僚達にも感謝の意を表したい。また，筋力トレーニングに関する継続的な共同研究を推進してきたスティーブン・フレック氏（コロラド大学）にも感謝したい。

　最後に，私たちに筋力トレーニングに関する原理や理論を発展させようという気持ちを起こさせてくれた多くの筋力およびコンディショニングに関するプロフェッショナルと体力増進を目指す人々に感謝の意を表したい。

　　　　　　　　　　　　　　　　　　　　　　　　　　　　　　　ウイリアム・クレーマー

監訳者まえがき

　図子浩二氏から依頼され，同氏が翻訳した「Science and Practice of Strength Training」（筋力トレーニングの理論と実践）の監訳をおこなうことになった。著者は，スポーツ科学者として，またスポーツ指導者として日本でも著名なザチオルスキー氏とクレーマー氏である。この両氏が執筆したものであれば，間違いなく日本のスポーツ科学者・指導者・競技者のあらゆる人たちの心に響くものであると，私はまず確信した。というのも，私は両氏から，両氏の著書や研究論文を通してではあるが，計り知れないほど多くのことを学んだからである。

　ザチオルスキー氏については，40年ほど前に渡辺謙氏が翻訳された「スポーツマンと体力」（ベースボール・マガジン社，1972）に大きな影響を受けた。筋力の養成法，スピードの養成法，持久性の養成法の3部からなるこの本から，今ほど本が多量に出版されていないときに，しかもその当時は鉄のカーテンで覆われていたスポーツ王国ソ連の，実践とリンクしたスポーツ科学の一端を垣間見ることができたからである。加えて，渡辺謙氏が高等学校の先輩であったこともある。

　一方，クレーマー氏については，20年ほど前にフレック氏と共著で出版された「Designing Resistance Training Programs」（Human Kinetic Books，1987）が何よりもまず心に浮かぶ。ウェイトリフターのような筋断面積あたりの筋力増強型からボディビルダーのような筋肥大型までにわたるさまざまな筋力トレーニング法を，どのように体系化するかについて悩んでいたときに多くのヒントを得たからである。それ以来，クレーマー氏の研究論文に絶えず注目している。

　本書を目にしたときの私の確信は，上記のことが基になっている。このことは，第1部のトレーニング理論の基本概念から，第2部の筋力トレーニングの方法，第3部の性差や年齢に応じたトレーニングの方法まで順次読んでいくにつれて，より確かなものとなった。

　本書から，現場に精通したスポーツ科学者である両氏が，筋力トレーニングに関する科学知と経験知を，いたるところに「コラム」を挿入するなどして，できるだけ具体的に説明しようとしていることが読み取れる。しかし本書は，いわゆるhow toものではない。難解な用語や文章に出会ったり，もう一度確かめる必要がある内容に出会ったりもする。そういった意味で本書は，筋力トレーニングに関心を持っている人たちが，筋力トレーニングを改めて考える視点をふんだんに提供してくれるものといえよう。本書が筋力トレーニング法を確立しようとしている多くのスポーツ科学者・指導者・競技者に，またそれらを目指している学生諸氏に役立つことを願うものである。

　訳者の図子浩二氏について一言。図子氏は，筑波大学体育科学研究科において「バリスティックな伸張―短縮サイクル運動の遂行能力を決定する要因」のテーマで博士（体育科学）の学位を取得後，約15年間にわたり，鹿屋体育大学においてスポーツトレーニング/コーチングの研究教育や陸上競技部の指導に鋭意励み，多くの成果をあげている。今年末には母校の筑波大学に転任することになっており，さらなる活躍が期待される。

　最後に，本書の刊行にあたり，大修館書店の編集部の方々に多大なご尽力と激励を賜りましたことを記し，心より厚く御礼を申し上げます。

2009年盛夏　高松　薫

訳者まえがき

　筋力トレーニングに関する基礎的な研究は急激な発展を遂げており，新しい知識に関する科学論文が多数発表され続けている。しかし，基礎研究とは異なり，新しい筋力トレーニング理論の構築や方法論の開発となると，急速な発展はみられない。さらに，これが実践現場に利用できているかということになると，かなり心もとない。科学的な知識を現場で利用し成果を得るという一連の仕事は，コーチや指導者が行うことである。そのことに間違いはない。そして，筋力トレーニングによる計画の設計・立案では，個々のばらばらの知識を，目標達成に向かうひと固まりの意味ある知識体系へとシステムアップしなければならない。この場合におけるシステムとは，単一事象のできごとではなく，多次元的な複雑系のできごとのことである。この仕事は，建築家が多くの事象を考慮しながら，複雑な設計図を作っていくことに類似している。つまり，筋力トレーニングによる計画の設計・立案は，かなり複雑かつ難解で専門的な仕事なのである。そのために，コーチや指導者の中には，筋力トレーニングによる計画の設計・立案が理解できず，無計画で経験則のみの指導をしてみたり，一つの流行する知識のみに頼る指導をしたりする者も多い。また，筋力トレーニングに関するこれまでの成書は，筋肥大や筋線維組成，神経系要因などの基礎的なメカニズムを解説したもの，あるいはスクワットエクササイズやベンチプレスエクササイズなどのトレーニングの行い方そのものを解説したものがほとんどであった。しかし，本書を初めて読んだとき，この内容こそ各人の目標達成に見合った筋力トレーニング計画の設計・立案に関するものであり，基礎的な知識をトレーニングの選択や創造へと繋げ，さらにはトレーニング計画の設計・立案へと導くための方略が書かれたものであると確信できた。これまでに，私が探し続けていた本であった。

　この本の著者であるザチオルスキー氏とクレーマー氏に共通することは，筋力トレーニングに関する優れた研究経験だけでなく，実践的な指導者としても優れた経験を持ち合わせていることである。理論と実践の両面で，他に類を見ないほど高い実績を持つ2人のコラボレーションだったからこそ，筋力トレーニングにおける「Bridge the gap」を可能にした本に仕上がったのだと思う。さらに，2人の思考はスポーツ競技者だけに留まらず，女性やジュニアおよびシニアのための筋力トレーニングにも及んでおり，0歳から100歳までの筋力トレーニングについても即利用できる内容が展開されている。まさに，本書は筋力トレーニングを行うすべての人のための必読の書といえる。なお，トレーニングの研究者，筋力の研究者，さらには筋生理の研究者やバイオメカニクスの研究者達にも，是非読んでいただきたい。自分たちが行っている基礎研究が実践ではどこに位置づくのかを明確にしたい場合や，新しい研究課題を探求するためにも，大いに役立つと思っている。

　この一冊が日本スポーツ界の競技レベルの向上，ジュニアや女性およびシニアの安全で効果的なスポーツ実践に役立てば，翻訳者の望外の喜びである。

　最後になりましたが，本書の翻訳出版に際して，大修館書店の編集部の方々に非常にお世話になりました。心から御礼を申し上げます。

2009年8月　図子　浩二

Contents

もくじ

記号および略語の説明　*xii*

第1部　筋力トレーニングの基礎

第1章　トレーニング理論の基本概念 ── 3

1. トレーニングにおける第一法則である適応　*3*
   (1)過負荷（オーバーロード）の原則／*4*　(2)トレーニングにおける馴化現象／*5*　(3)特異性（専門性）の原則／*6*　(4)個別性の原則／*10*

2. トレーニングにおける一般理論　*11*
   (1)一要因理論（超過回復理論）／*11*　(2)二要因理論（スキルと疲労の理論）／*13*

3. トレーニング効果　*15*

4. 要　約　*16*

第2章　運動課題に応じた特異的な筋力 ── 17

1. 筋力の構成要素　*17*
   (1)最大の筋パフォーマンス／*17*　(2)筋力の定義／*20*

2. 運動課題の違いによる決定要因の比較　*22*
   (1)外的要因と負荷抵抗の役割／*22*　(2)抵抗の要因／*26*

3. 要　約　*46*

第3章　スポーツ競技に応じた特異的な筋力 ── 49

1. 筋力を決定する末梢性の要因　*49*
   (1)筋量／*49*　(2)体重／*54*　(3)他の要因（栄養とホルモン）／*58*

2. 中枢神経系の要因　*60*
   (1)筋肉内調整機構／*61*　(2)筋肉間調整機構／*64*

3. 筋力の分類　*65*

4. 要　約　*66*

第2部　筋力トレーニングの方法

第4章　筋力トレーニングの強度 ── 69

1. トレーニング強度を計測する技術　*69*

2. さまざまな負荷を用いた運動　　　　　　　　　　　　　　　　　　73
　　(1)代謝反応／73　(2)筋肉内調整機構／73　(3)バイオメカニクス的変数と筋肉間調整機構／75
3. 一流スポーツ選手におけるトレーニング強度　　　　　　　　　　　77
4. 比較研究から得られた最適なトレーニング強度　　　　　　　　　　79
5. 筋力トレーニングの方法　　　　　　　　　　　　　　　　　　　　80
　　(1)最大筋力法／80　(2)最大下負荷法と最大反復法／82　(3)最大スピード法／85
6. 要　約　　　　　　　　　　　　　　　　　　　　　　　　　　　　85

第5章　筋力トレーニングのタイミング ─────────────── 87

1. トレーニングの構成単位　　　　　　　　　　　　　　　　　　　　87
2. 短期的なトレーニングプログラム　　　　　　　　　　　　　　　　89
　　(1)短期的なトレーニングプログラムのタイミングの例／89　(2)1日のトレーニング／91　(3)ミクロサイクルとメゾサイクル／94
3. 中期的なトレーニングプログラム（ピリオダイゼーション）　　　　96
　　(1)ピリオダイゼーションの論争／96　(2)マクロサイクルによる筋力トレーニング／102
4. 要　約　　　　　　　　　　　　　　　　　　　　　　　　　　　107

第6章　筋力トレーニングのエクササイズ ─────────────── 111

1. トレーニングエクササイズの分類　　　　　　　　　　　　　　　111
2. 初心者のためのトレーニングエクササイズの選択　　　　　　　　113
3. 上級者のためのトレーニングエクササイズの選択　　　　　　　　114
　　(1)活動筋に注目することの重要性／114　(2)負荷の種類／115　(3)力の発揮時間（速度）／117　(4)運動速度／119　(5)力－姿勢関係／120
4. 付加的なタイプの筋力トレーニングエクササイズ　　　　　　　　125
　　(1)アイソメトリックエクササイズ／127　(2)自己抵抗エクササイズ／128　(3)抵抗に耐えるエクササイズ／128　(4)反動的な筋活動を伴うエクササイズ／130　(5)付加的な抵抗を用いるスポーツエクササイズ：スピード負荷トレーニング／133
5. 筋力トレーニングにおける実験的な手法　　　　　　　　　　　　136
　　(1)電気刺激法／136　(2)振動を用いたバイブレーショントレーニング／138
6. 筋力トレーニングにおけるエクササイズ中の呼吸法　　　　　　　138
7. 要　約　　　　　　　　　　　　　　　　　　　　　　　　　　　140

第7章　傷害の予防 ─────────────────────────── 141

1. 怪我を防ぐためのトレーニングの法則　　　　　　　　　　　　　141
2. 椎間板のバイオメカニクス的特性　　　　　　　　　　　　　　　142
3. 椎間板が受ける力学的負荷　　　　　　　　　　　　　　　　　　143
　　(1)衝撃負荷／143　(2)椎間板に作用する静的な負荷／144

4. 腰椎における怪我の予防　　　　　　　　　　　　　　　　　　*147*

  　　(1)筋の強化／*147*　(2)適切なスポーツ技術の必要性／*150*　(3)補助器具および装具／*151*　(4)姿勢の選択と柔軟性の強化／*152*　(5)リハビリテーションの手順／*154*

  5. 要　約　　　　　　　　　　　　　　　　　　　　　　　　　　*157*

第8章　目的に応じた筋力トレーニング ── *159*

  1. 筋　力　　　　　　　　　　　　　　　　　　　　　　　　　　*159*
  2. パワー　　　　　　　　　　　　　　　　　　　　　　　　　　*160*
  3. 筋　量　　　　　　　　　　　　　　　　　　　　　　　　　　*165*
  4. 持久力　　　　　　　　　　　　　　　　　　　　　　　　　　*166*

  　　(1)筋持久力／*166*　(2)持久的スポーツ／*168*

  5. 障害の予防　　　　　　　　　　　　　　　　　　　　　　　　*171*
  6. 要　約　　　　　　　　　　　　　　　　　　　　　　　　　　*174*

第3部　性差や年齢に応じた筋力トレーニングの方法

第9章　女性スポーツ選手のための筋力トレーニング ── *179*

  1. 女性選手における筋力トレーニングの必要性　　　　　　　　　*180*

  　　(1)上半身のサイズと筋力の大きさ／*180*　(2)女性選手におけるパワーの必要性／*180*

  2. 女性選手における筋力トレーニングの利益と迷信　　　　　　　*181*
  3. トレーニング効果の期待できる筋の特性　　　　　　　　　　　*183*

  　　(1)除脂肪組織の発達／*183*　(2)筋力の発達／*184*　(3)筋パワーの発達／*185*　(4)局所的筋持久力／*187*

  4. 男性と女性における生理学的な違い　　　　　　　　　　　　　*187*

  　　(1)筋線維からみた違い／*188*　(2)筋力とパワーからみた違い／*188*　(3)ホルモン濃度からみた違い／*189*

  5. 女性選手のための筋力トレーニングのガイドライン　　　　　　*190*
  6. 怪我の発生率　　　　　　　　　　　　　　　　　　　　　　　*191*
  7. 月経周期と筋力トレーニング　　　　　　　　　　　　　　　　*192*

  　　(1)トレーニングエクササイズによるストレスと月経周期／*192*　(2)月経周期とパフォーマンス／*193*

  8. 女性選手の抱える三つの問題　　　　　　　　　　　　　　　　*193*
  9. 要　約　　　　　　　　　　　　　　　　　　　　　　　　　　*196*

第10章　ジュニアスポーツ選手のための筋力トレーニング ── *199*

  1. ジュニア選手のための筋力トレーニングとその安全性　　　　　*200*

  　　(1)怪我を防ぐための主な要因／*200*　(2)骨格筋における怪我のタイプ／*203*

2. 筋力トレーニングの開始時期　　　　　　　　　　　　　　　　*209*
　　(1)心理学的な成熟性／*209*　(2)身体的な成熟性／*209*
3. ジュニア選手における筋力トレーニングの効果　　　　　　　　*212*
　　(1)筋力の増大／*213*　(2)スポーツパフォーマンスの向上／*213*　(3)スポーツ運動による怪我のリスクの減少／*214*　(4)生活習慣の中でエクササイズを実践する能力の促進／*214*
4. 子どもの筋力トレーニングに対する迷信　　　　　　　　　　　*215*
5. ジュニア選手のための筋力トレーニングのガイドライン　　　　*216*
　　(1)初心者のためのトレーニングプログラム／*217*　(2)ジュニア選手のための筋力トレーニングに関する専門性／*217*　(3)サンプルプログラム／*221*
6. 要　約　　　　　　　　　　　　　　　　　　　　　　　　　　*225*

第11章　シニアスポーツ選手のための筋力トレーニング ——— 227

1. 筋力とパワーに及ぼす加齢の影響　　　　　　　　　　　　　　*227*
　　(1)生理的な能力の消失／*229*　(2)パワー産生の消失／*230*　(3)加齢に伴う筋力低下に関する原因／*230*
2. 筋力増大のためのトレーニング　　　　　　　　　　　　　　　*231*
　　(1)運動単位の活性化と筋肥大／*231*　(2)ホルモンの分泌／*231*
3. 筋パワーを高めるためのトレーニング　　　　　　　　　　　　*232*
4. 栄養・年齢・運動への取組み　　　　　　　　　　　　　　　　*233*
5. 筋力トレーニングによる疲労からの回復　　　　　　　　　　　*234*
　　(1)トレーニング間に設定する休息／*234*　(2)酸化による損傷／*235*　(3)pH変化に対する耐性／*235*　(4)関節へのストレス／*235*
6. 筋力トレーニングと骨の健康　　　　　　　　　　　　　　　　*236*
7. シニア選手のための筋力トレーニングのガイドライン　　　　　*236*
　　(1)医学的な検査／*237*　(2)進行速度／*237*
8. 要　約　　　　　　　　　　　　　　　　　　　　　　　　　　*238*

用語解説　*239*
参考文献　*248*
さくいん　*252*

記号および略語の説明

BW	Body weight 体重	**MU**	Motor unit 運動単位
CF_{mm}	Maximum competition weight 最大競技重量	**N**	Newton; the unit of force ニュートン（力の単位）
EMG	Electromyography 筋電図	P_m	Maximal performance attained when the magnitude of a motor task parameter is fixed 運動に関するパラメータの大きさが固定された場合に到達できる最大パフォーマンス
EMS	Electrical stimulation of muscles 筋への電気刺激		
ESD	Explosive strength deficit 爆発的筋力発揮の不足分		
F	Force 力	P_{mm}	Maximum maximorum performance attained when the magnitude of a motor task parameter is altered 運動に関するパラメータの大きさが変えられた場合に到達できる最大パフォーマンス
F_m	Maximum force attained when the magnitude of a motor task parameter is fixed 運動に関するパラメータの大きさが固定された場合に到達できる最大力		
		RC	Reactivity coefficient 反動係数
F_{mm}	Maximum maximorum force attained when the magnitude of a motor task parameter is altered 運動に関するパラメータの大きさが変えられた場合に到達できる最大力	**RFD**	Rate of force development 力の発揮速度
		RM	Repetition maximum 最大反復回数
		ST	Slow-twitch muscle fibers 遅筋線維
FT	Fast-twitch muscle fibers 速筋線維	T_m	Time to peak performance ピークパフォーマンスまでの時間
g	Acceleration due to gravity 重力加速度	TF_{mm}	Maximum training weight 最大トレーニング重量
GH	Growth hormone 成長ホルモン	V_m	Maximal velocity attained when the magnitude of a motor task parameter is fixed 運動に関するパラメータの大きさが固定された場合に到達できる最大速度
IAP	Intra-abdominal pressure 腹腔内圧		
IES	Index of explosive strength 爆発的筋力指数		
IGF	Insulin-like growth factor インシュリン様成長因子	V_{mm}	Maximum maximorum velocity attained when the magnitude of a motor task parameter is altered 運動に関するパラメータの大きさが変えられた場合に到達できる最大速度
LBPS	Low back pain syndrome 背筋痛症候群		
MSD	Muscle strength deficit 余剰の筋力		

PART 1
筋力トレーニングの基礎

　本書はスポーツ選手を指導するコーチやトレーナーのために書いたものである。実践的なアドバイスを行う場合には，何をトレーニングするのか，なぜ他の方法よりも自分の用いる方法が適切なのかを示すことが必要不可欠になる。1章では筋力トレーニング理論，2章では筋力トレーニング方法論，3章では様々な目的と特徴に合わせた筋力トレーニング法について紹介する。

　最初の部分では，全体的な説明を行い，本質的ないくつかの概念を解説する。1章では，序論として，トレーニング理論における外観を提示する。具体的には，身体への負荷に対する適応について説明し，一般的に普及している2つのトレーニング理論，すなわち超過回復に関する理論と疲労と休息に関する理論（これらは幅広く普及し受け入れられており，トレーニング効果の学術的な名称である）について説明する。この章では，本書全体を通して利用する概念や用語について解説し，科学的な知識を持たない指導者でも，この本を読むことによって自らの知識を獲得し，内容を理解できるように説明する。

　2章と3章では，筋力を決定する要因について説明する。運動生理学やスポーツバイオメカニクスに関する知識を有し，筋の基礎的な生理学を理解している読者が存在する。しかし，このように科学に精通していない読者でも落胆してはいけない。本書では，運動やスポーツ科学の知識が少ない読者にも理解できるように，基本的な知識を解説する。特に，基礎的な内容を説明する2章と3章については，本書を全体的に読み進めた上で，最後に読んで頂くことを勧める。

　2章では，筋力を認識するための基礎と筋力を計測する際の分類について説明する。最大筋力を発揮するパフォーマンスの原理について紹介し，数量化できる要因とできない要因の関係について理解するとともに，筋力の認識法について説明する。トレーニングに利用する負荷重量，力の立ち上がり時間，運動速度，運動方向，運動時の身体姿勢など，運動を実施する際に規定される様々な要因に関しても，詳細な議論を進める。これらの多様なトピックスに関する統合的アイデアは，運動による特異性として理解し，かなり単純でわかりやすく解説している。トレーニングを効果的に推進していくための手段は，スポーツ活動に類似したものであることが重要になる。2章では，このような運動類似性について詳細に議論する。

　3章では，運動の種類とは異なり，行う人に注目した観点から筋力を捉えていく。ある人が他の人よりも高い筋力を有する。一流演技者になるためには，どのような特性が必要であり，それはなぜ必要なのかについて解説する。筋力に関する本質的な決定要因は，現状では十分に明確ではない。これらは生理学的な研究を通して明確にすることができる。私たちがこれを十分に理解することができると，筋力の決定要因を適切にトレーニングできる道が開けたことになる。そして，一般的な筋力に加えて，専門的な筋力に焦点を当てたトレーニング法やトレーニング手段の議論ができるようになる。3章では，運動生理学が明らかにしてきた理論や要因について説明する。筋力を決定する要因には，筋それ自体の要因と神経系の要因の2つが存在する。その2つの要因について議論する。筋そのものの要因については，主に筋の横断面積と体重について解説する。また，それに関連した栄養やホルモン分泌についても簡単に説明する。筋肉内調整機構（一つの筋肉内で生じる神経系の調整機構）および筋肉間調整機構（多数の筋肉間で生じる神経系の調整機構）については，後半の章で紹介する。さらに，3章ではトレーニング方法論について説明する。

chapter 1
トレーニング理論の基本概念

　筋力トレーニングの理論は，トレーニング科学およびスポーツトレーニング理論というトレーニング科学領域の一部に含まれるとともに，スポーツ選手のためのものである。トレーニング科学は，コンディショニング（筋力だけではなく，スピード，持久力，その他の運動能力）を含めて，スポーツ選手が試合に向かって行う準備行為に関する要因，スポーツ技術の学習，シーズン中のトレーニングプログラムの変化に向けたピリオダイゼーションなどを対象にしている。この章では，一般的なトレーニングについて解説する。この1章における考え方や用語，トレーニング科学における概念や研究方法は，本書の中で頻繁に用いられる大切なものである。

1. トレーニングにおける第一法則である適応

　トレーニングの手順を正しく計画し正確に実施することは，意図的かつ計画的に手段を用いることにつながり，これによってスポーツ選手は筋力を改善して，身体が受ける負荷に適応できるようになる。一般的に考えると，適応とは身体各器官が環境に対応できるようになることである。環境が変化すれば，身体器官は新しい状況によりよく対応しながら，耐え抜かなければならない。生物学的に見ると，適応とは人類が生き延びるための能力の一つである。

　トレーニングエクササイズを規則的に遂行することは，適応を引き出す非常に強力な刺激となる。トレーニングにおける主な目的は，スポーツパフォーマンスの改善を導く特異的適応を発生させることにある。したがって，トレーニ

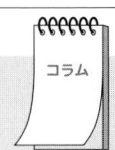

トレーニングにおける即時効果と遅延効果

トレーニングを行うと，疲労が生じてパフォーマンスは即座に低下する。1セットの手段あるいは1回のトレーニングによって強化されるとは誰も思わないであろう。なぜ，多様なトレーニングを複合させることによってパフォーマンスが改善されるのかという問いに対しては，身体がトレーニング負荷に対して適応し改善するからであると答えることができる。

ング計画を注意深く立案するとともに，正しく実施することが必要になる。トレーニング実践では，次に示す四つの適応現象が重要になってくる。
1．刺激の大きさ（過負荷）
2．順応性
3．特異性（専門性）
4．個別性

(1)過負荷（オーバーロード）の原則

スポーツ選手の身体を積極的に変化させるためには，過負荷を与えることのできるトレーニング手段を用いる必要がある。日常生活水準を超えた身体負荷がかかる場合に，トレーニングの適応が生じる。適応を生じさせるためには，トレーニングプロセスにおける二つの方法が存在する。その一つは，持久走のように，同一運動を遂行し続けることによってトレーニング負荷（強度と量）を増大させる方法である。他の一つは，実施するエクササイズを新しくして，エクササイズに選手が慣れないようにしながらトレーニング負荷を変化させる方法である。

非常に長期間にわたって，スポーツ選手が同じトレーニング負荷を利用し続けると，トレーニングに対する適応は生じず，体力レベルは向

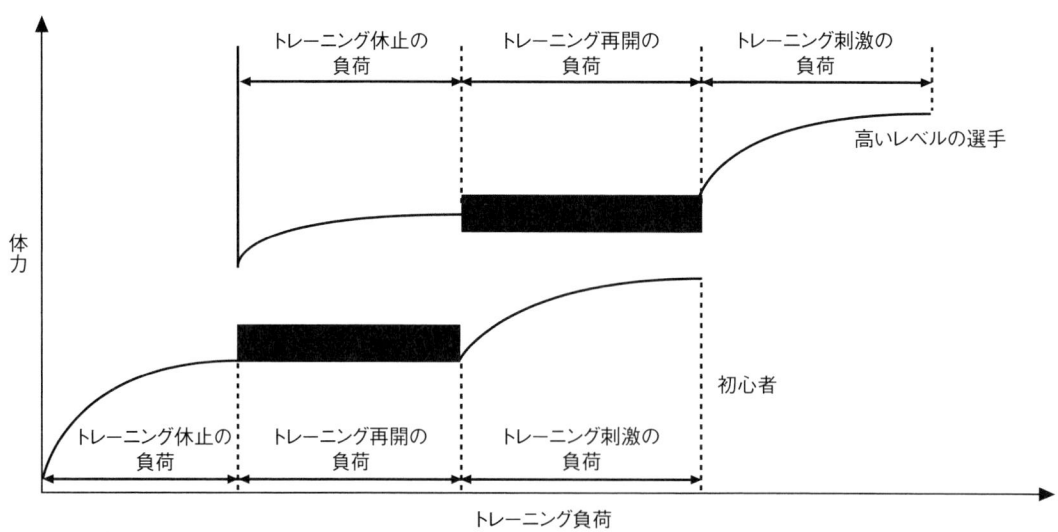

図1.1 トレーニング負荷（トレーニング休止，トレーニング再開，トレーニング刺激）と体力レベルとの関係。トレーニング負荷に対して小さな変動しか示さないトレーニング休止中には，基本的に体力レベルは変化しない。トレーニング刺激中には，トレーニング負荷を変化させることに応じて，段階的な効果を示すような適応曲線になる。高いレベルの選手に生じるトレーニング休止では，初心者に比較して，トレーニング負荷は著しく高くなる。

過負荷の原則の例

　同じ筋力レベルを持つ一卵性の三つ子が存在した。その中の一人は 57.5 kg のバーベルを挙上することができた。彼らは 50.0 kg のバーベルを用いて，1 セット 5 回の繰り返し挙上運動を失敗するまで実施した。トレーニング期間の後，彼らはトレーニングに対する適応を示し，60 kg のバーベルを挙上できるようになった。しかし，その後には，トレーニングを継続し続けても，パフォーマンスは向上しなくなった。これらの現象は，彼らがトレーニング負荷に対して馴化していることを示すものである。

　この状況に対して，3 名の選手について異なる意向決定が遂行された。A 選手では，トレーニング負荷（挙上重量，1 セットの反復回数，セット数）とトレーニング手段を変化させた。新しい負荷は，この選手の向上レベルに相当し，パフォーマンスが改善した。B 選手では，それまでの方法を継続させた。その結果，パフォーマンスに変化は認められなかった（この選手は維持レベルにある）。C 選手では，トレーニング負荷を減少させた。その結果，パフォーマンスは低下した（この選手は低下レベルにある）。

上しなくなる（図 1.1）。トレーニング負荷が小さすぎる場合にも，その効果は減衰する。一流スポーツ選手の場合には，数週間や数日間であってもトレーニングをしない期間があれば，多くのトレーニング効果を失うことになる。一流スポーツ選手は，試合期にあっても 3 日以上長い休息期間をとらないことが一般的である。

　トレーニング負荷を継続的に増大させることは，正の適応のために必要であり，筋力トレーニングに関する漸進性を導く。筋力が改善した場合には，さらに大きなトレーニング負荷にする必要がある。一流スポーツ選手へと成長するためには，通常では 8～12 年の準備期間を要する。この期間においては，漸進的に筋力トレーニングを行う。トレーニング経験が 6 ヶ月の初心者に比べて，一流スポーツ選手のためのトレーニング負荷は 10 倍以上の大きさになる。一流ウエイトリフターは，1 年間に 5000 トンの総挙上重量を挙げる。初心者では，この 10 分の 1，あるいは 12 分の 1 である。このことは，その他のスポーツ種目においてもほぼ同様である。例えば，一流クロスカントリースキー選手における 1 年間の走行マイル数は，8000～12000 km にも及ぶ。しかし，初心者では約 1000 km に満たない。

(2) トレーニングにおける馴化現象

　あるスポーツ選手が，同じ手段と負荷重量を用いたトレーニングを長期間遂行した場合には，パフォーマンス向上に関する度合いは低下していく（図 1.2）。この現象は馴化現象と呼ばれており，生物学における一般的な法則である。この法則によれば，一定刺激に対する生物学的応答は，時間とともに低下していく。馴化現象を明確に定義すると，継続的な刺激に対して生物学的応答が低下していく現象のことである。

　トレーニングにおける刺激は身体運動であり，刺激に対する応答とは，適応の結果としてパフォーマンスが改善することである。トレーニング量と継続時間の増大に伴って，適応の大きさは徐々に低下していく。これが適応低下の繰り返し現象と呼ばれるものである。初心者の

コラム　不安的な業務を行う銀行に馴化現象を例えた場合

　通常，より長期間にわたってお金を預金する顧客，あるいは大きな貢献を引き出す取引先に対して，銀行は高い利率による支払いを行う。これとは異なる方針で営業される銀行について考えてみたい。あなたが銀行に預金をより長く行うほど金利は低下する。このような運営をする銀行は，まもなく業務停止に陥ると思われる。このことは，私たちの身体には該当する現象である。トレーニングを長期間にわたって行うと，トレーニング負荷を増大させても，負荷に対するパフォーマンスの改善度合いは低下する，すなわち元金に対する金利が低下することになる。

場合には，相対的に小さなトレーニング負荷でも，大きなパフォーマンスの改善を引き出すことができる。しかし，フルタイムでトレーニングを実施している一流スポーツ選手は，非常に激しいトレーニングを推進したとしても，パフォーマンスがほとんど改善しないことも多い。

　長期間にわたるトレーニング期間になると，馴化現象が生じて，基本的なトレーニング手段や負荷は不十分になる。そのためにトレーニングプログラムを変更しなくてはならない。同時にトレーニング適応には専門性が存在するために，筋による神経系の調整機構や生理学的機能が，目指すスポーツ運動に類似しているトレーニング手段を選択する必要がある。また，トレーニングによる高い転移効果は，より専門的手段を利用した場合に強く出現する。そこには，次の二つの必要条件がある。馴化現象を避けるためには，トレーニングプログラムを変化させなくてはならない。一方では，専門性を維持するためには，変化させずに一定の方法を利用し続けることも必要になる。これらのプログラムの変化性と固定性は，一流スポーツ選手を混乱させることになる。

　馴化現象による負の効果を避けたり，減少させるためには，トレーニングプログラムを周期的に変化させることが必要になる。トレーニングプログラムによる周期的変化の方法には，原則的に二つの方法が存在している。

・定量的変化法
　トレーニング負荷を変化させる。
・定性的変化法
　トレーニングエクササイズを変化させる。
　定性的変化法は，創造性を切磋琢磨する一流スポーツ選手のトレーニングのために用いられる。

(3) 特異性（専門性）の原則

　トレーニング適応は，高度に特異的かつ専門的である。筋力トレーニングによって筋量を増大させて，神経系の要因を改善することができるとともに，それによって筋力が高まる。一

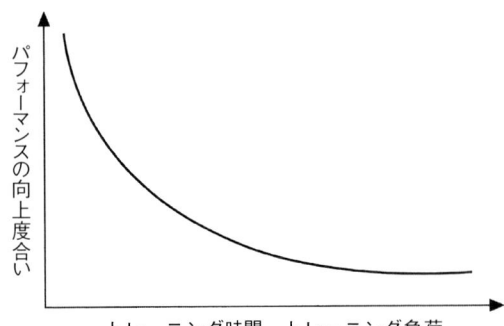

図1.2　トレーニング期間および負荷とパフォーマンスの向上関係。パフォーマンスの向上度合いは，馴化現象によって低下していく。

オリンピックサイクルにおける馴化現象を避ける方法

　3度のオリンピックにより大きな成果を獲得した数人の陸上競技選手は，馴化現象を避けることで成功を得ている。彼らはどのようにしてきたのか。同じトレーニングプログラムを，毎年利用した選手は誰も存在しない。トレーニングによる手順も変化させている。スポーツ選手は，自分が信じた手段（例えば，槍投げ選手が3 kgのボールをオーバーヘッドで投げるトレーニング手段）は，4年間に1回だけ，オリンピックシーズンのみに利用して成果を得ることに成功している。このような方法は，馴化現象を避けるためのものである。

方，持久力トレーニングは有酸素能力を増大させる。このようにトレーニング適応には専門性が存在し，目指すスポーツに応じて用いる手段や運動を選択していく必要がある。

　専門性は，トレーニング効果の転移という観点からも考えなくてはならない。例えば，一定期間にわたって，ジュニア選手がスクワットによるトレーニングを実施し，パフォーマンスの改善を目指した。そして，すべての選手による挙上重量は20 kg増加した。この効果が立幅跳やスタートダッシュ，あるいは水泳競技による自由形のパフォーマンスに影響するのかについて考える必要がある。これらの影響はスポーツによってかなり異なる。立幅跳への影響が最も大きくなり，次いでスタートダッシュとなる。これに対して，水泳競技における自由形のパフォーマンスには，ほとんど影響しない。したがって，スクワットの効果に対する転移現象は，立幅跳，スタートダッシュ，水泳競技における自由形のパフォーマンスの順に強くなるといえる。

　トレーニング効果の転移現象は，極めて類似した運動についても異なる場合がある。二つのスポーツ選手におけるグループを対象にして，70°と130°の二つの角度によるアイソメトリックな膝伸展運動を遂行した。最大力であるFmと力の立ち上がり力であるΔFmは，用いた角度の違いに応じて異なっていた（図1.3）。

　異なる関節角度を用いた場合のトレーニング効果は，二つのグループで異なっていた。第1グループのスポーツ選手は，70°の膝関節角度のエクササイズを用いた（図1.3 a）。すべての関節角度による筋力の増大は，ほぼ同じものであった。70°の関節角度のエクササイズを用いた効果は，トレーニングをしていない他の関節角度に対しても大きく転移した。第2グループのスポーツ選手は，130°の膝関節角度のエクササイズを用いた（図1.3 b）。その結果，トレーニング効果の転移は，トレーニングを行った角度の近くでのみ生じた（130°と70°の関節角度による筋力が増大した）。

　バーベルスクワットを用いた実験についても同様な傾向が認められた。第1グループでは，トレーニングを行った角度による筋力増大は410±170 Nであり，バーベルスクワットによる挙上重量の増大は11.5±5.4 kgであった。第2グループでは，トレーニングを行った角度による筋力増大は560±230 Nであり，バーベルスクワットによる挙上重量は7.5±4.7 kgしか増大しなかった。第2グループでは，第1グループに比較して，トレーニングを行った角度による筋力の増加量は大きいが（560±230 N vs 410±170 N），バーベルスクワットによる挙上重量の増大は小さいことが認められた。したがって，膝関節伸展運動を用いたトレーニング手段の効果が，バーベルスクワットに及ぼす転

移現象は非常に小さいことが理解できる。

異なる運動や手段では，種々の条件が異なるために（力・時間・距離），簡単にトレーニング効果を比較することはできない。そのために，直接数量化できないトレーニング効果の転移現象を推定し，その効果を考えることが重要になる。明確に数量化できない効果は，標準偏差（ばらつきの大きさを示す指標）によって表すことができる。

$$トレーニング効果を示す係数 = \frac{パフォーマンスの向上量}{パフォーマンスの標準偏差}$$

例えば，あるグループによるパフォーマンスの平均値は 60±10 kg（平均値±標準偏差）であった。1 人の選手がトレーニングを行い，パフォーマンスが 15 kg 向上した。この選手の指数は 15/10 となり，1.5 SD（標準偏差）となる。これに関連した研究は，次のような計算を用いている。

$$効果係数 = \frac{（トレーニング後の平均値 - トレーニング前の平均値）}{トレーニング前の標準偏差}$$

これは効果係数（effect size）と定義されている。トレーニング効果の転移現象を計算するためには，トレーニングを行っていないスポーツ運動による増加量とトレーニングを行ったエ

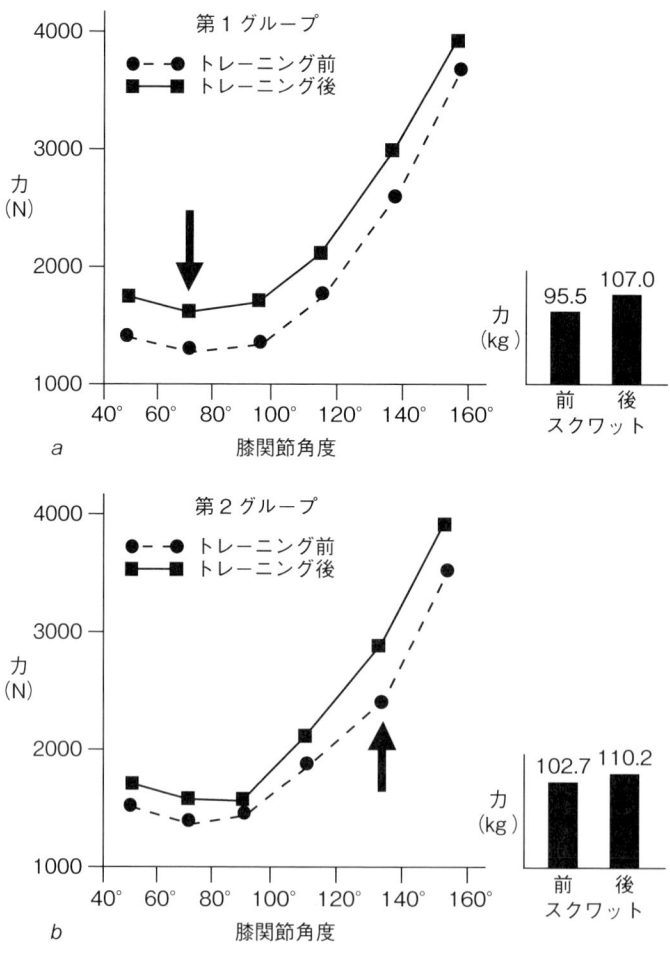

図 1.3　2 つの実験群におけるパフォーマンスの改善（筋力の上昇）。矢印はアイソメトリックなトレーニングに用いた角度を示す。筋力はバーベルスクワットにおける脚伸展運動によって計測した。
　Data from W. M. Zatsiorsky and L. M. Raitsin, 1974, "Transfer of cumulative training effects in strength exercises," *Theory and Practice of Physical Culture* 6: 7-14.

トレーニング効果における転移現象：なぜこの現象が重要か？

　スポーツトレーニングに関する最初の本は19世紀に書かれたものであり，非常に興味をかき立てられる内容である。トレーニング手段は実際のスポーツ運動そのものであった。1マイル走（1600 m走）の試合に対するトレーニングには，1マイル走のみを実施した。選手やコーチは，やがてこのトレーニング方法だけでは不十分であることを理解した。1マイル走のためには，スタミナは必要条件である。しかし，それ以外にもスプリント力と効果的な技術力，強く強靱な筋や関節を持つことが必要になる。長距離走を繰り返すだけでは，1マイル走のパフォーマンスを効果的に向上することはできない。このことに気づくと，トレーニング戦略は大きく変化した。目的とするスポーツパフォーマンスを向上させるためには，一つの運動を単純に繰り返すだけではなく，多くのトレーニング手段をプログラムの中に戦略的に組み込むことが必要になる。トレーニングにおける最も重要な原則は，多様な手段をさまざまな形に変化させながら戦略的に利用することにある。補助的なトレーニング手段から，目指すスポーツ運動へと専門的にトレーニング効果を転移させていく必要がある。すなわち効果的なトレーニング手段を選択することが，トレーニングにおける一つの重要な問題解決方法になる。

　関連した問題には次のようなものが存在する。
1．長距離走は，長距離水泳，クロスカントリースキー，競歩，自転車競技およびレスリングなどの有効なトレーニング手段になり得るのか。
2．野球のピッチャーが投球速度を高めるために，コーチはボールの重量を変化させたピッチング動作を奨励している。この場合の最適なボール重量はどのようなものなのか。
3．アメリカンフットボールにおけるワイドレシーバーのためのプレシーズン中のトレーニング計画を立てる場合，コーチは下肢の筋力を高めるトレーニング手段を奨励している。そして，いくつかのトレーニング手段を選択し，それを組み合わせて計画を立案している。トレーニング手段の組み合わせは，次の通りである。
   - トレーニング機器を利用した等速性の単関節膝伸展と屈曲運動
   - フリーウエイトを用いた単関節運動
   - バーベルを用いたスクワット
   - アイソメトリックな脚伸展運動
   - 負荷を用いた垂直跳（ウエイトベルト着用）
   - 坂登り走
   - パラシュートの牽引走

　これらの運動の中のどれが最も効果的なのか。また，トレーニング効果の転移現象を高めるためには，それらの運動をいつ行えばよいのか。

トレーニング結果の転移現象

図1.3の内容に関するデータを表にして示した。

テスト	トレーニング前	トレーニング後	パフォーマンスの向上	結果の向上率	転移率
グループ1（70°の角度でのアイソメトリックなトレーニング）					
70°の角度による力, N	1310±340	1720±270	410±170	410/340＝1.2	
スクワット, kg	95.5±23	107±21	11.5±5.4	11.5/23＝0.5	0.5/1.2＝0.42
グループ2（130°の角度でのアイソメトリックなトレーニング）					
130°の角度による力, N	2710±618	3270±642	560±230	560/618＝0.91	
スクワット, kg	102±28	110±23	7.5±4.7	7.5/28＝0.27	0.27/0.91＝0.30

結果の記録

特　性	優れたグループ	比較結果
トレーニングに用いた運動の向上	第2グループ	410 vs. 560 N
トレーニングに用いた運動の向上率	第1グループ	1.2 vs. 0.91 SD
トレーニング結果の転移率	第1グループ	0.42 vs. 0.30
トレーニングに用いていない運動の向上	第1グループ	11.5±5.4 vs. 7.5±4.7 kg

　第1グループのトレーニング法はトレーニング結果の転移率が高い転移効果があることから、スクワットによるパフォーマンスを改善するためには適切であることが理解できる。

クササイズによる増加量を用いることができる。トレーニング効果の転移現象に関する係数は、次に示す計算式によって表すことができる。

$$転移率 = \frac{トレーニングしていないスポーツ運動の増加量}{トレーニングを行ったエクササイズの増加量}$$

　二つの指数は標準偏差によって計算することができる。この係数が大きいほど、トレーニング効果の転移現象も増大したことになる。転移現象が小さい場合には、トレーニング効果はより専門的であることを示す。図1.3に見られる例では、膝関節角度130°のエクササイズを用いたグループについては、より専門性が高かったことを示している。

　トレーニング適応に関する専門性は、競技レベルが高まるほど増大する。また、選手の体力レベルが高まるほど、トレーニング適応も専門的になる。そのために、トレーニング効果の転移現象は、一流スポーツ選手では小さく、逆に初心者ではすべてのエクササイズで高く有効になる。極端に体力レベルの低い人々の筋力、スピード、持久力、柔軟性の改善は、単純な美容体操レベルでも達成できる。自転車選手における初心者のパフォーマンスは、バーベルスクワットを用いたトレーニングによって改善できる。しかし、一流選手になると、より専門的なトレーニング手段や方法を利用しない場合には改善は生じない。

(4) 個別性の原則

　すべての選手には個別性が存在する。同じトレーニングエクササイズや方法を利用しても、

選手ごとにその効果が大きい者もいれば小さい者も存在する。有名選手のトレーニングをまねるだけでは，決して成功することはない。注目に値するトレーニングプログラムのすべてをまねるのではなく，その意味や内容をしっかりと理解し，それらを応用していく必要がある。このことは，トレーニング実践から得られた経験や科学的に得られた知見を利用する場合にも同様である。

コーチや選手は，一般的に効果があるとされているトレーニングを慎重に利用する必要がある。高いレベルにない選手には，一般的な方法の利用が適切になる。しかし，一流スポーツ選手は平均では捉えられないプロフェッショナルである。したがって，トレーニングの個別性は，最善のトレーニング結果を引き出し，トレーニング適応を導くために必要になってくる。

2. トレーニングにおける一般理論

一般化されたトレーニング理論は，非常に単純なモデルにして説明できる。コーチや専門家は，モデルを実践的な問題解決のために幅広く利用している。モデルにはトレーニングにおける最も本質的な特徴のみが内在しており，それ以外の要因は除外されている。一般トレーニング理論は，コーチングのための一般概念として理解する必要がある。コンディショニングやトレーニング計画の立案の際に，コーチと選手は一般トレーニング理論を利用する。

(1) 一要因理論（超過回復理論）

超過回復理論の中では，トレーニングにより生じる即時効果は，生化学的物質の消耗および枯渇によって生じるとされている。スポーツ選手が競技やトレーニングを遂行する場合には，各種の効果を組み合わせながら調和をとる必要がある。そのような状態では，身体は戦備体勢になっていると思われる。スポーツ科学では，激しいトレーニングを行うと種々の物質が枯渇することが明らかにされている。最も知られていることは，筋グリコーゲンが激しい無酸素運動後に減少することである。

休息期を経過することによって，生化学的物質レベルが初期レベルを超えて増大する。この過程に注目しているのが超過回復理論であり，ある一定の時間を経過すると，生化学的物質レ

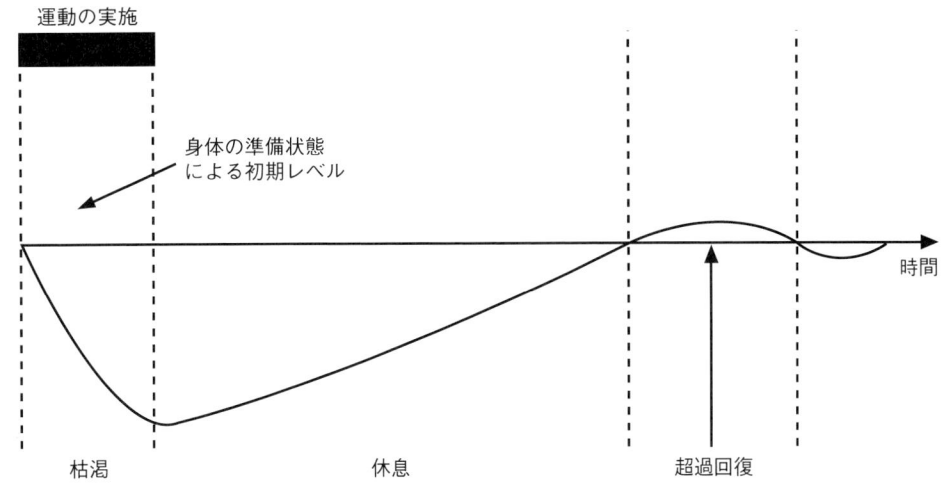

図1.4 超過回復理論から見た休息過程における選手の身体の準備状況による変化。縦軸は，生体内物質の量と身体の準備状態によって成立しているが，モデルではこの二つの曲線が一致している。

ベルが大きく増大することを示している（図1.4）。

　もし，トレーニング後の回復期間が短すぎると，身体の準備状態は減少する（図1.5a）。そのために継続的トレーニングによる回復期間を延長し，トレーニング経過と超過回復現象の生じる時期を一致させなくてはならない。そのことによってスポーツ選手による身体の準備状態が向上するようになる（図1.5b）。しかし，トレーニング後の回復期間が長すぎると，スポーツ選手の身体の準備状態は変化しなくなる（図1.5c）。

　コーチや選手は，トレーニング後の回復期間を適切に選択する必要がある。長すぎても短す

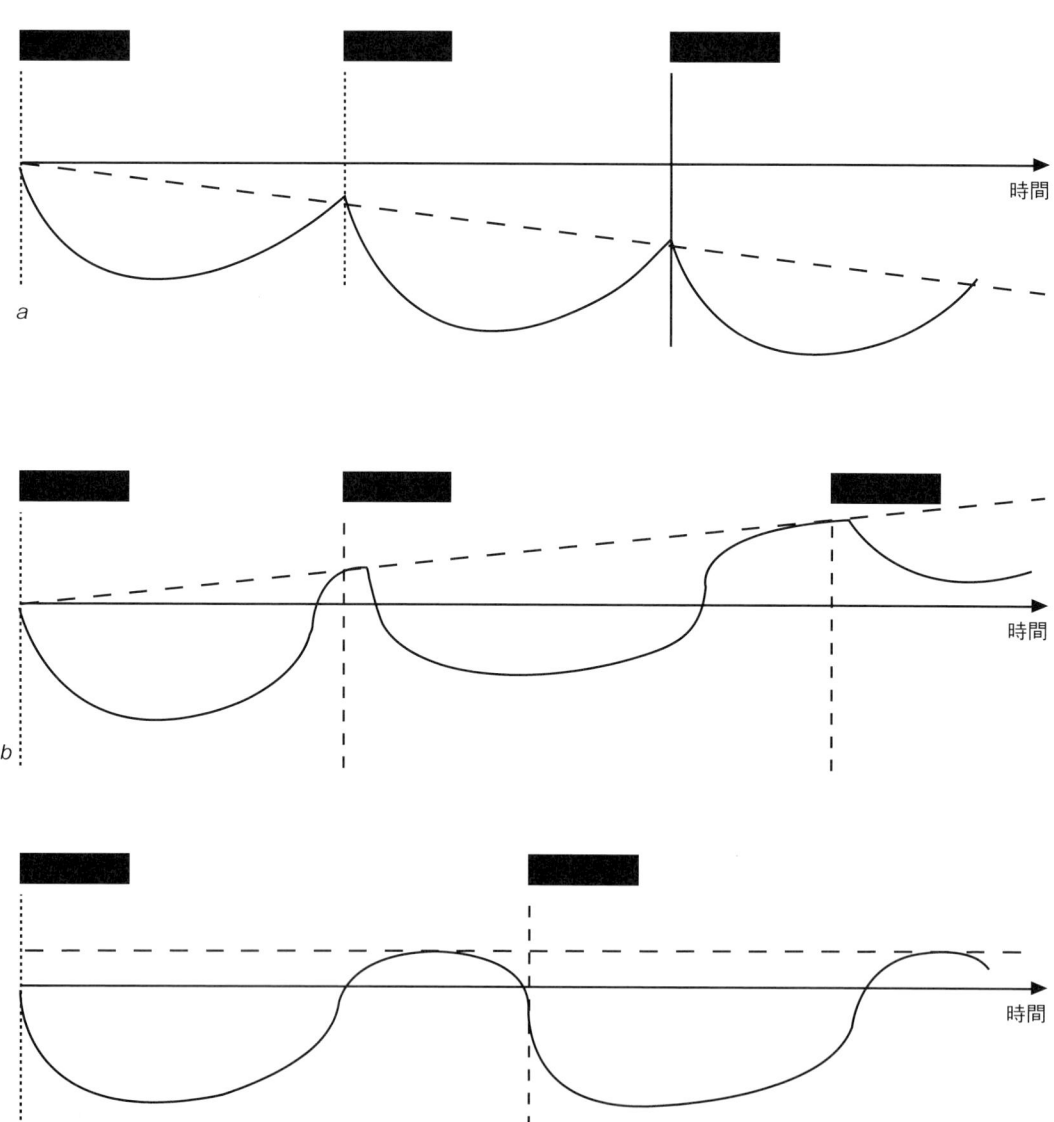

図1.5　超過回復理論。縦軸は生体内物質と身体の準備状態レベルの両方を示す。この図は，トレーニング期間における休息期間の長さによって，三つの異なる状態が生じることを示す。
　(a) 休息期間が短すぎると，疲労が蓄積し選手による身体の準備状態は減少する。
　(b) 休息期間を最適にとると，超過回復の時点で試合を合わせることができる。
　(c) 休息期間が長すぎると，トレーニング効果は安定しない。

ぎても最大の効果は得られない。トレーニング後の回復期間を最適にすること，トレーニング手段の負荷を最適に設定することがトレーニングを成功させるカギになる。回復期間のとり方とトレーニング負荷の選択については，超過回復が出現する期間とトレーニング期間を一致させることが大切になる。

　超過回復理論を用いれば，トレーニング計画による変化を洗練させることができる。一般的にコーチが知っていることは，図1.6に示す過負荷に伴ったミクロサイクル（短いトレーニング周期）の存在である。ミクロサイクルにおいて，高い負荷のトレーニングエクササイズを短いインターバルで繰り返す場合には，休息期間を長くする必要がある。図1.5bおよび図1.6に示すようなトレーニングサイクルを利用すると，大きな超過回復を生じさせることができる。

　ここ数10年間は，最も一般的なトレーニング理論として超過回復モデルが受け入れられてきた。多くの教科書で紹介されるとともに，コーチの間でも幅広く受け入れられてきた。一方では，この理論の普及を通して，その内容が厳密に検討された。

　超過回復現象については，多くの代謝性物質を用いた実験による厳密な検証はなされていない。しかし，筋グリコーゲンなどの代謝物質では論証されている。炭水化物ローディングをトレーニングの中に組み込めば，グリコーゲンによる超過回復を生じさせることができる。この方法はトレーニング期間ではなく，重要な試合への調整に利用されている。筋収縮活動による生化学的物質の濃度を測定することは，超過回復現象を理解するための有力な方法になる。例えば，アデノシン三リン酸（ATP）は，激しい運動後にもほとんど変化しない。種々の代謝物質が，初期レベルに回復するために必要とされる時間は，同一ではなく，物質によってかなり異なる。そのために，連続した運動遂行に用いるインターバル時間の選択基準を明確にすることはかなり難しい。したがって，超過回復理論では，トレーニング現象のすべてを説明できる理論ではないことが理解され始めている。ここ数年間の間に，超過回復理論に関する信頼性は薄れ始めている。

(2) 二要因理論（スキルと疲労の理論）

　トレーニングにおけるスキルと疲労の理論は，超過回復理論よりも洗練された理論である。身体パフォーマンスは，スポーツ選手の潜在的な能力によって決定される。そして，それは安定せず，時間に伴って変化する。スポーツ選手のパフォーマンスを決定するためには，二

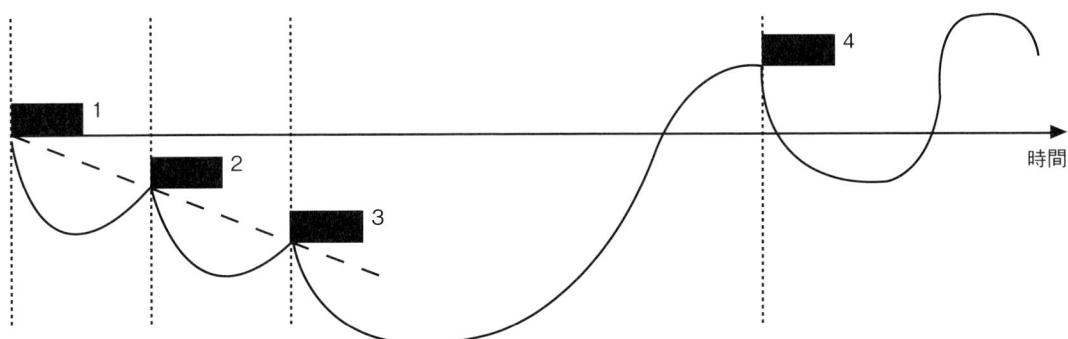

図1.6　超過回復理論による過負荷のためのミクロサイクル。最初の3回のトレーニング期間では，休息期間が短すぎるために，十分な回復ができずに疲労が蓄積されている。3回目と4回目のトレーニング期間では，休息期間が通常よりも長いために，最適な変化が得られている。3回目のトレーニングによる超過回復と4回目のトレーニングの負荷のタイミングが適切に設定されていることが理解できる。

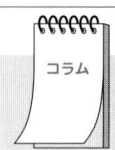
コラム

一要因理論と二要因理論

　これらのモデルは，コーチが選手のためのトレーニングに関するタイミングや休息を把握するとともに，明確な提示を行うために役立つものである。いつも同じトレーニングを慢性的に行わずに，総合的に体系化されたトレーニングを推進するためにも利用される。

　異なったコーチング哲学を持つ2名のコーチが存在する。コーチAは，一要因理論を厳格に守り，超過回復を引き出すトレーニング計画を立案した。コーチBは，二要因理論を好み，適切な回復を導くように長い休息期間を設け，必要とするスキルレベルを向上させるためのトレーニング計画を立案した。2名のコーチのトレーニング計画は，同様に見えるかもしれない。しかし，トレーニングに対する考え方は大きく異なる。これらのコーチの違いは，重要な試合へ向かうピーキング期間において大きくなる。コーチAは，選手が最高の超過回復現象を導く手順をとるとともに，トレーニングセッションの数（セッション中の負荷ではない）を少なくする。例えば，一要因理論によると，目的試合の前の最終週には，2～3回のトレーニング日数が割り当てられる。コーチBは，疲労を避けながら選手の戦備体勢が維持できるように，ウォーミングアップ程度の強度による技術トレーニングを実施する。このアイデアは，トレーニング手段における実施回数ではなく，負荷強度を減少させることで対応するというものである。

つの構成要素が存在する。一つはゆっくりと変化し，もう一つは素早く変化する。その中でも体力はゆっくりと変化する。スポーツ選手の体力は，数分間，数時間，あるいは数日間を要してもほとんど変化しないこともある。しかし，試合への準備状態では，疲労や心理的ストレス，あるいはインフルエンザのような突然の病気によって急激に変化することもある。スポーツ選手による戦備体制を整えるためには，一定以上の時間が必要になる。スキルと疲労の理論によると，運動後に生じる即座のトレーニング効果は，スキルの向上と疲労現象の二つによって生じる。スポーツ選手による運動後のパフォーマンスは，疲労によって低減するが，スキルの向上によって向上する。最終的にパフォーマンスは，これらの正の変化と負の変化が混合し合って決定される（図1.7）。

　パフォーマンスへの影響から考えると，一つのトレーニングによるスキルの向上は極端なものではないが，その効果は長く継続する。一方，疲労効果は大きく影響するが，この効果は相対的に短時間しか継続しない。平均的な負荷を用いた1回のトレーニングにおいても，パフォーマンスはスキルの向上と疲労効果によって決定されている。疲労効果を解消するためには，スキルの低減と比較すると，その期間は短いものである。したがって，疲労状態による負の効果は24時間継続するが，スキル向上による正の効果は72時間にわたって維持される。

　1回の運動によるトレーニング効果の表出は，次のような式で表すことができる。

$$身体の準備状態 = P_0 + P_1 e^{-k_1 t} - P_2 e^{-k_2 t}$$

　P_0 はトレーニング前における初期の身体の準備状態を示す。

　P_1 はスキルの向上を示す。

　P_2 はトレーニング後直ちに生じる疲労効果

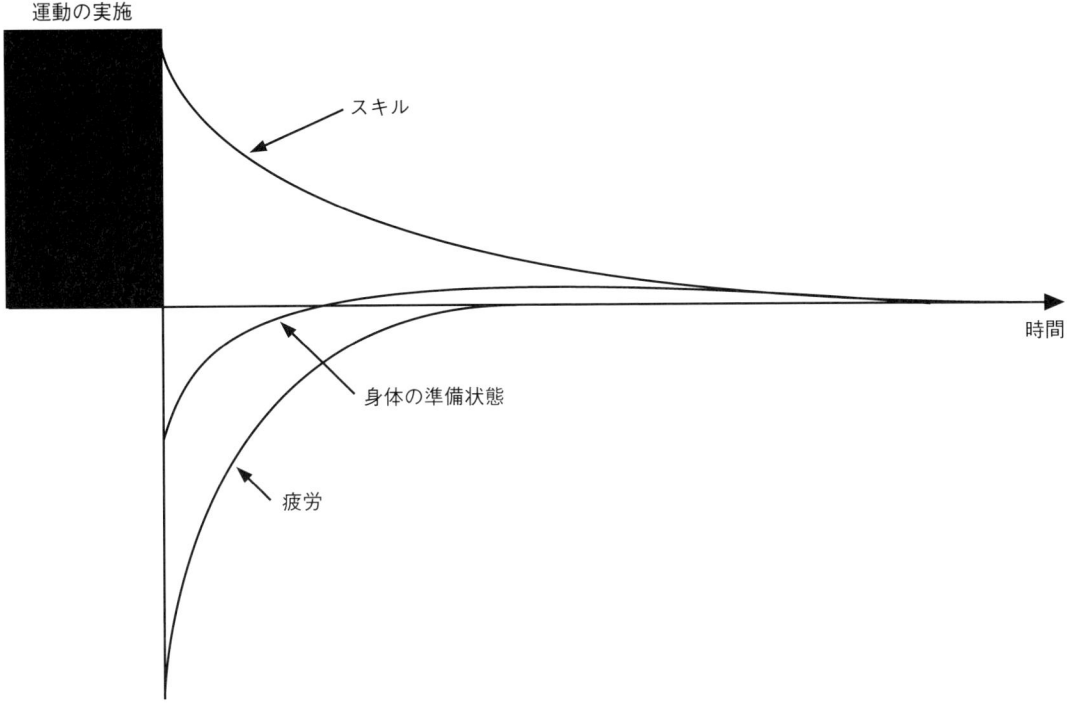

図 1.7　トレーニングにおける二要因理論。トレーニングによる効果は，スキルと疲労の2つの過程によって形成される。スポーツ選手のパフォーマンスは，スキルによる向上と疲労による低減によって改善される。

を示す。
　t は時間を示す。
　k_1 と k_2 は時定数を示す。
　e は自然対数の底であり，概算で 2.718 を意味する。

　トレーニングにおける二要因理論によると，疲労による体力低下を解消して上昇するように，継続的なトレーニングの間のインターバル時間をとるべきである。このモデルは，コーチにとって一般的であり，トレーニング計画立案の際に優先的に利用される。特に，最終的な試合へのアプローチのためには，重視され頻繁に用いられている。

3. トレーニング効果

　トレーニング効果は，トレーニングの結果として身体に生じる変化である。トレーニング効果は，次のように定義できる。

- 急性効果（Acute effects）：運動中に生じる即座の変化である。
- 即時効果（Immediate effects）：単一のトレーニングにより生じる結果であり，運動後まもなく現れる急性の変化である。
- 累積効果（Cumulative effects）：数回のトレーニングにより生じる結果であり，トレーニング期間の結果が蓄積されて表れる変化である。
- 遅延効果（Delayed effects）：いわゆる慢性の効果であり，一定のトレーニング経過後に出現する遅延的な変化である。
- 部分効果（Partial effects）：単一のトレーニング手段（例えば，ベンチプレスのような手段）による変化である。
- 残存効果（Residual effects）：トレーニングを中断し，適応が影響する時間を越えた後まで維持される残存効果である。

4. 要　約

　トレーニングにおける主な目標は，パフォーマンスの改善を導く専門的適応を生み出すことにある。筋力トレーニングによる適応とは，実施した運動に対して，身体各部位および各器官が進歩することを意味する。トレーニングプログラムが適切に計画され，実施された場合には，選手の筋力は適切な適応現象により進歩する。

　トレーニング適応は，トレーニング負荷が通常を越えた過負荷になる場合，あるいは選手に慣れない負荷がかけられた場合に生じる。トレーニング適応を引き出すためには，次のことが必要になる。

(a) 過負荷の原則に従ったエクササイズが実施されなくてはならない。

(b) トレーニングエクササイズとトレーニング計画は，選手の特性や種目，あるいはレベルに応じて専門的でなくてはならない。

(c) トレーニングエクササイズとトレーニング負荷（強度と量）は，それぞれの経過を見ながら変更していかなくてはならない。同じトレーニング手段，同じトレーニング負荷が長期間にわたって用いられた場合には，パフォーマンスは減退していく（トレーニングの馴化現象）。

(d) トレーニングプログラムは，選手ごとに個人的に作成しなくてはならない。選手ごとに必要なトレーニングプログラムは，かなり異なることを忘れてはならない。

　多くのコーチは，トレーニングプログラムを作成する際には，最も本質的な特性を基本としながら単純なモデルを利用する。これらのモデルは，トレーニングによる一般理論として知られている。

　一要因理論（超過回復理論）は，トレーニング負荷をかけると，生体による生化学的な物質が枯渇し，減退することを基礎にしている。化学的な物質レベルは，回復期間の後に初期レベルを越えた増大を示す。これが超過回復現象である。トレーニングを超過回復現象の出現と同期させることができると，選手のパフォーマンスが向上していく。

　二要因理論（スキルと疲労の理論）では，トレーニング後の即時効果（Immediate effects）は，トレーニングによるスキルの向上と疲労による低減の相互作用として生み出される。正の効果と負の効果の混合が最終的な成果を決定する。

　トレーニング効果は，急性効果（Acute effects），即時効果（Immediate effects），累積効果（Cumulative effects），遅延効果（Delayed effects），部分効果（Partial effects），残存効果（Residual effects）として分類できる。

chapter 2
運動課題に応じた特異的な筋力

　スポーツ選手がどうすれば最高の結果に到達できるかを知るためには，何をトレーニングするのか，なぜトレーニングするのかを明確に理解することが大切である。筋力トレーニングを理解するためには，最初に筋力の概念そのものを知る必要がある。

　この章では，筋力に関する定義を理解するとともに，筋力の決定要因を明確にする。スポーツ選手が最大努力で筋力を発揮した場合，発揮される力の大きさは，実施する運動の特性と選手の持つ能力に依存されることになる。したがって，選手が実施する運動を比較すると，それぞれの運動に要求される筋力の決定要因が理解できる。次の3章では，スポーツ選手の特性に即した決定要因について説明していく。さらに，ウエイトルームで行われるエクササイズからスポーツ運動まで，それぞれの運動に要求される専門的筋力について概念化していく。

1.筋力の構成要素

　スポーツ選手が非常に軽い物体に力を発揮した場合，力はほとんど伝わらないかもしれない。この場合には，最大努力を発揮しようとしても実際の力はかなり小さくなる。このように，発揮できる力の大きさは，外的な負荷抵抗に大きく依存する。外的な負荷抵抗は，スポーツ選手が発揮できる力を限定する最も重要な要因である。また，その他にも重要な要因が存在しており，ここでは各要因について詳細に検討していく。

(1)最大の筋パフォーマンス

　投擲(とうてき)選手がさまざまな努力度合いによって，数回の砲丸投げを行った場合について考えてみたい。力学的な法則によると，投擲距離は物体

の投射角度と初速度によって決定する。投射角度と投射物を投げた位置（高さ）が一定となる異なる試技を想定してみる。この場合には，投擲距離は物体の初速度によって決定する。条件を一定にして努力度合いを変えながら投擲を行うと，最も投擲距離が出る試技が表れる。これが個人の最大筋パフォーマンス（Pm：Maximal Muscular Performance）が発揮された試技になる（最大距離と最大初速度）。Pm（または，最大速度 Vm や最大力 Fm）は，専門的な最大筋パフォーマンスを示している。これらの用語は本書を通して用いられている。

1）限定要素的な原理に従った関係（限定要素的な関係）

投擲選手に最高の結果が出るように，最大努力の砲丸投げを行わせる。男子用の砲丸は 7.257 kg であるが，ここでは女子用の 4.0 kg の砲丸を投げている。重さが軽いほど，明らかに投擲速度は速くなる。男子用と女子用の重さの砲丸を投げた場合，Vm には違いが生じるが，この違いが重要になる。

科学では実験で決定する変数や数学的に表現できる数をパラメータと呼ぶ。前述した例で考えると，パラメータを砲丸の重さにして変化させている。例えば，砲丸の重さを，0.5～20 ポンドまでの範囲で段階的に変化させる。砲丸の重さに応じて，最大筋パフォーマンス（Pm, Vm, Fm）は異なる結果になる。

Fm と Vm には相互に関連性が存在する。Fm と Vm は明確な限定要素的関係にある。限定要素的関係とは，スポーツ運動による種類とパラメータが変化すると，Fm と Vm が関係を保ちながら変化することを指している。Fm と Vm の限定要素的関係は負の関係である。重い砲丸を投げる場合には，砲丸に作用する力は大きくなるが，逆に速度は低くなってしまう。その他のスポーツ運動においても，ほぼ同様な関係が存在する（図 2.1 および図 2.10，30 頁）。

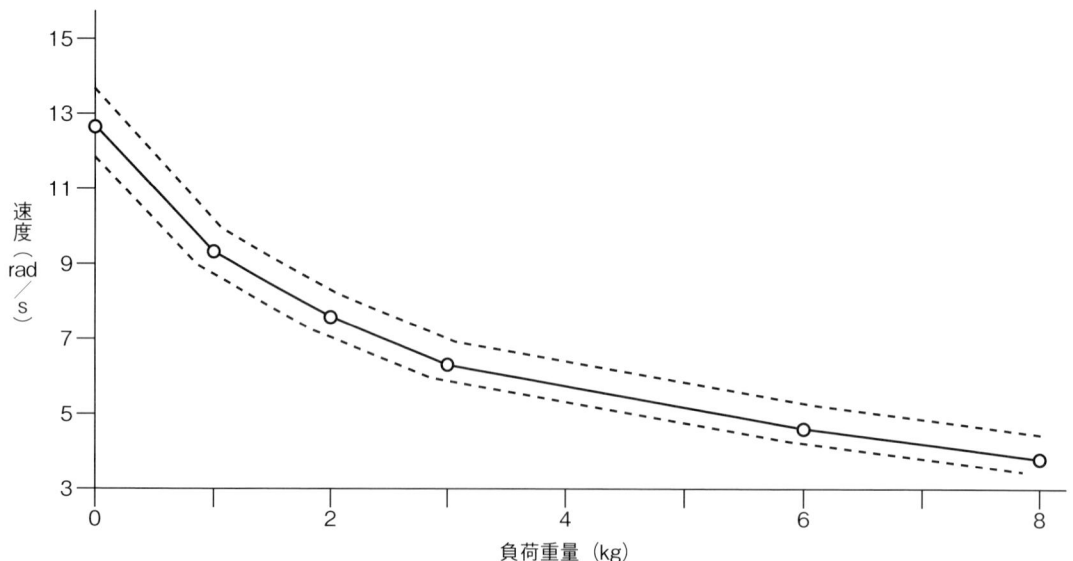

図 2.1 力と速度に関する限定要素的な関係。100 名の若い男子がバーベルを保持しながら，腕を伸ばした状態で肩の素早い伸展運動を遂行する実験を行った。腕の重さだけである負荷 0 から 8.0 kg までの負荷を用いて，さまざまな試技を遂行した。個々の試技による最大挙上速度 V_m を測定した。この図のデータは，グループの平均値と標準偏差を示している。

Reprinted, by permission, from V. M. Zatsiorsky, Yu. I. Smirnov and N. G. Kulik, 1969, "Relations between the motor abilities, part I," *Theory and Practice of Physical Culture* 31 (12): 35-48.

限定要素的関係の例

　自転車競技のコーチは，トレーニング中にギア比を変えることを指示する。ギア比が高ければ，ペダルに作用する力は大きくなり，回転数は小さくなる。ペダルに作用する力と脚の回転数との関係は，限定要素的な原理に従った関係になる。次の表は，さまざまなスポーツにおける力と速度の限定要素的な関係を示したものである。

活　動	パラメータ変数	力	速　度	関　係
・自転車競技	ギア比	ペダルに与える力	ペダリング頻度	逆（負）
・ボート，カヌー，カヤック	オールやパドルの大きさ	オールやパドルに作用させる力	水に抵抗するブレード	同上
・上り坂／下り坂の運動	傾斜角度	キック力	移動速度	同上
・投げる運動	投げる物体の質量／重さ	物体に作用させる力	投げた瞬間の初速度	同上
・垂直跳	体重：付加する重量（ウエイトベルト）軽減する重量（身体つり上げシステム）	キック力	踏切直後の速度	同上

　全てが負（逆）の関係にあることに注意したい。すなわち，力が強ければ強いほど，速度はより低くなるのである。

2）限定要素的な原理に従わない関係（非限定要素的な関係）

　限定要素的な F_m と V_m の曲線は，スポーツ運動によるパラメータ（目的とする物体の負荷重量，外的な抵抗，自転車競技などのギア比）に応じて限定される最大筋パフォーマンスを示している。筋パフォーマンスの中でも，最も高い F_m と V_m が発揮される点が存在する。さまざまな条件による最も高い F_m や V_m をとりながらグラフ化していくと，その中で最も大きい値が存在する。この最大値を最大かつ最高の筋パフォーマンス（maximum maximorum performance）として定義することができる。P_{mm}, V_{mm}, F_{mm} も同様な値を示している。この値は最も適切な条件によって得られるものである。例えば，V_{mm} は外的な機械的抵抗が最小の場合で，運動時間が短い場合に発揮される（軽い物体を投げる場合やスタートダッシュなど）。また，F_{mm} は外的抵抗が十分に高い場合に発揮される。

　P_{mm}（V_{mm}, F_{mm}）と P_m（V_m, F_m, T_m）の関係は，非限定要素的な関係になる。次に示すパフォーマンスの関係は，非限定要素的な関係に従った例である。

- ベンチプレス（F_{mm}）における最大力と 7 kg および 4 kg の重量による砲丸投げの距離（P_m または V_m）
- 膝伸展運動における最大力と垂直跳の跳躍高

　非限定要素的な関係は，限定要素的な関係とは異なり，正の関係を示す。例えば，スポーツ選手では，F_{mm} が高いほど V_m も高くなり，一定の運動を素早く短時間に行うことができ

る。この関係は選手に付加される抵抗が十分に重い場合に成り立つ（図2.2）。例えば，垂直跳のような選手自身の体重が負荷である運動では，FmmとVmの関係は正になる。Fmmの高い選手ほどVmは大きくなる。特に，この関係は初心者によくあてはまる。もし，負荷となる抵抗が小さい場合には，FmmとVmの関係は低くなる。例えば，卓球のストローク運動では，Fmmの高い選手が必ずしも有利にはならない。FmmとVmとの関係は0となり，最大筋力の高い選手が必ずしも素早いストロークの選手にはならないことになる。

　最大筋力を高めるトレーニングを行う場合には，FmmとFmを区別する必要がある。

(2) 筋力の定義

　筋力は筋の働きで外的な抵抗に打ち勝つ能力，あるいは物体に影響を与える能力として定義される。一方，筋力は最大の外的な力Fmmを発生させるための能力であるともいえる。力学や物理学の世界では，力は二つの物体の間に相互に作用することが定義されている。力が作用していることは，二つのことによって理解できる。一つは身体の運動に変化がある，他の一つは形状が変わることである。そして，その両方が生じる場合もある。力はベクトル量であり，大きさ（a），方向（b），力の作用点（c）によって決定される。すべての人間の運動は，力が継続的に発揮された結果である。したがって，身体運動は一定時間に作用する連続的な力が積算された結果である。身体運動は，コーチ

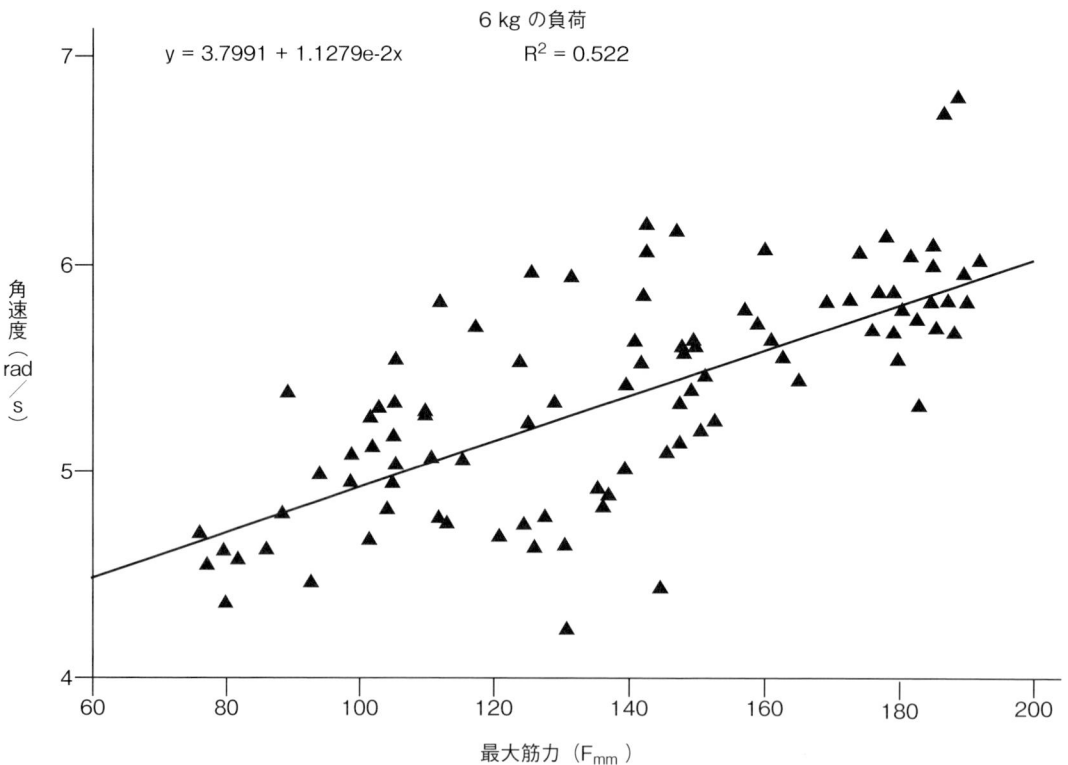

図2.2　最大筋力（F_{mm}）と肩の屈曲速度（V_m）の非限定要素的な関係。片手に6 kgのダンベルを負荷している。対象者は100名である。33頁の図2.12と比較してほしい。
　The data from *Motor Abilities of Athletes* (p. 46) by V. M. Zatsiorsky, 1969, unpublished doctoral dissertation, Central Institute of Physical Culture, Moscow.

> 2章　運動課題に応じた特異的な筋力

コラム　非限定要素的な関係に従った例

　ある競泳の女性コーチは，陸上における筋力トレーニングの重要性について明確にしたいと思った。彼女はこの問題を解決するために，(a) 専門的ストローク運動中の高い負荷抵抗に対する最大筋力（Fmm）と（b）泳速度を計測した。

　二要因の間に高い相関関係がある場合にFmmは重要であり，競泳のためには最大筋力を高める必要があることが推察できる。また，相関係数が低い場合（最大筋力が最も高い選手が最も速い選手でない場合）には，最大筋力を高める必要がないことが推察できる。その場合には，他の筋持久力や柔軟性が重要な要因になることを結論づけることができる。

　彼女は，最大筋力（Fmm）と泳速度との相関係数が有意に高いことを明らかにした。優れた水泳選手は，専門運動中に発揮する筋力を高くすることができることを結論づけた。これは非限定要素的な関係に従った例である。

コラム　短距離選手や跳躍選手に筋力トレーニングは必要か？

　踏切動作やキック動作では，地面に対して水平方向および垂直方向に高い負荷抵抗が生じる。この場合には，FmmとVmmとの間に正の相関関係は認められない。これらのことから，外的な抵抗負荷の小さい条件で下肢の伸展筋群のトレーニングを行っても，踏切動作やキック動作への効果はほとんど得られない。

や選手が最も知りたい瞬間的な力の大きさそのものを反映したものではない。

　スポーツ選手の運動では，種々の力が発生している。バイオメカニクスでは，この力を内的な力と外的な力に分類して観察している。内的な力とは，身体内部にある部位が連鎖し合いながら働く力のことを示す。代表的な力には，関節を介して骨から骨へと作用し合う力（bone-on-bone force）や腱部が骨を引っ張る力などである。外的な力とは，選手の身体と外部環境との間に作用する力のことを示す。筋力の定義によると，外的な力は選手が発揮する力を計測することによって評価することができる。活動筋は，次に示す筋収縮様式によって骨に力を作用させる。

- 短縮（コンセントリックな収縮；concentric or miometric action）
- 伸張（エキセントリックな収縮；eccentric or plyometric action）
- 同じ長さを維持（アイソメトリックな収縮；static or isometric action）

　メトリック（metric）とは長さ（length），マイオ（mio）とはより小さい（less），プライオ（plio-）とはより大きい（more），アイソ（iso）とは同じ（same）や一定（constant）を意味している。欧米では，plyometricsまたはpliometricsが用いられる。筋が発揮する力と身体が外的に発揮する最大力は異なる。この

> **コラム**
>
> ## 筋力とは何か？
>
> さまざまな物体に対して，最大の力と速度を発揮する調査のために，被験者に対して最大努力で肘を屈曲する試技を行わせた。物体とは，硬貨1枚，野球のボール，7 kgの砲丸，異なる重さのダンベル（その中の一つは重すぎて持ち上げることができないほど）である。身体が物体に作用させる最大力を計測すると，その物体の重さと発揮される筋力とは異なる値が出現した。
>
> すると次の問題が表出した。この物体に作用する最大力は，果たして筋力を代表するのかという問題である。この問題に対する回答は次の通りである。これまでは，持ち上げた最も重い物体の重さが，筋力を示すと考えられていた。しかし，持ち上げた物体の重さと作用する力の大きさは，同じ大きさにはならない。これらのことから，物体に作用する最大力そのものを計測すること（持ち上げた重さではない）が，筋力を評価する唯一の指標であるという結論に達することができる。

ような分類は身体が外的に発揮する最大力の種類を識別するために利用される。

コンセントリックな筋収縮様式では，筋力が外的な力に打ち勝ち，運動は力の作用する方向に動く。しかし，エキセントリックな筋収縮様式では，筋力に抗して外的な力が働き，運動は力の作用する方向とは逆に動く。

2. 運動課題の違いによる決定要因の比較

身体運動が異なる場合でも，動かす物体や身体運動が同じ軌跡か，あるいは極めて類似した軌跡を描くことがある。時間と速度の要素を考慮すると，この場合の運動自体は同一であると見なされる。例えば，異なる重さのバーベルを挙上するスナッチ（バーベルを床から一気に頭の上まで挙げるオリンピックスタイルのウエイトリフティングの種目）は，重りを付加した垂直跳の踏切動作と同じ軌跡を描く。このような身体運動は，内的要因と外的要因によって決定される。

(1) 外的要因と負荷抵抗の役割

力は他の物体に対して作用する。力の大きさは，作用するものとされるものの特徴および運動の種類に依存する。外的な物体（バーベル，投擲物，トレーニング機器のハンドル，水泳やボートにおける水）に作用する力は，力を発揮する選手の特性だけでなく，外的要因にも大きく依存する。

外的抵抗の役割を理解するために，スクワットによる脚伸展運動で最大力を発揮する選手をイメージしてみよう。二つの実験により，外的な抵抗を計測し明確化することにする。最初の場合には，異なる角度のアイソメトリックな脚伸展運動による筋力を計測する。多くの研究者が，筋力と下肢の長さ（骨盤から足部までの距離）との間には，正の相関関係があることを示している。すなわち，脚が伸びているほど発揮できる筋力は大きくなる（図2.3のAと図1.3, 8頁）。すべての脚伸展運動による最大筋力は，脚がかなり伸展している際に発揮できる。このような現象は常に観察できる。したがって，浅いスクワットを用いると，最も重い重量を持ち上げることが可能になる。深いスクワ

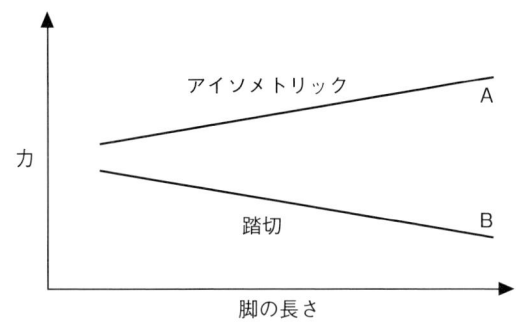

図2.3 脚伸展運動における最大筋力と身体姿勢（脚の長さ）との関係。Aはアイソメトリックなテストである。Bは踏切中の脚伸展運動により発揮される力である。

ットでは，重い重量を持ち上げることは不可能である。

しかし，ジャンプによる踏切動作のようなダイナミックな運動中の脚伸展筋力を記録した場合には，その関係は逆転する（図2.3のB）。この場合の最大力は，最も深い切り返しの時点で発揮されることになる。すなわち，この際には下肢の長さと力との間に負の相関関係が存在することになる。支持脚の持つ力学的な活動自体は，ばねの特性に類似している。ばねの変形が大きくなるほど（例えば，膝が曲がるほど），発揮する力も大きくなる。

両方の実験条件（アイソメトリックな脚伸展運動とジャンプの踏切動作）ともに，最大努力で実施されているにもかかわらず，結果はかなり異なる。力の大きさと下肢の長さとの相関関係は，抵抗の種類に依存して異なる。脚伸展運動における抵抗は動かない物体であり，ジャンプにおける抵抗は動いている体重とその慣性である。

1) 力学的なフィードバック機構

すべての運動は，負荷抵抗に応じたフィードバック機構が働く運動と働かない運動とに分類できる。例えば，水上でのパドリング運動を考えてみる。流体力学的に見ると，水に作用する力は速度の2乗に比例する（$F = kV^2$）。オールの速度は，オールに選手の筋力が伝わって外的に発揮された力の結果である。図2.4はこれを図解している。筋活動で発揮した力が，高いオール速度を形成する一方で，水に対する抵抗を増大させることにつながる。増大する抵抗に打ち勝つためには，筋が発揮する力をさらに高める必要がある。したがって，増大する抵抗と筋が発揮する力は依存関係にある（このような依存関係のある運動はフィードバックが働く運動と定義する）。

動いている重い貨物列車を押す動作について考えてみよう。発揮する力が人によって異なるにもかかわらず，貨物は同じ速度で動いている。人間の筋が発揮する力では，貨物の運動を変化させることはできない（このような依存関係のない運動はフィードバックが働かない運動と定義する）。

通常のスポーツ運動はフィードバックが働く運動である。運動と抵抗は，選手が発揮する力によって変化する。一方，フィードバックはアイソメトリックな運動やアイソキネティクス（等速性）な装置を用いた運動では働かない。

アイソキネティクス（等速性）な装置を用いると，関節を中心とする四肢の回転速度が一定に保たれる。装置の抵抗値と筋が発揮する力は，運動範囲全域にわたって一定である。初期に設定した速度で四肢の運動が遂行されることになり，動的な状態で最大力を計測することができる。

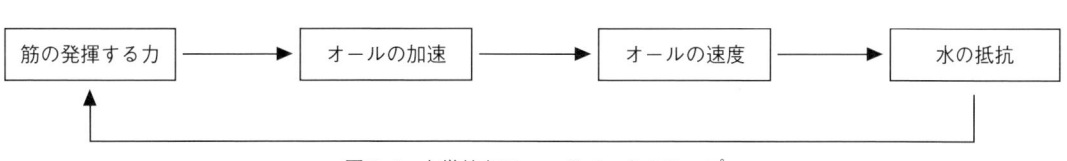

図2.4 力学的なフィードバックのループ

2) 抵抗のタイプ

筋力トレーニング手段として用いるエクササイズは，目指すスポーツ運動の専門性に配慮して決定する必要がある。そして，トレーニング機器を適切に選択することは，成功を導く要素になる。筋力トレーニング機器は，抵抗の種類によって分類できる。

弾性抵抗を用いたトレーニングエクササイズでは，運動範囲によって力の大きさが決定される。弾性体としての物体の長さは加えた力に比例する。これを示す公式は，$F=k_1D$ である。この際のFは力，k_1 は係数（stiffness；硬さ），Dは変位である。運動範囲（ばねや伸張する物体，ゴムバンドなどの伸び）が大きくなるほど，発揮する力も大きくしなくてはならない。このエクササイズでは，選手が発揮する力と抵抗値が増大し，運動が終わる時点で最大になる（例えば，ラバーバンドによる張力は最大に伸長された時に最も大きくなる）。

トレーニングエクササイズとして用いる他の抵抗の種類に，物体の慣性を用いたものがあ

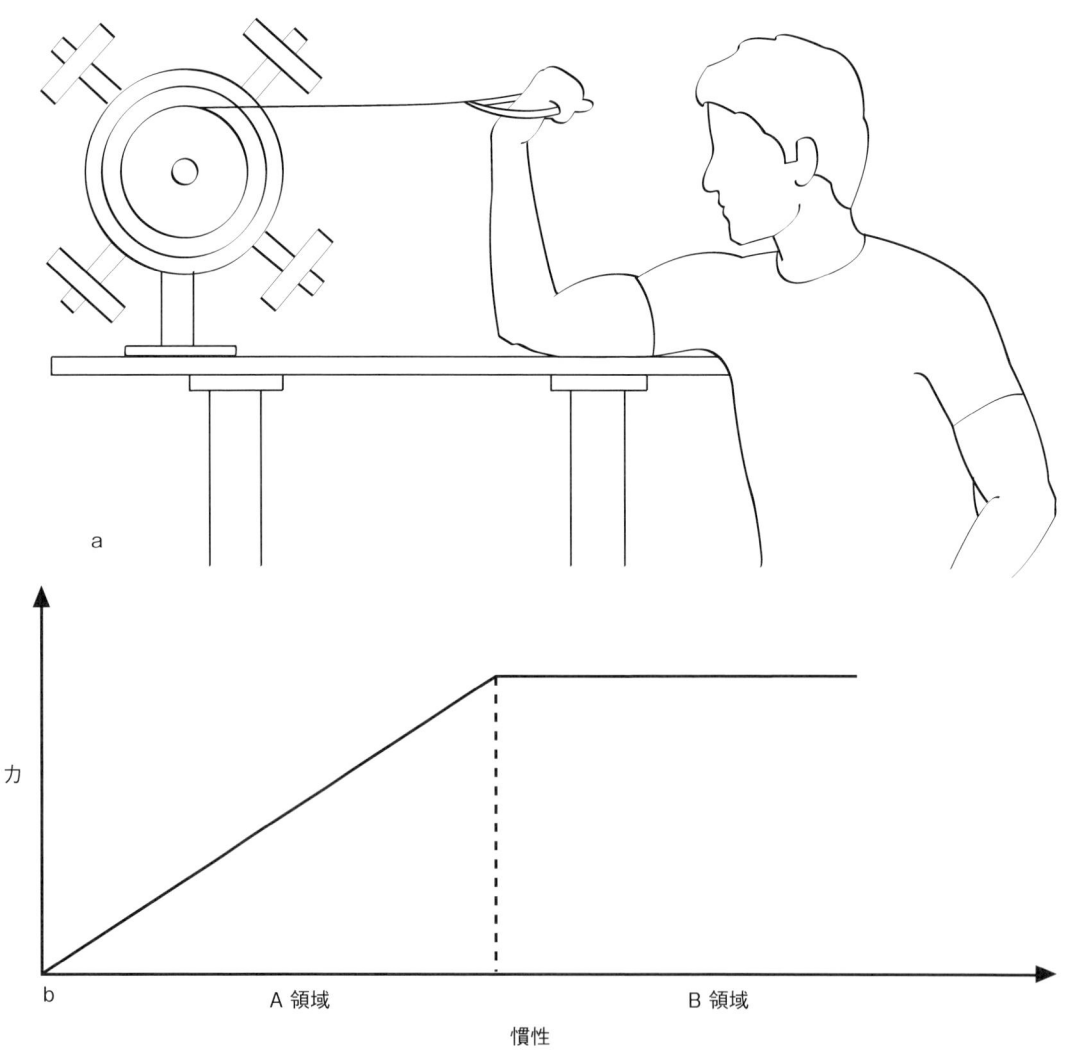

図 2.5 慣性車輪（a）と動く物体（b）の慣性に働く力

Reprinted, by permission, from V. M. Zatsiorsky, 1966, *Motor abilities of athletes* (Moscow, Russia：Fizkultura i Sport).

る。このタイプはニュートンの力学第2法則 $F=ma$ に従って負荷が決定される。m は質量，a は加速度である。力は物体の質量（慣性）と加速度に比例する。身体質量は慣性になることから，力は加速度によって決定される。しかし，実際には重力と摩擦力も影響するために，慣性のみでは抵抗が決まらない場合もある。水平面上にあるビリヤードボールの運動を想像するとよく理解できる。トレーニングエクササイズにおける慣性抵抗の研究には，慣性車輪がよく利用されている。慣性車輪による運動は，回転軸を中心とする車輪を引くことによって遂行される。この機器を用いると，人が発揮するエネルギーが，摩擦の小さい車輪の回転運動エネルギーに変換される。そこで，車輪の質量を変えていくと，それぞれの慣性に対して発揮される筋力を計測できる。図2.5にその結果を示した。

加速する物体の質量が相対的に小さい場合には，最大力は質量に依存される（図2.5bのA領域）。すなわち，小さい質量に対して大きな力を発揮することは困難である。例えば，1枚の極めて軽い硬貨に対して大きな力を発揮することが困難であることは，容易に理解できる。もし，物体の質量が十分に大きい場合には，発揮される力は選手の筋力に依存される（図2.5bのB領域）。

スポーツトレーニングの現場では，質量と力との関係を表すことが頻繁に行われる。異なる重さの物体を投げる場合（例えば，1.0〜20 kg の砲丸），軽い砲丸に与える力は小さい。そして，砲丸の重さに依存して力は大きくなる（A領域）。しかし，重い砲丸になるほど，発揮される力は選手の筋力によって決定される。この領域になると，発揮される力は砲丸の重さには影響されなくなる（B領域）。

負荷抵抗は重量によって決定される。これは $F=W+ma$ という公式で示される。W は物体の重さ，a は垂直方向への加速度である。もし，a が0ならば（物体は動かない，あるいは変化しない），力は物体の重量と同じになる。フリーウエイトを行う選手は，まず静的な状態でバーベルを固定する。リラックスした状態から，抵抗であるバーベルを加速し始める。選手自身の身体を負荷とする運動についても，この種のタイプに分類できる。

身体は筋が発揮する力によって加速される。そして，加速方向は力の方向と一致しないことが多い。しかし，垂直方向の運動は例外である。筋が発揮する力と重力との合力ベクトルの方向が，実際の力の方向になる。重力は常に下方向に作用する。実際の力は，重力との合力であるために，実際に筋が発揮した力よりも少ない力が，実際の運動方向への加速を作り出すことになる。例えば，砲丸投げの場合，砲丸の加速方向は砲丸に加えた力の方向とは一致しない（図2.6）。このことは跳躍による踏切についても同様である。

水泳，ボート競技，カヤック競技では，流体力学的な抵抗が負荷になる。このタイプの力は，速度の2乗に比例し，$F = k_2V^2$ で表される。V は水に対する相対速度，k_2 は流体力学的な抵抗係数である。陸上で行われる運動では，このタイプの抵抗は少ない。したがって，水中でのスポーツのためには，陸上で行う筋力

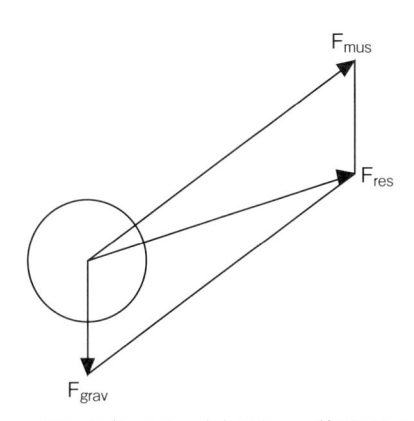

図2.6 砲丸投げにおける砲丸に対して筋が発揮する力（F_{mus}）と作用する重力（F_{grav}）。砲丸の加速方向は，筋が発揮する力の方向ではない。二つの力が合成される方向（F_{res}）と一致する。

> ## コラム
> ### 水泳選手のための陸上トレーニングの選択
>
> 　水泳のコーチは，種々の陸上トレーニングを準備する。長椅子の上で腹臥位になり，ストロークと同様の抵抗になる運動を行わせる。この運動にはゴムバンドが利用される。しかし，この場合には，プルの始めから終わりまで引く力は増大していく。このような運動パターンは，実際の水泳におけるストロークとは類似しない。そこで，負荷を付けたロープに滑車を取り付けたウエイトトレーニング機器を利用する。この機器の抵抗値は，プル動作範囲の全般にわたって一定になる。しかし，この運動では，終了時点で筋がリラックスできないという欠点が存在する。実際のストロークによる選手の腕では，終了時点では反対方向に，急激に「グイッ」と引き上げる運動パターンが発生する。最近では，この問題を補う摩擦抵抗を利用したトレーニング機器が存在する。このトレーニング機器は，一定の抵抗（摩擦抵抗），あるいはプル動作の速度に合わせた抵抗（流体力学抵抗）をかけることのできるものである。しかし，実際の水泳におけるものと類似しているとはいえ，現実の水泳の自然なストローク中の抵抗とはまだかなり異なることも事実である。

トレーニングの選択は難しい問題になる。重りや弾性抵抗を負荷するトレーニングでは，水中でのスポーツに対して効果的な成果は得られない可能性がある。水中のストロークでは，リラックスした後にストロークを開始し，最大速度に到達するまで，水の抵抗に対して最大力を発揮する。この負荷特性は，ばねを利用したエクササイズやフリーウエイトでは作り出せない。

　他のトレーニング機器には，粘性を利用したものが存在する。筋が発揮する力は，運動速度に比例し，$F = k_3 V$ として表される。このタイプのトレーニング機器は，水を抵抗にするスポーツのための陸上トレーニングとして利用し，水の持つ自然な状態を作るために利用されている。

　また，複合的な抵抗も利用されている。例えば，ゴムバンドの一端を床に固定し，バーベルを取り付ける。選手がバーベルを挙げると，バーベルの重さ（一定で変化しない）や慣性（バーベルの加速度に比例する）に打ち勝って力が発揮される。それと同時に，弾性抵抗（バーベルが持ち上がるほど大きくなる，通常はバーベルが持ち上がるほど小さくなる）に抗して力が発揮される。

(2)抵抗の要因

　同一運動中に選手が発揮する筋力は，力の立ち上がり，速度，運動の方向，身体の位置などの要因によって決定される。選手が発揮する筋力は，個々の筋群によって発揮されるとともに，単一筋群の力の大きさによって決定される。しかし，専門的なスポーツ運動による筋活動とバーベルを挙上するためのものとは，直接的な関係にはない。筋力は多くの筋活動が総合されたものである。活動筋により骨が引っ張られ，身体各部位の運動が発生する。そして，各関節の回転運動が発生する。各筋群は関節の回転軸から異なる距離に付着している。そのために，回転運動（モーメント）は，筋が発揮する力とは直接的な比例関係にはならない。

　さまざまな関節の回転運動は，最大の力が目指す運動方向（バーベルを挙げる場合には垂直方向になる）へと作用するように調節される。

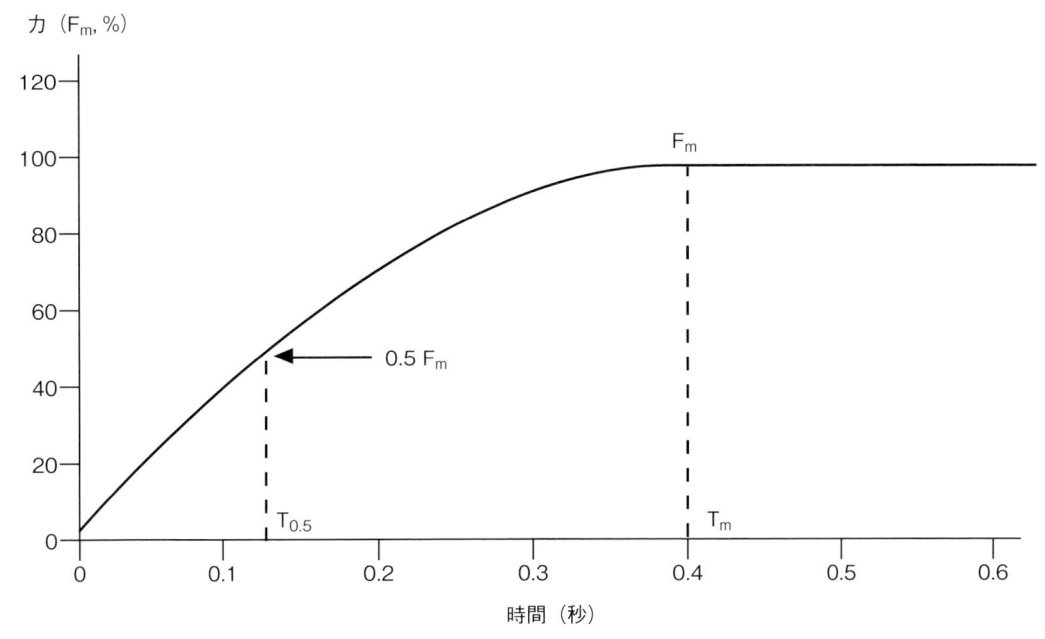

図2.7 最大筋力の発揮曲線。T_m は F_m に到達する時間である。また，$T_{0.5}$ は F_m の2分の1の値が発揮される時間である。

筋自体が発揮する力（ある筋が発揮する力）と計測できる力（最大外力により評価される能力）との間には，複雑な関係が存在している。筋に関するバイオメカニクスや単一筋に関する生理学などの分野では，多くの筋群が関与する複雑な運動のメカニズムが明らかになっている。

1）力の立ち上がりに重要な時間要素

いかなる運動でも，最大に力を発揮するためには時間が必要になる（図2.7）。最大に力を発揮するための時間（Tm）は，個人や運動ごとに異なる。アイソメトリックな筋収縮により最大力を発揮するための時間は，平均0.3～0.4秒もかかる。力の最大値に近づき，ピークに到達する直前の2～3％の時点で波状的に力の上下動が生じるために，正確に最大値を決定することは非常に難しい。しかし，実際には，力―時間曲線による最終部分は通常無視して扱われる。最大力を発揮するために要する時間は，さまざまなスポーツの一流選手を比較することによって評価されている。

運動の種類	時間（秒）
踏切運動	
スプリント	0.08-0.10
走幅跳	0.11-0.12
走高跳	0.17-0.18
投擲運動	
槍投げ	0.16-0.18
砲丸投げ	0.15-0.18
跳馬の着手	0.18-0.21

ここに示したスポーツの運動時間は，先に示した Tm よりも短い。これらの運動は短時間

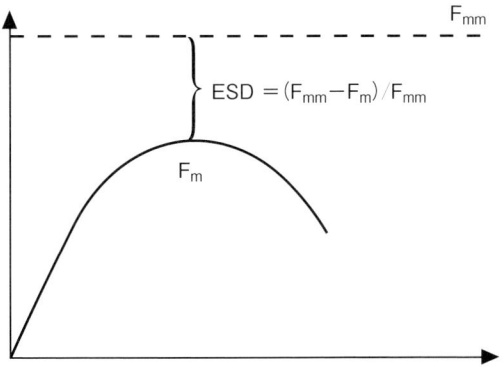

図2.8 爆発的筋力発揮の不足分を決定する要因

$$ESD = (F_{mm} - F_m)/F_{mm}$$

> **コラム**
>
> ## なぜ人差し指を止めて急激にスナップさせると速く強力な伸展運動ができるのか？
>
> あなたの小学生のころを思いだしてほしい．図に示すように，人差し指を親指で支えて最大の伸展力を発揮する．少しの間にわたり人差し指を支えて解放し，反対の手の平をたたく．次に，人差し指の最大伸展のみで反対の手の平をたたく．指を支えて解放すると，非常に速く強力なスナップになる．
>
> この現象は次のように説明できる．指の伸展時間は0.1秒と非常に短い．運動時間が非常に短いために，最大力を発揮することはできない．これとは対照的に，スナップの初期段階では，最大の張力が蓄積される．支えが解放されると，蓄積された張力が一気に発揮される．このようなことは子どもの時期に経験されるが，類似した技術が力の発揮速度を高めるために利用されている．このような技術のことは急速解放法（quick-release technique）と呼ばれている（32頁参照）．

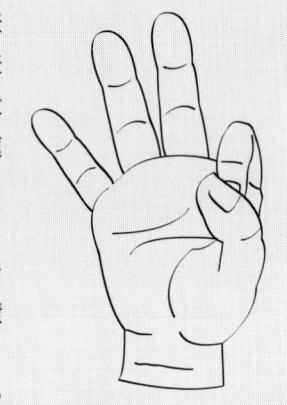

（0.2秒以内で終了する）に遂行される．最大力F_{mm}（0.4秒以上もかかる）は，このような短時間運動中に発揮することができない．

運動抵抗が小さく運動時間が短い運動では，一定の状況下で発揮する最大力F_mと，最も良好な条件で発揮する最大値F_{mm}との違いは非常に大きくなる．F_mとF_{mm}との相違は，爆発的筋力発揮の不足分（explosive-strength deficit, ESD）という用語で示される（図2.8）．

$$ESD\,(\%) = 100(F_{mm} - F_m)/F_{mm}$$

ESDは潜在的に持つ最大の筋力に対して，実際に発揮できる筋力の割合を示す．踏切動作や投動作のESDは約50％である．例えば，21.0 mを投げる砲丸投げの選手では，砲丸投げ動作中に発揮されるF_mのピーク値は，50〜60 kgになる．この砲丸投げ選手による腕伸展運動中の最大筋力F_{mm}（ベンチプレス運動を用いて計測する場合）は，220〜240 kgになり，片腕でも110〜120 kgになる．これらの

ことから，砲丸投げ中にはF_{mm}の約50％しか利用されていないことがわかる．

爆発的運動による力発揮能力を高めるためには，F_{mm}を高めることと，ESDを小さくすることの二つの要因を強化する必要がある．最初の方法は，初心者に対して有効になる．ジュニア砲丸投げ選手が，さまざまな筋群を適切に発達させることによって，ベンチプレスを50〜150 kgまで向上させたと仮定する．ジュニア選手は，砲丸投げのパフォーマンスを獲得できる非常に強力な基礎的な能力を準備したことになる．明確な根拠はないが，ベンチプレスによる挙上重量は200〜300 kgまで向上させることができると思われる．しかし，一方では著しい向上が達成されても，砲丸投げパフォーマンスは改善しないことも多い．この理由は，砲丸投げによる突き出し動作が非常に短時間であり，最大に力（F_{mm}）を立ち上げるための時間よりも，短時間に砲丸投げが終了してしまうからである．

第二の要因として，最大筋力ではなく，爆発

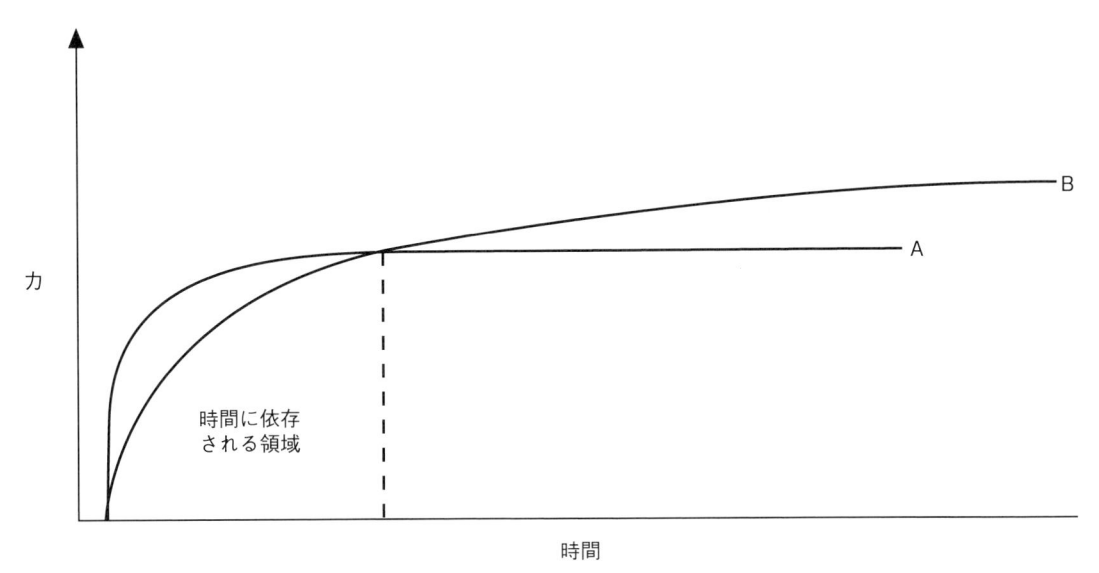

図2.9 AとBの2名の選手における力—時間曲線。力を立ち上げる時間が短い場合には，BよりもAが強い。もし，時間が制限されないならば，Bが強い。

的筋力（explosive strength）が重要になることが原因している。爆発的筋力とは，できるだけ短時間に最大の力を発揮する能力のことである。

図2.9に，AとBの2名の選手における異なる力発揮波形を示した。運動時間が短い場合には，AはBよりも優位になる。最大筋力を立ち上げるための運動時間があれば，逆にBはAよりも優位になる。目的とする運動が，初期の時間局面にある場合には，最大筋力を向上させるトレーニングを行っているBの選手は不利になる。

スポーツパフォーマンスが向上する場合には，運動時間は短縮される。スポーツ選手のレベルが高くなるほど，競技パフォーマンス中に力を立ち上げる能力が大きな影響力を持つようになる。

図2.7に爆発的筋力と力の発揮速度を評価するための指標を示した。

(a) 爆発的筋力の指標（Index of explosive strength；IES）

$$IES = F_m / T_m$$

F_m は最大力，T_m は最大力を発揮するまでの時間である。

(b) 反動係数（Reactivity coefficient；RC）

$$RC = F_m / (T_m W)$$

W は選手の体重である。RC はジャンプパフォーマンスと高い相関関係があり，特に踏切後の身体重心速度と関係がある。

(c) 力勾配（Force gradient）

$$\text{S-gradient} = F_{0.5} / T_{0.5}$$

スタート時の勾配（Start for gradinet）と言われる。$F_{0.5}$ は最大力の半分であり，$T_{0.5}$ はそれを発揮するまでの時間である。S-gradinet は，筋力発揮の初期局面における力の発揮速度を示す。

(d) 加速勾配（Acceleration gradient）

$$\text{A-gradient} = F_{0.5} / (T_{max} - T_{0.5})$$

A-gradient は爆発的な筋力発揮の後半局面における力の発揮速度を示す。

F_m と力の立ち上がり速度である S-gradinet との間に有意な相関関係はない。いわゆる筋力

コラム
トレーニング目標の明確化：
力の大きさと力の発揮速度のいずれが重要なのか？

　ジュニア選手では，軽いバーベルによるスクワットを行い，徐々に重いバーベルに切り換えるようにする。あるジュニア選手が，最初に体重と同じ重さのバーベルによるスクワットを遂行することができた。この時の垂直跳は 40 cm であった。その 2 年後，この選手は体重の 2 倍の重さのバーベルによるスクワットを行うことができるようになった。この時の垂直跳は 60 cm になった。同じ方法でトレーニングを継続し続けて 2 年が経過した。そして，体重の 3 倍の重さのバーベルによるスクワットを行うことができるようになった。しかし，垂直跳はまったく変化しなかった。このことからジャンプパフォーマンスは最大力だけではなく，短い踏切時間と高い力発揮速度が必要とされることが理解できる。

　コーチや選手の多くがこれに類似した間違いをする。真に必要な要因が力の発揮速度であるにもかかわらず，実際には最大筋力を高めることに集中しすぎているからである。

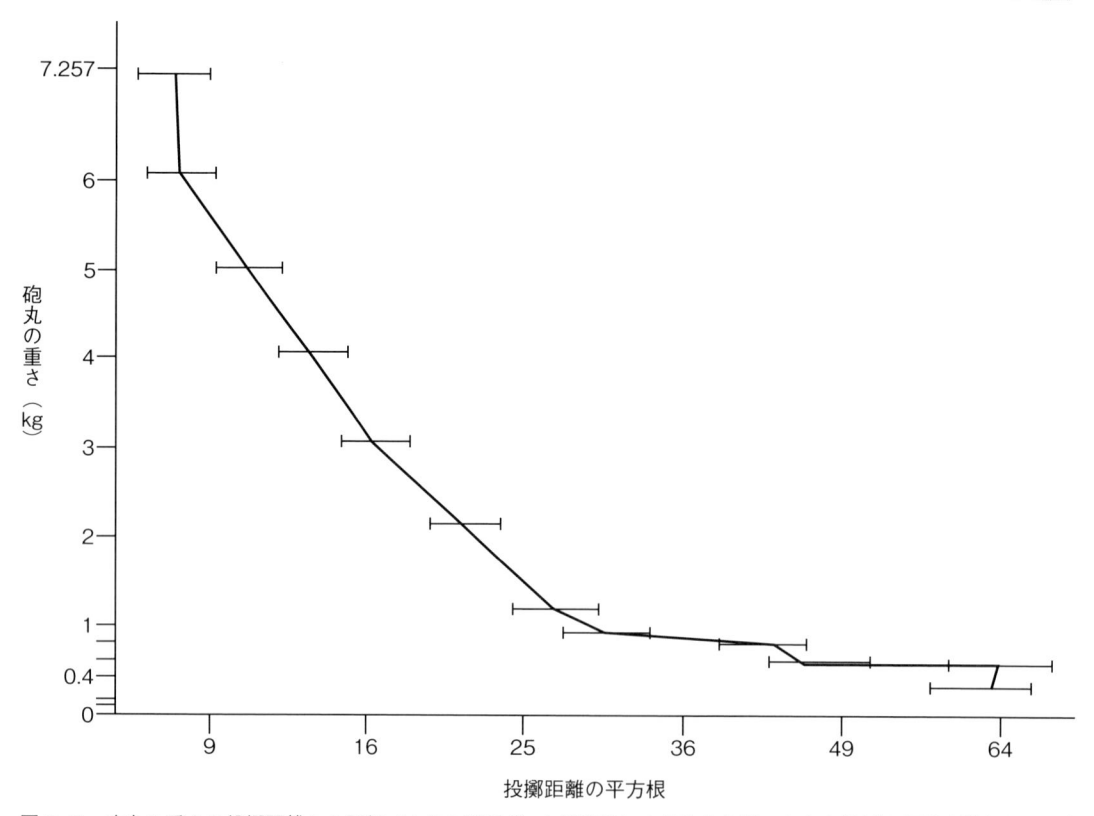

図 2.10　砲丸の重さと投擲距離との関係。24 名の選手が，立位姿勢により砲丸を頭の上から投げる運動を遂行した。砲丸を投げた高さと投擲角度は，投擲距離に影響する。しかし，この要因を変化させないとすると，投擲距離は投射される砲丸の初速度との関係で表すことができる。投擲距離と砲丸の重さとの関係は，限定要素的な力－速度関係を代表する。

Reprinted, by permission, from V. M. Zatsiorsky and E. N. Matveev, 1964, "Force-velocity relationships in throwing (as related to the selection of the training exercises," *Theory and Practice of Physical Culture* 27(8)：24-28.

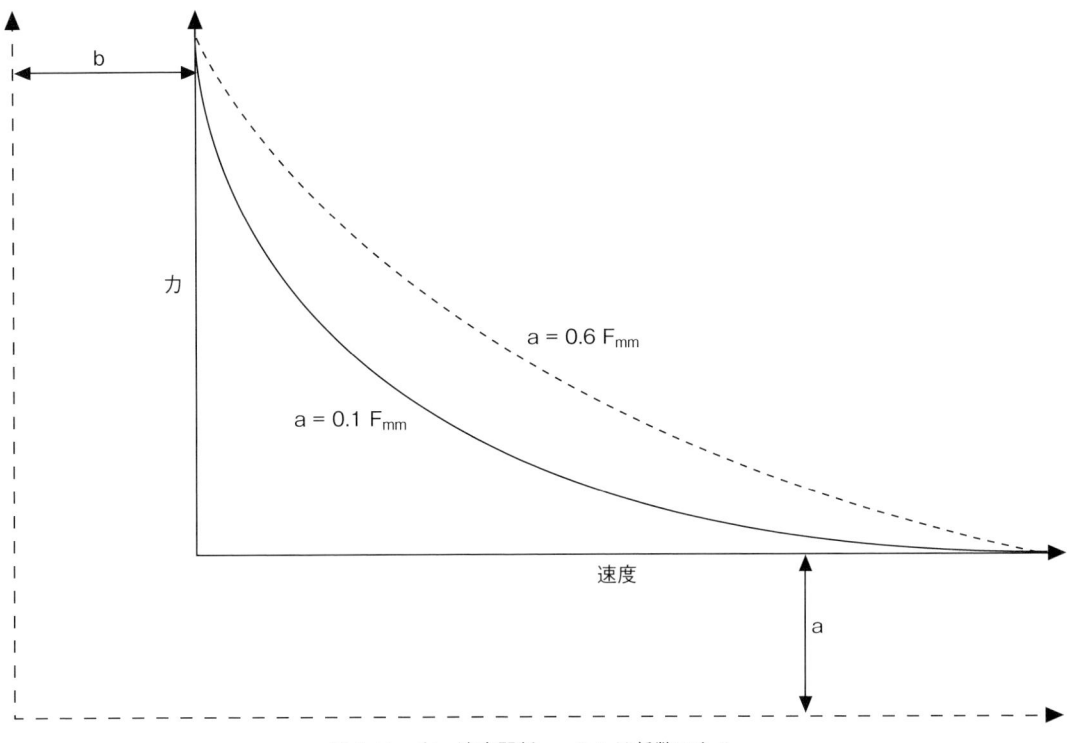

図2.11 力-速度関係。aとbは係数である。

Data from V. M. Zatsiorsky, 1969, *Motor abilities of athletes* (Moscow, Russia: Central Institute of Physical Culture). Doctoral dissertation.

の強い選手でも，力発揮速度が低いことも多いことを示すものである。

2) 運動速度

力-速度関係は限定要素的関係を示す典型例である。運動速度は，外的抵抗が増大することに伴って減少していく。投擲選手が異なる重さの砲丸を投げた場合，投擲距離（砲丸の初速度）は砲丸の重さの減少に伴って増大する。最大力F_{mm}は速度が最小になった場合に出現する。逆に，外的抵抗が0になった場合に，速度は最大になる（図2.10，18頁の図2.1も参照）。

実験室による単一筋線維の力-速度曲線は，ヒルの方程式（after A. V. Hill, 1938）として知られている双曲線によって描かれる（図2.11）。

$$(F + a)(V + b) = (F_{mm} + a)b = C$$

そこで，
F＝力
V＝筋の短縮速度
F_{mm}＝筋のアイソメトリックな最大張力
a＝力の次元に関する係数
b＝速度の次元に関する係数
C＝パワーの次元に関する係数
を示す。

図2.11が示すように，力-速度曲線は双曲線になる。この力-速度曲線の湾曲度合いは，係数aによって決定される。係数aが低いほど，湾曲度合いは大きくなる。a：F_{mm}の係数が大きくなるほど，湾曲度合いは減少する。a：F_{mm}の係数は，0.1～0.6まで変化する。パワー型スポーツ選手は，通常0.3よりも高い値になり，持久型スポーツ選手や初心者は，それよりも低い値になる。

人間の運動における力-速度曲線（トルク-

角速度曲線でも同じ）は，単一筋線維から得られた曲線とまったくは同じにはならない。これは異なる特徴を持った各筋の発揮する力が，重なり合うからである。しかし，実際には自然な人間の運動による力一速度曲線は双曲線になる場合が多い。このことは，スポーツトレーニングによる実践的問題を解決するための有効な知見である。すなわち，さまざまなスポーツ運動の中に，力一速度曲線が包含されているのである。

図2.11が示すようなスポーツ運動による力一速度曲線は，各種目によって異なる。力を発揮する時間が短く，最大力を発揮できない運動では異なる傾向が存在する。力を発揮する時間の影響を除外するために，実験では急速解放法を利用する。この方法は，身体の一部を固定してアイソメトリックな筋収縮で力を発揮させる。その後，固定が急激に取り除かれ，一定の負荷に対する運動が急激に遂行される。この運動では解放する瞬間の力の大きさが，筋の短縮する初期条件を決定することになり，力発揮速度や時間には影響されなくなっている。

力一速度関係は，運動速度を一定にできる等速性装置を用いて研究されている。しかし，等速性装置における速度範囲は相対的に小さく，高速運動による研究は十分に行われていない。

次に示す力一速度曲線の方程式から得られる結論は，スポーツを実践するために非常に重要な意味を持つ。

1．非常に速い運動中に大きな力を発揮することは不可能である。もし，スポーツ選手が運動の初期局面を速くしすぎると，その次の第2局面で大きな力を発揮できなくなってしまう。例えば，床からバーベルを挙げる場合に，初期のスタートによる運動を速くしすぎると，その後の最も大切な位置（バーベルが膝の近くを通過する位置）における最大力の発揮を妨げてしまう。

2．力一速度曲線の中間範囲で発揮される力と速度は，最大のアイソメトリックな力Fmmに依存する。すなわち，最大力Fmmは動的に発揮できる力を決定する。動的に発揮する力に対する最大力Fmmの影響は，相対的に大きな抵抗で低い運動速度の場合に大きい（図2.12）。同時に，最大力Fmmと最大速度Vmmとの間に有意な相関関係は存在しない。同一動作において，最大力を発揮する能力と大きな速度を獲得する能力は異なる機序になっている。このことは，力一速度曲線の両極の領域で顕著になるが，中間範囲の領域では，速度はFmmの影響を受けている。

3．最大の力学的パワー（Pmm）は，力と速度の中間領域で発揮される。運動速度が高まると，発揮する力は減少する。運動効率は速度がVmmの約20%の時に最大になる。この速度は力学的な最大パワーが発揮される速度（最大の1/3）に近似している（図2.13）。

最大パワーが最大速度（Vmm）の1/3で出現することは驚くべきことのように思えるかもしれない。しかしながら，最も単純化された場合には，パワーは力と速度の積であるという計算が成立していることを忘れるべきではない。

$$P = w/t = F(D/t) = F(V)$$

この場合，Pはパワー，wは仕事，Fは力，Dは距離，tは時間，Vは速度を示す。FmとVmには逆の関係があり，力と速度の大きさが最適の場合にパワーが最大となる。この条件は，最大速度Vmmの1/3と最大力Fmmの1/2になる。結果として，最大パワー（Pmm）は，両方を掛け合わせた値の約1/6になる。この計算は，最も高い力（Fmm）と最も高い速度（Vmm）が同時に発揮される場合を想定したものであり，

$$P_{mm} = 1/3V_{mm}(1/2F_{mm}) = 1/6(V_{mm}F_{mm})$$

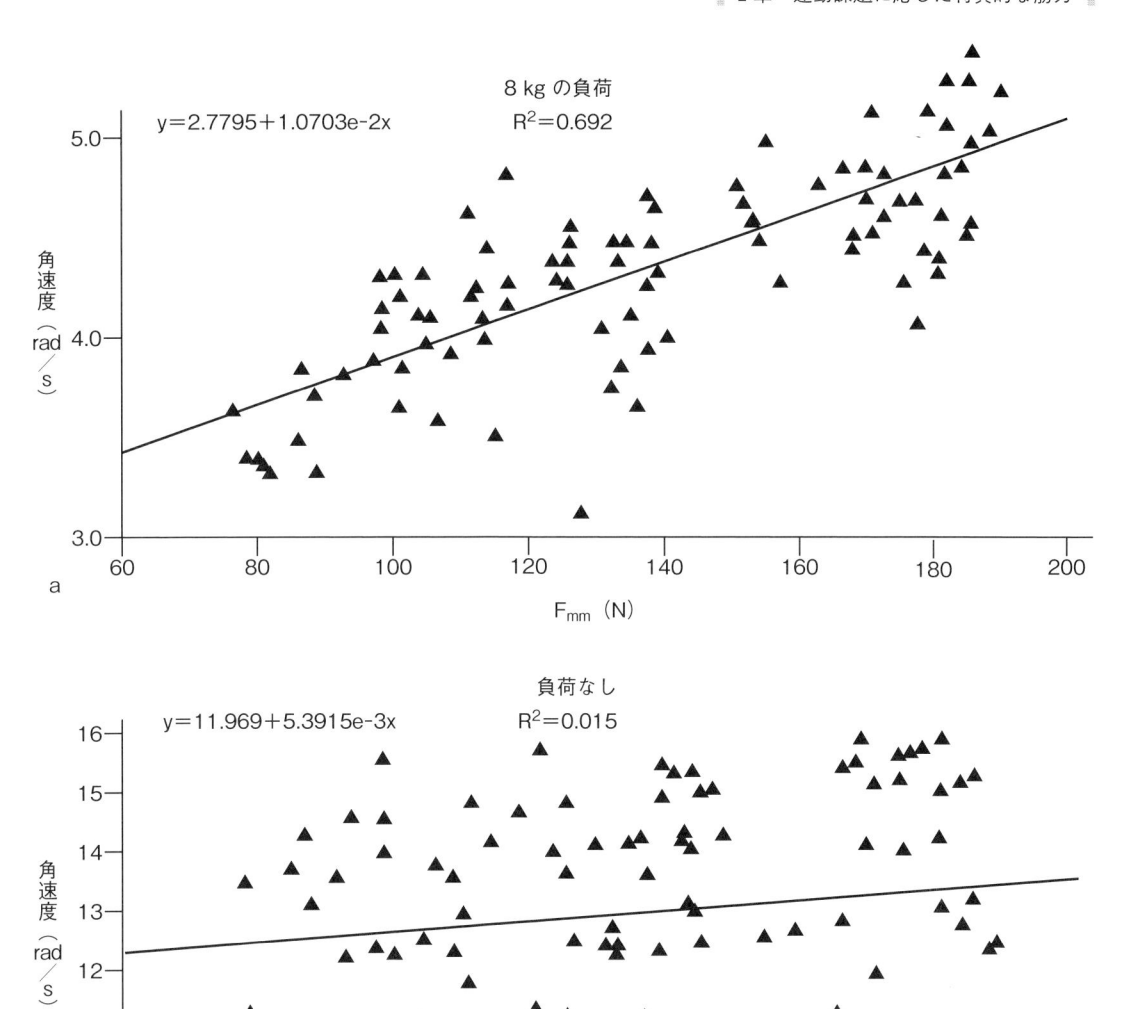

図2.12 腕を伸展した状態で肩の屈曲運動を行った場合の最大力 F_{mm} と速度との非限定要素的な関係。上は (a) V_m に対する F_{mm}，下は (b) V_{mm} に対する F_{mm} の散布図を示す。図2.2と比較する。(a) は 8 kg のダンベルを用いた運動であり，F_{mm} と角速度 V_m との間に高い相関関係が存在する。(b) は負荷のない運動であり，F_{mm} と V_{mm} との間に有意な相関関係はない。

Reprinted, by permission, from V. M. Zatsiorsky, 1969, *Motor abilities of athletes* (Moscow, Russia: Russian State Academy of Physical Education and Sport), 48.

> ## コラム
> ### 砲丸投げ選手と槍投げ選手では，高強度の筋力トレーニングを行う場合に，なぜ異なる注意をしないといけないのか？
>
> 砲丸投げや槍投げは，野球やソフトボールの投動作と類似しており，物体に最大速度を与えるスポーツである。これらの選手は，なぜ異なるトレーニング方法を遂行しているのかが問題になる。そして，なぜ身体の大きさが大きく異なるのかも問題になる。一流の砲丸投げ選手は，トレーニング時間の50%以上を高強度ウエイトトレーニングに費やしている。一方，一流の槍投げ選手がウエイトルームで活動する時間は，トレーニング時間の15〜25%である。その理由は何であろうか。それは，投げる物体の重さにある。砲丸は男子用で7.257 kg，女子用で4 kgである。それに対して，槍は男子用で0.8 kg，女子用で0.6 kgである。一流選手による砲丸投げの初速度は14 m/sであり，槍投げの初速度は30 m/s以上にもなる。これらの2つの値は，力-速度曲線の異なる領域に位置づけられる。砲丸投げ選手は高いF_{mm}を必要とする。砲丸投げでは，運動速度（初速度）と最大力との間に高い相関関係が存在する。しかし，この関係は槍投げにはない。また，卓球の場合には，ラケットが非常に軽いために，この関係はさらに低い。無負荷の腕の運動を対象にした場合には，最大力F_{mm}と最大速度V_{mm}との関係は0に近い。

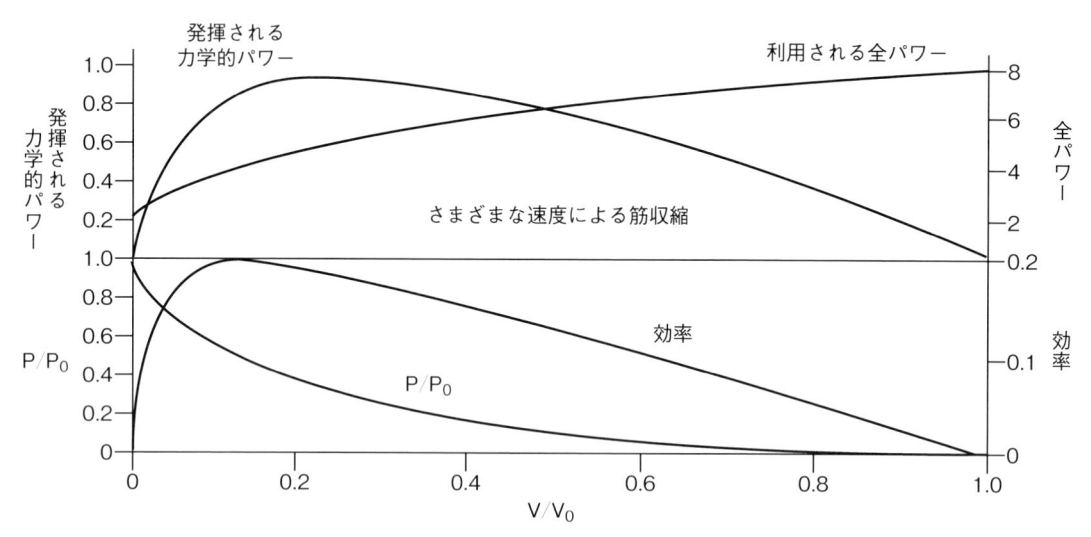

図2.13 運動速度に依存するさまざまな変数。横軸；負荷0の状態での最大速度V_0に対する速度Vの比（V_{mm}はこの本を通してこの量として利用されている）である。縦軸；力＝速度0の状態での最大力F_0に対する比としてのP；効率＝力学的な仕事／利用される全エネルギー；力学的なパワー＝PV；利用される全パワー＝PV／効率，これらの結果は，摘出筋を用いた実験や人間の実験から得られたものである。

Reprinted, by permission, from A. V. Hill, 1950, "The dimensions of animals and their muscular dynamics," *Science Progress* 38：209-230.

となることを示している。

この式は，なぜパワーが重いバーベルを持ち上げた場合よりも，軽い砲丸を投げた場合に大きくなるのかの理由を示すものである。例えば，7.25 kg の砲丸を 18.19 m の距離まで投げた場合のパワーは 5075 W（6.9 馬力）になるのに対して，150 kg のバーベルでスナッチを行った場合のパワーは 3163 W（4.3 馬力）になる。この場合，砲丸に対して最大に発揮する力は 513 N になり，スナッチでは 2000 N にもなる。発揮される力は，砲丸投げではるかに小さくなるが，運動速度は非常に高くなることから，パワーが非常に大きくなるのである。

スポーツ運動では，外的な抵抗の大きさを変化させることができる（例えば，自転車競技のギア，オールのブレードなど）。最終目的が最大パワー P_{mm} を発揮することであるならば，抵抗の大きさ（外力）と運動リズム（速度）を最適に組み合わせることが重要になる。

3) 運動の方向性（プライオメトリックス・伸張―短縮サイクル運動）

筋が引き伸ばされながら発揮する力（エキセントリックな筋収縮によるプライオメトリック運動）は，50〜100％ までのアイソメトリックな最大筋力を大きく越える。この現象は摘出筋においても同様に生じる。単一筋線維を用いたエキセントリックな筋力発揮は，速度が 0 であるアイソメトリックな筋力の 2 倍まで大きくなる。

①エキセントリックな筋活動（Eccentric Muscle Action）

エキセントリックな筋活動は，着地中に典型的に生じる。高所から跳び降りた場合に働く力は，踏切中の力や最大のアイソメトリックな力を大きく越える。地面反力の大きさは，接地後半に股関節・膝関節・足関節が伸展する局面よりも，接地前半に股関節・膝関節・足関節が屈曲する局面においてより大きくなる。

その他の例については，バーベル挙上においてグリップに働く力を考えるとよい。グリップダイナモメータを用いて，男子ウエイトリフターのアイソメトリックな最大グリップ力を計測すると，1000 N よりも小さく，バーベルに与える力よりもはるかに小さいことがわかる。例えば，250 kg のバーベルを挙上する場合にグリップ力は，4000 N を越える瞬間最大力を発揮している。バーベルを挙上するためには，片方の腕あたり 2000 N の力が必要になることを示している。しかし，最大のグリップ筋力は，

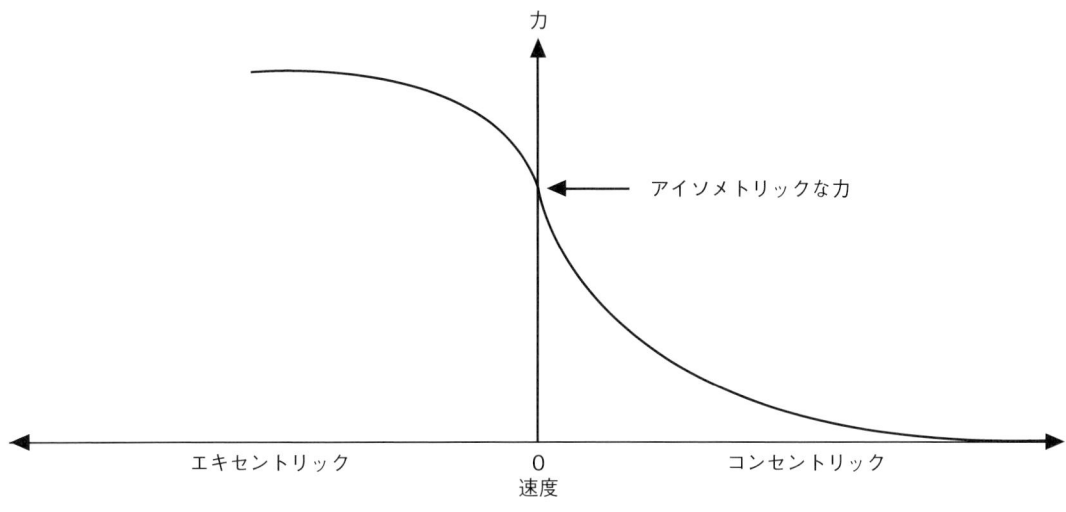

図 2.14 コンセントリックとエキセントリックな筋収縮による力-速度曲線

バーベルに加わる力の半分にも満たない。それにもかかわらず，実際に選手はグリップ筋力を高めることなく，大きな力を支持できる。

エキセントリックな力は，関節の角速度が運動初期に増大し，筋が引き伸ばされる速度が高まることに伴って増大する。速度がさらに高まると，やがて一定を維持するようになる（図2.14）。このことは，高いレベルの選手が行う脚伸展運動のような多関節運動では適した現象である。近年公表されているデータでは，トレーニングをしていない一般人では，エキセントリックな膝伸展運動と屈曲運動による最大随意トルクが運動速度に依存せず，アイソメトリックなレベルを維持することが報告されている。外的な力発揮が，コンセントリックな筋収縮とエキセントリックな筋収縮で同じならば，筋だけでなく腱や靭帯が伸張されていることから，エキセントリックな筋収縮では筋線維の活性化が少なくてもよいと考えることができる。同様に，同じ張力が発揮されているのに，エキセントリックな筋力発揮による筋活動レベルは少ないという報告もある。

エキセントリックな筋収縮では，高い力が発揮されるために，怪我の危険性も高まる。そのために，コーチは怪我のリスクについて注意を促す必要がある。最大運動を行わない場合でも，エキセントリックな力を発揮すると，筋痛が生じることが多い。筋痛の原因は筋線維が損傷することである。損傷が小さい筋では，高い適応現象が生じていることを意味する。よく鍛え抜かれた筋では怪我の危険性は小さい。

②切り返し運動中の筋の働き

エキセントリックな筋力は，コンセントリックな筋力とともに，人間の運動においては自然な筋収縮形態である。ほとんどの運動は，エキセントリック（伸張）とコンセントリック（短縮）から成り立っている。この伸張―短縮サイクル運動（Stretch‐Shortening Cycle）は，ほとんどのスポーツ運動における自然の形態で

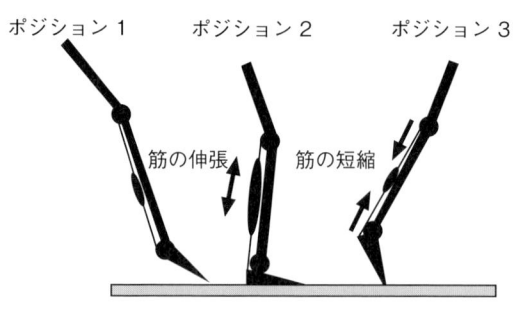

図2.15 走運動中における支持局面中の伸張‐短縮サイクル。足底屈筋は支持局面における初期に伸張されて（１から２のポジション），ポジション２から３で短縮する。

あり，切り返し動作あるいは反動動作（reversible action）中に内在している。投球動作によるワインドアップモーションや垂直跳は，反動動作の典型例である。

筋が伸張された直後に直ちに短縮された場合，次のような効果が発生する。
・力とパワー出力が増大する。
・エネルギー消費量が減少する。

筋は少ない代謝エネルギーで，大きな力学的エネルギーを発揮できる。

切り返し運動中の筋の働きは，ランニング中の接地と踏切動作（図2.15；下肢におけるばね），あるいは投げ動作などに内在している。多くのスポーツ運動では，複雑な動きが非常に短時間に遂行されている。そのために，一流選手であっても，切り返し運動を適切に遂行することに失敗してしまうことも多い。

次に示す四つの理由により，伸張―短縮サイクルにおける短縮局面で働く力が，短縮のみの場合よりも増大することになる。最初に，伸張から短縮への切り換わり時点に出現するアイソメトリックな収縮によって，高い張力が発揮される。この時点で高い速度の影響が取り除かれて，F_mよりもF_{mm}に近い力を発揮することができるようになる。次に，力はエキセントリック局面で増大し始めて力を立ち上げる時間がより長くとれる状態が作られる。垂直跳（ドロップジャンプではない）ではこの現象をよく表

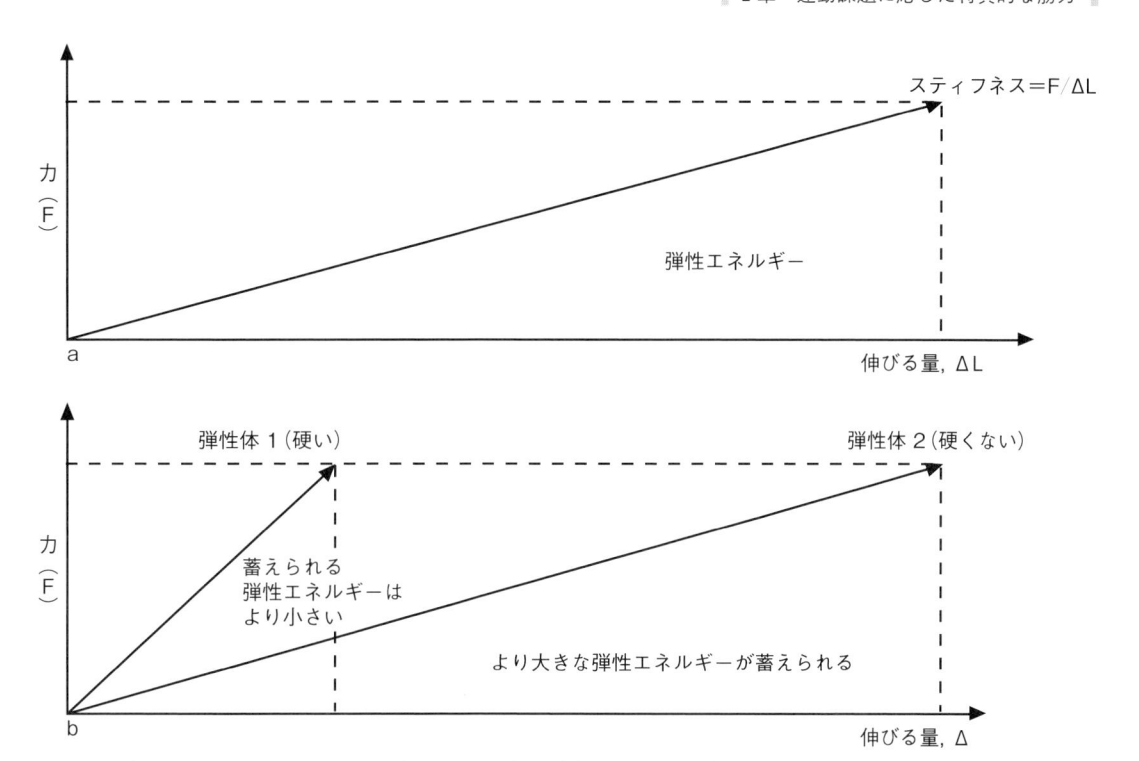

図2.16 弾性体が歪む際に蓄えられる弾性エネルギー。(a) 蓄えられた弾性エネルギーは，歪みの大きさ（ΔL）と力（F）からできる三角形の領域と同じになる。スティフネスは，F/ΔL と同じである。(b) 同じ力の大きさが，二つの異なるスティフネスを持つ弾性体による弾性エネルギー貯蔵に及ぼす影響。弾性体1は硬く，歪みは小さい。弾性体2は柔らかく，より歪むので，弾性エネルギーを大きく蓄積することができる。

している。

この二つのメカニズム以外にも，切り返し運動中に筋活動が高まる運動中の短縮局面で力が増大するために，次に示す二つの要因が影響することになる。それは筋や腱の弾性と反射機構の働きである。

筋と腱の弾性 筋と腱の弾性は，スポーツ運動におけるパフォーマンスを高めるために貢献している。もし，活動中に筋や腱が引き伸ばされたならば，弾性エネルギーがその構造体に蓄積される。この歪みエネルギーが跳ね返り，伸張-短縮サイクル運動における短縮局面中の出力を高めることになる。蓄えられた弾性エネルギー量は，与えられた力に比例して歪みを生じさせる。筋と腱は直列に連結されている。そのために作用する力はいずれも同じであり，蓄えられた弾性エネルギーは歪みの大きさに関係される。この歪みの大きさは，筋と腱のスティフネス（硬さ），あるいはその逆の性質を意味するコンプライアンス（軟らかさ）として示される（図2.16）。

腱のスティフネスは一定であるが，筋のスティフネスは変化し，発揮された力に依存する。活動していない筋は軟らかく，簡単に伸張させることができる。一方，活動している筋は硬い。そのために，活動している筋を引き伸ばすためには大きな力が必要になる。筋張力が大きくなればなるほど，筋のスティフネスも大きくなり，筋を引き伸ばすために高い抵抗力が必要になる。優れた選手は高い力を発揮できる。活動中の筋のスティフネスは，腱のスティフネスよりも高まる（図2.17）。一流選手では，弾性エネルギーが筋よりも最初は腱に蓄えられる。スポーツ運動において，弾性を利用するスキルと腱の弾性特性は，一流選手にとって特に重要である。速く走る馬のような動物では，短く強

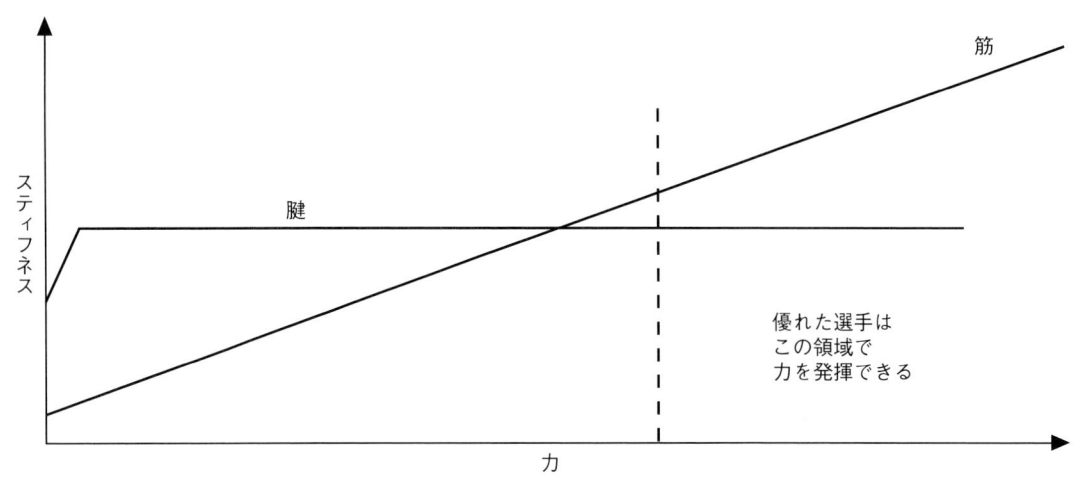

図2.17 異なる筋力発揮による筋と腱のスティフネス。一流の選手は高い力を発揮するために，筋のスティフネスは腱のスティフネスを越える。この状況では，腱は筋よりも大きく伸びて歪み，弾性エネルギーを蓄える。

力な筋と長く軟らかい腱を持っている。ばねのような腱が，移動運動中の一歩一歩における力学的エネルギーを蓄えながら跳ね返し推進力を獲得している。

神経系のメカニズム　ドロップジャンプ中に遂行される筋の切り返し運動中に生じる神経系メカニズムについて考えてみたい。足が接地すると，筋の長さと発揮される力の両方が急激に変化し始める。筋は強く伸張されると，同時に張力を急激に上昇させる。これらの変化は二つの反射系によって調節されている。一つは伸張反射であり，もう一つはゴルジ腱反射である。

これらの反射は，二つのフィードバックシステムによって構成されている。

- 筋の長さを感知し，長さを維持するためのシステム（伸張反射；長さのフィードバック）
- 筋による張力を感知し，損傷を防ぐためのシステム（ゴルジ腱反射；力のフィードバック）

伸張反射のリセプターは筋紡錘であり，筋内の筋線維走行に対して並列に配置されている。筋が外力によって伸張された時，筋紡錘も実質的に伸張される。この伸張が筋紡錘の発射頻度を増大させる。そして，α運動ニューロンの発射頻度を増大させて収縮力が高まる。この反射による収縮は，筋にかけられた負荷に対して，初期の筋長に戻ろうとするためのものである（長さのフィードバック）。

ゴルジ腱器官は筋線維に直列に配置されている。筋紡錘が長さを感知するのに対して，腱紡錘は発揮する力を感知する。筋張力が急激に増大すると，ゴルジ腱反射は筋活動を抑制するように働く。筋張力の大きな低下は，損傷から筋や腱を守るためのものである。

伸張—短縮サイクル運動による伸張局面中の筋への遠心性インパルスは，二つの反射効果が混合された形で機能している。伸張反射は正の効果，ゴルジ腱反射は負の効果である。着地中に脚の伸展筋群に与えられる伸張は，筋の収縮を強化する。しかし，ゴルジ腱反射を取り去ることは難しい。ワールドクラスのウエイトリフターは，三段跳選手のようにドロップジャンプを遂行することはできない。専門的なトレーニングを行うと，ゴルジ腱反射の働きが抑制されるようになる（図2.18）。そして，伸展筋群の働きを低下させないで，着地中に非常に高い力を発揮することができるようになる。これが可能になると，ドロップジャンプの落下高を上昇させながら，高度なトレーニングを遂行してい

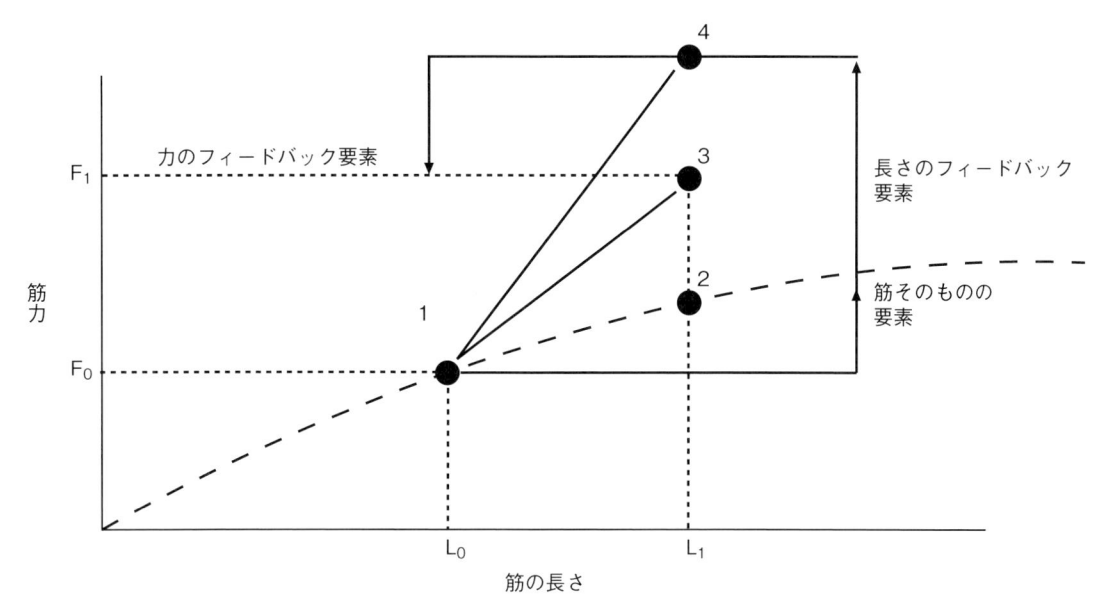

図2.18 伸張—短縮サイクルにより力発揮が高まる神経系のメカニズム。L_0 から L_1 まで伸張される結果，筋の発揮する力は F_0 から F_1 まで増大する。筋力増強の三つの構成要素は，(1) 筋そのものによる要因—引き伸ばされている時の力は，筋と腱の弾性によって生じる (1 から 2 の増大)。(2) 発揮される力は，長さのフィードバック要素によって増大する—この要素は筋紡錘が活性化し筋活動が促進することによって増大する (2 から 4 の増大)。(3) 力のフィードバック要素はゴルジ腱器官に対して生じる。長さのフィードバック要素は，筋のスティフネス (引き伸ばされることへの抵抗) を高めるが，力のフィードバック要素によって低下させられる (4 から 3 の低下)。最終的には，1 から 3 までの変化をもたらす。この線分の傾きはスティフネスとして定義できる。この理論はホーク氏 (J. C. Houk, 1974) によって確立されたものである。

Adapted, by permission, from P. V. Komi, 1986, "Training of muscle strength and power: Interaction of neuromotoric, hypertrophic and mechanical factors," *International Journal of Sport Medicine* 7 (Suppl): 10.

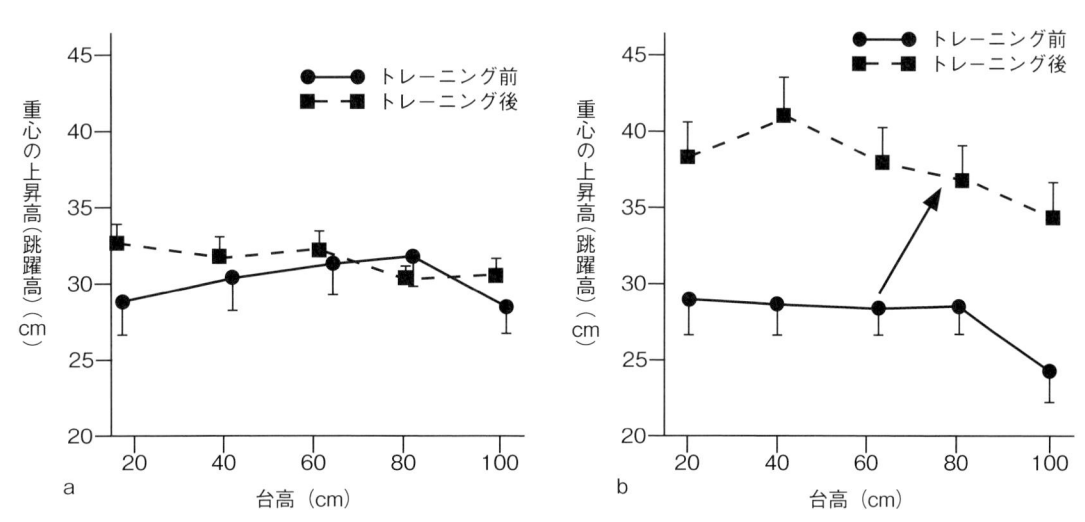

図2.19 ウエイトトレーニングと専門的な跳躍トレーニングによる効果の違い。24週間にわたる (a) ウエイトトレーニング (F_m の 70〜100% の負荷・11 名の選手) と (b) 専門的な跳躍トレーニング (爆発的なパワートレーニング・10 名の選手) を行い，その効果をドロップジャンプのパフォーマンスによる変化によって検討した。

Reprinted, by permission, from K. Häkkinen and P. V. Komi, 1985, "Training of muscle strength and power: Interaction of Neuromotoris, hypertropic and mechanical factors," *International Journal of Sport Medicine* 7: 65-75. By permission of authors.

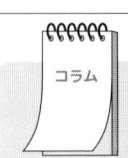

直列に配列するばねとしての筋と腱

コラム

伸張―短縮サイクル運動を理解するためには，直列する二つのばねをイメージするとよい。第一のばねは腱であり，運動中に変化しにくい特性がある。第二のばねは筋であり，筋の活動レベルに依存して変化する。

筋は弛緩している時には非常に柔らかい。もし，この状況で外力が筋―腱連合系に作用した場合には，筋は容易に伸張してしまう。復元しようとする抵抗力は小さい。また，腱ではなく筋が伸張されることになる。しかし，筋が活動している場合には，外的に伸ばされる力に対する抵抗は増大する。この瞬間には，筋よりも腱が先に引き伸ばされることになる。選手が最大に筋力を発揮している場合でも，筋の活性化レベルは一定ではない。自発的なコントロールに加えて，潜在意識化の反射コントロールによって，筋は脊椎レベルで覚醒されている。少なくとも二つの反射が同時に作用している。第一要素である伸張反射は，筋の長さを維持するために機能している。筋が伸ばされた場合には，引き伸ばす力に抵抗して活性化し，筋は元の長さに戻ろうとする。第二要素であるゴルジ腱反射は過度な力が原因で生じる怪我を防いでいる。筋の張力とその発揮速度が非常に速い場合には，脊髄から筋への神経インパルスの伝達が抑制されるようになっている。

筋の活性化による強度は，二つの反射機構の間では相反している（これに加えて意識的な筋の活性化もある）。二つの反射の強度は一定ではなく，混合されて最終的な結果が表出される。ドロップジャンプに見られるような素早く力強い筋・腱の伸張に順応している選手は，ゴルジ腱反射は抑制されて高い力が発生できる。ドロップジャンプトレーニングの目的は，大きな力を発揮することではなく，素早い筋の伸張負荷に対して順応する機能性を高めることにある。

くことができるようになる。

切り返し運動中の筋の収縮様式は，多くのスポーツ運動において重要になることから，切り返しのトレーニングを遂行しなくてはならない。1960年よりも前には，このトレーニングは行われておらず，他の運動による副産物として扱われていた。ドロップジャンプのような切り返し運動は存在していたが，トレーニングの中に取り入れられていなかった。そして，このようなトレーニング方法を，プライオメトリックスと間違えて捉えていた人もいた。エキセントリックな筋収縮ではなく，トレーニングの目的が切り返し運動にある場合には，この用語を用いることは適切ではないと思われる。

初心者の場合，切り返し運動によるパフォーマンスは，高負荷のウエイトリフティングのような運動によって向上することができる。しかし，一流選手では，このスキルは非常に専門性の高いものとして捉えられている。例えば，ドロップジャンプのパフォーマンスは，高負荷のウエイトリフティングなどの筋力トレーニングでは大きく改善できない（図2.19）。高いレベルの一流選手では，最大筋力（Fmm）と素早い切り返し運動によって発生する力（Fm）との間に有意な相関関係は認められず，独立した異なる二つの能力として取り扱われることになる。

コラム なぜ一流ウエイトリフターは床からゆっくりとバーベルを挙げ始めるのか？

　一流ウエイトリフターは，バーベルが膝の高さまで動いた時に，最大加速が得られる技術を行っている。これには二つの理由が存在する。その一つは，この位置で最も高い力が発揮できることである（図2.20）。もう一つは，運動速度が増大すると，力が減少するという力-速度関係の存在である（31頁の速度に関する議論で説明した）。バーベルは力を発揮できる最も適切な姿勢で挙上する。バーに最大力を伝達させるためには，相対的に低い速度で運動を行う必要がある。この第2局面の技術は，軽量級のカテゴリーにあるすべての選手によって用いられている。これらの選手は低い身長であり（150 cmよりも低い），挙上前の立位姿勢によるバーベル位置がほぼ膝の高さにある。

　これらのことは，力を最大に発揮する場合に二つの要因（力が発揮できる姿勢と力-速度関係の原則）がどのように影響しているのかを示している。

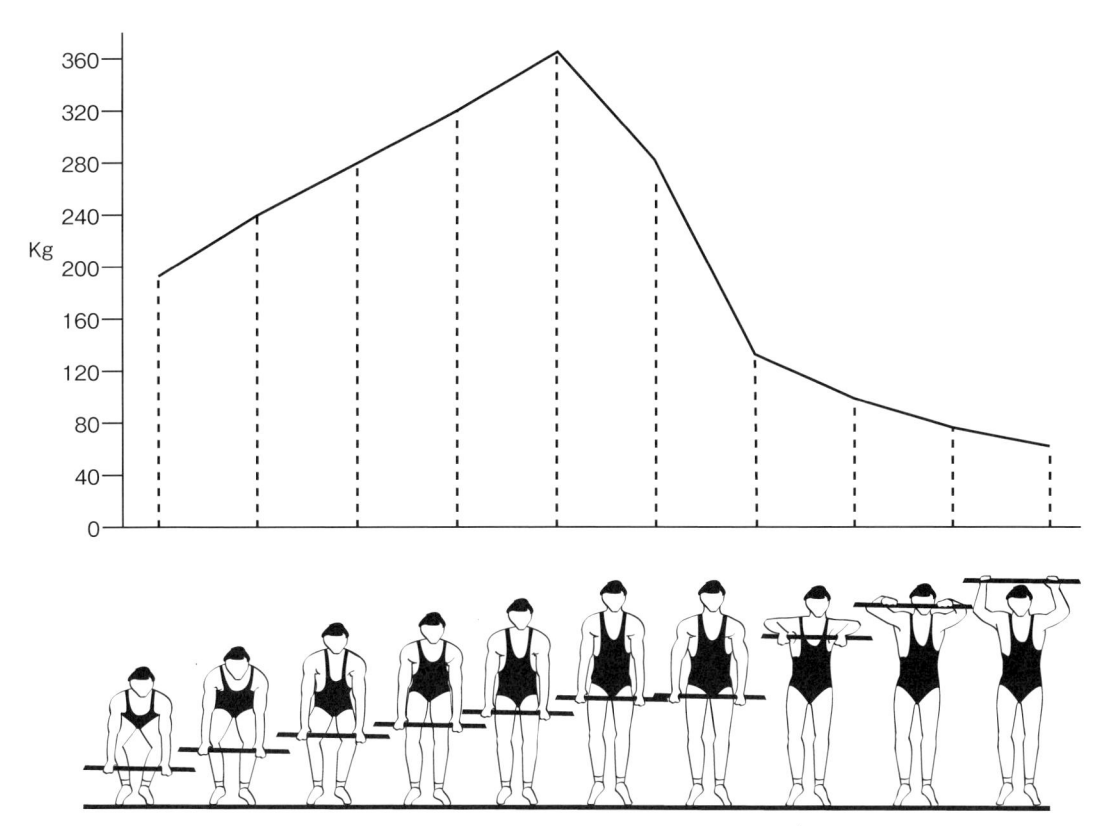

図2.20　さまざまな身体姿勢でバーに発揮される最大のアイソメトリックな力 F_m（さまざまな高さのバーに対する力）。これは多関節運動における筋力曲線の例である。
Adapted, by permission, from D. D. Donskoy and V. M. Zatsiorsky, 1979, "Biomechanics" (Moscow, Russia：Fizkulturi i Sport), 203.

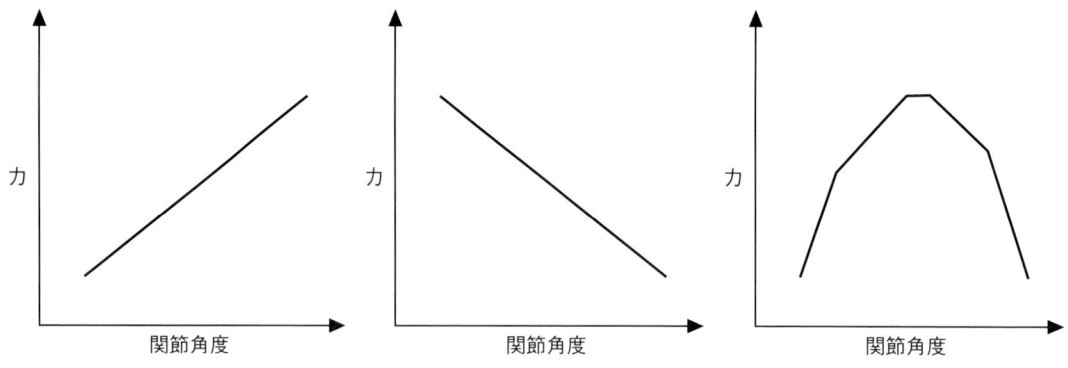

図 2.21　関節角度と筋力との関係——三つのパターン——

Adapted, by permission, from J. G. Hay and P. V. Komi, 1992, Mechanical basis of strength expression. In *Strength and power in sport*, edited by P. V. Komi (Oxford, Germany：Blackwell Scientific Publications), 197-207. Copyright 1992 by the International Olympic Committee. Adapted by permission from Blackwell Scientific Publications.

4）運動姿勢と筋力曲線

ある運動中の筋力は，発揮する姿勢や関節角度に依存される。例えば，バーベルに働く最大力は，バーを挙上する高さに依存する（図2.20）。最大力 F_{mm} はバーが膝のわずか上部にある時に生じる。姿勢を適切に計測し，それに応じた外力をグラフ化した図は筋力曲線と呼ばれている。

単関節運動の場合には，筋力曲線は上昇局面，減速局面，上昇－下降局面の3局面から形成される（図2.21）。図2.22はこの例を示したものである。関節の位置が異なると，発揮できる筋力には大きな差が生じる。

それぞれの運動には，F_m の中の最大値となる F_{mm} を発揮できる角度位置が存在する。肘屈曲中の F_{mm} は90°で発揮される（図2.22 a）。一方，肘伸展中の F_{mm} は120°で発揮される。肩関節の屈曲では，腕が体幹のわずかに後ろにある際に発揮される（図2.22 b）。最も弱い位置の筋力，いわゆるスティッキングポイントも非常に重要になる。負荷の挙上は，関節の全域を利用して行われるために，最も弱い位置の筋力が挙上重量を決定することになる。

筋力は関節モーメント（関節の回転力）に変換される。さらに，関節モーメントは外的な力へと変換される。筋から腱へ，関節モーメント，最後に外的に発揮される力へと，それぞれ変換されていくために，連続的な変換過程について理解する必要がある。

①異なる身体姿勢により発揮される筋力

筋張力は筋の長さに比例する。関節角度が変化すると，筋の長さや筋の起始部から停止部までの距離も変化する。逆に，筋の長さの変化は，筋張力の変化によって生じる。このことは二つの理由による。第一には，アクチン筋線維とミオシン筋線維の重なる部位は変化するが，

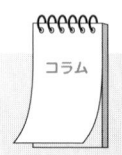

コラム　懸垂動作における順手と逆手の違い

上腕の回内運動中に，肘屈曲のための上腕二頭筋が働くと，最大張力を発揮できなくなる。肘屈曲運動では，上腕の回内運動は肘運動による筋の働きを減少させる。この解剖学的な要因によって，順手動作よりも逆手動作を利用した方が懸垂運動は実施しやすくなる。

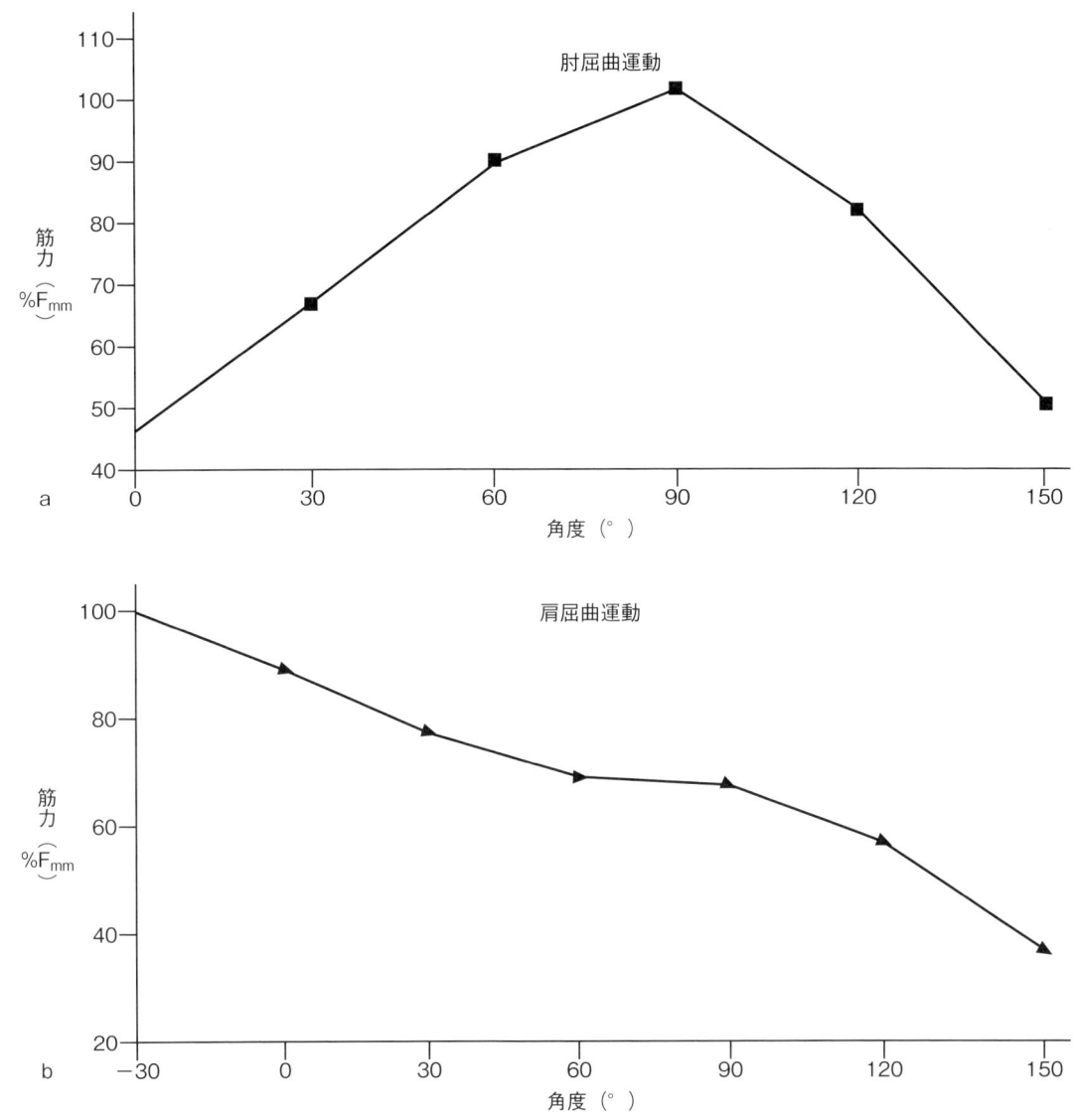

図 2.22 (a) 肘屈曲運動および (b) 肩屈曲運動における角度とアイソメトリックな筋力との関係。角度は解剖学的な姿勢によって定義した。24名の選手の平均値で示した。肘屈曲力は，前腕を回外位にして計測した。肩の屈曲力は，仰向けの姿勢で計測した。前腕は回外位と回内位の中間に位置させた。30°の角度では，腕は体幹の後方に位置させた。

From V. M. Zatsiorsky and L. M. Raitsin, 1973, *Force-posture relations in athletic movements* (Moscow, Russia：Russian State Academy of Physical Education and Sport). Technical Report. By Permission of Russian State Academy of Physical Education and Sport.

　この重なりがクロスブリッジの付着する数を限定するからである。第二には，弾性力，特に並列弾性要素による弾性力の変化が影響する。この二つの要因が相互に働くために，筋長と発生する力との関係はかなり複雑になる。

　一つの関節の運動範囲を制限した場合には，受動的な弾性力が増大する。例えば，ピッチングにおける腕のしなり運動では，肩の外転動作は180°になる（図2.23）。この関節位置では，肩の筋や他の解剖学的に柔らかい部位は変形することになる。この変形に抵抗しながら，各組織は最大関節トルクが得られるように機能して

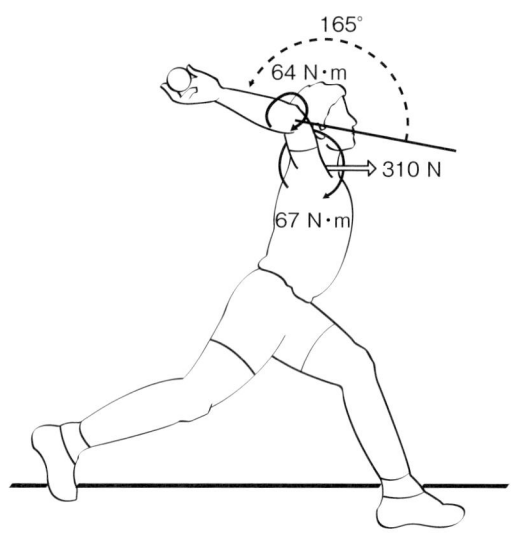

図2.23 投球動作における力。この瞬間に最も高い力が観察される。
MOCK Reprinted, by permission, from G. S. Fleisig et al., 1995, "Kinetics of baseball pitching with implications about injury mechanism," *American Journal of Sports Medicine* 23(7): 223-239.

いる。

　二関節筋の長さは，二つの関節の角度に依存する。二関節筋のFmmは，計測対象となる関節の角度だけではなく，他の関節角度にも依存する。例えば，足関節の底屈トルクに対する二関節筋である腓腹筋の貢献度は，膝関節が屈曲している場合には減少する（腓腹筋は膝と足関節の二つの関節に関与する）。そして，その際に腓腹筋は短縮している。膝関節が最大に屈曲した条件で，足関節が足底屈した場合には，腓腹筋は高い力を発揮することができなくなる。しかし，この位置では，ヒラメ筋を選択的にトレーニングすることが可能になる。

　一般的に示されている長さ―張力曲線は，個別な関節位置と個別な筋長を用いて，アイソメトリックな筋収縮によって記録されてきた。したがって，これまでに示されてきた長さ-張力曲線は，筋が伸張したり短縮したりする際の力を正確に示したものではない。筋張力は伸張中に大きくなり，短縮中には静的に働く力よりも小さくなるのが一般的である。

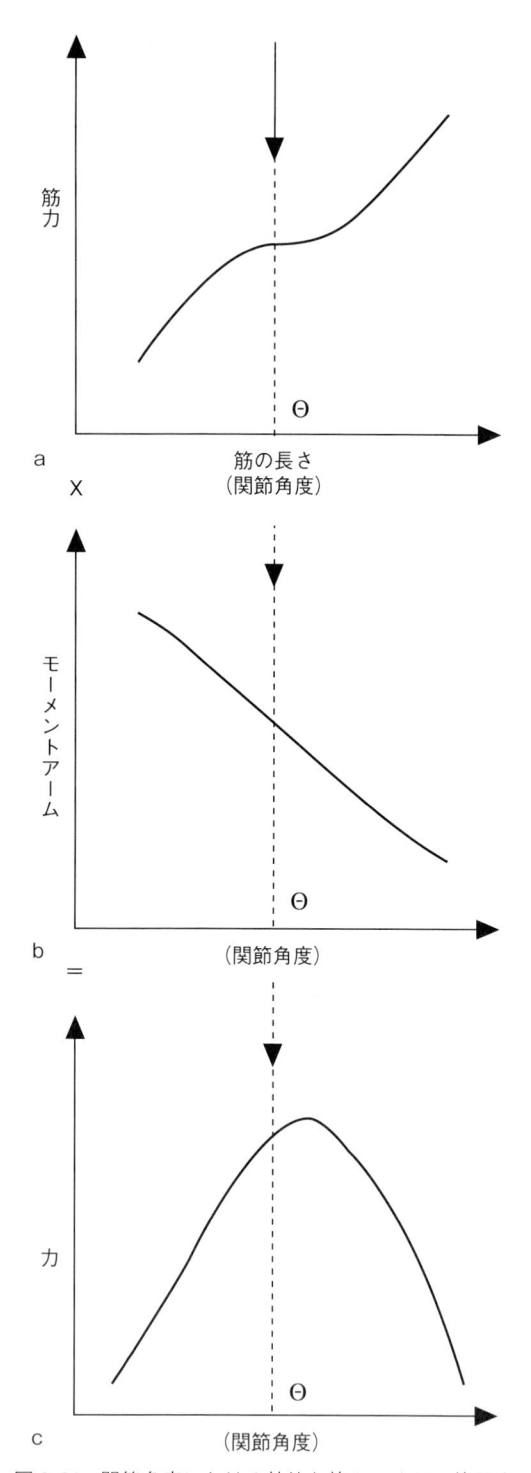

図2.24 関節角度における外的な筋トルクは，筋張力とモーメントアームによって形成される。下方向への矢印と点線は，ある角度の際の筋力とモーメントアームおよび力を示している。(c) 筋力曲線は，(a) 筋力―角度曲線，(b) モーメントアーム―角度曲線が融合されて形成される。

②筋力から関節モーメントへの伝達

力は関節における回転軸と交差しない場合がほとんどであり，そのために身体各部の軸周りの回転運動が生じる。回転を生じさせる力のことは，モーメントまたはトルクと呼ばれている。力 F のモーメントは，F の大きさと回転中心から力までの最も短い距離 d の積，$M = Fd$ によって決まる。この場合の距離 d はモーメントアームと呼ばれている。これによって，筋が張力を発揮した際に，筋張力によって関節の回転運動が発生することになる。筋によって発生した関節モーメントは，次の式で算出できる。

関節モーメント＝筋張力・筋のモーメントアーム

関節角度が変化すると，関節から筋までの支点間距離が変化する。例えば，肘関節に関与する上腕二頭筋のモーメントアームを計測すると，最大伸展した 180°では 11.5 mm であるが，90°の場合には 45.5 mm となり，4 倍もの違いが生じる。これらのことは，肘屈曲動作中に筋によって発揮される力のモーメントは，4 倍も変化することを意味している。さらに，この外的な力を筋力として評価すると，4 倍もの

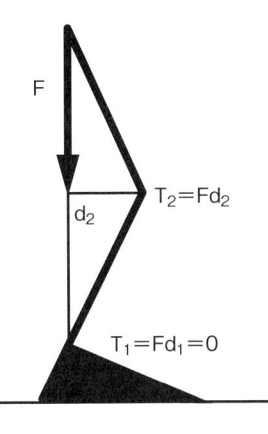

図 2.25 脚が伸展するほど，膝関節に作用する力のモーメントアーム (d_2) は小さくなる。そして，小さな膝関節モーメント (T_2) であっても，力 F に耐えられる ($T_2=Fd_2$)。このことは，脚が完全に伸展した場合に，重い負荷重量が支持できる理由になる。力の作用線が関節中心を通る場合には，関節モーメントは 0 になる。図に示したように，このことは足関節で多く生じる。したがって，脚や腕が伸展している場合には，小さな関節モーメントによって大きな外力に対応できるのである。

Reprinted, by permission, from V. M. Zatsiorsky, 1992, *Kinetics of human motion* (Champaign, IL：Human Kinetics), 140.

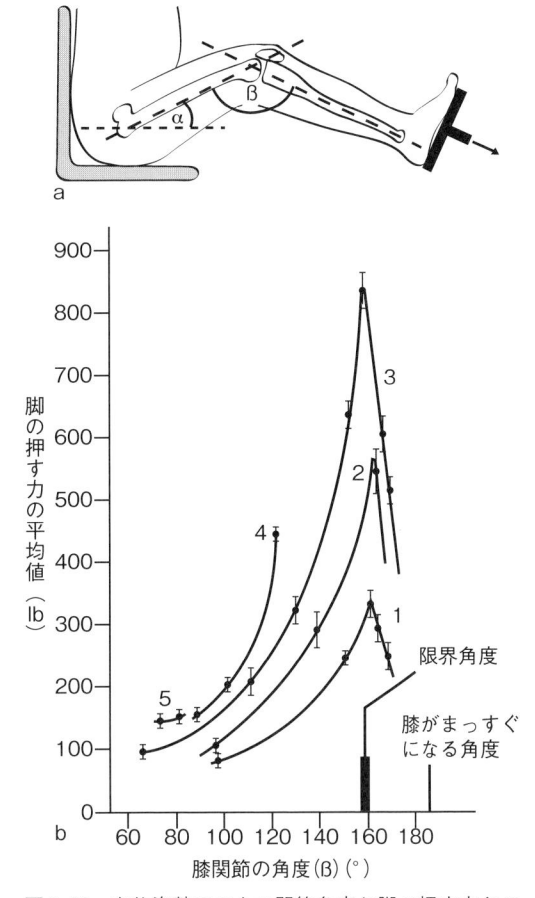

図 2.26 座位姿勢での人の関節角度と脚の押す力との関係。(a) 実験姿勢，(b) 7 名の対象者が異なる姿勢でペダルをアイソメトリックな収縮で最大に押した場合の力。水平に対する大腿部の四つの角度 (α) によって，膝関節を変化させた (β)。1 の曲線は α の角度が -15〜$-6°$ までのデータを示す。2 の曲線は α の角度が $+5$〜$+10°$，3 の曲線は $+15$〜$+19°$，4 の曲線は $+33$〜$+36°$，5 の曲線は $+48$〜$+49°$のデータを示す。これらの大腿部の位置では，ハムストリングの伸展限界を越えた膝関節伸展位置を取れない。身体姿勢が異なる場合の力の大きさは，9 倍もの違いを生じることに気づく必要がある。

Adapted, by permission, from P. Hugh-Jones, 1947, "The effect of limb position in seated subjects on their ability to utilize the maximum contractile force of the limb muscles," *Journal of Physiology* 105：332-334.

違いが表れることになってしまう。

　要約すると，関節角度が変化すると，二つの理由で外的に表出する力が変化する。(1)筋の長さに応じて発揮する張力の違い，(2)異なるモーメントアームを通して作用する力の違い，この二つが変化することになる（図2.24，44頁）。

　多くの筋は，一つの関節軸の中で多様なモーメントを作り出す。これらの筋はいくつかの機能を有している。例えば，上腕二頭筋は，肘関節における前腕を屈曲させながらも回外させることに貢献する。解剖学的身体配列によるこの二つの効果は，スポーツ選手には重要な要因である。

　第一に，筋は一つの方向だけではなく，その他の方向にも同時に力を発揮する。相互バランスを取るために，協同的に筋が活性化する。活性化する筋の数は増大するが，発揮される力は低下する。直角に固定した肘による力強い腕の回外運動を，いわゆる螺旋(らせん)回転するねじの回転運動に置き換えて考えてみる。回外運動には関与しないが，上腕三頭筋も活動する。簡単な説明は次のようになる。上腕三頭筋と上腕二頭筋による抵抗に対して，力強い回外運動を遂行するとする。この場合に，上腕三頭筋と上腕二頭筋は同時に引き伸ばされる。上腕二頭筋は回外運動の主働筋として働くが，同時に屈曲モーメントを作り出す働きもある。この屈曲モーメントは上腕三頭筋によって発揮される伸展モーメントと釣り合うことになる。

　第二に，選手は二つ目のモーメントを最小にする方法で，力強い運動を遂行している。例えば，体操競技選手による吊り輪の引き動作では，肘を屈曲する際に腕はいつも回外させている。そうすることを教えないでも，スポーツ選手は単純で簡便な動きを自然に遂行している。

③関節モーメントから外的に発揮する筋力へ

　単関節運動によって最終的に外部に発揮される力は，その力に対するモーメントアームと関節モーメントとの比によって決定される。したがって，外部に発揮される力の作用線が関節中心に近い場合やモーメントアームが小さい場合には，同じ関節モーメントでも外部に発揮する力は大きくなる。

　多関節運動系では，作用する力に対する関節の配列は非常に複雑になる。これに関する単純な例を示す。脚および腕の伸展運動による最大力は，ほとんど伸展した状態で働く（図2.25，図2.26）。脚や腕の位置に対する力の作用線を，膝や肘関節の近くにして，モーメントアームを短くするような姿勢をとる。脚や腕が完全に伸展された場合には，作用する力はセグメントに沿って働くことになり，モーメントアームが0に近づく。その結果，各関節の適切な配置が成立し，大きな力を支えることができる姿勢がとれるようになる。

　これらのことをまとめると，適切な身体姿勢は，外部に発揮する最大力を高めることに大きく影響することになる。

3. 要　約

　スポーツ選手は，さまざまな努力で投げる，持ち上げる，跳ぶなどの運動を行っている。最大努力になると，筋は最大の仕事を遂行する。実施する運動は，上り坂走による傾斜角度，器具の重さなどの抵抗の違いを含めたさまざまな要因によって特性化される。

　さまざまな運動パラメータを計画的に変化させる場合に，最大パフォーマンスに関係する変数が重要になってくる。最大力（Fm）と最大速度（Vm）との関係は負である。力が高くなればなるほど，速度は低くなる。本書の中では，すべての条件を通して発揮できる最も高い力を最大力（Fmm）とする。この最大力（Fmm）と最大速度（Vm）との関係は限定要素的関係になる。それらの相関係数は，典型的

には正の値を示し（力が高くなるほど，速度も大きくなる），相関係数の大きさはパラメータに依存する。また，運動中の負荷抵抗が大きくなるほど，相関係数も高くなる。

　筋力は最大力を発揮する能力のことである。重い物体に働かせる筋力や軽い物体に働かせる筋力があるように，異なるパラメータによって筋力は計測される。発揮した力の大きさは，運動経過に大きく影響する。運動が固定されて変化しない（身体部位，運動の軌跡）時にも，力は常に変化している。

　種々の要因が，運動中に発揮される力の大きさによって決定される。各要因は外的要因と内的要因に定義できる。発揮する力は，選手自身の特性だけではなく，外的要因によって大きく影響される。その中でも，負荷抵抗のタイプ（弾性体か慣性か，あるいは重力か流体抵抗か）による影響は大きい。

　負荷抵抗のタイプは，力の発揮パターンに影響を受ける。同じ腕の運動でも，異なる負荷を用いた場合，運動初期には弾性負荷がかかり，その後に粘性負荷のかかる場合がある（腕は弾性と粘性に抗して運動する）。負荷抵抗は，運動速度に比例して大きくなる。筋力トレーニング機器による負荷抵抗は，自然に行われる実際のスポーツ運動の負荷とは異なる場合が多い。この双方の違いが，筋力トレーニング効果の低下を生じさせる。

　種々の運動の特性は，最大力の発揮にとってかなり重要になる。また，力の立ち上がり時間は，多くのスポーツを行うための重要な要因になる。単関節運動を対象にした場合，最大力に至る時間は，実際のスポーツパフォーマンスよりも長くなる。そのために，競技パフォーマンスの成功は，力の大きさよりも立ち上がり速度の方がより重要になる。最大力と力の立ち上がり速度による貢献度は，競技レベルに応じてかなり異なる。高いレベルの選手のパフォーマンスになるほど，力を立ち上げるための時間は短くなり，これがパフォーマンスに大きく影響する。最少時間で最大力を発揮する能力は，爆発的な筋力と定義されている。

　また，運動速度は発揮する力の大きさに影響され，速度が高くなるほど力は小さくなる。運動速度が低くなるほど，運動中に発揮する力は大きくなり，競技パフォーマンスに対する最大筋力の貢献度は増大する。

　運動方向は非常に重要である（運動中に筋が短縮するか，伸張するか）。最も高い力は切り返し運動中のエキセントリックな筋収縮の際に発生する。その際には，筋は力強く伸張されるとともに，その後，急激に短縮される。この伸張―短縮サイクル運動は，多くのスポーツ運動における本質的な運動様式である。伸張―短縮サイクル運動によって発揮される力の大きさは，弾性エネルギーの貯蔵と再利用の大きさを反映し，筋や腱の弾性能力と神経系のコントロールに関する二つの要因に依存する。二つの脊髄反射による相互作用は（伸張反射とゴルジ腱反射），伸張―短縮サイクル運動中に入力される筋からの神経インパルスが主な決定要因になる。

　筋力の大きさは，身体の姿勢に大きく影響される。単関節運動の場合，力曲線は筋および腱の力とモーメントアームに影響される。多関節系身体運動の場合には，力が発揮される全運動範囲の中に，最も強い姿勢と弱い姿勢がともに存在していることになる。

Chapter 3
スポーツ競技に応じた特異的な筋力

　これまでの章を通して，スポーツや身体活動中にはさまざまな種類の筋力が発揮されていることを説明してきた。この章では，各選手が発揮する最大筋力に影響する要因について説明する。さらに，各選手ごとに，最大筋力の決定要因が異なることについても考えていく。2章と3章を読めば，あなたは筋力の決定要因を正確に分類することができるようになるとともに，それを実践的に利用できるようになる。

　個々の選手が類似した運動を遂行していても，そこでは異なった筋力が発揮されている場合がある。これらの違いには，主に二つの要因が影響している。
・個々の筋群による最大筋力と末梢性の要因
・中枢神経系による筋活動の調整能力と中枢性の要因

　神経系の調整能力に関する二つの要因には，筋肉内調整機構と筋肉間調整機構がある。

　本書は生理学の内容を題材にしたものではない。しかし，筋力トレーニングに直接関係する生理学的な内容について説明しておく必要がある。

1.筋力を決定する末梢性の要因

　筋量は，筋力発揮に影響する末梢性要因の中で最も重要なものである。筋の太さと容量は，トレーニングによって大きく影響を受けるとともに，栄養摂取やホルモンによっても影響を受ける。

(1)筋量

　大きな生理学的断面積を持つ筋は，小さな筋に比較して大きな力を発揮できる。一方，筋の長さについては見過ごされる場合が多い。高強

度の筋力トレーニングを行うと，筋の横断面積が増大し，最大筋力は向上する。

骨格筋は多数の筋線維と筋細胞から成り立っている。おのおのの筋線維は，多数の並列する筋原線維から成り立ち，それらが繰り返しつながりサルコメア（筋節）を形成している。サルコメアは，薄いアクチンタンパクと分厚いミオシンタンパクによって構成される。アクチンとミオシンは部分的に重なり合っている。ミオシンフィラメントは，クロスブリッジという外部に螺旋状に突起している小さな部位（ミオシンヘッド）を持つ。ミオシンヘッドを持つクロスブリッジの終末は，筋収縮中には細いフィラメントに接するように動いており，クロスブリッジの付着現象と呼ばれている。フィラメント滑走理論によると，サルコメアの短縮や筋線維の短縮は，ミオシンフィラメントの間にアクチンフィラメントが滑り込むことによって生じると考えられている。

筋によって発揮される力は，筋を構成する種々の単位（サルコメア，筋原線維，筋線維）によって作られる。サルコメアによって発揮される最大力は，アクチンフィラメントに付着し，クロスブリッジを形成するミオシンヘッドの総数によって決定される。一定のサルコメアに対するクロスブリッジ形成の総数は，次の要因に影響される。

・アクチンおよびミオシンフィラメントの数とフィラメントのすべてのクロスブリッジ領域
・アクチンフィラメントに作用するミオシンヘッドの数やサルコメアの長さ

長いサルコメアを持つ筋（長いアクチンとミオシンフィラメント）は，クロスブリッジあたりに発揮される力を大きくできる。これは重なり合う部分が大きいことに起因している。

一つの筋原線維におけるサルコメアは直列に配列している。直列に連なる要素（例えば，筋原線維の中のサルコメアによる力）によって発揮される力は，個々の要素が発揮する力の総和になる。筋原線維の中のサルコメアはほとんど同じ力を発揮しており，筋原線維が発揮する力は，長さそのものには依存されない。

筋線維によって発揮される力は，アクチンとミオシンの数によって制限される。また，並列に配列された筋原線維の数によっても制限される。図3.1に，サルコメアにおける並列と直列の各方向による振る舞いの違いを示した。この図は二つのサルコメアによって形成される二つの筋線維を示している。研究者は，力発揮に関する筋の潜在性を，筋の全横断面積によって評価する。筋線維領域に対するフィラメント領域の比率は，フィラメントのエリア密度と呼ばれている。

筋力トレーニングは，筋原線維あたりのフィラメントの数，筋線維あたりの筋原線維の数，そしてフィラメントのエリア密度を増大させる。これらの現象によって，筋細胞の大きさと筋力の両方を高めることができる。現在のところでは，私たちはサルコメアの長さが筋力トレーニングに及ぼす影響について，ほとんど理解できていない状況にある。

筋力は筋全体の生理学的な横断面積に依存する。この横断面積は，筋線維数と筋線維個々の横断面積に影響される。

筋力トレーニングが筋の太さを増大させることはよく知られている。この増大は筋肥大と呼ばれており，ボティービルダーの形態はこれをよく示している。筋全体に見られる肥大は，次の要因によって引き起こされる。

・筋線維数の増大
・個々の筋横断面積による増加

近年の調査では，筋線維数の増大と筋横断面積の増加が，筋肥大に貢献していることが認められている。しかしながら，筋線維数の増大による貢献度はかなり小さく（5％以下），筋力トレーニングにおける実際的効果は少ない。ほとんどの筋肥大は，筋原線維数の増大によって

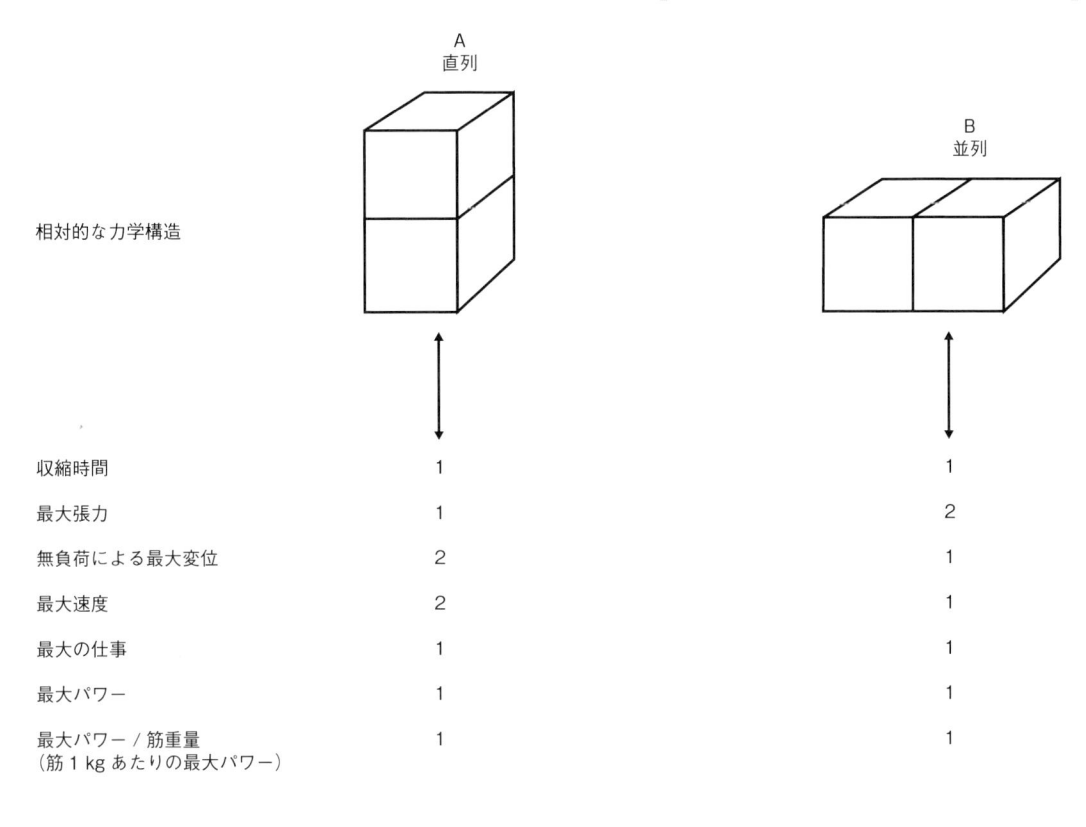

3章 スポーツ競技に応じた特異的な筋力

	A 直列	B 並列
相対的な力学構造		
収縮時間	1	1
最大張力	1	2
無負荷による最大変位	2	1
最大速度	2	1
最大の仕事	1	1
最大パワー	1	1
最大パワー／筋重量 （筋1kgあたりの最大パワー）	1	1

図3.1 サルコメアの配列の違いによる効果。筋線維における力学的な構造における(A)直列と(B)並列，および相対的なアイソメトリックとアイソトニックな収縮による力発揮を示した。
Reprinted, by permission, from W. R. Edgerton et al., 1986, Morphological basis of skeletal muscle power output. In *Human Muscle Power*, edited by N. L. Jones, N. McCartney, and A. J. McComas (Champaign, IL: Human Kinetics), 44.

引き起こされる。筋線維数が多い人は，少ない人に比較して優れたウエイトリフターやボディービルダーになり得る潜在性を持っている。筋力トレーニングを行うと，筋線維や個々の筋群の大きさが増大するが，筋線維数は実質的に変化しない。

　筋肥大の典型的な二つのタイプは，筋形質の肥大と筋原線維数の増大によってモデル化することができる（図3.2）。

　筋線維による筋形質の肥大は，筋形質の成長と筋力に直接関係しない非収縮タンパク質が増大することによって生じる。このような場合の筋線維におけるフィラメントのエリア密度は，筋線維の横断面積が増大すると減少する。この場合に筋力の増大は生じない。

　筋線維の肥大は，アクチンとミオシンフィラメントの増大と，筋原線維数の増大によって生じる。筋細胞内でのアクチンとミオシンの合成

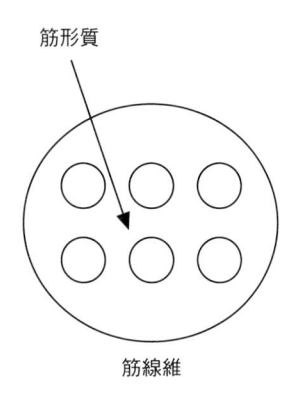

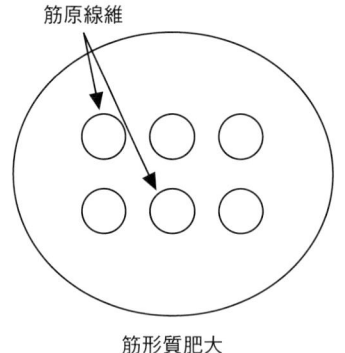

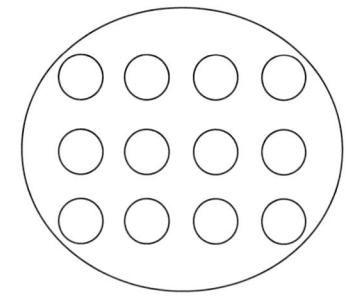

図3.2 筋形質肥大と筋原線維の増大

は、細胞核の中の遺伝子によってコントロールされる。筋力トレーニングによる運動の実施は、細胞核外にある酵素に対して化学的なメッセンジャーを送るための遺伝子を刺激する。それによって、アクチンとミオシンタンパクの合成が促進される。収縮タンパクが同調し、新しいフィラメントが合成されるまで、タンパク質がつながりながらフィラメント密度が増大する。この筋線維肥大によって筋力の増大が生じることになる。

高強度筋力トレーニングは、筋線維における筋形質の肥大と筋原線維数の増大を導く。トレーニング経過に依存して、筋線維肥大によるタイプが出現する度合いが異なる（一方だけが単独に発生することはない）。一流ウエイトリフターでは筋線維に肥大が見られるが、ボディビルダーでは筋形質に肥大が見られる。高強度筋力トレーニングによる目的は、体重を増大することにあり、ほとんどのスポーツ選手では筋線維の肥大が生じることになる。したがって、筋力トレーニングは、収縮タンパクの合成を刺激してフィラメント濃度の増大を促進するものでなくてはならない。

筋力トレーニングにおいて共通しているのは、エクササイズによってタンパク質に異化作用（筋タンパク質の分解）を起こし、休息期に収縮タンパクの合成を高めることである（分解と合成の理論）。筋力トレーニングでは、筋タンパクは単純な物質に変化し、同化作用中に合成が促進される。筋線維の肥大は、筋タンパクの超過回復現象である。

収縮タンパク質の合成を増大させる初期刺激の誘因を含めた筋タンパク合成のメカニズムは、まだ明確にされていない。古い理論は新しい概念へと再構成されなくてはならない。このためには、有効となる新しい真実を明確にするとともに、間違いを排除し直接的な証拠を蓄積しなくてはならない。30〜40年前のコーチの間で流行していた仮説は、今では完全に意味をなさないものになっている。

例えば、次のようなものである。

・血液循環に関する仮説は、活動筋における血液循環の増大が、筋が成長する刺激になるというものである。フラッシング（Flushing：一気に流す）というボディビルディングのための主流となっているトレーニングは、この仮説にもとづいている。しかしながら、治療手段としても、活動筋の血液増大現象（一つの筋を通して流れる血液量の増大）それ自体では、タンパク合成の活性化が引き起こされることはない。運動中に筋に流れる血液は、本質的に栄養やホルモン輸送のために重要とされる。しかし、タンパク合成の活性化は、活動する筋の運動単位数に関係している。

・筋の低酸素仮説は、筋力トレーニングにお

いて，筋組織の血液と酸素が十分に供給できなくなり，その不足状態がタンパク合成を誘引するというものである。これは血液循環に関する仮説とは対照的である。筋力トレーニング中には，筋の動脈や毛細血管が圧迫されて，活動筋への血液供給が制限される。さらに，筋張力が最大の60%を越えると，血液運搬ができなくなる。

　ある研究者は，異なる方法で筋を低酸素状態にすることによって，酸素の少なさが筋の大きさを増大させる刺激にはならないことを証明した。プロの真珠採取ダイバー，シンクロナイズのスイマー，低酸素状態で規則的な運動を行う作業従事者は，いずれも肥大した筋を持っていない。組織の低酸素は活性酸素量を増大させて，身体組織の各部位を傷つける。筋の肥大が，この筋の損傷効果によって誘引されると結論づけている研究もある。ほとんどの低酸素状態は，筋を最適に回復させて修理するためには有害になる。

・アデノシン三リン酸（ATP）不足理論は，ATP濃度が高い抵抗の運動後に減少するという仮説にもとづくものである。しかしながら，近年の知見では，完全な疲労困憊状態の筋でさえも，ATPレベルがほとんど変化しないことが示唆されている。

　四つの理論の正しさは詳細には証明されていないが，筋肥大におけるエネルギー系の理論はより現実的で適切な理論である。この仮説によると，タンパク同化が増大する要因は，高強度に筋力を発揮する際にタンパク合成エネルギーを消費する必要があり，そのために筋が収縮することである。筋タンパク合成は実質的にエネルギーを必要とする。例えば，一つのペプチド結合による合成には，二つのATP分子が加水分解中に解放するエネルギーを必要とする。この際には，一定のエネルギー量が筋細胞内で必要になる。エネルギーは筋タンパク同化と筋の

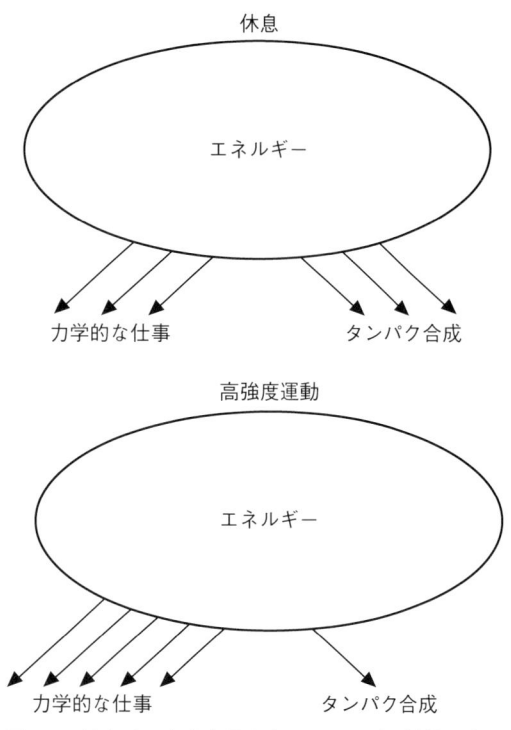

図3.3　休息時と高強度運動中のエネルギー供給。高強度運動中には筋タンパク合成が減少するために，多くのエネルギーは直ちに利用される。

仕事のために利用される。通常は，筋細胞内で利用されるエネルギー量はこの二つのために利用される。高強度運動中には，ほとんどすべてのエネルギーは収縮要素に運ばれて，筋が仕事をするために利用される（図3.3）。

　タンパク合成のためのエネルギー供給が減少すると，タンパクの分解が向上する。血液から筋へのアミノ酸の供給は運動中に減少する。高強度運動中におけるタンパク異化は，新しく合成されるタンパクの量を越えてしまう。したがって，筋タンパク量は筋力トレーニング後に減少する。また，タンパク異化に関する量（血液中による非タンパク窒素の濃度）は上昇する。一方，トレーニングセッション間の休息期間にはタンパク合成が増大し，血液から筋へのアミノ酸の供給が安静レベルを超えてしまう。このような収縮タンパクの合成と分解の繰り返しは，タンパク質の超過回復現象の結果として生

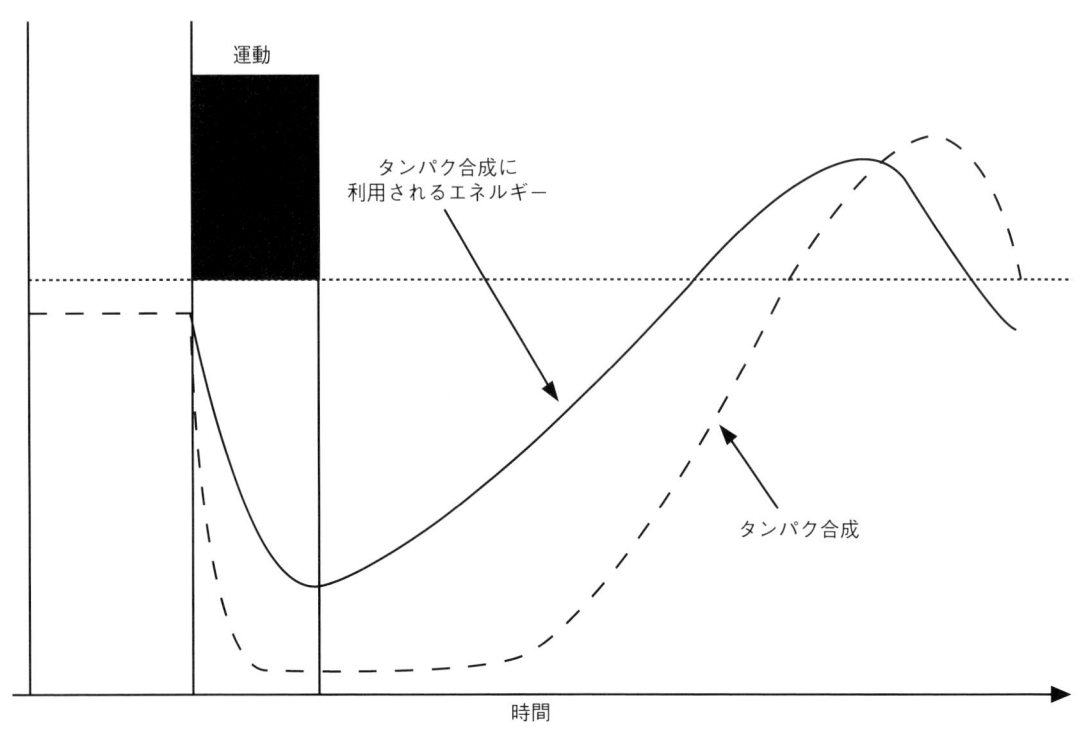

図 3.4 筋細胞のエネルギーとタンパク同化速度

Adapted, by permission, from A. A. Viru, 1990, Influence of exercise on protein metabolism. In *Lectures in exercise physiology*, edited by A. A. Viru (Tartu, Estonia：The Tartu University Press), 123-146. By permission of author.

じるものである（図3.4）。この原理は持久力トレーニングに対する筋グリコーゲンの回復現象と類似している。

タイプⅠの遅筋線維とタイプⅡの速筋線維は，同じ方法では肥大しない。タイプⅠの筋線維は，筋原線維タンパクによる分解量の減少に依存する。タイプⅡ筋線維はタンパク合成量に依存する。両方の機能ともに筋線維内で生じるが，この違いはトレーニング状態に影響を受ける。タイプⅠ筋線維は脱トレーニングに対して応答し，タイプⅡ筋線維よりも高い運動頻度が必要になる。

筋肥大を刺激するメカニズムに関しては不明な点が多いが，それを誘引するパラメータは，運動強度（発揮する筋力）と運動量（筋が遂行する運動の反復回数）である。4章において，この理論の実践的側面を示していく。

(2) 体重

筋の重さは体重を構成する大きな要素である（一流ウエイトリフターは，体重の50％が筋重量である）。したがって，体重の重い選手は大きな筋力を発揮できることが考えられる。

筋力が体重に依存することは，同じ競技技能の選手では明白である。ウエイトリフティングにおける世界記録保持者について見ると，パフォーマンスと体重との間には，0.93という非常に高い相関係数が示されている。世界選手権大会の参加選手では，パフォーマンスと体重との間には，0.80の相関係数が示されている。一方，スポーツを行っていない一般の人の相関係数は低く，ほとんど0に近い。

さまざまな人々の筋力の比較には，体重1kgあたりの筋力である相対筋力（relative strength）を用いることが一般的である。体重

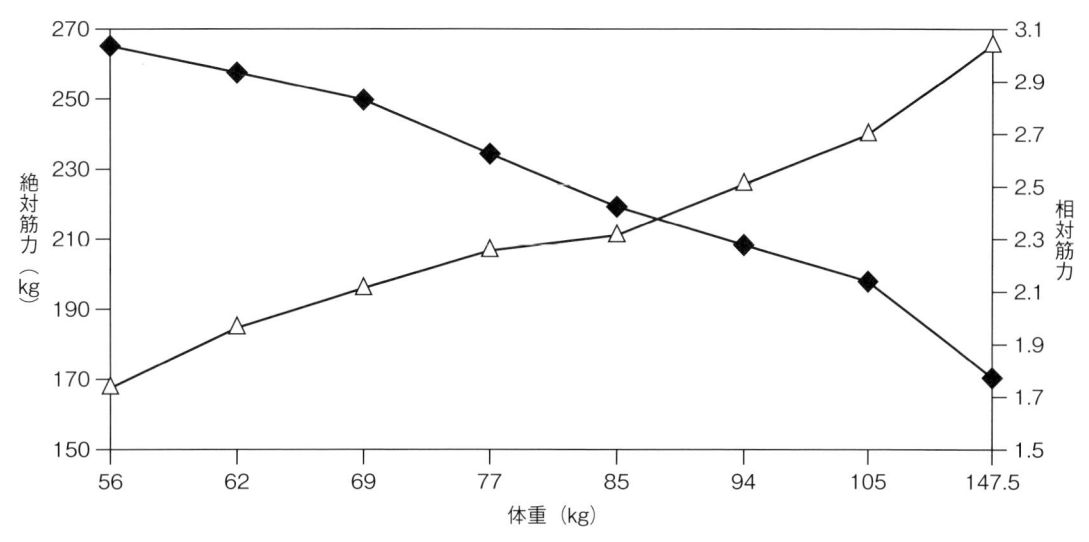

図 3.5 さまざまな階級における一流ウエイトリフターの絶対筋力（△）と相対筋力（◆）。クリーン＆ジャークの世界記録（2005年1月1日）は，絶対筋力の基準として利用できる。スーパー重量級（105 kg以上）の階級において，世界記録保持者の実際の体重は次のようである。イランのレザザデは体重 147.5 kgであり，世界記録は 263.5 kgとなることから，相対筋力は 263.5/147.5＝1.786 kg(筋力)／kg(体重)となる。

に関係しない筋力は，絶対筋力(absolute strength)と呼ぶ。

相対筋力＝絶対筋力／体重

トレーニングを遂行するさまざまな体重別クラスの選手では，体重の増大に伴って絶対筋力は増大し，相対筋力は減少していく（図3.5）。例えば，56 kgのクラスによるクリーン＆ジャークの世界記録保持者は，168 kgの重さを挙上できる。その際の相対筋力は3.0になる（168.0 kgの絶対筋力／56 kgの体重＝3.0）。スーパーヘビー級の競技者における体重は，105 kgを越える重さになり，130～140 kgの範囲内にある。このクラスにおける最も優れた競技者において，相対筋力が3.0を越える筋力を持っているとすると，クリーン＆ジャークでは400 kgを挙上できることになる。しかし，現実的にこのクラスの世界記録は263.5 kgである。

小さな身体の競技者は大きな相対筋力を持つために，自らの身体を負荷にした運動の遂行は有利になる。軽量級のレスラーは軽々と懸垂運動を30回以上繰り返す。しかし，スーパーヘビー級のレスラーが10回も行えば，非常に素晴らしいことである。

図3.6に示すAとBの二人の選手は，体力レベルは同じである。しかし，身体の大きさが異なり，身長差は1.5倍になる。140 cmと210 cmの差があり，1：1.5の比率になる。

直線の長さ（身体各部位の長さと直径），表

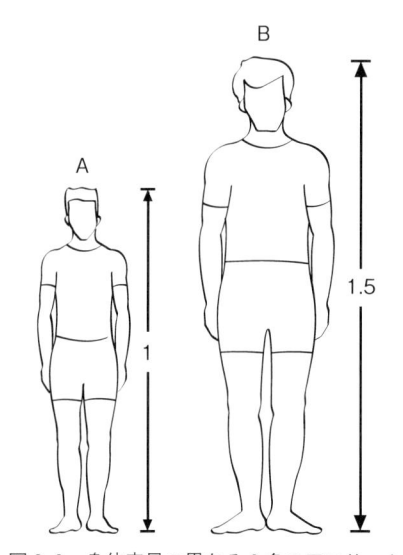

図 3.6 身体容量の異なる2名のアスリート

> ## コラム なぜスポーツ種目によって，選手の身体に特徴があるのか
>
> なぜ体操競技選手は小さいのかという疑問がある（男子体操競技選手におけるベストの身長は，155～162 cm の範囲にある．女子競技者の身長は，135～150 cm の範囲か，それよりも低い）．体操競技選手は自らの体重を持ち上げる必要があり，絶対筋力ではなく相対筋力が重要になる．そのために，小さい競技者はこのスポーツでは有利になる．
>
> なぜ優れた砲丸投げ選手の身長は高く，体重は重いのかという疑問がある（肥満ではなく）．それは，絶対筋力が重要になるからである．大きな身体を持つ競技者はこのスポーツでは有利になる．

面積（生理学的な横断面積，体表面積），容量（身体の大きさと身体の重さ）を比較すると，次の表のような結果になる．

計 測	A	B
直線の長さ（身体各部位の長さと直径）	1	1.5
表面積（生理学的な横断面積，体表面積）	1	$1.5^2 = 2.25$
容量（身体の大きさと重さ）	1	$1.5^3 = 3.375$

身長が1：1.5の比率になると，筋の生理学的横断面積の比率は1：2.25になり，身体の大きさと重さの比率は，1：3.375になる．B選手はA選手に比較して，2.25倍強いが，重さも3.375倍になってしまう．B選手は絶対筋力では有利であり，A選手は相対筋力で有利である．

体重と筋力との関係は，単純な数学によって理解できる．

$$W = aL^3,$$

Wは体重であり，Lは長さ，aは係数である．また，次のような式に書き換えることができる．

$$L = aW^{1/3}.$$

筋力（F）は筋の生理学的横断面積に比例するので，L^2 に比例することがわかる．

$$F = aL^2 = a(W^{1/3})^2 = aW^{2/3} = aW^{0.666}.$$

あるいは対数式にすると，次のようになる．

$$\log_{10}F = \log_{10}a + 0.666(\log_{10}W).$$

ウエイトリフティングの世界記録は，上述の式を利用して計算することができる．この式を用いると，図3.7に示す競技者が挙げることのできる重さの対数と体重の対数との関係を計算できる．この回帰直線の傾きは0.63（推測値0.666に近い値）となり，式の正当性を証明することができる．この式（表3.1）は，体重の異なる人々の筋力を比較する場合に利用できる．この表は，67.5 kgのクラスの選手が100 kgを挙げることが，120 kgのスーパーヘビー級の選手が147 kgを挙げることに類似することを示している．

フットボールにおけるラインマン，スーパーヘビー級のリフター，砲丸投げ選手は，大きな絶対筋力を持つ．体重を負荷にして動くスポーツでは，相対筋力が重要になる．体操競技選手の行う十字懸垂では，体重1 kgあたりで1に近い相対筋力を必要とする（表3.2）．体操競技選手は全体重を支持しないので（吊り輪を維持するために作用する力を必要としない），十字懸垂では相対筋力が1よりも小さい筋力によって遂行できる．

3章 スポーツ競技に応じた特異的な筋力

図3.7 競技者における筋力と体重との関係。各種階級における女性ウエイトリフターの世界記録は，最大筋力の評価基準として利用できる（スナッチとクリーン＆ジャークの合計）。記録は2005年1月1日のものである。75 kgを越えた階級の選手による体重は，ルールによっては正確にコントロールされていない。したがって，このデータには，2004年のオリンピック記録を持つタン選手（体重120 kg）は入っていない。グラフの軸は対数になる。回帰直線は $\log_{10}F = 1.27 + 0.63\,(\log_{10}W)$ となる。

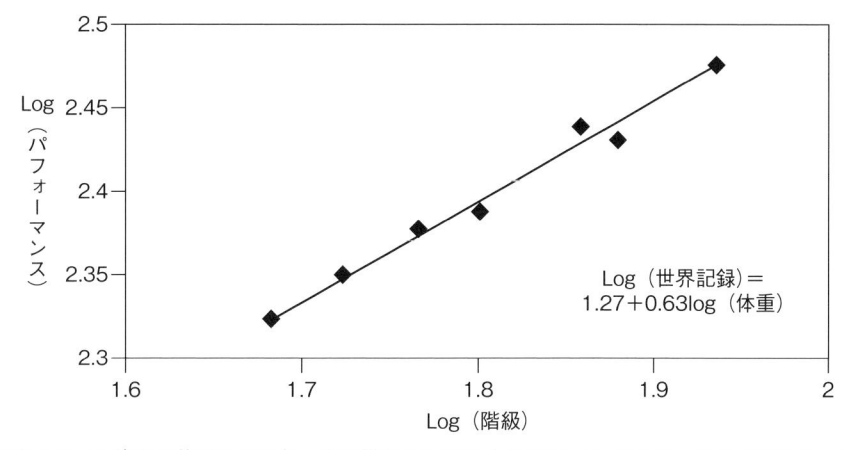

表3.1 体重の異なる選手の筋力レベル

体重 (kg)							
56	60	67.5	75	82.5	90	110	120
44	46	50	54	57	61	69	73
53	55	60	64	69	73	83	88
62	65	70	75	80	85	96	103
71	76	80	86	91	97	111	117
79	83	90	97	103	109	125	132
88	92	100	107	114	121	139	147
132	139	150	161	171	182	208	220
177	185	200	215	229	242	277	293
221	231	250	290	285	303	346	367
265	277	300	322	343	363	415	425

Data from V. M. Zatsiorsky and I. F. Petrov, 1964, "Applied aspects of the analysis of the relation between the strength and body weight of the athletes," *Theory and Practice of Physical Culture* 27(7)：71-73.

表3.2 体操競技における2名の世界チャンピオンが十字懸垂を行った場合の腕内転運動に関する最大力

氏名	腕の回内力 (kg)	体重 (kg)	体重以上の力 (kg)	相対力（体重に対する力，kg）	構成の中にある懸垂の数
Azarian, A.	89.0	74	15.0	1.20	5-6
Shachlin, B.	69.2	70	−0.8	0.98	1-2

Adapted from A. A. Korobova and A. B. Plotkin, 1961, *Strength testing of elite athletes*, technical report # 61-105 (Moscow, Russia：All-Union Research Institute of Physical Culture), 48.

絶対筋力が主な条件になるスポーツの選手は，筋を増大させる方法を用いたトレーニングを遂行する必要がある。体重増大を目指しながら，脂肪の比率を一定に保つか減少させることが必要であり，除脂肪体重を増大させることが重要になる。

相対筋力の増大は，体重を変えることでも可能である。体重が維持されるか，低下した場合にも，相対筋力は増大する。表3.3は，体重が減少して競技パフォーマンスが向上した選手の

表3.3 1960年の走幅跳におけるオリンピックチャンピオン(クレピキナ)の体重と相対筋力に関する指標の変化

年齢	体重（kg）	身長（m）	体重／身長	立幅跳（cm）	走幅跳（cm）	100 m スプリント（s）
16	64	1.58	40.5	214	490	13.6
24	55	1.58	34.5	284	617	11.3

Data from V. M. Zatsiorsky, 1966, *Motor abilities of athletes* (Moscow, Russia：Fizkultura i Sport), 26.

例を示している。すべての選手にとって，正しい食生活と体重コントロールは重要である。週単位に行う規則的な体重計測や体組成の計測（皮下脂肪量や水中体重）は，有益なデータになる。

すべての競技に共通する活動は，試合前に体重を減少させることである。スポーツ選手は，相対筋力を高めてパフォーマンスを改善するために，体重を操作するのである。レスリングや柔道などの体重規制があるスポーツでは，通常のクラスよりも軽いクラスで戦うことが有利になる。最終手段として，食事制限やサウナなどの高温療法による水分の抑制や脱水が行われている。

これらの戦略は適切に試みられなくてはならない（平均的選手では1週間に1kg以上，一流選手では2.5kg以上の体重減少を避けること）。極端な体重の減少は，競技パフォーマンスを低下させるとともに，安全性の問題を生じさせる。短期間の急激な体重減少では，身体組織を痩せさせて，脂肪を落とすことよりもむしろ，水分の減少を導くことになる。それに加えて，高強度運動におけるパフォーマンスのための最も重要なエネルギー源であるグリコーゲン貯蔵を抑制する。炭水化物の利用が減少し，水分バランスの乱れも生じ，スポーツ選手の能力は大きく低下する。このようなことから，通常のエネルギーを取りながら，2～4 KJ の範囲（500～1000 Kcal／1日）における食事制限プログラムを，長期的な計画によって推進することが重要になる。

ゴムスーツの利用，便秘薬の利用，浣腸の利用，利尿剤の利用などによる極端で急激な体重減少を行うことは，正当な方法とは言えない。

例えば，利尿剤はドーピングとされており，国際オリンピック委員会で禁止されている薬物である。急激な体重減少のための医療過誤をやめさせる努力がなされているにもかかわらず，不幸にも多くの選手が危険な方法によって体重減少を行っているのが現状である。特に，子供や10代のジュニア選手には導入しないようにすべきである。

体重減少の代用となる方法は，筋量を増大させて相対筋力を増大させることである。このことは完全に正当な方法であり，スポーツ選手は筋の成長を積極的に推進すべきである。

(3) 他の要因（栄養とホルモン）

筋力トレーニングは，収縮する筋のタンパク合成を活性化する。タンパクの修復や成長に必要となる物質が十分にある場合には，筋線維に肥大が生じる。タンパク合成のためには，トレーニング後の休息期間に再合成されるアミノ酸が必要とされる。

アミノ酸はタンパク消化の最終産物である。アミノ酸は必要不可欠な物質であり，身体内では作られず，食事によって体内に取り込まなければならない。アミノ酸は食事によって供給されて腸壁を通過しても変化せず，血液によって体内に循環される。このようにして，筋タンパクを合成するために必要となる特別なアミノ酸が吸収される。実際には次のようになる。

- タンパク同化に必要とされるアミノ酸が，トレーニングによる回復期間中に血液に与えられなくてはならない。
- 特に必要とされるタンパク質は，食事によって十分な量を摂取しなくてはならない。

コラム　危険な女子体操競技選手

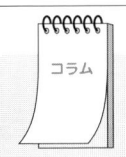

1980年代において最も優れたアメリカの体操競技選手であるクリスティー・ヘンリッチが，悲劇的な摂食障害にあったことはよく知られている。彼女の体重が43 kgであった時に，彼女のコーチからオリンピックチームに入るには太すぎると言われた。それが原因になって，彼女は食欲不振や病的な飢餓状態になり始めた。そして，オリンピックを逃しただけではなく，22歳の若さで亡くなってしまった。その時の体重は23.5 kgまで低下していた。コーチはよく考えた上で選手に対して注意深く体重問題について話さなくてはならない。

ウエイトリフティングや砲丸投げのように，筋力が大きく影響するスポーツ選手では，1日の間に，体重1 kgあたり2 gのタンパク質が必要になる。優れたスポーツ選手におけるトレーニング負荷が極端に高い場合には，1日の間に必要とされるタンパク質は体重1 kgあたりで3 gである。食事を通して，適切な必須アミノ酸の種類と量を摂取しなければならない。実際に必要とされるのは，タンパク質ではなく，アミノ酸の選択的な摂取であることに気づく必要がある。

アミノ酸供給に加えて，体内のホルモン状態が非常に重要な役割を演じる。いくつかの器官から様々なホルモンが分泌され，それが骨格筋組織に影響を与える。これらの効果は，筋タンパクの分解を導く異化作用とアミノ酸から筋タンパクの合成を導く同化作用に分類できる。タンパク同化ホルモンには，テストステロン，成長ホルモン，インシュリン受容成長ホルモンがある。それに対して異化ホルモンには，腎臓によって抽出されるコルチゾールがある。それぞれのホルモンは，同化作用や異化作用を行う役割を演じているとともに，身体の恒常性維持（ホメオスタシス）のために総合的な影響を及ぼしている。それぞれのホルモンは，ある一つの生理学的な役割のために機能しているわけではない。スポーツ選手におけるホルモンの総合的な効果は，筋における同化作用と異化作用に対して正に働いたり，負に働いたりしながらバランスを取り合っている。

血液中のホルモン濃度は，筋線維における代謝状態によって大きく決定されている。テストステロンの血漿レベルは，男性よりも女性で低い。そのために筋力トレーニングでは，女性は男性のように筋肥大が生じることはない。筋力トレーニングは，血液中にあるタンパク合成のためのホルモンレベルを変化させる。これらの変化は，1回のトレーニング負荷に対する反応として生じるとともに，休息期間を含めた長期期間に対する反応として生じる。例えば，筋力トレーニングは，安静時におけるテストステロンの血漿濃度を増大させるとともに，血液中を循環するテストステロンレベルを誘引する。クリーン＆ジャークによるウエイトリフティング競技における結果と性ホルモン結合グロブリン（SHBG；Sex hormone-binding globulin）に対する血漿テストステロンの比率との間には，高い正の相関関係（$r=0.68$）が認められている（図3.8）。

血漿成長ホルモン（GH；growth hormone）レベルは，高強度のウエイトトレーニング中に有意に増大する（最大筋力の70〜85％による負荷を用いた場合）。また，GHは，負荷を低下させた場合には変化しなくなる。筋力トレーニングによって，安静時レベルのGHは変化しない。このことは，筋力トレーニングに対し

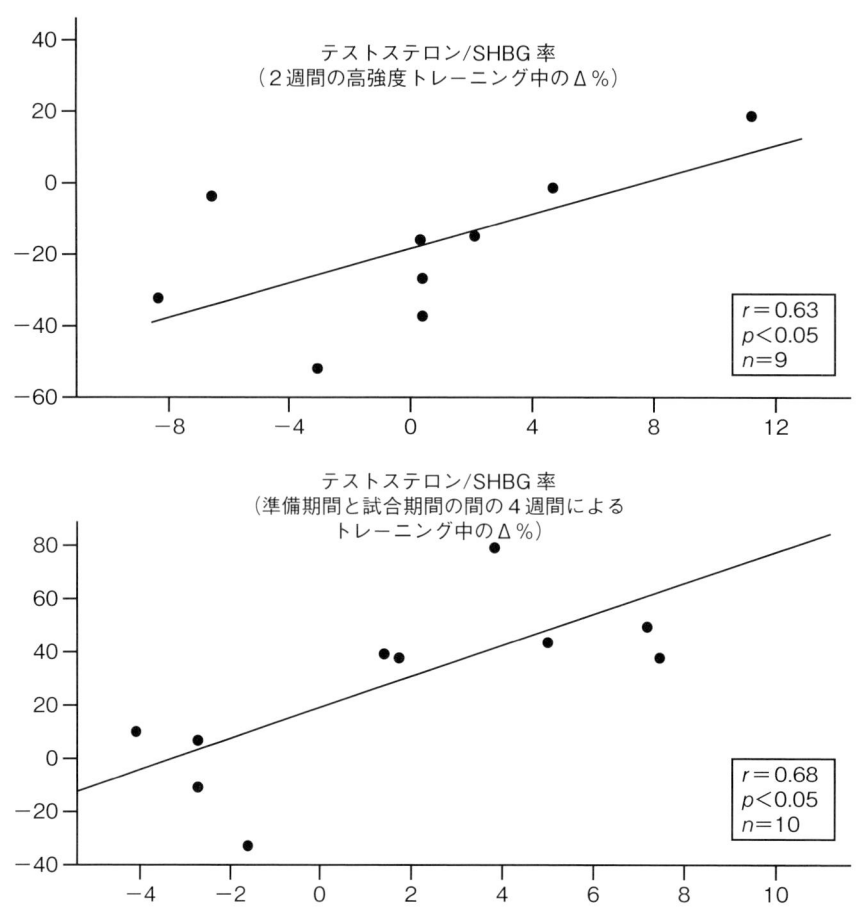

図 3.8 血清テストステロン—SHBGとクリーン&ジャークの結果との間の関係。テストステロンは血漿中にフリーに存在するものではなく，血液循環のためには，血漿タンパクかグロブリンと結合していなくてはならない。休息状態では，テストステロンの 90% 以上は SHBG かアルブミンと結合している。維持されているテストステロンは，代謝的には活性化したフリーな形になっている。これまでの研究では，筋力の増加と結合テストステロンに対するフリー状態のものの比率との間に，有意な相関関係のあることを示している。対象者はすべてフィンランドのスポーツ選手で，ウエイトリフティングの記録を持っているものである。

Adapted, by permission, from K. Häkkinen et al., 1987, "Relationships between training volume, physical performance capacity, and serum hormone concentration during prolonged training in elite weight lifters," *International Journal of Sport Medicine* 8：61-65. By permission of author.

て，さまざまな反応を示す結合タンパクと同じように，GH分子が高分子になるために，結合して集合体となるからである。特別なエクササイズに対するホルモン応答の大きさは，次のことに関係している。

・活性化される筋量
・実施される仕事の大きさ
・運動とセット間の休息状態

2. 中枢神経系の要因

中枢神経系（CNS；central nervous system）は，筋力発揮や筋力の発達を促すためには最も重要な要因になる。筋力は関与する筋量だけではなく，一つの筋の中にある個々の筋線維の活性化レベル（筋肉内調整機構）に大きく影響される。最大力を発揮することは，多くの筋を適切に活性化するスキル化された行為である。多くの筋群を調整しながら活性化すること

> **コラム**
>
> ## 成長と筋力
>
> 　子どもや10代のジュニア選手は，大きく成長し，体重が増加するとともに，相対筋力が低下していく。思春期の成長スパートが始まると，このことは促進される。一般的には，8歳の男子と女子では高い相対筋力を示す。例えば，10回か12回の懸垂を容易に遂行することができる。しかし，この子どもが運動を行わなかった場合には，16歳になった時にこの回数の懸垂が達成できなくなる。
>
> 　子どもの相対筋力は，幼少期や思春期には減少しない。なぜならば，成熟期間中には筋の成長も同時に促進されるために，体重あたりの筋力が大きくなるからである。このように，幼少期と思春期では異なる効果があり，成長と成熟という二つの過程が存在している。成長過程では体重は増大する。同時に，成熟過程によって筋力も高まる。子どもの発育発達における二つの過程を解釈することは，ジュニア選手を育成するためには重要になる。
>
> 　ソビエト連邦共和国（USSR）であった時代において最も優れた男子体操競技選手のトレーニング方法について説明する。彼らは，思春期のスパートが始まる12～13歳の年齢になる以前から，最も難しいとされてきた主要な技術をすべて学習した。13～16歳までの思春期には，多くの内容を学習することはなくなり，新しい技術要素のみを学習することができた。この期間のトレーニングでは，筋力トレーニングや専門的な持久力トレーニングに加えて，パフォーマンスの安定性を高めることに集中するようにした。新しい技術の学習ではなく，規定演技やオプショナルルーティンの練習（パフォーマンスの高い安定性や専門的な持久力）を実施した。特に，筋力トレーニングには多くの時間を費やした。その結果，17～18歳では，国際的に活躍できる体操競技選手としての準備が完成した。例えば，ドミトリー・ビロチコフ（Dmitri Bilozerchev）は，16歳の時に世界大会で勝利している。
>
> 　若い時期には，オプショナルルーティンの複雑性を高めたり，最も難しい技術に取り組んでおり，目指すオリンピックや世界選手権の前にそれらは行われていない。

は，筋肉間調整機構と言われている。優れたスポーツ選手は，神経系の適応によって単一筋の中にある筋線維とともに，筋群間の活性化を適切に遂行できる。言い換えると，彼らはより優れた筋肉内調整機構と筋肉間調整機構を持っているのである。

(1) 筋肉内調整機構

　神経系は筋力を発揮するために，次に示す三つの方法を利用している。
- 運動単位の動員数：個々の運動単位の活性化と非活性化によって筋力を調節している。
- 発射頻度の調節：運動単位の発射頻度を変化させることによって筋力を調節している。
- 同期化の調節：同期化による運動単位の活性化によって筋力を調節している。

　三つの方法は運動単位（moter unit, MUs）の存在にもとづいている。運動単位は神経系による基本要素である。運動単位は脊椎の神経細胞によって構成されており，これが筋線維を興奮させている。運動単位には神経細胞から下降

コラム タンパク質と炭水化物の摂取

　トレーニング後におけるタンパク質と炭水化物の摂取は，アンドロゲン受容体と結合するテストステロン量に影響を与える。筋内のアンドロゲン受容体と結合するテストステロンの増大は，循環するテストステロンに反応する受容体数の増大を意味している。テストステロンは，筋内のタンパク合成を増大させるための主な信号の一つである。しかし，テストステロンは，細胞のDNA集合体に信号を送るための受容体と結合しなくてはならない。近年の知見では，栄養摂取を行うと，テストステロン循環が減少することが示されている。これはより多くの利用とアンドロゲン受容体との結合によるものであると考えられる。

　テストステロンに加えて，トレーニング前と10分後に，25〜50gのタンパク質（最も重要な必須アミノ酸）と50gの炭水化物を摂取すると，循環するインシュリンが増大して，筋へのアミノ酸の取り込みを刺激する。トレーニングを実施し栄養を摂取すると，下垂体前部からの成長ホルモンと肝臓からのインシュリンが増大する。無酸素運動を行う環境を最適化するためには，主要栄養素を摂取するタイミングが重要になる。タンパク合成の増大が，無酸素運動に関わるホルモンによって影響されることは明確になっている。

して筋線維に向かう長い軸索が含まれており，それらは枝分かれしながら，個々の筋線維を活性化させる。神経細胞が活性化すると，その刺激は運動単位内のすべての筋線維に分配される。精密な調節が必要とされる小さな筋の運動単位は，少ない筋線維を支配している。例えば，眼を調節する外眼筋の運動単位は，23個の筋線維から構成されている。大腿直筋のような大きな筋の運動単位は，2000個の筋線維から構成されている。

　収縮特性の基本として，運動単位は速筋と遅筋に分類される。遅筋線維の運動単位は，相対的に遅い速度で長く動員できる。それらは小さく低い発射頻度であり，低い閾値の神経細胞に支配されている。また，相対的に低い伝導速度の軸索を持ち，有酸素運動に高く適応することができる。速筋線維の運動単位は，短時間に大きなパワー発揮を行う。高い速度を発揮できるとともに，力の立ち上がり速度も速い。高い発射頻度であり，高い閾値の神経細胞に支配されている。また，高い伝導速度の軸索を持ち，爆発的な無酸素運動に適応することができる。詳細に分類をすると，タイプⅠ（収縮速度が遅い），タイプⅡA（比較的疲労しにくく，収縮速度が速い），タイプⅡX（疲労しやすく，収縮速度が速い）の3タイプがある（表3.4と図3.9）。以前の研究報告とは異なり，トレーニングにおけるタイプⅠからタイプⅡへの転換は生じない。

　運動単位は「全か無かの法則」によって活性化される。すなわち，運動単位は活性化するか，休息するかのどちらかであり，神経細胞の興奮レベルには依存しない。したがって，一つの運動単位による力の調節は，発射頻度の変化を通して行われる。

　人間の遅筋運動神経は，90〜110 msecまでの収縮時間を示し，速筋運動神経では40〜84 msecまでの収縮時間を示す。遅筋線維に比較して，速筋線維による最大短縮速度は4倍の速さを示す。速筋線維は大きな断面積を持ち，筋自体が発揮する力は大きく，運動単位あたりの力発揮能力は100倍の大きさをもつ。

表3.4 筋線維の主なタイプ

タイプ	I	IIA	IIX
・収縮速度	遅い	速い	速い
・疲労に対する耐性	高い	中程度	弱い
・呼吸代謝のタイプ	有酸素系	有酸素―無酸素系	無酸素系
・毛細血管	多い	多い	少ない

すべての人間の筋は速筋線維と遅筋線維から成り立っている。速筋線維と遅筋線維の比率は、スポーツ選手の間で異なる。持久的な種目の選手は遅筋線維の比率が高く、筋力やパワー種目の選手は速筋線維の比率が高い。

1) 運動単位の動員

自発的な筋収縮中における運動単位の動員パターンは、神経細胞によるサイズの大きさによって調節されている。このことを「サイズの原理」と呼ぶ。低い発射頻度を持つ小さな神経細胞が第一に動員される。その後に、大きな力が必要になると、高い力発揮ができる運動単位が動員される。最も大きい神経細胞を持つ運動単位は、最も大きく速い収縮速度を発揮するが、高い閾値を持つために、その動員順序は最後となる（図3.10）。このことは、速筋線維と遅筋線維を含む混合した筋においては、筋の張力や速度にかかわらず、遅筋運動単位の参加がより大きく影響することを意味している。これとは対照的に、完全な速筋線維の活性化は、運動の種類によって異なることを意味している。運動をしていない一般人は、速筋線維を多く動員することができない。筋力やパワー種目の選手は、速筋線維をより多く動員することができる。

運動単位の動員順序は、運動の速度や力の発揮速度が変化したとしても、専門的な動きに関与する筋群に関しては統一されている。しかし、さまざまな動きの中で、多機能的に筋群が用いられた場合には、動員順序は変化する。一

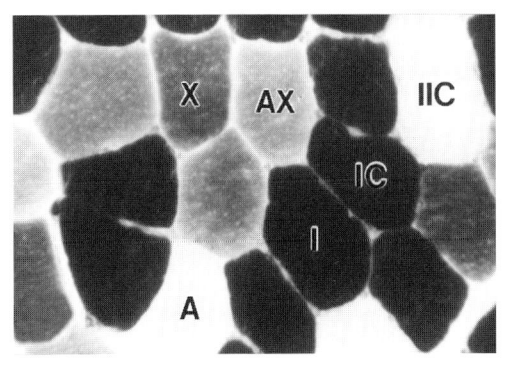

図3.9 筋線維横断面の映像は、さまざまな筋線維のタイプを示している。筋線維タイプは、筋の切片を染めるATPアーゼの組織科学的な染色によって観察できる（ミオシンATPアーゼpH 4.6で染色する。）顕微鏡によって観察できる主な筋線維タイプは、タイプI（遅筋線維）、タイプIIA, IIX（速筋線維）である。速筋線維ハイブリット型IIAXは、タンパク特性がタイプII線維から他に変化する際に出現する。包括的な分類においては、異なるカテゴリーの方法が存在する。人間による筋線維は、酸化系の高いものから低いものまで、タイプI, IC, IIC, IIAC, IIA, IIAX, IIXの順に類型化できる。

つの筋の中にある運動単位の組み合わせでは、一つの動きに関してみると低い閾値を持つものもあれば、高い閾値を持つものも存在する。動員順序に関するバリエーションは、高強度運動における専門的なトレーニング効果に関する専門性に対して、部分的に反応することもある。もし、トレーニングにおける目的が、筋の十分な力発揮にあるのであれば、可能とされる運動範囲のすべてにわたって筋力を発揮させなければならない。この条件はボディービルダーや初心者には重要なことであるが、一流競技者には必要ではない。

2) 運動単位の発射頻度

筋力調整に関するもう一つのメカニズムは発射頻度である。神経細胞による発射頻度は広範囲に変化する。一般的には、発射頻度は力やパワーの増大に伴って高まる。

小さい筋と大きな筋では、自発的に収縮力を調節するための運動単位の動員と発射頻度の相対的な貢献度は異なったものになっている。小

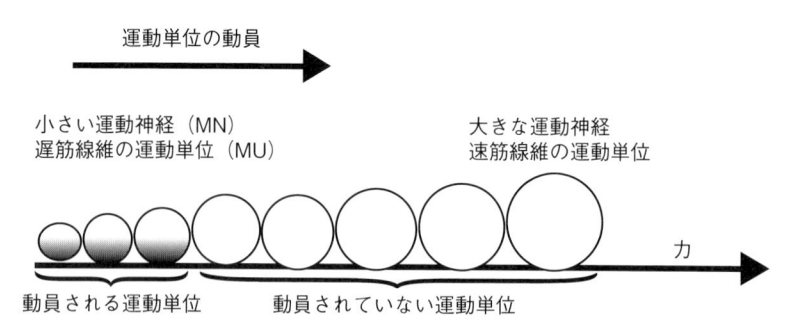

図 3.10 運動単位の動員におけるサイズの原理。運動単位はサイズの大きさで配置されている。小さな運動神経は遅筋線維を支配しており，大きな運動神経は速筋線維を支配している。筋力が発揮される時には，運動神経は小さいものから大きなものへと順に活性化していく。この図は，必要とする力が小さい場合には，小さい運動神経のみが動員されることを示している。力が高まると，活性化する運動単位の数が増大し，速筋線維を支配する大きな運動神経が動員されるようになる。

さい筋による運動単位は，F_{mm} の 50% より低い力で動員される。そして，発射頻度は F_{mm} まで力を高める場合の主要な要因になる。三角筋や二頭筋のような身体の中央に位置する大きな筋群では，付加的な運動単位の動員が F_{mm} の 80% まで力を高めるための主要な要因になる。しかし，F_{mm} の 80〜100% までの間になると，発射頻度の増大のみに伴って力は高まるようになる。

3) 運動単位の同期化

一般的には，運動単位はスムースに正確な運動を遂行するために非同期的に活動している。しかし，一流のパワーおよび筋力が要求されるスポーツ選手では，最大の自発的な運動中には，運動単位が同期的に活性化されていることが証明されている。

結論として，最大筋力のための活性化は次の場合に生じる。

- 遅筋線維と速筋線維による運動単位が，最大に動員される場合
- 発射頻度によって，各運動神経による強縮状態が最適に発揮される場合
- 運動単位が，短時間に同期的に活性化する場合

心理的な要因は非常に重要になる。極端な環境下では（生死をかけた環境など），人は通常では考えられないような力を発揮する。トレーニングしていない人に対して，筋力を増大させる催眠をかけた場合には筋力が大きく増大する。一方，スポーツ選手とトレーニングしていない人のいずれについても，筋力を減少させる催眠をかけた場合にも筋力は減少する。異常な状況下に中枢神経系が置かれると，興奮刺激を増大させることもあれば，神経細胞への抑制性を減少させることもある。これが，心理状態が筋力増強に及ぼす要因である。

脊髄にある神経細胞の活動は，通常は中枢神経系によって抑制されており，専門的な筋群による運動単位の活性化を停止させている。筋力トレーニングを含む例外的な環境下において，神経系の抑制を取り去ることができれば，動員する神経細胞を高めて筋力を増大させることができる。

(2) 筋肉間調整機構

最も単純な運動でさえも，さまざまな筋群が複雑に調節されている。筋力トレーニングの目的による第一は，単一筋群による筋力発揮や単関節運動による筋力発揮ではなく，身体全体を利用した運動による筋力発揮である。まず，スポーツ選手は，特別な筋力トレーニングエクササイズを利用する。次いで，その主なトレーニ

ングプログラムに加えて，単関節運動によるエクササイズを補足的手段として用いる。

次に示す例は，単一筋群による筋力発揮エクササイズよりも，身体全体による調整を必要とするエクササイズの重要性を示している。

- 電気刺激を用いると，大腿直筋などの膝伸展筋による筋肥大を導くことができるとともに，単一筋による最大力を高めることができる。しかし，電気刺激だけの利用では，効果を得るまでに長い時間がかかる。また，電気刺激で高めた筋力を，脚全体の伸展運動のような多関節運動による筋力へと変化させるためには，多くの努力が必要になる。そのために，スポーツ選手の多くは，電気刺激の利用のみにはその価値を認めていない（6章で示す）。自発的な筋力トレーニングによる筋力の増大は，電気刺激では獲得できない神経系の変化によって生じるからである。
- 最も優れたウエイトリフターは，世界で最も強い人間である。しかし，ゆっくりとした体操競技に内在する運動を遂行できないこともある。一方では，一流の体操競技選手は，肩の筋力を増大させるためにフリーウエイトは用いず，体重を負荷にした体操競技中の運動を用いている。
- スポーツ選手が，二つの身体部位で同時に最大筋力を発揮すると，それぞれの身体部位が同時に発揮する力は，個々の身体部位が別々に力を発揮する場合よりも小さな値になる。左右両方の四肢によるトレーニングは，その運動による両側性筋力発揮の抑制を抑えることができる。左右両方の四肢による筋群を同時に用いるローイングやウエイトリフティングでは，類似した同時運動を用いることによって，両側性による筋力低下減少を抑えて，大きな力を発揮する必要がある。
- 身体全体の力発揮は，身体部位内の最も弱い部位に制限される。身体の運動連鎖（キネマティックチェーン）では，一つの関節に関与する筋群が弱い場合には（膝伸展筋がスクワットの限定要因になる場合），その部位に負荷をかけたエクササイズを利用し，弱点部位を強化する必要がある。その場合には，膝伸展筋を単独に高めることのできるエクササイズを用いることが推奨される。
- 筋力トレーニングマシンを用いたエクササイズによる限界は，これが単一の筋そのものを強化するために作られたものであり，総合的なパフォーマンスの向上を目指したものではないことにある。そのために，トレーニングマシーンを用いたエクササイズは，スポーツ選手のための最も効果的な方法ではないのである。

3．筋力の分類

2章と3章を通して説明してきた要因をまとめると，次のようになる。

1. ゆっくりとした運動における最大力の大きさは，アイソメトリックな運動による力とほぼ同様である。
2. 最大筋力はエキセントリックな運動によって発揮される。その力はアイソメトリックな運動による力の2倍の大きさになる。
3. コンセントリックな運動では，最大力に至る時間 Tm は長くなる。また，力は運動速度が速くなった場合に減少する。
4. 発揮できる最大力 Fmm と軽負荷を用いた運動による力 Fm との間に実質的な関係は存在しない。
5. 力発揮速度と発揮できる最大力 Fmm との間に実質的な関係は存在しない。
6. 高強度のウエイトトレーニング後に Fmm が向上した場合でも，切り返しのある反動運動による力は変化しない（少なくとも経験を積んだ一流選手には理解できる事実である）。

筋力を分類するために，次の表が提案でき

る。

筋力のタイプ	運動のタイプ
静的な筋力	アイソメトリックとゆっくりとしたコンセントリックな運動
動的な筋力	素早いコンセントリックな運動
受動的な筋力	エキセントリックな運動

　これらに加えて，爆発的な力（力の立ち上がり速度）と伸張－短縮サイクル運動による力の発揮は，神経系の要因にかなり依存する。

　筋力による分類を要約すると，さまざまな分類基準に関する観点が用いられており，科学的に十分満足が得られる段階には至っていない。実際には，さまざまな筋力タイプの間に厳格な境界を引くよりも，実践的な活動に役立つ分類法が用いられている（運動方向，運動速度，運動時間）。しかし，現在のところでは，科学的に満足できる分類法の確立には至っていない。

4. 要　約

　スポーツ選手の特性に関する決定法を理解するためには，二つの難問を解決しなくてはならない。すなわち，末梢問題（個々の筋）と中枢問題（中枢神経系による筋活動調整）である。末梢問題では筋の大きさが最も重要な要因になる。生理学的に大きな断面積を持つ筋は，大きな筋力を発揮できる。筋力トレーニングプログラムの推進，アミノ酸の適切な選択と十分な量の摂取が，筋の大きさを増大させる。筋の大きさを変化させる原因は，筋線維数の増加よりも，個々の筋における横断面積の増大である。高強度負荷を用いたエクササイズは，筋タンパクを活性化し，休息期間中に収縮タンパクの合成を促進させる。トレーニング中のタンパクの異化作用は，新しいタンパクの合成量を超えることになる。タンパクを崩壊させる重要な要因は，高強度負荷を用いたエクササイズ中に，タンパク合成を誘因するに至るエネルギー不足を発生させることである。筋は身体部位を形成する大きな要因であるために，大きな体重を持つスポーツ選手は大きな筋力を持っていることになる。相対筋力は体重1kgあたりの筋力である。これに対して絶対筋力は体重に関係しない筋力である。トレーニングを行うスポーツ選手の絶対筋力は増大し，体重も増大する。それに伴って，相対筋力は減少する。また，体重の減少は相対筋力の向上につながる。しかし，スポーツ選手は，急激な体重減少のために生じる医療過誤に注意をしておくべきである。

　神経系に関する要因には，筋肉内調整機能と筋肉間調整機能がある。筋肉内調整機能では，筋力を変化させるために，中枢神経系による三つの機能が使用される。三つの機能とは，運動単位の動員，運動単位の発射頻度，運動単位の同期化である。これらは最大努力によって筋力を発揮するスポーツ選手について観察することができる。運動単位の動員順序は，神経細胞のサイズによって調整される。小さなサイズの神経細胞は初期に動員される。より大きな力が発揮される場合には，速い運動単位を支配する大きなサイズの神経細胞の活性化が行われる。遅筋線維の運動単位は，筋力の大きさや速度にかかわらず，第一に動員される。運動単位の発射頻度は，力の大きさが増大するに伴って増加していく。最大筋力が発揮されるためには，最大数の運動単位が動員されること，発射頻度が最適になること，運動単位が短時間に同期的に活性化することなどが生じなくてはならない。

　さまざまな研究によって，最大筋力を発揮するための筋肉間調整機能の重要性が明確にされている。また，多くのトレーニングにおける目的は，個々の筋群や単関節運動における筋力発揮よりも，全身運動における筋力発揮である。爆発的な筋力（力の発揮速度）と伸張－短縮サイクル運動における力は，神経系機能の要素に大きく依存している。

PART 2
筋力トレーニングの方法

　第2部では，一流選手の実践経験と科学的証拠による情報を集約し，コーチングにおける成功を勝ち取るための知識を要約する。

　4章では，筋力トレーニングにおける強度と方法を示すとともに，それらを測定する方法について紹介する。代謝反応や筋肉内調整機構，生化学的要因などの分析を通して，近年の種々の負荷抵抗を用いたエクササイズに関する科学的な知見を概観する。この章では，東ヨーロッパにおけるオリンピックのチャンピオンや世界記録保持者を含めて，世界的に優れたスポーツ選手を対象にした多くのデータをもとにして，一流スポーツ選手のトレーニング強度について説明する。また，筋力トレーニングによる3つの方法に関するアウトラインを示し，実践的なトレーニングと科学が交わらない平行線状態になる原因について詳細に議論する。

　5章では，短期や中期にわたるトレーニングのタイミングについて説明する。短期間計画の問題点，すなわちミクロサイクル（短期間計画）やメゾサイクル（中期間計画）におけるトレーニングエクササイズをいかにして選択し，利用するのかについて紹介する。また，トレーニングピリオダイゼーション（トレーニングの波状周期性）における4つの特徴である移行性の遅延，相互関係性の遅延，トレーニングによる効果低減性，トレーニング効果の超過回復性について説明する。

　6章では，筋力トレーニングプログラムを行った際に，コーチが直面する問題となるエクササイズの選択について説明する。この章では，様々な筋力トレーニングを吟味し，エクササイズを分類するとともに，それを選択する方法について説明する。経験を積んだ選手は，エクササイズを決定する作業は複雑にせず，筋の仕事による種類，負荷抵抗のタイプ，力発揮速度と時間，運動速度，運動方向，カー姿勢関係について考慮し決定している。さらに，最大収縮に関する原理，負荷に抵抗する原理，アクセントの原理について説明する。3つの基本的技術は，力一姿勢の関係に関する事実を打ち破るために生み出されたものであり，現代の筋力トレーニングでは一般的に利用されているものである。

　6章の後半では，アイソメトリックエクササイズ，自己抵抗エクササイズ，負荷に抗したエクササイズを含めて，筋力トレーニングエクササイズによる補足的方法について紹介する。ドロップジャンプのような反動的で切り返しのある筋収縮は，自然な様式であり，トレーニングを考える際には極めて重要になる。1980年からスポーツ運動を考える視点は，このタイプのエクササイズへと移行している傾向がある。さらに6章では，これらのトレーニング技術の選択と利用法について説明する。また，電気刺激法やバイブレーショントレーニングについても紹介する。トレーニングエクササイズ中の呼吸法についても実践的なアドバイスを行う。

　7章では，筋力トレーニングによって生じる怪我の予防，特に脊椎の怪我を予防するための理論について説明する。また，筋の強化方法やスポーツ技術，あるいは予防のための器具や補助具について説明する。さらに，姿勢の選択と柔軟性の発達，リハビリテーションについても示す。

　8章では専門的筋力トレーニングについて説明する。筋力を高めるために行われるエクササイズは，筋力を改善するだけでなく，切り返しのパワー，筋量の増大，持久力，怪我の予防などのためにも効果がある。この章では，筋力トレーニングの専門性について紹介する。

Chapter 4
筋力トレーニングの強度

　この章では，トレーニング強度に関する話題を提供し，四つの主な内容に焦点を当てる。最初に，トレーニング強度を計測するための方法について説明する。第一に，さまざまな強度が持つ生理学的特性について示す。第二に，代謝特性や筋肉内調整機構および筋肉間調整機構からみたエクササイズの特徴について示す。第三に，世界的な一流選手のトレーニング強度について示す。第四に，最適なトレーニング強度を比較研究法の結果をもとにして決定していく。最終章では，トレーニングパターンを理解するための理論を説明し，筋力トレーニングの方法論を提供する。

1.トレーニング強度を計測する技術

　トレーニング強度は四つの異なる方法によっ て計測することができる。

- 各運動の最高値（Fm または Fmm）に対する相対的な負荷の大きさ（挙上重量）（挙上重量を kg で表現する場合には，異なる重量階級にある選手のトレーニング負荷を比較することは難しい。そのために，Fm または Fmm の％として示すべきである。）
- 一つのエクササイズにおけるセットあたりの挙上回数
- 最大負荷を用いた場合の挙上回数
- エクササイズ密度（1時間あたりのセット回数）

最初の三つの方法について理解し，次いで5章ではエクササイズ密度について理解していく。

　私たちは負荷の大きさを明確にするために，選手のベストパフォーマンスに対する相対値

(％)を利用する。ベストパフォーマンスを決定するためには二つの方法が考えられる。ウエイトリフターの場合，その一つは，公的なスポーツ競技会で発揮された競技パフォーマンスそのものを用いることである（競技Fmm＝CFmm；最大競技重量CFmm）。他の一つはトレーニング中に発揮された最大の重量（TFmm）である。

トレーニングによる最大の重量は，選手が心理的なストレスのない状況で持ち上げることのできる最も重い重量（1-repetition maximum；1 RM）として定義する。実際に，経験を積んだ選手は心拍数を計測することによってTFmmを決定できる。もし，心拍数が挙上前に上昇したならば，心理的に興奮が高まっていることを示している。このような心拍数になる場合の負荷はTFmmを超えていると判断できる（競技重量CFmmを持ち上げる前の心拍数の上昇は選手間で異なるが，重要な競技中には，1分間に120～180拍の範囲になる場合もある。このようなことから，TFmmを決定するためには，選手は自らの心拍数の反応性について知っておく必要がある）。TFmmとCFmmの違いは，優れたウエイトリフターでも約12.5±2.5％にもなる。また，この違いはヘビーウエイトの階級ではより高くなる。すなわち，競技中に200 kgを挙上する選手では，180 kgの負荷がTFmmを超える値になることを意味している。

選手にとって，CFmmとTFmmとの違いは非常に大きい。ウエイトリフターは，重要な競技中にはかなりの疲労を強いられている。日頃のトレーニングにおいて，100回の挙上をしている選手が，競技では6回しか挙上しない場合であっても，集中力が異なるために強い疲労を生じることになる。選手は競技会後に身体が空っぽになった感じを受けることになり，挙上運動を遂行できなくなってしまう。このような場合には，1週間の休息を必要とする。そして，次の重要な競技会をこなすためには，1ヶ月の準備期間が必要になる。その理由は，疲労の状態では，トレーニングにおけるTFmmが相対的にCFmmよりも高くなっているために，心理的に非常に大きなストレスがかかっているからである。

トレーニング強度の計算には，TFmmを利用するよりも，CFmmを利用する方が実際的である。1960年以来，一流選手の平均トレーニング強度は75±2.0％を利用する場合が一般的である。

ウエイトリフティングのようなスポーツでは，トレーニング強度は強度係数として特性化されている。この係数は次のようにして算出される。

100（挙上する平均重量／競技パフォーマンス）

挙上重量の平均値と競技パフォーマンスはkgで表し，競技パフォーマンスはスナッチとクリーン＆ジャークの合計で計算する。

優れた選手の強度係数は，平均で38±2.0％である。トレーニングしている期間の前後における，できるだけ近い日の公式競技のCFmmの平均値を利用することが効果的である。12月の試合におけるパフォーマンスは100 kgであり，3月には110 kgになったとすると，その際の平均CFmmは105 kgである。高強度筋力トレーニングの負荷に関する研究では，多くの間違った知見が存在している。これが生じる理由は，CFmmとTFmmの違いが完全に表現できないことである。したがって，この違いに注意を払うことは非常に重要である。

最大力Fmmの計測が難しい場合や不可能な場合（例えば腹筋運動）には，セットあたりの反復回数が一般的に利用できる。

負荷の大きさ（重さ）は，最大努力で行う1セットの反復回数を左右する。疲労する前までに，一定の反復回数を挙げるための最大負荷は，Repetition maximum（RM）と呼ばれて

> **コラム**
>
> ## トレーニング強度の決定法
>
> 　コンディショニングを指導するコーチが，2名の選手に対してバーベルスクワットにおけるトレーニング強度を指示した。選手Aは軽量級のウエイトリフティング選手である。選手Bはフットボール選手である。選手Aは150 kg（CFmm）の負荷を挙上した。この競技会の準備をするために，選手Aは10日前からバーベルスクワットを実施し，2日間の休息を取った。彼はこの競技会が非常に重要であることを認識し，スクワットにおける自己の最高記録を達成するために，心理的な準備も行った。競技会が始まると，選手Aはウォーミングアップ後，直ちにスクワットを実施した。高い心理的なストレスによって，彼の心拍数は180拍まで上昇していた。
>
> 　この選手における最大のトレーニング負荷は135 kg（TFmm）であると判断した。正確に負荷を決めるために，コーチは休息中の心拍数を取り，135 kgを挙上する前には心拍数が上昇しないことを認めていた。したがって，この負荷重量は高い心理的なストレスのないものであった。コーチは，選手に対して，トレーニング負荷の最大値は，135 kgを使用するように指示していた。これは競技中に達成する最大値の90％の負荷であった。
>
> 　心理的なストレスなしで，専門的なウォーミングアップを行うと，選手Aは135 kgの重さのバーベルを1～2回挙上することができた。また，1セット内では，3～4回のスクワット回数を行うことが効果的であることから，選手Aは125～135 kgの負荷を用いた。さらに，彼は周期的な計画の中では，135 kg以上の高い負荷を利用した。挙上回数をカウントしながら，トレーニング強度の評価に利用した。
>
> 　選手Bは150 kgのスクワットを行った。しかし，彼はシーズン中であった。テスト前の休息はまったく与えられず，専門的な計測はできない状況にあった。この選手に関しては，150 kgは最大トレーニング負荷（TFmm）として妥当ではなかった。彼はこの負荷を用いて規則的にトレーニングを行ってしまうことになっていた。

いる。例えば，3 RMは1セットで3回挙上できる最大の重さを示す。RMを決定することは，トレーニングを行う選手が，最大に反復できる回数を理解して計画を立案するために必要になる。RMは高強度筋力トレーニングを行う場合には，最も簡単な強度の決定方法になる。しかし，挙上可能な負荷重量（実施する運動のFmmに対する相対値％）と反復回数との間には，明確な関係は存在しない。これらの関係は，各選手ごとに，また実施する運動ごとに変化する（図4.1）。図に示すように，10 RMの値は，Fmmに対する75％と一致する。この値には，爆発的な筋力発揮を有するスポーツ選手（ウエイトリフティング，短距離種目，跳躍種目，投擲種目）ではかなりの違いがある。1 RMに対する相対値は，トレーニングエクササイズが異なると，同じ反復回数ではなくなる。

　優れたスポーツ選手では，異なるトレーニングエクササイズを使用する場合には反復回数も同時に変化させる。スナッチやクリーン＆ジャークによる反復回数は，典型的には1～3回の範囲であり，最も一般的な回数は2回になる（すべてのセットの中の60％が2回の回数である）。バーベルスクワットでは，2～7回にな

る（すべてのセットの中の93％がこの範囲内の回数で遂行される；図4.2）。この章の後半では，例をあげて説明していく。筋力の向上に関しては，10〜12 RM以上は利用しない。

最大負荷による1回づつの繰り返しは，高度なトレーニングであり，利用しやすいトレーニング強度の設定法である。CFmmの90％を越えるバーベルを挙上する運動は，高い強度のトレーニングになる。このような負荷では，すべての選手でTFmmを越えていることになる。

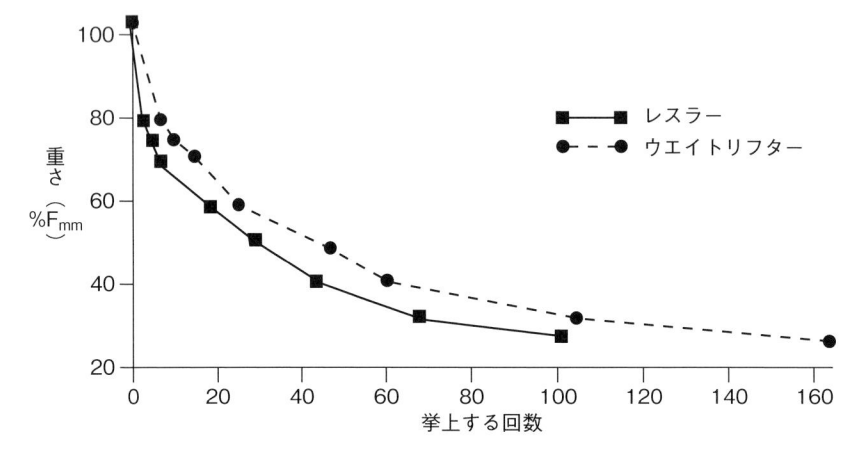

図4.1 挙上する重さ（％F_{mm}）に対する最大反復回数の関連性。ウエイトリフターとレスラーの2名の選手によるベンチプレスの結果。挙上するペースは，1回当り2.5秒であった。2名ともに高い意欲で実施した。
Reprinted, by permission, from V. M. Zatsiorsky, N. G. Kulik, and Yu. I. Smirnov, 1968, "Relations between the motor abilities," *Theory and Practice of Physical Culture* 31(12)：35-48, 32(1)：2-8, 32(2)：28-33.

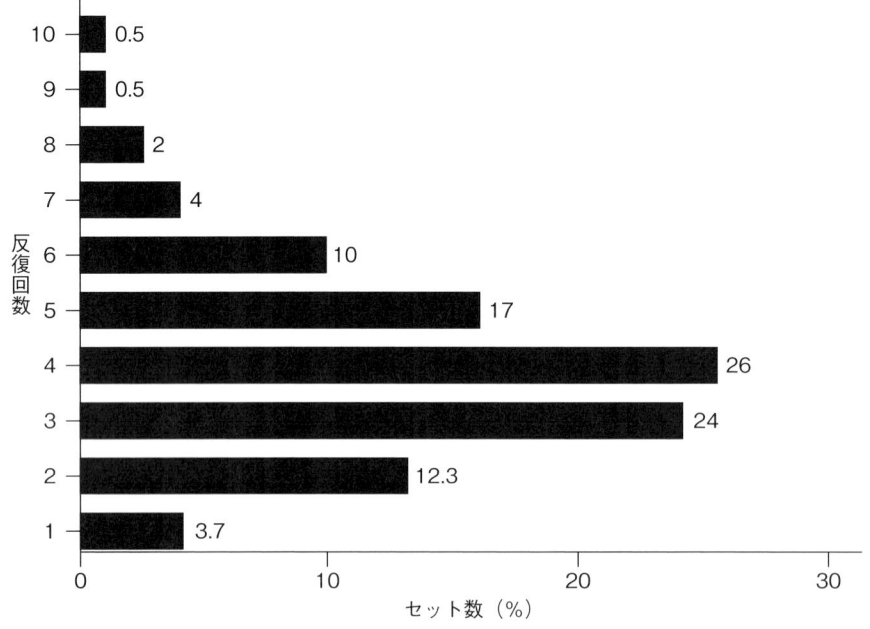

図4.2 スクワットのセットと反復回数（クリーン＆ジャーク世界チャンピオンとオリンピックチャンピオン8人の1年間のトレーニング記録）
From *Preparation of the National Olympic Team in weight lifting to the 1988 Olympic Games in Seoul*, 1989, (Moscow, Russia：Russian State Academy of Physical Education and Sport), 79. Technical report #1988-67. By Permission of Russian State Academy of Physical Education and Sport.

表4.1 異なる負荷レベルでの筋力トレーニング中におけるタンパク分解量

負荷（RM）	タンパク分解速度	力学的仕事（反復回数）	タンパク分解の総量
1	高い	小さい	小さい
5〜10	ふつう	ふつう	大きい
>25	低い	大きい	小さい

2. さまざまな負荷を用いた運動

負荷レベルの違いは，さまざまな生理学的効果を引き出す。ある負荷レベルは，タンパク質を同化したり異化したりするための代謝反応を引き起こす。この負荷レベル，言い換えると運動強度は，筋肉間調整機構および筋肉内調整機構にも影響を与えるものである。

(1) 代謝反応

3章では，筋細胞の肥大に関するエネルギー系の仮説について示した。タンパク質の異化や同化に関するバランスを決定する要因は，運動中のタンパク合成に影響するエネルギー利用量である。負荷が相対的に小さいならば，筋細胞中のエネルギーは筋収縮に費やされると同時に，筋タンパクの同化にも利用される。このように，エネルギー供給は両方の要因に必要とされている。高強度のウエイトトレーニングでは，筋を収縮させるために大きなエネルギーが利用される。このエネルギーはタンパク合成を減少させて，タンパクの分解速度を増大させる。タンパクの分解速度は，挙上する負荷が重くなればなるほど速くなる。

分解されるタンパク量は，タンパクの異化速度と遂行する力学的仕事によって決まる。力学的な仕事量は，中強度の負荷を用いて持続的に挙上運動を遂行した場合に増大する。例えば，スポーツ選手が100 kgのバーベルを1回挙上した場合には，重さの合計も100 kgになる。しかし，同じ選手が75 kgのバーベルを10回挙上した場合には，挙上した重さの合計は750 kgになる。

高強度運動によるタンパク異化の量は，タンパク分解速度と挙上回数の積として表される。負荷が非常に大きい場合には，タンパク分解速度は高くなるが，挙上回数は小さくなる。負荷が小さい（50 RM）場合には，挙上回数と力学的仕事量は増大するが，タンパク分解速度は小さくなる（表4.1）。

高度なトレーニングのために重要となる点は，非常に高いトレーニング量と1回のトレーニング中に挙上する総負荷重量である。トレーニング量を，通常のトレーニングで挙上する量の5〜6倍にする方法がある。この方法（重量階級で競技するために，筋細胞を肥大させて体重を増大させる方法）を用いたトレーニング期間中には，1回のトレーニング量は20〜30トンにもなり，時には50トンにも達するようになる。このような量になる場合には，トレーニング期間中には，他のトレーニングエクササイズは実践できなくなることが多い。

(2) 筋肉内調整機構

挙上可能な最大重量は，運動単位の動員数に影響される。運動単位による最大数が活性化されるとともに，速筋線維型の運動単位が動員されると，運動神経の発射頻度も最大になり，運動単位の同期化も行われる。

多くのスポーツ選手が，最大努力によって筋力を発揮したにもかかわらず，最適な発射頻度や動員パターンが遂行できないことも多い。高い閾値を持つ運動単位は，高い発射頻度になる。しかし，トレーニングをしていない人々では，自発的な筋力を最大に発揮した場合，低い閾値を持つ運動単位の発射頻度よりも低い頻度

> **コラム**
>
> ## さまざまな重さの負荷を利用した運動：
> ## 力学的仕事量と代謝応答
>
> バーベルスクワットによって自己最高記録を挙上した選手は，90 kg，120 kg，150 kg の順に負荷を挙上した。この選手の体重は 77.5 kg であり，膝関節よりも上部にある身体部分の重さは 70 kg であった（この身体部分はスクワットによって挙上する必要のある重さであり，足部と下腿部は負荷にならない）。したがって，実際の重さは 160 kg，190 kg，220 kg になる。身体重心を上昇させる距離（身体重心が最も低くなった時点から最も高くなった時点までの距離）は 1 m であった。この選手は 150 kg では 1 回，120 kg では 10 回，90 kg では 25 回の回数を挙上することができた。力学的仕事は，最も重い負荷では 220 kg・m（220 kg の負荷を 1 回で 1 m 動かしたとして，220 kg×1 回×1 m）となる。120 kg の負荷では 1900 kg・m（190 kg×10 回×1 m）となり，最も軽い負荷では 4000 kg・m（160 kg×25 回×1 m）となる。軽い負荷による運動では，最も重い負荷の 18 倍の量の力学的仕事が行われたことになる。
>
> 代謝エネルギーの消費は，軽いバーベルを用いた場合に非常に大きくなる。タンパク分解は，120 kg のバーベルを用いた場合に最大になる。150 kg のバーベルを用いた場合には，タンパク分解のための強度が非常に高くなる（1 回の反復回数あたりのタンパク分解量）。しかし，バーベルは 1 回しか挙上されない。90 kg の軽い負荷のバーベルを用いた場合には，タンパク分解の強度は小さくなる。タンパクの分解量は，力学的仕事量の大きさに対しては，強度に比較して小さい。このようなことから，120 kg のバーベルを用いた場合に，最適な負荷の強度と量の組み合わせになる。
>
> この例は 1 セットのみのトレーニングによるものである。トレーニングによる代謝ストレスの総量は，セット間の休息の仕方にも非常に大きく依存する（5 章参照）。

で，高い閾値を持つ運動単位が活性化している現象が認められている。これらのことは，最大力を発揮する場合でも，速筋線維型の運動単位が完全に活性化しないこともあることを示している。

高い筋力発揮に関する潜在性は，電気刺激を用いて確かめることができる。最大に自発的な筋力を発揮したところに，筋へ電気刺激を加える。この刺激によって，最大の自発的な筋力を越えた潜在性を引き出すことができる。この指標は余剰筋力（MSD）と呼ばれており，次のように算出される。

MSDの指標＝100（電気刺激によって発揮される筋力－最大自発的な筋力）／最大自発的な筋力

一般的に余剰筋力は 5〜35% の範囲にある。一流選手になるほど，余剰筋力は大きくなる。また，心に心配事を持っている場合や小さな筋を選択的に活動させている場合にも，余剰筋力は大きくなる。余剰筋力の存在は，人間の筋が自発的運動では使用しない潜在的に隠れた予備力を持つことを示している。

高強度筋力トレーニングの目的は，最適な運動単位の動員と発射頻度で筋線維が収縮することを，神経系に学習させることにある。最大下

コラム　最大負荷の挙上動作と最大下負荷の挙上動作による相違

30 kg のダンベルカールを行った場合には，次のことが生じている。(a)最大数の運動単位が動員されている。(b)最も強い力を発揮する速筋線維型の運動単位が動員されている。(c)単一神経線維の発射頻度は最適になっている。(d)運動単位の活動が同期している。

しかしながら，15 kg のダンベルカールを行った場合には，次のことが生じている。(a)運動単位の一部が動員されている。(b)最も強い力を発揮する速筋線維型の運動単位は動員されていない。(c)単一神経線維の発射頻度は最適になっていない。(d)運動単位の活動が非同期的になっている。

実際に，二つの運動における筋肉内調整機構は異なっている。15 kg の負荷による挙上動作では，30 kg の負荷による挙上動作の筋肉内調整機構を改善することはできないのである。

負荷が挙上された時には，中間の運動単位が活性化する。最も速い速筋線維型の運動単位は動員されず，単一神経線維による発射頻度は最大下であり，運動単位は非同期的に活性化する（64 頁の図 3.10 に示す）。最大および最大下負荷を用いたウエイトリフティングを行う場合，筋肉内調整機構に違いが生じることは容易に理解できる。筋肉内調整機構の改善を目指して，筋力発揮速度のトレーニングを行うためには，中強度負荷を用いた運動では効果は少ない。

ウエイトリフターによるトレーニングでは，TFmm と同様か，あるいはそれ以上の負荷を用いた場合に，筋肉内調整機構が最適になる。しかし，トレーニングによる最大パフォーマンス(TFmm)と，重要な試合による最大パフォーマンス(CFmm)の違いは非常に大きい。これは，興奮レベルなどの心理学的要因による状態が著しく異なるからである。また，試合前における休息日などにも影響される（1章のトレーニングの二要因理論を再読してほしい）。

しかし，TFmm と CFmm における筋肉間および筋肉内調整機構に関する相違点は少なく，パフォーマンスに対する影響もほとんどない。また，トレーニングにおいて，TFmm を超えた負荷重量を利用することも非常に少ない（すべての挙上エクササイズの約 3.5～7.0% 程度）。

(3) バイオメカニクス的変数と筋肉間調整機構

スポーツ選手が最大負荷を挙上した場合，運動速度は一定の値を維持する。バーベルの加速はほとんど 0 になり，挙上する負荷の重さと力は一致する。

中程度の負荷を挙上した場合，二つのバリエーションが考えられる。図 4.3 a は，最大努力で行われる場合である。バーベルの加速度は挙上動作の初期に増大し，その後 0 へと低下する。さらに，第 2 局面では負の値となる。初期局面においてバーベルに作用する力は，挙上している負荷重量よりも大きくなり，その後低下していく。バーベルには運動エネルギーが蓄積されている。このタイプの挙上動作では，筋の調整機構は最大および最大に近い負荷を用いた挙上動作とかなり異なる。筋出力に対する努力は，初期の動作中に集中される。

第 2 局面では，運動によるキネマティックな変数（速度や加速度）は，最大負荷を用いた挙上動作に類似する。バーベルに作用する加速の

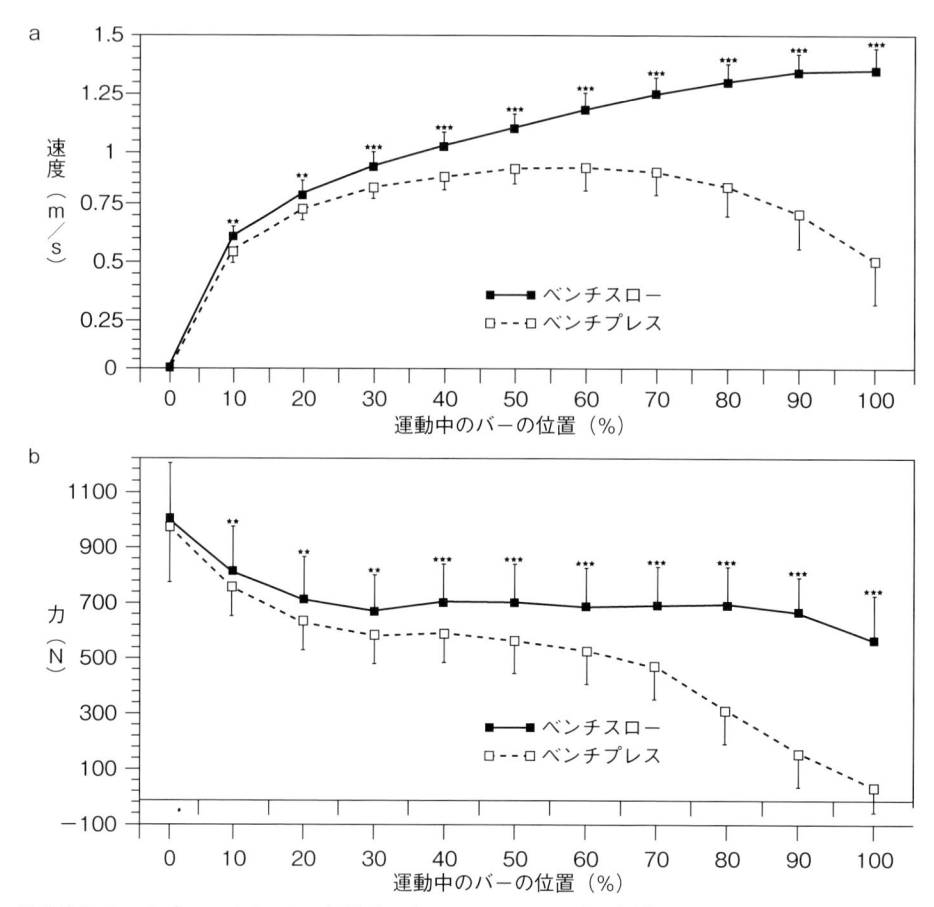

図4.3 爆発的なベンチプレス（バーベルを挙げて止めるエクササイズ，点線）と爆発的なベンチスロー（バーベルを投げ上げるエクササイズ，実線）におけるバーベルの速度(a)と作用する力(b)。各値は17名の選手における平均値と標準偏差である。バーベルの重さは，個々の1RMに対する45%である。星印はベンチプレスとベンチスローの間に統計的な有意差があることを示している。** $p<0.01$，*** $p<0.001$。運動の最終局面を見ると，急激なベンチプレスの速度と力は，ベンチスローに比較して小さい。図には示していないが，筋活動レベルは同じである。ウエイトリフティング中の負荷は，挙上動作の終了時点で停止させなければならず，バーを爆発的に挙上する場合でも，ベンチスローでは行われない速度や力発揮，あるいは筋活動を低下させることが必要になる。ベンチスローは，スポーツパフォーマンスに類似した爆発的運動であり，より専門性の高いエクササイズである。

Reprinted, by permission, from R. U. Newton et al., 1996, "Kinematics, kinetics, and muscle activation during explosive upper body movements," *Journal of Applied Biomechanics* 12(1): 32-43.

ための力は，ほとんど一定となる。その後，バーベルの速度を低減するために非常に遅い速度に変化させなくてはならず，その際にはブレーキ作用として拮抗筋群の共縮が行われる。このような筋肉内調整機構は，最大筋力の発揮を抑制するものである。

さまざまな負荷重量を用いた運動による生理学的メカニズムの違いは，大きい力を必要とする運動をトレーニングエクササイズとした場合に，効果的に筋力を増大させることを説明している。原則的には，筋の仕事が高まり，筋力を増大させるように，負荷を継続的に漸増させていく必要がある（負荷漸増性の原理と呼ばれている）。

トレーニングを行っていない人々では，生活環境の中でかかる負荷がF_{mm}の20%より低くなっていくと，筋力は低下し続けることが認められている。非常に高い筋力を発揮する選手

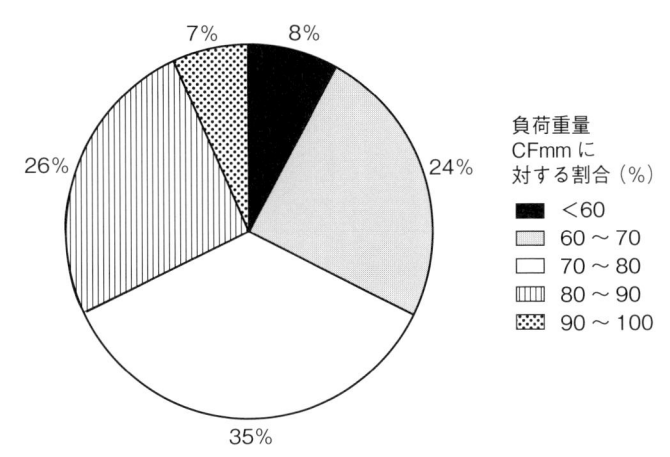

図 4.4　1988 年のオリンピックのための準備期間に，USSR（旧ソビエト連邦）の選手が行ったトレーニングの配分。運動はスナッチとクリーンに関連した 2 つのグループに分けられている。挙上負荷は，主なスポーツ運動における CF_{mm} に対する割合で示されている（スナッチとクリーン＆ジャーク）。バーベルスクワットは分析対象に含まれていない。

Adapted, by permission, from V. M. Zatsiorsky, 1991, *Training load in strength training of elite athletes*. Paper presented at the Second OIC World Congress on Sport Sciences, Barcelona, October.

の場合，相対的にかなり高い負荷を用いていても，それが通常のレベルよりも低下していると，筋力も低下していくことになる。例えば，ウエイトリフターが，TF_{mm} の 60〜85％ の負荷重量によってトレーニングを遂行した場合，最初の 1 ヶ月間は筋力を一定に維持できる。しかし，2 ヶ月間が経過すると，筋力は 5〜7％ も低下する。ボート競技のように長いシーズンが存在するスポーツ選手では，長いシーズン中に，専門的な練習を行っていても，高強度の筋力トレーニングを中止した場合には，プレシーズンよりも筋力は大きく低下するようになる。

一流のスポーツ選手では，数ヶ月間にわたって，中強度の負荷を用いて標準の繰り返し回数を遂行した場合には，発揮できる筋力そのものではなく，筋容量を維持することができる。

3.一流スポーツ選手におけるトレーニング強度

一流選手のトレーニング経験は，スポーツ科学に有益となる情報源である。この経験は，トレーニングの最適性を科学的に証明するものではないが，最も効果的なトレーニングパターンを反映したものである。すなわち，経験則から得られるこのような知識は，私たちのトレーニング計画に影響を与えるものである。しかし，現在に至っても，私たちはこのトレーニングに役立つ最良の研究方法を明確にできないままである。

図 4.4 に，一流ウエイトリフターがコンディショニング中に用いるトレーニング負荷を示した。一流選手は多様な負荷を利用する。ウォーミングアップや休息のためには，CF_{mm} の 60％ よりも低い負荷を用いる。最も頻繁に利用される負荷強度は，CF_{mm} の 70〜80％ であり，トレーニング全体の 35％ を占める。これらのデータとこれまでの知見から考えると，一流選手の平均負荷は CF_{mm} の 75.0±2.0％ になる。CF_{mm} の 90％ を越える負荷は，トレーニング全体の 7％ しかない。

各セットによる反復回数は，用いるエクササイズによって変える必要がある。スナッチ，クリーン＆ジャークともに，大部分のセットで 1〜3 回の反復回数が用いられる（図 4.5）。ス

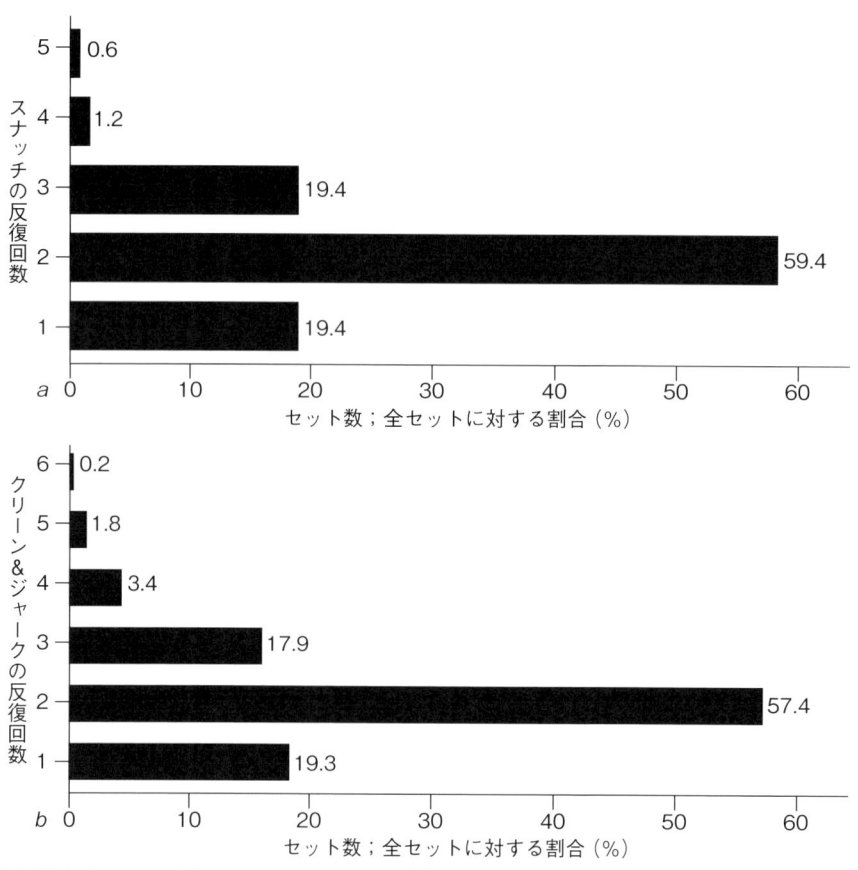

図 4.5 優れた選手がスナッチ(a)とクリーン&ジャーク(b)で用いた反復回数当りに評価したセット数の割合。
Adapted, by permission, from V. M. Zatsiorsky, 1991, *Training load in strength training of elite athletes*. Paper presented at the Second OIC World Congress on Sport Sciences, Barcelona, October.

ナッチは，4〜5回の反復回数がセット全体の1.8%の割合で用いられる。クリーン&ジャークは，4〜6回の反復回数がセット全体の5.4%よりも少ない割合で用いられる。それ以外の大部分のセットでは，55〜60%の負荷で2回の反復回数が用いられる。

スクワットエクササイズのような筋力トレーニング手段における運動調整機構は，部分的には，スナッチやクリーン&ジャークに類似したものである。そして，1セットに用いる反復回数は増大される。例えば，バーベルスクワットによる挙上反復回数は，平均的に3〜6回の範囲を用いながらも，1〜10回までの中で広範囲に変化させている（72頁の図4.2）。

一般的に，トレーニングエクササイズは，目指すスポーツ種目による技術から乖離したものになり，筋肉内調整機構がより単純なものになる傾向がある（例えば，スナッチやクリーン&ジャークから乖離し，単純なエクササイズの利用が行われる）。単純になると，反復回数は増大する。クリーン&ジャークの反復回数は1〜3回（セット全体の57.4%が2回の反復回数）であり，スクワットにおける反復回数は3〜5回である。背筋運動の反復回数は5〜7回である（図4.6）。

最大負荷を評価に用いる場合には，反復回数（CFmm）は相対的に低くなる。1984〜1988年のオリンピックのためのトレーニング期間中に，ソビエト連邦における一流スポーツ選手の主な種目における挙上回数は，1年で300〜600

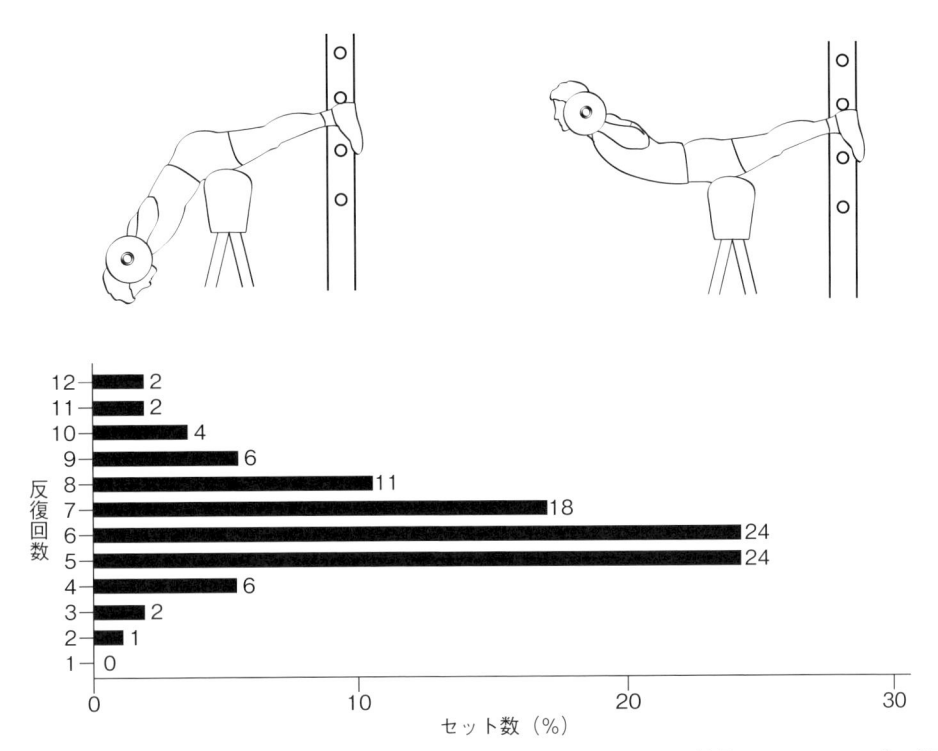

図 4.6 背筋運動に用いる負荷（反復回数）とそれを用いるセット数の割合。この結果は，1972～1976 年の間にオリンピックチャンピオンになったアレクセイエフのトレーニングから得られたものである。
From *Preparation of the National Olympic Team in weight lifting to the 1980 Olympic Games in Moscow*, 1981, (Moscow, Russia：Russian State Academy of Physical Education and Sport). Technical report #1981-34. By permission of Russian State Academy of Physical Education and Sport.

回であった。これはすべての挙上運動に対する 1.5～3.0％ の割合になる。負荷は次のようになる。

バーベルの負荷，CFmm による％	反復回数，％
90 ～92.5	65
92.6～97.5	20
97.6～100	15

重要な試合の 1 ヶ月前には，スナッチとクリーン＆ジャークおよび両方を組み合わせた運動を，CFmm の 90％ を超える負荷を用いて 40～60 回行っていた。

1970～1980 年の間には，ソビエト連邦（当時）とブルガリアのウエイトリフティングチームが，世界選手権やオリンピックの金メダルを独占していた。ブルガリアの選手は，最大負荷を用いたバーベル挙上運動を，1 年に 4000 回も行っていた。ブルガリアの選手におけるトレーニング強度は，ソビエト連邦の選手よりも高いものであった。しかし，最大負荷を決定する方法には違いが存在した。ソビエトの選手では CFmm を利用して計画を立案していたが，ブルガリアの選手では TFmm を利用して計画を立案していた。

4. 比較研究から得られた最適なトレーニング強度

一流選手になると，さまざまな運動を同じ強度では遂行しない。例えば，オリンピックのウエイトリフティングにおける主な運動強度，特にスナッチとクリーン＆ジャークの強度は，背筋運動による強度よりもはるかに高くなる（図 4.5 と図 4.6）。しかし，このような経験則から得

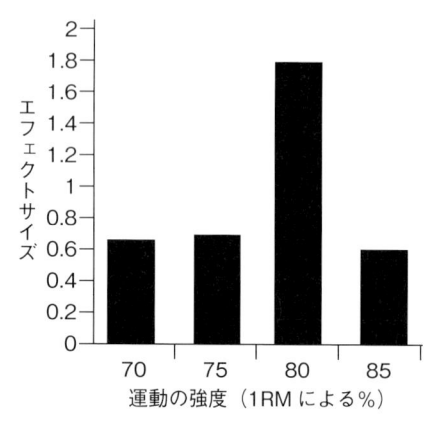

図4.7 パフォーマンスを改善できるトレーニング強度の平均データ。エフェクトサイズ＝（トレーニング後の平均値－トレーニング前の平均値）／トレーニング前の標準偏差。この図は，1433名のエフェクトサイズデータを対象にした140の研究から得られたメタ分析にもとづいている。実験グループでは，すべての運動を同じ強度で遂行している（1RMによる％）。しかし，一流選手は運動ごとに，さまざまな強度を用いることを考えながらデータを概観することが必要になる。

Data from M. R. Rhea et al., 2003, "A meta-analysis to determine the dose response for strength development," *Medicine and Science in Sports and Exercize* 35(3)：456-464.

られるトレーニングパターンを，実験的にモデル化して証明することは難しく，不可能である。

筋力トレーニングにおける最適運動を決定するために，研究者は多くの実験を計画している。選手にさまざまな反復回数を行わせ，パフォーマンスが最大に改善できる平均的な強度（最適強度）を決定するための研究が行われている。トレーニング方法（セット数，トレーニング頻度，用いる筋群）や対象者の種類（性別やトレーニング経験数）が，研究ごとに異なるために，それぞれの研究から得られた結果を比較することは難しく，正しい見解を得ることができない。しかし，多くの研究結果が比較されるとともに，掲載論文の整理には定量的分析による方法，すなわちメタ分析法と呼ばれる方法が用いられている。その中で，1年以上のトレーニング経験を持つスポーツ選手を対象にした場合には，1RMの80％強度が最も適切であることが示されている（図4.7）。トレーニグをしていない人を対象にした場合には，1RMの60％強度で，1週間に3回，各筋群あたりに4セットのトレーニングを行うことが効果的であることが示されている。

これまでの章で示してきた一流選手のトレーニング方法では，用いる反復回数を単一に決定すべきではないことを示している。選手やコーチは，それを決定するためのトレーニングの考え方について理解すべきである。本書では，種々のトレーニング方法における専門性，トレーニング手段の適切な選択，トレーニングのタイミングについて説明している。

5. 筋力トレーニングの方法

最大筋力を高めるために筋力トレーニング法を分類することは重要である。文献によると，筋力トレーニング法は，利用する運動に基づいて分類されている（例えば，アイソメトリック，アイソトニック，エキセントリックな筋収縮様式）。しかし，トレーニングエクササイズとしての運動特性よりも，筋力を高める際の目的に従って，トレーニング方法を分類することが適切である。筋力を高める方法は，次の三つの方法に分類することができる。

1. 最大負荷を用いた挙上動作（最大の負荷重量に対する運動）。すなわち最大筋力法である。
2. 最大下負荷を用いて，疲労困憊まで行う挙上動作。筋力発揮の最終局面における疲労状態の中で，できるだけ高い筋力を発揮し続ける方法。すなわち最大反復法である。
3. 最大下負荷を用いて，発揮できる最も高いスピードを目指して行う挙上動作（投げ動作）。すなわち最大スピード法である。

(1)最大筋力法

最大筋力法は，筋肉内調整機構および筋肉間

筋力トレーニングの方法

ある選手のフロントバーベルスクワットにおける最高パフォーマンスは100 kgであった。彼はこの重さを1回挙上することができる。

この選手が筋力トレーニングを選択する際に，次の方法がある。

- 100 kgを挙上する（最大筋力法）。
- 100 kgよりも少ない負荷を挙上する。例えば75 kgを疲労困憊まで挙上する（最大反復法）。
- 最大下負荷を最大速度で挙上する。例えば重い負荷のベルトを巻いて高く跳ぶ（最大スピード法）。

調整機構の両方を改善するために効果的である。この方法では，筋の調整機構と中枢神経系（CNS）が強く作用するために，最も高い筋力を発揮できる。また，中枢神経系の抑制がある場合には，この方法によって取り除くことができる。さらに，運動単位の最大数が最適な発射頻度を伴って活性化されるようになる。運動によるバイオメカニクス的なパラメータと筋肉間調整機構は，目的としたスポーツ運動に類似したものでなくてはならない。トレーニングを行う選手は，単に強化だけではなく，運動調整に影響する神経系の働きが変化するような学習を通して，最大筋力が高まることも理解しなくてはならない。

この方法では，負荷の大きさをTFmmに近づけていく必要がある。一方，CFmmを用いたトレーニングを，高い心理的なストレスをさけるために，少しずつ組み込んでいくことが重要になる。この方法におけるトレーニングエクササイズの目的は，運動パフォーマンスを高めることである（筋肉内調整機構および筋肉間調整機構の両方がトレーニング目的となる）。そのために，この方法で推奨する反復回数は1〜3回になる。スナッチやクリーン＆ジャークはその典型例である（78頁の図4.5）。運動パフォーマンスそのものを改善するよりも，筋力を高めることが，トレーニングエクササイズの

目的である場合には（例えば，動きが専門的でなく，主な運動の動きとは異なるとともに，筋肉間調整機構によるバイオメカニクス的パラメータが，第一に重要なものではない場合），用いる反復回数を増加していく。一つの例は背筋運動であり（79頁の図4.6），典型的な反復回数は4〜8回である。一方，スクワットによる反復回数は，普通では2〜6回の範囲内である（72頁の図4.2）。

最大筋力法は，スポーツ選手の間では一般的であるが，いくつかの限界もあり，初心者には推奨することができない。第一の限界は，怪我のリスクが高いことである。必要とする適切な技術を身につけるとともに，背筋や腹筋などが最大負荷を挙上するために十分に発達している場合には，この方法を推奨することができる。一方，腹筋のような運動には，この方法はほとんど利用できない。もう一つの限界は，少ない回数（1〜2回）で行うために，筋肥大を誘発するための影響が相対的に少ないことである。これは，力学的な仕事量が少ないために，収縮タンパクの分解が少なくなるからである。

最終的には，最大負荷を挙上するためには，高い動機づけが必要であり，この方法を用いる選手は，容易にバーンアウトしてしまう者が多い。この燃え尽き症候群は，次のように特徴付けられる。

・やる気の減少
・心配や抑圧の増大
・朝の疲労の増大
・一定負荷を挙上する際の努力度合いの増大
・休息期の高い血圧

　この現象は，TFmm よりも CFmm を用いて少ない反復回数を用いた場合に，典型的に生じるものである。バーンアウトは挙上する負荷の大きさだけではなく，使用する運動のタイプにも依存する。最大負荷を挙上するためには，脚や体幹の筋が活動し，バランスが必要になる。覚醒及び興奮水準がはるかに高くなるクリーン＆ジャークよりも，ベンチプレス（バーベルが簡単に固定され，脚や体幹の筋の活動が少ない運動）は，容易に遂行することができる。

(2) 最大下負荷法と最大反復法

　最大反復法は，セットによる反復回数のみを変えるだけではなく，最初は中強度の負荷，その後は最大負荷へと変化させることもできる。筋肥大のシミュレーションは，二つの方法で類似している。3章で示したエネルギー系による仮説によれば，タンパクの分解と新しいタンパク再合成量を誘引するために重要になる。すなわち，タンパク分解速度に影響する力学的な仕事量が重要になってくる。もし，最大の反復回数でない場合には，力学的な仕事は減少してしまう。しかし，仕事量が最大に近くなれば（最大反復回数は12回であるが，10回の挙上動作をしたような場合），このような違いはあまり重要にならなくなる。これに関しては，継続的に遂行されるセット間のインターバル時間を短縮する方法などを用いて代償できる。

　筋肥大を目的としない場合でも，1回のセットにおいては，最大の反復回数を用いることがよいと思われている。高強度筋力トレーニングの目的が，適切な筋肉内および筋肉間調整のパターンを学習することである場合には，この考え方は間違ったものである。これに関する説明は，運動単位の動員に関するサイズの原理に従ったものである。このトレーニングに関するサイズの原理は，主に三つの内容から成り立っている。

1. 運動単位の動員順序は，サイズの原理によって決定される。
2. 動員される運動単位のみが改善される。
3. 動員された運動単位は疲労する（単一神経線維による発射頻度が十分に大きく，運動単位が高く活性化している場合）。

　例を取り上げながら，この理論を説明する。ある選手が，1秒ごとに一定速度によって，バーベルを12回挙上すると仮定する。この場合に，トレーニングされる主働筋は，さまざまな持続時間の運動単位から構成されている（遅筋型の運動単位は長い持続時間を持ち，疲労の兆候なしに10秒間にわたる活動が持続できる）。疲労に至るまでの最大反復回数は，運動単位ごとに異なっている。もし，スポーツ選手がバーベルを1回しか挙上しない場合には，運動単位の一部しか動員されない（64頁の図3.10）。サイズの原理によれば，遅筋線維型で疲労抵抗の高い運動単位から最初に動員される。何回かの挙上動作が継続されると，動員された運動単位が疲労し始めて最も持続性のない運動単位から限界に達する。動員されていた運動単位が，同じ張力を発揮できなくなると，それに替って新しい運動単位が動員されるようになる。この新しく動員される高い閾値を持った大きな運動単位が，速筋線維型であった場合には，非常に素早く疲労状態に至ってしまう。12回反復できる負荷を用いて，10回の反復を行った場合には，三つの領域に分布している運動単位が働くことになる（図4.8）。

素早く動員されて疲労しない運動単位　運動単位が疲労しない場合には，トレーニング効果は得られない。10回以上の持続回数を持っている運動単位は，この領域に分類されるものであ

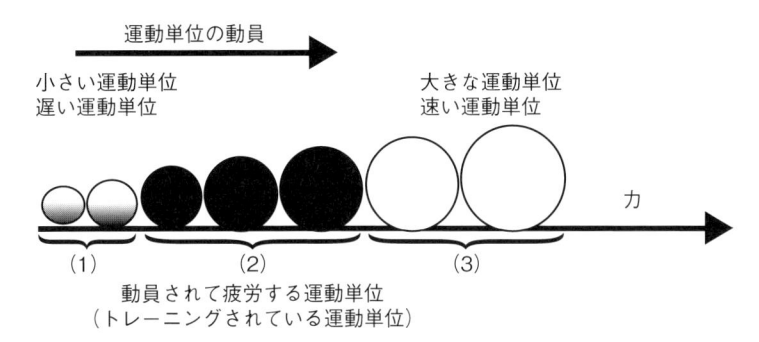

図4.8 最大下負荷を挙上した場合に利用される運動単位の分類。(1)素早く動員されて，疲労しない運動単位。(2)素早く動員されて，疲労しやすい運動単位。(3)動員されない運動単位。

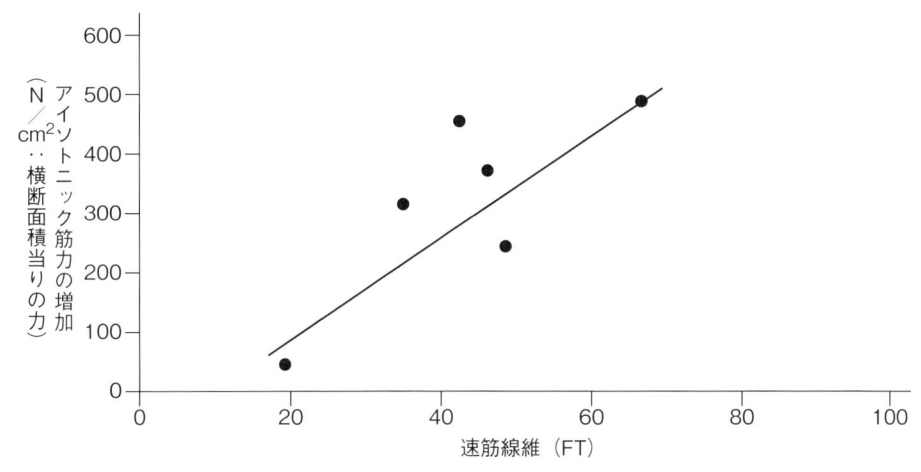

図4.9 速筋線維分布の比率に対する筋の横断面積当りの筋力の増加

Reprinted, by permission, from B. Dons et al., 1979, "The effects of weight-lifting exercise related to muscle fiber composition and muscle cross-sectional area in humans," *European Journal of Applied Physiology* 40：95-106.

る。この分布は遅筋線維型の運動単位によって構成されている。遅筋型線維の運動単位は，発揮する力が小さく，日常生活運動の中で動員されている。しかし，専門的なトレーニングを行わない場合には，この運動単位による力は増大しない。したがって，疲労しない遅筋線維型の運動単位が発揮する最大力を高めることは，非常に難しいことが結論づけられる。最大筋力の向上と速筋線維の割合には正の関係が存在する。速筋線維型運動単位の割合が高い選手は，筋力トレーニングの効果を得やすく，より速く筋力を高めることができる（図4.9）。

素早く動員されて疲労しやすい運動単位 トレーニングによる刺激を選択的に受ける運動単位が存在している。この運動単位は中間位置に存在する。最も遅いタイプ（動員されやすく疲労しにくい）ではなく，最も速いタイプ（動員されていない）でもない。トレーニング刺激によって活性化する運動単位は，相対的に狭い帯域にあり，挙上負荷と反復回数に依存されている。トレーニングプログラムの一つの目的は，トレーニングによって影響を受ける運動単位の分布や帯域を増大させることにある。

動員されない運動単位 この運動単位は動員されないので，トレーニング効果を得ることができない。この運動単位の分布域は，最も速く高い閾値を含むものである。

運動が遂行できなくなるまで反復する場合には（最大反復法），最終的な挙上動作で変化が発生することになる。この際には，利用される

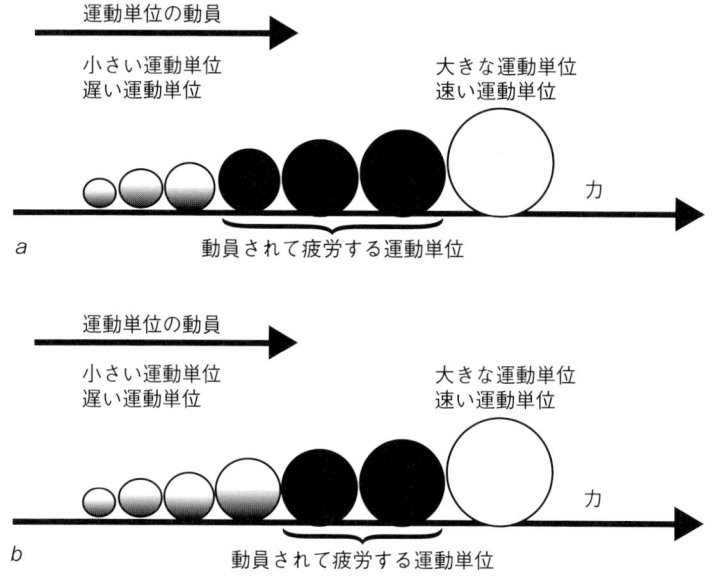

図 4.10 (a)最大反復法と(b)最大筋力法における運動単位の動員分布。2つの方法ともに，すべての運動単位が動員されることによって（あなたが一流選手でない場合には，いくつかの速筋型運動単位は活性化されていない），速筋線維型の運動単位がトレーニングされる。

運動単位の最大数を動員することになる。動員されたすべての運動単位は，疲労するものと疲労しないものとに分割できる。トレーニング効果は，疲労する最初のグループのみに得られる。反復回数が12回よりも少ない場合には，12回以上の持続回数が可能になるすべての運動単位は疲労しない。最大負荷を挙上できなくなるまで反復する場合には，最大下負荷をできるだけ挙上する場合よりも，運動単位の動員数は少ない（図4.10）。しかし，速筋線維型の運動単位は，この場合にトレーニング効果を得ることになる。

最大反復法が，最も高い運動単位を改善するために利用される場合には（その運動単位は最も大きくかつ速く，高い閾値を持つ），かなり高い負荷をできるだけ多く反復しなければならない。このことは非常に重要である。できるだけ多く行うことが重要であり，このことが，実践現場において，「苦しみのないところに向上はない」と言われている理由である。この方法では，大部分の運動単位が動員される最終局面の挙上動作が最も有効性を発揮する。10回しか挙上できない負荷を12回挙上することができれば，最も高い運動単位のトレーニングができる。遂行不可能に近くなる最後の反復によって動員される運動単位は，10回の反復回数では活性化されない。しかし，この場合でも，小さい運動単位のトレーニングには有効になる。

最大筋力法と比較すると，最大反復法は，三つの重要な要因を持つ。この方法は，筋の代謝系と筋肥大を誘引する。それに加えて，トレーニングできる運動単位の分布域も広く（図4.10），怪我の危険性も少ない。しかし，一方では，限界も存在している。1セットにおける最終局面の挙上動作は，筋が疲労状態の中で実施されるために，最大筋力を発揮するための神経系のトレーニングとしては効果は少ない。非常に大きなトレーニング量（挙上動作による全負荷重量）になり，それが一流選手によるトレーニング適応を制限することもある。しかし，トレーニングによる目的が専門的筋力ではなく，一般的な健康や体力の向上にある場合には，力学的仕事量の大きさが重要な要因になり，この方法が効果的になる。

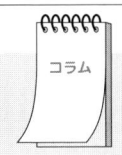

> **コラム　過度の実施を避ける**
>
> 　筋が過度に使われると，横紋筋融解症になり，筋線維が分解される。そのために，循環系の問題によって筋線維の機能低下が生じる。この場合のいくつかは，腎臓損傷によるものである。これらの横紋筋融解症の兆候は，異常な尿の色である（黒い，赤い，あるいはコーラのような色）。この場合には，筋が痛み，弱くなっていく。軍隊に入り運動を行う人，脱水や熱中症の人，マラソンやトライアスロンのような厳しい環境の選手に生じることが多い。医学的な文献によれば，スポーツ選手における横紋筋融解症に関するいくつかのケースが報告されている。このケースでは，コーチによって過度な運動がなされている場合である（ウォーキングからマシンエクササイズまでの運動により，疲労困憊に追い込まれている人）。過度な運動は危険性を持っており，避けるべきである。もし，横紋筋融解症が疑われる場合（尿が黒い場合など）には，医学的な処方を受けるべきである。

　一流選手のための筋力トレーニングでは，すべての方法が用いられる。そこではどのトレーニング方法が効果があるのか，最大負荷を用いるべきか，最大下負荷を用いるべきかという問題に対する答えが問われる。それは800 m走選手がトレーニングを実施する場合，800 mよりも長い距離を用いるのか，短い距離を用いるのかに関する問題と類似している。800 m走による選手は，いずれの方法も用いている。このことは，筋力トレーニングにおいても正しいことである。一流選手は，さまざまなRMによる異なる負荷重量を用いた種々のエクササイズを多彩に利用しているのである。

　これまでの結論では，さまざまなトレーニング方法を複合させることが，最大筋力Fmmを増大させることにつながることが示唆されている。

方　法	短期目的
最大筋力法（第2番目の選択として，最大反復法を利用する）	神経・筋の調整機構の改善 ・運動単位の動員 ・発射頻度 ・同期化 ・調整パターン
最大反復法（および最大下負荷法またはその両方）	筋肥大
最大反復法	動員されてトレーニングされる運動単位における範囲の増大

(3) 最大スピード法

　爆発的な余剰筋力が存在している選手は多くいる（2章で示した）。そして，最大下負荷を素早く挙上するエクササイズでは，Fmmを発揮することはできない。したがって，最大スピードを目指す方法は，最大筋力を高めるためには利用できないが，力の発揮速度（力を立ち上げる速度）や爆発的な筋力を改善するためには利用できる。

6. 要　約

　トレーニング強度は，次のように見積もることができる。

- 負荷の大きさ
  競技中（CFmm）またはトレーニング中（TFmm）に到達した最も高い値に対する相対値で評価する。
- セットあたりの反復回数

・最大負荷での繰り返し回数（または割合）

負荷レベルを変化させたエクササイズは，(a)代謝系の反応，(b)筋肉内調整機構，(c)バイオメカニクス的な変数と筋肉間調整機構を変化させることができる。代謝エネルギー系と力学的仕事量は，挙上負荷の減少に伴って増大することになる（挙上回数とセット数が増加するから）。

エネルギー系の仮説によると，タンパクの分解速度は挙上する負荷重量による総量との関係によって決定される。負荷重量が重いほど，タンパクの分解速度も大きくなる。分解されるタンパクの総量は，力学的仕事量とタンパクの分解速度によって決定される。高強度運動中に分解されるタンパク量は，タンパク分解速度と挙上回数の積によって決定される。

運動単位の動員に関する生理学的なサイズの原理は，筋力トレーニングにおけるサイズ理論の基本となる。この理論は，主に次の三つの要素によって成り立っている。(a)サイズの原理が変化する，(b)動員された運動単位のみがトレーニングされる，(c)運動単位は疲労に伴ってトレーニングされる（少なくとも，単一神経線維の発射頻度が十分に大きく，高い活性化を示す場合）。

スポーツ選手が最大負荷を挙上した場合には，大部分の運動単位が同期的に活性化される。高強度負荷トレーニングの目的は，各筋における最適な発射頻度をすべての運動単位に学習させることにある。

一流ウエイトリフターが用いる負荷重量の最も大きな比率は，CFmm の 70〜80% である。挙上する平均負荷は，CFmm の 75.0±2.0% になる。そして，反復回数にはかなりの変化が伴う。

筋力トレーニングは，次の三つの方法によって行われる。(a)最大負荷を挙上する（最大負荷に対する運動）ものであり，最大筋力の発揮を目指す方法。(b)十分な重さであるが，最大ではない負荷を挙上する方法。最終局面の疲労状態において，最大筋力を発揮するものであり，繰り返しの継続を目指す方法。(c)最も高い速度発揮を目指して，最大下負荷を挙上するものであり，スピードを目指す方法。最大下負荷を中強度の反復回数で行うものであり，補足のトレーニングとして利用される方法。

最大筋力法は，筋肉内調整機構および筋肉間調整機構の改善に有効である。大部分の運動単位は，最適の発射頻度によって活性化される。このトレーニング方法を利用する場合の負荷の大きさは，TFmm に類似したものになる。トレーニングの目的が，運動パフォーマンスの改善にあるのであれば，推薦する1セットの反復回数は1〜3回になる。トレーニングの目的が，筋そのものを肥大させて強化することであれば，反復回数を増大させる必要がある。一流選手が利用する最大筋力法には，いくつかの限界が存在する。怪我の危険性が高いことや，筋を肥大させる刺激量としては少なく，不適切であることなどである。

最大下負荷法と最大反復法は，筋肥大に効果的である。筋力トレーニングに関する相違点は，最大筋力の発揮に必要となる神経・筋の調整機構を改善することである。最大下負荷法（最大下負荷を用いて，疲労困憊までは挙上を行わない）は，高い運動単位のためのトレーニングや専門的な筋肉内調整機構の改善には効果的ではない。最大反復法によって，高い閾値の運動単位を動員する（運動単位の中の最も大きな単一神経線維を活性化し，最も強く速い運動単位を動員する）場合には，疲労困憊になるまで，高強度負荷を挙上する必要がある。この場合の最終的な挙上局面においては，大部分の運動単位が動員されることになる。この領域における二つの問題は，休息の取り方と運動の持続である。

Chapter 5
筋力トレーニングのタイミング

トレーニングのタイミングを考慮しながら，ある期間のトレーニング負荷やエクササイズを配列していくことは，スポーツ選手の試合への準備体制を整えるための重要な要因である。

1.トレーニングの構成単位

トレーニング計画は，構成単位に分割して考える必要がある。トレーニングによる構成単位は，一日，ミクロサイクル，メゾサイクル，マクロサイクル，オリンピックサイクル（4年間の期間），長期サイクル，さらに長い多年次サイクルがある。これらの構成単位に分割して，構造的なトレーニング計画を立てることが必要になる。

一つのトレーニングセッションは，30分よりも長い休息を取りながら遂行することが一般的である。そして，一日のトレーニングには，いくつかの種類のエクササイズを配列していく。表5.1にトレーニング手順の例を示した。例に示した選手は，1日に2回のトレーニングを遂行する。一つのセッションは，30分間隔の休息を入れて構成されている（1日の中で2つのセッションを2回行っている）。この1日のスケジュールは，世界レベルの選手のものである。ある優れた選手は，次のように述べている。自分の人生は非常に高価で変化に満ちたものであった。それは五つの部分から構成されていた。トレーニング時間，試合の時間，移動時間，睡眠時間，食事時間であった。トップレベルの選手の現実をよく表した言葉である。

トレーニング手段による負荷は，一つのセッションから回復する時間によって評価できる。このためには，次の分類が参考になる。

1回のトレーニング負荷の大きさ	休息時間（単位：時間）
極端に大きな負荷	72
大きな負荷	48〜72
実質的な負荷	24〜48
中くらいの負荷	12〜24
小さい負荷	<12

第3の構成単位であるミクロサイクルは，数日間のトレーニングによって成り立つ。準備局面におけるミクロサイクルは，通常では1週間の長さである。また，競技シーズン期間においては，ミクロサイクルの長さは，主な競技期間によって調整する。例えば，レスリングの競技会が3日間続くならば，同じ持続期間から構成されるミクロサイクルを用いる。ミクロサイクルによる構造は，相対的に短い期間が何回も繰り返されるものである（これがミクロサイクルと呼ばれる理由である）。

メゾサイクルは，いくつかのミクロサイクルが集まった一つのシステムである。その期間は，2〜6週間，平均4週間の長さで構成される。旧東ヨーロッパの選手によるメゾサイクルの実状と持続時間は，集約化した準備状態を形成するために決定されていた。最も優れた選手たちは，1年を通じたトレーニングキャンプに

表5.1 ブルガリアのウエイトリフティング・オリンピック代表チームの毎日のトレーニング・スケジュール

時　間	月水金	火木土
9：00-10：00	スナッチ	スナッチ
10：00-10：30	休憩	休憩
10：30-11：30	ジャーク	ジャーク
11：30-12：30	エクササイズ	エクササイズ
12：30- 1：00	休憩	エクササイズ
1：00- 5：00	休憩	休憩
5：00- 5：30	エクササイズ	エクササイズ
5：30- 6：00	エクササイズ	休憩
6：00- 6：30	休憩	エクササイズ
6：30- 8：30	エクササイズ	休憩
合計練習時間	6時間	4.5時間

よって，家庭生活では不足する食事やその他の不足を補いながら準備を行っていた。その際のトレーニングマネジメントは，保守的な面と革新的な面を持っていた。競技力を向上させて，適切な情報を入手するためには，キャンプは効果的である。一方，家族から離れた生活なので，同じスポーツに関与する人々との生活とその中でのコミュニケーションのみでは，心理的な負荷を強いられることになる。この心理的なストレスを減少させて環境を変化させるためには，トレーニングキャンプの場所を定期的に変更することが効果的である。選手からのインタビューは，4週間のキャンプを行った後に，1〜2週間家庭に帰り，そこで生活するパターンを繰り返すことがよいことを指摘している。

ここではトレーニングのタイミングやメゾサイクルという構成が，適切に利用されている。メゾサイクルは，蓄積強化，転移変化，試合準備という目的に従って分類される。

蓄積強化メゾサイクルの目的は，選手の潜在能力を高めることにある。すなわち，基本的な運動能力を改善し，スポーツ技術を習熟させる。蓄積強化メゾサイクルの成果は，基本的なテスト（筋力テストや有酸素系能力のテスト）や補助運動におけるパフォーマンス，技術およびスキルの質を用いることによって評価できる。メゾサイクルでは，専門性の少ないさまざまな運動を，コンディショニングを評価するために利用することになる。

転移変化メゾサイクルの目的は，高めた一般的な体力を専門的な能力へと転移させていくことにある。この期間を通して，専門的な運動によって，コンディショニングやスポーツ技術を高めていかなければならない。一方，重要性が低く専門的でない運動のパフォーマンスは，トレーニングの手順を評価するために利用しなければならない。

試合準備メゾサイクルの目的は，高めた体力や技術で達成できる，最もよいパフォーマンス

を獲得することにある。重要な試合におけるパフォーマンスは、この期間中に達成できるか、失敗するかを評価しながら行っていく。

次の構成レベルには、マクロサイクルがある。マクロサイクルは、一つの試合シーズン全体とそれを試合前シーズン、試合中シーズン、試合後シーズンに分割したものである。ヨーロッパでは、これらの期間は通常、準備期、試合期、移行期に分けられている。各期間はいくつかのメゾサイクルによって構成される。マクロサイクルの典型的な持続期間は、1年間（冬期スポーツ）や半年間（陸上競技では屋外の試合期と室内の試合期に分かれている）になる。レスリングや水泳競技では、1年に三つのマクロサイクルが存在している。マクロサイクルにおけるトレーニングプログラムによる仕組みのことは、ピリオダイゼーションと呼ばれている。

オリンピックサイクルは、オリンピックの間の4年間で構成される。さらに長期にわたる多年次サイクルとは、初心者から引退までの選手の競技人生のことである。ミクロサイクルとメゾサイクルは、短期間のトレーニング構成のことである。マクロサイクルは、中期間の計画によるトレーニング構成のことである。多年次サイクルは、長期間の計画によるトレーニング構成のことである。

2. 短期的なトレーニングプログラム

短期間のトレーニング計画では、疲労による影響が第一の要因である。例えば、トレーニングには、筋力、スピード、技術を高める運動を用いる。これらの運動は、精密な運動調節能力を改善するために、準備運動の後に、疲労のない状態で行うようにする。しかし、持久的なスポーツでは、疲労のない状態で発揮する最大速度よりも、継続する運動の最終局面で発揮できる速度の改善が目的となる。その際のスピードエクササイズを用いるタイミングは、持久的な運動の後に遂行することが効果的である。

(1) 短期的なトレーニングプログラムのタイミングの例

短期的なトレーニングプログラムにおける一般的原理は、筋による仕事のタイプの違いが疲労効果に及ぼす特異性に従っている。この場合の疲労とは、スポーツ選手が疲労して、同じ運動を繰り返し行うことができなくなることである。運動を継続し続けることは、筋の仕事を増大させて、トレーニング負荷を増大させることにつながる。例えば、スポーツ選手がスクワットのような脚の運動、あるいはベンチプレスのような腕の運動を行う場合を考えてみる。ベンチプレス、スクワット、ベンチプレス、スクワットの順に遂行する場合は、スクワット、スクワット、ベンチプレス、ベンチプレスの順に遂行する場合に比較して、挙上する全体回数を多くすることができる。同じ原理は、筋力トレーニングエクササイズとスプリントエクササイズについても存在する。高強度筋力トレーニングによる疲労は、スポーツパフォーマンスやエクササイズを繰り返し行うことによって出現する。いくつかの種類の運動を変えながら繰り返す場合には、同じタイプの運動を繰り返す場合に比較して、筋内のエネルギーは素早く再蓄積されるために、疲労はより回復しやすくなる（図5.1）。

類似する二つのトレーニングを実施した場合には、二つのセッションによる疲労曲線が重なることになる（図5.2）。トレーニング負荷が大きい場合には、48〜72時間の間（2〜3日間）にわたって継続的に同じパターンのエクササイズを遂行すると、著しく疲労困憊になる。

さまざまな目標を持つエクササイズを導入する場合には、トレーニングセッションの中で、疲労曲線の重なりを避けるような配列をする必

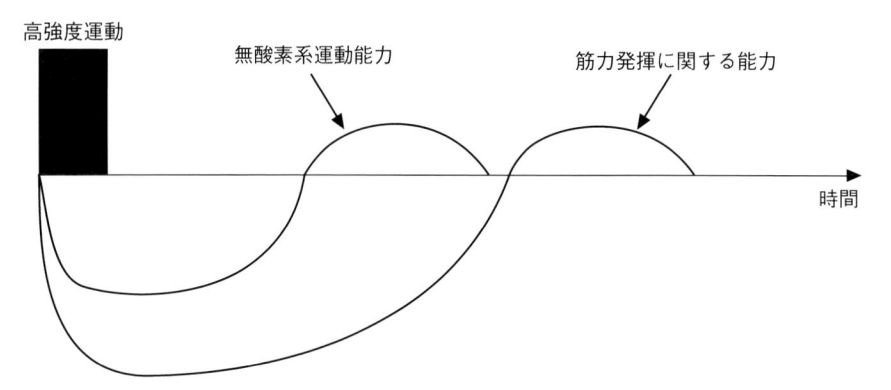

図5.1 高強度の筋力トレーニングセッション後における時間経過に伴う回復状態

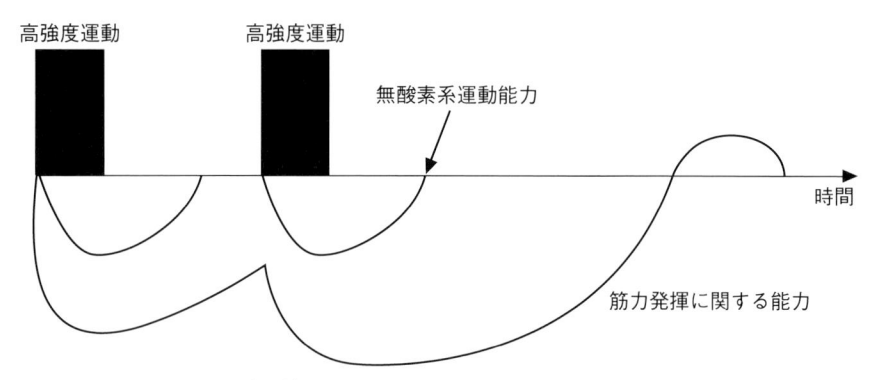

図5.2 2つの高強度の筋力トレーニングセッションとそれらの効果の重なり合い

要がある。しかし，さまざまな運動能力の向上を，一つのミクロサイクルやメゾサイクルの中で同時にトレーニングしようとした場合には，それぞれの効果が相殺されることになる。したがって，一つのミクロサイクルやメゾサイクルの中で，三つ以上のトレーニング目標を設定することは，適切な考え方ではないと思われる。例えば，最大筋力，爆発的筋力，有酸素系の能力，無酸素系における乳酸系能力および非乳酸系能力，最大スピード，柔軟性，技術を，一つのミクロサイクルの中でトレーニングしようとすることは効果的ではない。すなわち，身体諸器官に関連した多数の能力は，同時に高められないのである。したがって，すべての要素の向上を，一度に目指すことは意味のないことであり，一つの身体能力を集中的に発達させることが効果的である。トレーニングの総合的な成果は，いくつかの継続的に続くメゾサイクルを通して獲得される。さらに，パフォーマンスの向上を導くためには，ミクロサイクルやメゾサイクルにおける目標を少なく設定することが必要になる。言い換えると，専門的なプログラムを集中的に利用することが必要になる。個々の運動における疲労曲線は重なり合うことから，それを避けるトレーニングスケジュールを計画する必要がある。

一般的に，トレーニングプログラムの中には，類似した筋収縮によるエクササイズが利用されていることもある。この場合には，エクササイズを適切なバランスで導入する手順を見つける必要がある。世界レベルのスポーツ選手は，パフォーマンスに要求される最適な数の運動能力を抽出し，一つのメゾサイクルの中で改善することのできるトレーニング目標数を正確に設定することができる。それに加えて，スポーツ技術についても学習していかなければなら

> **コラム　過去と現在**
>
> オリンピックチャンピオン(1960)であるビクトル・ブッシュノフのトレーニング日誌を紹介する。
>
> [ミリタリースタンディングプレスの実施]
>
> ・1958年のトレーニング
>
> 　TFmmは90 kgであった。一般的なピラミッド式の方法を実施した。挙上重量は，60・65・70・75・80・85・90・85・75・70 kgであった。60 kgと65 kgを用いた最初のセット以外は，挙上できなくなるまで回数を実施した。最初のセット，すなわち60〜85 kgの負荷において疲労が誘発されていたので，最も高い90 kgの負荷を挙上する時には最大力を発揮することができなかった。
>
> ・1960年のトレーニング
>
> 　TFmmは110 kgであった。挙上重量は，70・90・100 kgであった。1回の挙上回数を1セット実施した。その後に，挙上重量を110 kgにして，1〜2回の挙上回数を5セット実施した。
>
> ・1964年以降のトレーニング
>
> 　ピラミッド法は筋力トレーニングから除外された。

ない。メゾサイクルの中で行う全運動の70〜80％は，運動能力の発達のために設定されなくてはならない。

(2) 1日のトレーニング

　筋力トレーニング計画に関する一般的な考え方は，多くのトレーニング手段を疲労のない状態で遂行することにある。筋力トレーニングでは，トレーニングをしていない選手ほどより大きな効果が得られる。このことは，筋力トレーニングの目標が，筋肉間調整機構と筋肉内調整機構などの神経系調整機構である場合には特に著しい。この場合のトレーニング効果とは，運動中に発揮する筋力を高めるために，中枢神経系からの促進性の情報を高めることと，抑制性の情報を減少させることによって学習効果を促進することである。トレーニングにおける運動を行う場合，常に十分な回復により疲労のない状態であるほど，学習効果はより促進する。そのために，トレーニング計画は，できるだけフレッシュな状態で運動を遂行するようにする必要があり，この点に関して注意深く作成すべきである。

　トレーニングにおけるタイミングは三つの要因によって成り立っている。三つとは，運動と休息の交互性，運動の順序性，強度のバリエーション性である。

1) 運動と休息の交互性

　一般的に，高強度の筋力トレーニングによって筋力を増大させるためには，より長い休息が必要になる。一流ウエイトリフターの準備期間における1日のトレーニング総セット数は，50年間にわたってほとんど変化していない（ほとんどの場合，32〜45セットであるが，50〜52セット行う選手もいる）。しかし，実施するための時間には変化がある。1955〜1956年には，

2～2.5時間であった。しかし，1963～1964年には3～3.5時間に延長されている。そして，1970年以降は，1日に2回以上のトレーニングセッションに分割されるようになった。

スポーツの経験則と科学的研究は，効果的な適応刺激を形成するために，トレーニングの量を分割する必要性を示している。特に，神経系の改善を目標にした場合には，1回ごとのセット間の休息は十分に長くする必要がある。

一流スポーツ選手が，初期疲労を取り除くためのセット間の休息時間として，高い強度の負荷を用いた場合には4～5分の時間が必要とされる。筋力トレーニングによる1回のセットを行う遂行時間は短いので，運動と休息の比率（休息に対する相対的な1回の遂行時間）は非常に小さくなる。一方，完全回復を望む場合には，4～5分の休息時間でも十分ではない。最大負荷トレーニング（TFmm）の遂行には，10～15分の休息時間を必要とする。筋力トレーニングにおける持続時間が制限される場合には，一つの解決策として，休息時間を長く（10～12分）するとともに，セットを複合的に組み合わせることが効果的である。運動時間が短く休息期間が長い場合には，エクササイズの密度（トレーニング1時間あたりのセット数）では，筋力トレーニングの強度を適切に評価することはできない。

2) 運動の順序性

運動の継続性で重要なことは，厳密な調整能力と最大神経系刺激を必要とする運動を，十分に休息をとった状態で行うことである。運動の継続性を阻害する早期の疲労を避けるためには，次のようなアドバイスが有効になる。

- 補助的な運動を行う前に，主要なスポーツ運動を行う。
- スクワットのようなゆっくりした運動の前に，パワーの必要な動的運動を行う。
- 小さい筋群の運動の前に，大きな筋群の運動を行う。

もしトレーニングの目標が筋力にある場合，成功を導くためには，用いる運動は同じ筋群のものを最小限に組み合わせるべきである。(a)ダンベルを用いた腕の外転運動（長指伸筋が活性化する），(b)ベンチプレス（長指伸筋が関与する），(c)フロントスクワット（補助的な運動），(d)スナッチ（競技運動；最大パワー発揮と複雑な技術を必要とする）のような順序は不適切である。適切な組み合わせの順序は，次のようになる。

① スナッチ
② ベンチプレス
③ スクワット
④ 腕の外転動作

3) 強度のバリエーション性

最大重量を挙上することは，筋力を強くする最も効果的な方法である。このエクササイズは，ウォーミングアップ後に最初に行うべきである。その際の挙上回数は2～3回とし，セット数は6セットまでに設定する。ブルガリアの選手は，TFmmに対する試技を毎日利用してきた。ロシアのコーチは，TFmmではなく，CFmmの90％負荷を用いた試技を利用してきた。複合的運動のセット，例えば，スナッチエクササイズにおいては，30分間のセット（6セットを5分の休息を取りながら実施）を行う。

一般的な方法には，ピラミッド式の負荷設定法がある。この方法は各セットにおける負荷をピラミッドのように上昇させた後に低下させるものである。しかし，オリンピックに出場するウエイトリフターには，ピラミッド法は事実上あまり利用されなくなった。この負荷方法は初期疲労を誘発し，負荷を減少させていく段階には疲労状態になってしまうので，得られる効果が少ないと思われている。現代的なトレーニングでは，主なトレーニング負荷を最初の段階で

5章 筋力トレーニングのタイミング

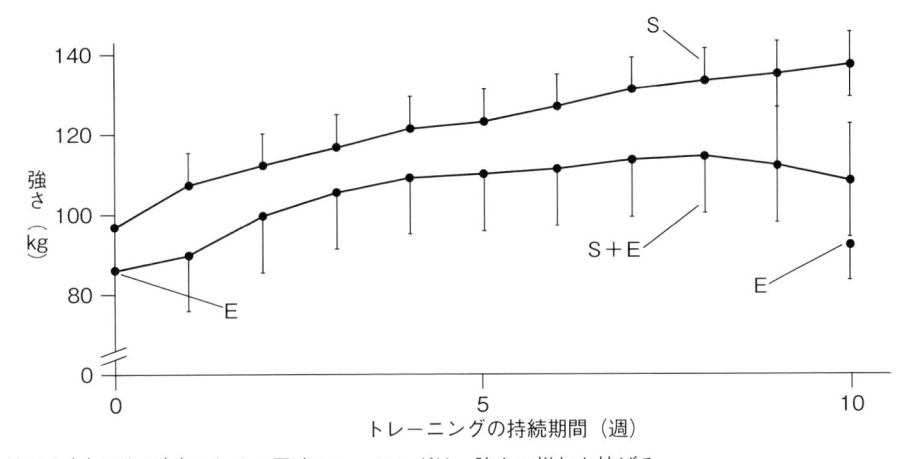

図5.3 持久力(E)と強さ(S)のための同時トレーニングは，強さの増加を妨げる。
Adapted, by permission, from R. C. Hickson, 1980, "Interference of strength development by simultaneously training for strength and endurance," *European Journal of Applied Physiology* 45：255-263.

かける方法が用いられるようになっている。
　強度のバリエーション性に関する他の考え方は，専門的環境を利用することである。疲労を感じた選手は，TFmmよりも10～15kg負荷を低下させたエクササイズを行うようにする。この方法は適切な技術の遂行を助けることに役立つ。最大努力による挙上動作を目指すこと，最大の繰り返し回数を目指すこと，この二つの方法で構成されるセットの場合には，最大努力による挙上動作を最初に配列することが重要である。
　運動の順序性と強度のバリエーション性は，1日のトレーニング計画の中に盛り込まなければならない。最大の神経系刺激を必要とする運動（競技タイプの挙上動作，TFmmおよびCFmmを負荷にした挙上動作）は，さまざまな活動から回復してフレッシュな状態になってから遂行すべきである。

4）対照的な運動の導入
　高強度の筋力トレーニングの間に，柔軟性やリラクセーションプログラムを導入することが提唱されている。これによって，回復速度を高めるとともに，柔軟性の欠如を予防することができる。柔軟性エクササイズを行う必要のある部位は，特に肩関節である。

5）混合型トレーニングセッション
　一つのセッションに数種類の運動を配列する筋力トレーニング方法は，専門的な高強度の筋力トレーニングを集中的に行うものよりもその効果は小さくなる。筋力が最も重要になるスポーツ（例えば，陸上競技やアメリカンフットボール）では，高強度のトレーニングエクササイズを分割して構成することがより効果的になる。十分な時間がとれない場合には，筋力トレーニングに用いる運動を混合型にして構成する必要がある。通常，負の効果を防止するためには，高強度の筋力トレーニングはセッションの終わりに遂行するようにする（体操競技やその他のスポーツで受け入れられている）。しかし，これとは対照的に，高強度の筋力トレーニングを，疲労のないトレーニング初期に行った場合には，その効果が非常に大きくなることも理解すべきである。

6）サーキット型トレーニング
　サーキットトレーニングの考え方は，同じ時間内に，数種類の能力（筋力や持久力など）を総合的に強化させていくという考え方に従って

いる。このプログラムは10〜12種類の運動によって構成される。

サーキットトレーニングの基本的な考え方には，あいまいな部分も存在する（筋力と持久力を同時に強化する場合など）。筋力と持久力の生理学的な適応に関するメカニズムは異なっている（このことに関しては8章に示す）。通常，筋は同時に二つのタイプの運動に対して適応することはできない。持久的運動は筋力の発達を抑制することになってしまう（図5.3）。

筋力トレーニングと比較して，サーキットトレーニングでは筋力の増大は少ない。したがって，筋力やパワーが主要因となるスポーツには推薦できず，ほとんど利用されていないのが現状である。しかし，筋力と持久力が高いレベルで同時に必要とされるスポーツ（ボートやカヌー），あるいはバレーボールやテニスのような球技スポーツでは，両方の要因が必要になる。サーキットトレーニングは，専門的筋力よりも，一般的な体力を維持し高める必要のある選手のために用いるものである。

(3) ミクロサイクルとメゾサイクル

ミクロサイクルとメゾサイクルにおける高強度筋力トレーニング計画のタイミングは，主に二つの考え方によって成り立っている。その一つは，エクササイズの間に十分な回復時間を与えることである。他の一つは，トレーニング刺激の継続性（十分な適応）と可変性（停滞性の排除）のバランスを適切にとることである。

1) 十分な回復を促すこと

ミクロサイクルにおいて，適切なエクササイズと休息を設定すれば，疲労を軽減させることができる。大きなトレーニング適応は，筋が回復した後に，非常に高い過負荷に耐えることのできる準備状態が筋に完成することである。一流選手は，1週間に5〜6日のトレーニングを設けるとともに，トレーニング後の回復時間を24時間に設定している。小さな負荷の場合には，回復時間は12時間よりも短く，中強度の負荷の場合には，回復時間は12〜24時間の長さを設ける必要がある。この場合には，トレーニング総負荷量は筋の発達に最も大きく影響するものではないために，連続するトレーニング経過の中で，適切に負荷を変更していくことが必要になる。さまざまなエクササイズによって生じる疲労効果は特異的である。そのために，適切にエクササイズを変化させていくことができれば，最適なレベルへと順々に負荷を増大させることができる。連続したトレーニング経過によるエクササイズでは，同じ筋群を用いたものにすべきであり，筋の調整機能が同じパターンのものを繰り返し実施するようにすべきである。

高強度筋力トレーニングにおける回復時間は，エクササイズに動員される筋の大きさによって変わってくる。上腕二頭筋のような小さな筋群の場合には，回復時間は12時間よりも少なくてもよい（これはトレーニングしている選手の場合である）。小さな筋群（足底屈筋群や前腕の筋群）では，1日に数回のトレーニング時間を設けることができる。中ぐらいの筋群では，回復のためにより多くの時間を必要とす。このタイプの筋群は毎日の生活運動に関係している。さらに，最も大きな筋群になると，少なくとも48時間の回復時間が必要になる。例えば，バーベルスクワットは，通常1週間に2回，72〜96時間の回復時間を設けながら行う（一流のウエイトリフターは，フロントスクワットとバックスクワットに分けて，1週間に2回実施する）。スクワットは，重要な試合の1週間〜12日前になると，行わないようにすべきである。

筋力を増大するためには，少なくとも1週間に3回の高強度筋力トレーニングを行う必要がある。トレーニング量を同じにしても，1回の

> **コラム　専門的な筋力トレーニングは必要か？**
>
> 　さまざまなスポーツ競技において，筋力は高める必要のあるトレーニング要因である。また，筋力以外にも重要な要因が存在する。コーチは専門的な筋力トレーニングを行うかどうかについて決定しなくてはいけない。テニスや男子体操競技のようなスポーツでは，主運動を行った後に，筋力トレーニングを遂行し，必要とする筋力水準を確保している。しかし，低い筋力水準が選手のパフォーマンスを制限している場合には，専門的な筋力トレーニングを導入しなくてはならない。例えば，旧ソビエト連邦では，男子体操競技におけるジュニア選手は，筋力トレーニングを主な練習とは分離した形で重視して行っていた。しかし，女子選手は行っていなかった。陸上競技，ボート，カヌーなどの多くのスポーツにおいては，高強度の筋力トレーニングは，トレーニング計画の一部として組み込まれている。水泳やレスリングなどでは，高強度の筋力トレーニングではなく，専門的な筋力トレーニングが必要とされる（競泳選手では陸上トレーニング，レスリング選手では実際の動きを模倣したトレーニングを用いる）。

セッションの中で集中的に実施するよりも，いくつかに分割して実施する方法が効果的である。トレーニング量（反復回数と挙上総重量）を維持しながら，1週間のトレーニング回数を増加させた選手では，大きな筋力の増大を望むことができる。例えば，トレーニングを2日に分割して行う場合には，1日で行う場合よりも大きな筋力を発揮することができるようになる。筋力の増大を持続的に生じさせるためには，少なくとも1週間に2回のセッションを導入する必要がある。

2）負荷に可変性をつけること

　ミクロサイクルとメゾサイクルにおけるトレーニングプログラムの可変性は，複雑なエクササイズを遂行することではなく，トレーニング負荷を変化させることである。エクササイズの組み合わせは，メゾサイクルを通して，生体の適応を引き出すように遂行する。10のエクササイズからなる組み合わせは，少なくとも1週間に2回のトレーニングの中で変化させるとともに，1回のトレーニングの中でも変化させる。一つのメゾサイクルは，数種類のエクササイズによって構成される。

　思春期前のパフォーマンスの停滞を避けるためには，トレーニング負荷は日々変化させるとともに，ミクロサイクルごとに大きく変化させるべきである。経験則から生まれた60％ルールがあり，そのルールによると，最小負荷を用いた1日のトレーニング量は，最大量の場合の60％にすべきである。

3）ストレスミクロサイクル（高い負荷のミクロサイクル）を利用すること

　熟練した一流選手は，13頁の図1.6に示すストレスミクロサイクルを利用する。このサイクルでは，利用しているトレーニングプログラムによって，筋力の増大が生じなくなった場合に，より疲労が蓄積するシステム（高いトレーニング負荷と短い休息時間による不十分な回復を特徴とする）を導入したものである。ストレスミクロサイクルの後のサイクルでは，より小さなトレーニング負荷を用いるようにする。一流選手は，二つのストレスミクロサイクルに耐えながらトレーニングを行う場合もある。しかし，一方ではコーチと選手は，この方法で用い

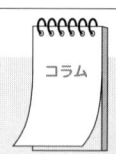

> **コラム**
>
> ## 1日にいくつかのトレーニングを行う事例
>
> 旧ブルガリアの選手は，1日のトレーニング総時間が6時間にわたっており，その時間の中でいくつかの方法を実践してきた（表5.1参照，88頁）。ギリシャとトルコのウエイトリフターは，2000年と2004年のオリンピックで成功を収めてきた。両国のウエイトリフターは，類似したトレーニングを行っていた。最適な知識を得るために，このことに注目してみたい。セッションは60分および45分に制限し，朝の部と午後の部の二つに分割して行った。その中で30分の休息時間がとられていた。上昇する血清テストステロンレベルは，45〜60分の間で維持される。その再貯蔵のためには，30分の休息時間が必要になる。筋力トレーニング中に上昇するテストステロンレベルの特徴は，現在でも十分に理解できていない。この上昇は，増大するテストステロンの生成と，筋やその他の組織にあるテストステロン受容体による取り込みが原因している。30分の休息期間中に，選手は横になって音楽を聞きながら休む。体を冷やすことを避けるために，保温性の高い服を着て，脚を小さなベンチの上に置いてリラックスさせる。

るエクササイズに大きな注意を払う必要がある。ストレスミクロサイクルは，1年に3〜4回以上は用いてはならない。さらに2重ストレスミクロサイクルは，1年に1回しか用いてはいけない。

ソビエト連邦時代の一流ウエイトリフターの例を見ると，4週間単位で構成されるメゾサイクルのトレーニング量について，約1700回の挙上を遂行していた例がある。ソビエト連邦時代にマスターのタイトルを持っていた選手では1306回±99回，他の経験豊富な選手では986回±99回の挙上を遂行していた例もある。

3. 中期的なトレーニングプログラム（ピリオダイゼーション）

ピリオダイゼーションという用語は，トレーニングシーズンを分割するために用いられている。それを用いると，マネジメントしやすく，期間を区切って（マクロサイクルやメゾサイクル）計画を立案できる。また，シーズンにおける最も重要な試合において，ベストパフォーマンスを発揮するように計画立案ができる。スポーツ選手は，プレシーズンとインシーズンにおけるエクササイズ，負荷強度，負荷方法を適切に変化させていく必要がある。試合シーズンの準備を行うプレシーズンに，試合シーズンと同じトレーニングが継続的に遂行された場合には，その効果はトレーニング初期に出現するだけで，その後は継続的に低下することになる。この場合には，トレーニング初期に獲得した効果はほとんど失われる。

(1) ピリオダイゼーションの論争

ピリオダイゼーションは，トレーニングによる最も複雑な問題である。トレーニングには多くの要因が関与することから，中期的な計画では対立する要因間の適切なバランスが難しい問題になる。ミクロサイクルの効果は，選手個人だけではなく，グループに対しても決定される。効力係数は，次の式で算出できる。

効力係数（％）＝100×（シーズン中の最も重要な試合でベストパフォーマンスを出した選手の数／選手全体の数）

オリンピックや世界選手権のような試合は最も重要である。約75%の効力係数の値になると，優れていると判断できる。60%はかなりよい，50%は通常の水準になる。

中期的なトレーニング計画では，次の四つのことが重要になる。

①トレーニング負荷の遅延転換
②補助的な運動により高めた非専門的な体力が専門的な体力に及ぼす遅延変容
③トレーニングによる残存効果
④トレーニング効果の重ね合わせ

1）トレーニングにおける遅延転換

遅延転換を概念化するためには，次の方法でトレーニングしている選手のグループをイメージすることが有効である。トレーニング中（1週間に3回）に対照的な強度（2～5RM）と同じ量（5セット）を用いた運動を遂行したとする（例えば，デッドリフトエクササイズ）。最初は最大筋力が素早く増大する。基本的なトレーニングを行って2～3ヶ月後には，筋力の発達する速度は馴化現象に伴って低下していく。コーチはこの馴化現象に打ち勝つために，トレーニング負荷を増大していく（1週間あたりのトレーニング回数や1回のトレーニングにおけるセット数の増大）。一定の期間が経過すると，パフォーマンスは再び向上し始めていく。

一般的には，激しいトレーニング期間中には，二つの理由によって最適パフォーマンスを達成することができない。最初の理由は，トレーニング刺激に対する適応に時間を要することである。第二の理由は，激しいトレーニングを行い続けると，疲労が蓄積していくことである。相対的に軽い運動を行う期間を設定すると，それまでの激しいトレーニング効果が遅延して表出するようになる。この期間が遅延転換に要する期間である（パフォーマンスの向上へとトレーニング効果が転換していく期間）。トレーニング適応は，トレーニングによって激しい負荷がかかり，その後のトレーニングの休止によって軽い負荷がかかる場合に生じる。

遅延転換に要する時間は，トレーニングにおける全負荷と蓄積する疲労の大きさよって延長していく。典型的には，遅延転換に要する時間は，2～6週間となり，平均で4週間の期間を要することになる。すなわち，1メゾサイクルの期間を要することになる。遅延転換のためのメゾサイクルのことは，試合前メゾサイクルとして知られている。このメゾサイクルの目的は，試合が遂行できる準備状態を作ることにある。トレーニング負荷はこの時期には低く設定する。主なトレーニング負荷は，それよりも前のメゾサイクル（蓄積と転換のためのサイクル）の中で十分に与えられている。トレーニング効果が遅延するために，負荷をかける期間ではなく，その後のかけない期間中に筋力が増大することになる。

2）トレーニングにおける遅延変容

スポーツ選手におけるトレーニングの成果が止まり，変化がなくなった場合には，コーチはこれまでの戦術を修正するとともに，トレーニングの負荷ではなく，エクササイズそのものを変化させていかなくてはならない。デットリフトエクササイズが目的であるにもかかわらず，それを行わないで，脚および体幹による伸展運動やアームカールなどの補助的なエクササイズを行う場合がある。このトレーニングを2ヶ月にわたって遂行すると，トレーニングを行っていないデットリフトエクササイズに向上が見られるだけではなく，その他の運動パフォーマンスにも改善が得られる場合がある。

専門的なトレーニングは，スポーツパフォーマンスに必要とされる潜在能力を変容させるためのものでなくてはならない。専門的努力とそれに要する時間は，変容メゾサイクルの目的を達成するために必要である。変容メゾサイクル

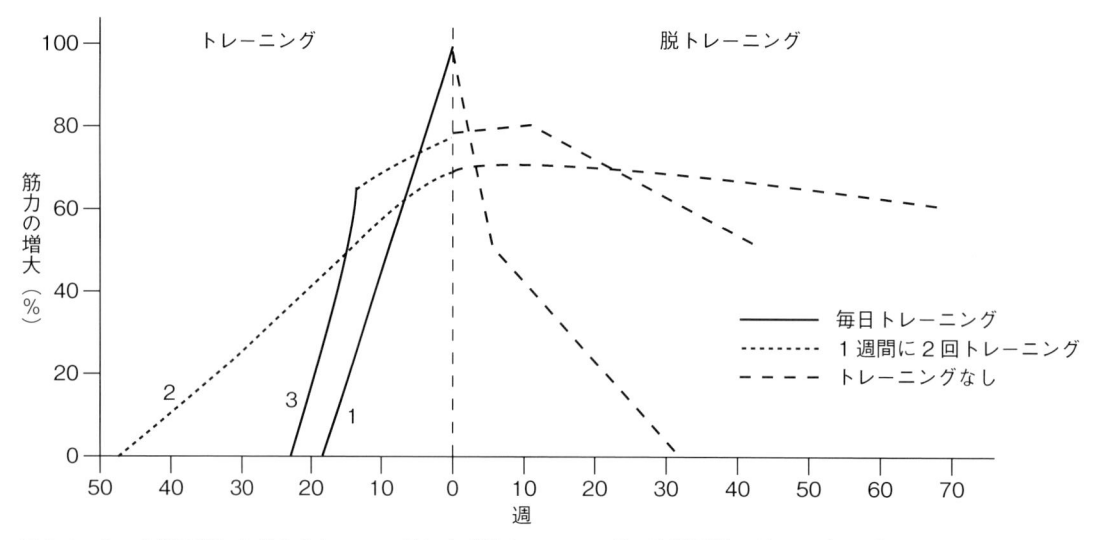

図 5.4 3つの選手群におけるトレーニングおよび脱トレーニングの時間経過。グループ1は毎日トレーニングした選手，グループ2は1週間に2回トレーニングした選手，グループ3は初心者のころには毎日であったが，その後は1週間に2回トレーニングした選手である。

Reprinted, by permission, from T. Hettinger, 1966, *Isometrische muskeltraining* (Stuttgart, Germany：Fischer Verlag).

におけるトレーニングは，高度に専門的なものでなくてはならない。一つのシーズンで用いる変容メゾサイクルの数と持続期間は，それに先立つ疲労蓄積に関わるメゾサイクルの長さに依存する。変容メゾサイクルと実現メゾサイクルは，一つの構成単位として考える必要があり，テーパリング期間あるいはピーキング期間と呼ばれている。

私たちの分析例は，トレーニング内容（実施するエクササイズ）とトレーニング負荷は，トレーニングシーズンの全体を通して変化させていく必要があることを示している。蓄積メゾサイクル，変容メゾサイクル，実現メゾサイクルには，それぞれの導入順序が存在する。これらのメゾサイクルを効果的に構成していくために，コーチや選手はトレーニングの残存効果とトレーニング効果の重ね合わせに配慮しなくてはならない。

3) トレーニングにおける残存効果

トレーニング量や質を低下させたり，あるいはトレーニングを中止させることは，適応の度合いや効果の実質的な減退を引き起こす。しかし，あるスポーツ選手は，高強度トレーニングを継続しない場合にも，トレーニング効果を得ることが可能である。適応と同様に，脱適応には時間を要する。あるスポーツ選手が，トレーニング内容からあるエクササイズ（例えば，最大筋力を高める負荷をかける運動）を除外した場合，それらが及ぼす適応は徐々に減退する。適応を誘発するために費やす時間と脱トレーニングのために費やす時間には，正の相関関係が存在する（図5.4）。

次の四つの要因，すなわち(1)トレーニングによって蓄積される期間の長さ，(2)スポーツ選手のトレーニング経験，(3)トレーニング目標とする運動能力，(4)脱トレーニングメゾサイクル中の専門的な筋力トレーニング量が，脱トレーニングにおける時間経過を決定する。

1．一般的には，トレーニング期間が長くなるほど，脱トレーニング期間も長くなる。何ヶ月もの期間にわたる準備期間と短い試合期間（多くのオリンピックスポーツの場合）で構

成される場合には，試合期間中の運動能力の低下は少なく，ほとんど問題にはならない。このような場合には，筋力に対する適応は，脱トレーニング期間が短いためにほとんど失われることはない。しかし，アイスホッケーにおけるゲームやテニスのトーナメントのような短い準備期間によって構成されるスポーツでは，短い準備期間中に高めた筋力は，それ以降に負荷をかけない場合には，ほとんど完全に試合期間中に消失することになってしまう。

2．持続的な高水準のトレーニング経験をバックグラウンドに持つ選手では，トレーニング効果は相対的に安定したものになる。これらの選手の脱トレーニング効果は遅く，相対的に短いトレーニング期間でも高い効果を残存させることができる。この選手は，何が目的で，何をすべきかを明確にしている。また，しっかりとしたバックグラウンドを持つ一流選手は，経験の浅い選手に比較して，非常に素早く運動能力を回復させることができる。

3．専門的トレーニングを中止すると，さまざまな速度で種々のトレーニング効果が低下していく。有酸素系のエネルギー供給能力や最大筋力は，相対的に長く維持できる。これに対して，無酸素系エネルギー供給能力は，非常に素早く低下する。最も安定しているトレーニング効果は，骨格筋における形態的要因である。例えば，筋の大きさは，トレーニング，脱トレーニングともに，ゆっくりと変化していく。運動能力が連続的に発達していくメゾサイクルでは，この変化を利用することができる。運動能力の到達レベルは，一つのメゾサイクルによる第一目標である。そのレベルは，小さな負荷を用いた継続的なトレーニングによって，次のメゾサイクルへと連続的に維持され続けていく。

4．専門的な負荷をあるレベルに維持すると，専門的な運動能力を十分な水準に回復させて，回復速度の低下を防ぐことができる。コーチは，トレーニング効果を適切に維持できる期間を理解し，それをもとにして，専門的な再トレーニングや脱トレーニングを計画的に組み合わせる必要がある。

4）トレーニング効果の重ね合わせ

さまざまなトレーニング方法が存在するが，これらのすべてが生理的システムに同じ効果を与えるものではない。トレーニングは専門化されて，それぞれの方法が別々の効果を引き出すことになる。一つの運動能力や生理的なシステムに対して，効果的な適応を引き出すトレーニング方法であっても，その他のシステムには負の効果を与える場合もある。例えば，筋肥大による筋力の増大は，筋の毛細血管密度を低下させるために，有酸素系エネルギー供給能力に負の効果を与えることになる。

トレーニング方法による正の効果と負の効果の転移は，対照的には生じない。Yという運動能力に対するXというトレーニング効果は，Xという運動能力に対するYというトレーニング効果とは異なる。高強度の筋力トレーニングは，有酸素性のエネルギー供給能力には負の効果を与える。筋力と有酸素性持久力を目的とする二つの連続したメゾサイクルでは，最初のメゾサイクルによって達成する筋力の増大は，引き続く有酸素性持久力トレーニングの効果によって減少させないように，計画を立案していく必要がある。逆に，有酸素性持久力は，筋力トレーニングを継続させ続けると効果が減少していく。すなわち，この場合には，初期に高めた有酸素能力は，その後のメゾサイクル中で減少していく傾向があることに注意すべきである。

5) 相殺関係になる（トレードオフ）ピリオダイゼーション

ほとんどの人々は，全シーズンを通して，トレーニング負荷とトレーニングエクササイズを変化させていくことの必要性を理解している。しかし，スポーツパフォーマンスに対する効果を予測し，最適なトレーニング計画を構成することは容易ではない。トレーニング計画論におけるこの領域には，多くの議論の余地が存在している。現実的に，優れたピリオダイゼーションとは，相矛盾する要因の間で微妙なトレードオフ（折り合いをつけること）を持たせることである。

一方，スポーツ選手は，最大筋力，無酸素性持久力，有酸素性持久力のすべてを，一度に発達させることはできない。一つの要因を最も大きく増大させるためには（例えば，筋力トレーニングや持久力トレーニング），少なくとも1回か2回のメゾサイクルによって，継続的かつ集中的に要素を1つずつトレーニングすることが必要になる。このようなケースの場合には，筋力や無酸素性持久力における増大は，変化に富んだプログラムを推進するよりも，一つの要素を強化する計画を用いる方が，実質的に大きな効果を得ることができる。このトレーニングのことは，直線的なピリオダイゼーションと呼ばれている（図5.5a）。一流選手は，数年間にわたってこの方法を好んで利用している。

例えば，1960年代の中距離ランナーでは，次に示す内容による7ヶ月のトレーニング準備期間を利用した。(a) 有酸素性トレーニングには，マラソントレーニングあるいはロードトレーニングを，2.5～3ヶ月にわたって実施した。(b) ヒルトレーニングあるいはアップヒルランニングには，筋力要素を主体にした無酸素性トレーニングを，2.5ヶ月にわたって実施した。(c) 競技場で行うショートトラックトレーニングを，1.5ヶ月にわたって実施した。このトレーニング計画は，1シーズンを長距離走から始めて，短距離に移行していく方法である。これと同様に，投擲選手は筋力を高めるエクササイズを用いた準備期間を開始した。このトレーニングを2.5～3ヶ月間にわたって実施した後に，より専門的なトレーニングへと移行した。

しかし，このようなトレーニング方法では，専門的なトレーニングに至るまでの多大な努力と多くの時間が必要になる。そのために，選手

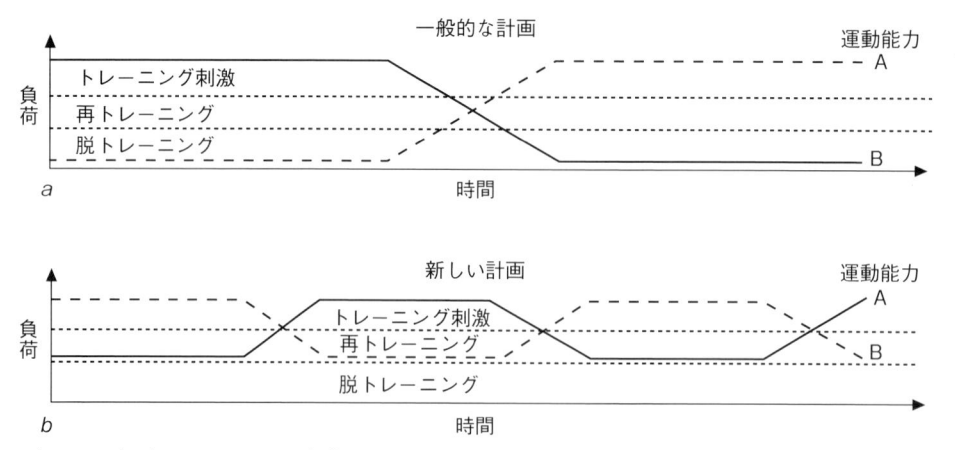

図5.5　プレシーズン中のトレーニング負荷のタイミングに関する2つのバリエーション。2つの運動能力であるAとBは，トレーニング目標になる。(a)トレーニング刺激と脱トレーニングを用いた強調的トレーニングを，長い期間にわたって行う方法であり，直線的なピリオダイゼーションである。(b)トレーニング刺激と脱トレーニングを用いた強調的トレーニングを，短い期間にわたって行う方法である。

非直線的なピリオダイゼーションプログラムの例

コネチカット大学の女子バスケットボールチームのコンディショニングトレーニング

　非直線的なプログラムでは，同じ週の中で，筋肥大と神経系要因の両方をトレーニングしていく。16週間のメゾサイクルの中で，7〜10日間の間に，二つの異なる生理学的な適応を引き出す。試合，移動，その他の錯綜したスケジュールへの対応が，伝統的な直線的方法では難しい場合がある。その際には，この方法が多くの選手のための計画の助けになる。トレーニングの強度と量は，トレーニング期間を通して変化させていく（例えば16週間）。この方法のプロトコールは，1日か2日の休息日を入れながら，4日のローテーションで行う。

- 月曜日：12〜15 RM で4セット
- 火曜日：休息
- 水曜日：8〜10 RM で4セット
- 木曜日：休息
- 金曜日：3 RM および4 RM で4セットおよび6セット
- 土曜日：休息
- 日曜日：休息
- 月曜日：1 RM および3 RM で4セットおよび5セット

　プログラムにおける強度は，1週間のサイクルの中で，1 RM を用いるセットと15 RM を用いるセットの範囲まで広がる。また，〈非常に重い，重い，普通，軽い〉というトレーニングセッションが繰り返されている。月曜日のトレーニングが中止されると，単純にローテーションの序列に準じて遂行する。例えば，月曜日に12〜15 RM を用いた軽いエクササイズが予定されている。しかし，それが中止された場合には，ローテーションの序列に準じて，水曜日にそれを実行する。このようにして，エクササイズによるトレーニング刺激の補償は，トレーニングプログラムの序列に準じて行うようにする。

　パワートレーニングの実施日は，必要な場合には通常のトレーニングプログラムに加えて行う。パワートレーニングでは，1 RM の30〜45％の負荷を利用する。トレーニングエクササイズには，投擲物を投げる運動や身体を負荷にしたジャンプ運動を行う。運動の最終局面において，加速した負荷を減速しなくてはならないような素早い挙上動作を行う。トレーニング初期に用いるエクササイズは，典型的な波状性にすべきである。また，小さな筋群のエクササイズを用いた2回サイクルのプログラムを利用する。例えば，上腕三頭筋によるプッシュダウンエクササイズでは，8〜10 RM による中程度の負荷から，4〜6 RM による高強度の負荷を用いてローテーションさせていく。これによって，一つの関節に関与する単関節筋の筋肥大を引き出すだけでなく，高強度運動を行う大筋群の筋力を高めることができる。

はその他のドリルやエクササイズを遂行する機会を減退させてしまうことになる。長期にわたった脱トレーニングによる結果として，目的としない運動能力の水準が低下していく。それに加えて，集中的なトレーニング期間が必要になる要因（例えば，筋力や有酸素系能力）が，直接競技パフォーマンスに関与しないものであった場合には，筋力が増大しても，競技結果は改善されないことがある（例えば，競泳のための陸上トレーニングの場合）。多くの時間と努力は，高い競技レベルに必要とされる要因の準備に利用されなくてはならない。

その他のトレーニング戦略（非直線的なピリオダイゼーション）は，ここ20年間で少しずつ発達している。この戦略は，次に示す二つの考え方に従っている。

・連続的および間欠的に変化する専門的な種々の運動能力を，トレーニング目標として発達させる（図5.5 b）。
・トレーニング目標にしていない運動能力の維持を，再トレーニング負荷に用いる。

さまざまな運動能力を目標として変化させる方法は，2週間単位のハーフメゾサイクルとして利用する。この戦略はノルディック複合スキー競技（15 kmのクロスカントリースキーとスキージャンプ）の選手に利用されている。ここでは，2週間ごとの強化のために，最初の2週間は，クロスカントリースキーを主な目的とし，ジャンプを再トレーニングレベルまで低下させ，次の2週間はスキージャンプを主な目的とし，クロスカントリースキーを再トレーニングレベルまで低下させて行う。

このようなケースで利用する同時トレーニングとは，同じ日や同じミクロサイクル，あるいは間欠的なミクロサイクルなどによって，種々のトレーニングを，できるだけ導入時間を同じにして行うことを意味している。トレーニングするさまざまな要因を，できるだけ一度に行うことが重視される。この戦略はハンマー投げ選手などのパワー系選手が利用して成功を収めてきた。これに貢献する運動能力（最大筋力や力の立ち上がり速度，パワー）は，同じミクロサイクルの中で同時に強化されていく。

これまでに示してきたピリオダイゼーションの考え方は，多くの一般的に用いられているトレーニングプログラムの中にすでに内在するものである。

(2)マクロサイクルによる筋力トレーニング

筋力トレーニングを効果的に行うためには，適切なタイミングが重要になる。マクロサイクルによる筋力トレーニングのタイミングは，相対的に長い期間のものであり，運動と休息に関する理論に影響される。思春期前にある子どもでは，疲労を避けるように計画されなくてはならない。トレーニングにおける他の要因も重要になる。マクロサイクルにおける典型例は，次のようになる。

・トレーニング刺激の多様性
・トレーニング負荷による遅延転換
・非専門的体力の専門的体力への遅延変容
・トレーニングによる残存効果

1)トレーニング刺激の多様性

マクロサイクルにおける多様性には，トレーニング方法とプログラムを変化させることによって対応する。エクササイズそのものは，トレーニングに関する定量的なパラメータ（量，強度）ではない。したがって，馴化現象を避けるためには，定量的なパラメータを周期的に変化させる必要がある。一般的な考え方は，非常に単純である。馴化現象による結果として，基本的なトレーニングプログラム（同じ運動，類似したトレーニング負荷）は，ゆっくりとした負荷から素早い負荷に変化させていき，それに伴って筋力を増大させていくものである。適応における新しい段階を達成していくためには，ト

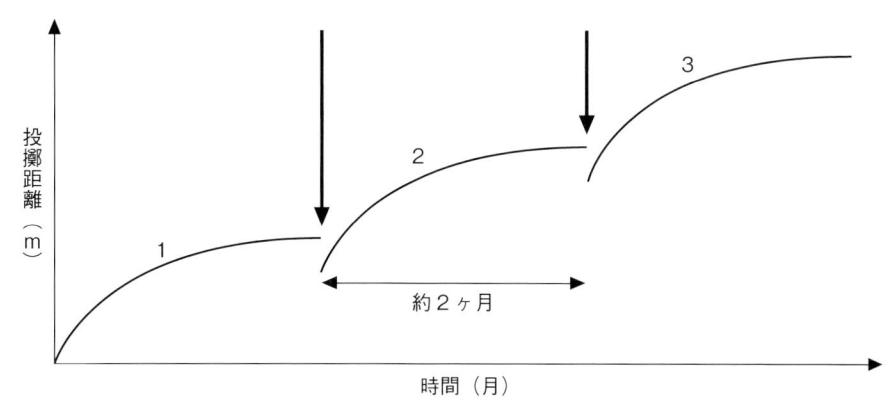

図5.6 エクササイズの波状性変化がハンマー投げの記録に及ぼす効果（↓矢印はエクササイズを変化させた時期を示す）
Based on concept developed by the USSR National Olympic team head coach, A. P. Bondarchuk, 1980.

レーニング負荷を高めることと，エクササイズを複雑化させることの両方，あるいはどちらか一方の方法を用いる必要がある。しかし，負荷を高めることには限界があることから，エクササイズを変化させていくことが好ましい場合が多い。この戦略は，多くの国際的スポーツ選手が，試合の準備状態を確立するために利用する効果的な方法である。

過去30年間にわたって，世界大会やオリンピック，あるいはヨーロッパで活躍してきたソビエト連邦（当時）のハンマー投げ選手が行ったトレーニングは，この戦略が成功した典型例である。彼らは120種類近くの専門的エクササイズを創造し，トレーニングにおいて選択してきた。また，10種類のエクササイズでまとめたユニットを構成し，12のユニットに分類した。それぞれのユニットは，選手個人の特性に応じて2〜4ヶ月間にわたって利用し，同じユニットは，2〜4年にわたって実施した。最も効果的なエクササイズは，最も重要な試合のあるシーズンの年に利用した。また，選手は最大努力でハンマー投げを実施するトレーニングの日も設定していた。筋力のためのエクササイズのユニットを変化させると，それに伴ってハンマー投げのパフォーマンスもわずかに低下した。しかし，新しい負荷に対する初期適応が生じ始めると，パフォーマンスを改善することができた（図5.6）。

筋力トレーニングの方法（最大筋力法，最大反復法，最大スピード法，最大下負荷法）は，マクロサイクルの中にさまざまな割合で内在している。プレシーズン期には，主に最大下負荷法（最大下の負荷で中強度の回数，疲労困憊にならない）と最大反復法（各セットにおいて最大の反復回数を行う）を中心としたメゾサイクルから開始していく。そして，挙上負荷を上げ，セットにおける回数を低下させていくことによって，最大筋力法へと移行させる。この戦略は準備初期に利用するものであり，筋骨格系を発達（末梢系要因）させるとともに，神経系の調整機構を改善するためのものである。このトレーニング構成によるパラダイムは，実質的に1980年代以降からほとんど変化していない。新しい傾向は，マクロサイクルの中で，トレーニング方法を何回も変化させることである。そして，最大反復法，あるいは最大筋力法が，メゾサイクル（4週間単位）とハーフメゾサイクル（2週間単位）の中で強調して用いられるようになっている。

2) 遅延転換

トレーニング負荷の増大とパフォーマンスの

改善との間には時間的な遅延がある。そのために，トレーニング負荷は重要な試合の前には一端は低下させなくてはならない（遅延転換の期間が必要になる）。この期間は本質的に，身体を休息させながら適応している非常に重要な期間である。

遅延転換に要する長さとトレーニングの負荷量との間には，正の相関関係が存在する。特にそれまで以上にトレーニング負荷が増大する場合には，その関係がより強くなっていく。トレーニング負荷が高まるほど，適応に要する時間も長く必要とされるようになり，遅延転換のための時間は延長する。試合前の準備期間でのトレーニング負荷が相対的に低い場合には，1メゾサイクル，あるいは4週間の遅延期間が必要になる。しかし，高強度のミクロサイクルによってトレーニング負荷を急激に増大させた場合には，試合前の遅延期間は6～7週間の長さが必要になる。トレーニング負荷を緩やかに増大させた場合には，試合前の遅延期間は2週間程度の長さになる。

一流のウエイトリフターでは，試合準備期間と比較して，試合前の期間において，1週間のトレーニングセッションは少なくなり（8～15セッションが，5～10セッションへと少なくなる），少ないエクササイズの種類（3～6種目が，1～4種目へと少なくなる），少ないセット数（4～6セットが，3～5セットへと少なくなる）になる。この期間中におけるトレーニング目標は，よい休息と十分な回復である。

3) 遅延変容

重要な試合までの期間が短い場合には，筋力エクササイズを専門的なものにすべきである。また，補助的エクササイズとしての非専門的エクササイズの効果は，専門的な運動能力へと遅延変容させていかなくてはならない。

4) トレーニングの残存効果と負荷の保持

スポーツ選手が到達する筋力水準は，継続的に負荷をかけることができれば，シーズンを通して維持することが可能になる。1週間の中で，高強度負荷を用いた2回の短いトレーニングを行うことができれば，通常では十分な負荷量を提供したことになる。2回のエクササイズを行うことによって，十分な増大は望めない

コラム

トレーニングは継続的に遂行する必要がある

長い休息期間は教育における常識である。休暇期間は，生徒が知識を獲得し，知能を高めるために必要になる。休暇期間が明けると，生徒は激しい勉強を強いられて，速いペースで学習をしなければならない。

しかし，このことは人間の身体機能では難しい。トレーニングにおける長い休暇は，体力や競技力を崩壊させてしまう。脱トレーニングによって，脱適応が必然的に生じる。長期間の非活動状態の後には，スポーツ選手は体力が減退した状態から再スタートを切らなければならない。体力を減退する前の水準までに回復させるためには，時間と努力を要することになる。休暇がなかったならば，同じ努力を体力増大に導入できる。高い山への登山を望むならば，山の中腹まで行って，再び下山することを繰り返していては，頂上に到達することはできない。

トレーニングにおける継続的な中断は，スポーツ選手の健康に対しても負の効果を与えてし

まう。規則的なエクササイズを習慣的に行っている中で活動レベルを急激に減退させると、トレーニング効果を得ることができなくなる。また、それは二つの理由から怪我の危険性を増大させてしまう。さまざまな運動能力はさまざまな効果によって維持される。例えば、高い筋力が維持できても、柔軟性が減少すると、リラクセーションができなくなり、運動能力における調整力が損なわれることになってしまう。このような状況にある選手は、外傷を招くことになる可能性が高い。それに加えて、しばしばスポーツ選手は、新しい環境に対して心理的に十分な対応ができない場合がある。このような選手は、自らの現状を過大評価する。そのような心理状態でこれまでと同じ実践を行った場合には、怪我を招くことになる。

アメリカの大学競技協会（NCAA）は、これを予防するための本質的条件に対して、十分な説明をしていない。一般的なルールでは、スポーツに関する活動は、1年間に22〜24週（144日）に制限されている。継続的な年間トレーニングではなく、間欠的なトレーニングを推進しているようである。制限を受けている期間、学生選手は自発的な個人トレーニングを行っており、コーチは指導しない。このトレーニングによって、体力レベルを維持している。コーチには、学生選手のための一般的なプログラムを立てることのみが許されているのである。

学生選手を教育するためのトレーニング計画では、身体活動の状況が突然に変化すると、それに伴って身体の準備状況や健康状態も変化するために、弊害が生じる可能性が高まることを強調しなくてはならない。スポーツ選手は、トレーニングの原則に精通しているとともに、コーチのためのトレーニング哲学を理解していなくてはならない。

コーチは、助言を必要とするスポーツ選手のためのプログラムを立案する。その際には、安全性に十分な配慮をしていなくてはならない。

個々の選手におけるトレーニングプログラムの目標が、一般的な体力水準を保持するためのものである場合には、学生選手はいくつかの段階を踏まないといけない。学生選手は、まず体重をモニターして評価する必要がある。それによって、エネルギー消費と食物摂取カロリーによるバランスを維持しなくてはならない。体重は一定レベルを維持する必要があるが、2〜3kgの変化は許される範囲内である。学生選手は、筋力を強くしてストレッチングを行う。体力を保持するためには、最小限の有酸素エネルギー供給系の活動も必要である。筋力、柔軟性、有酸素エネルギー供給系の能力に加えて、安定した体重の維持が重要な要因になる。

スポーツで成功を収めるためには、体力トレーニングの法則に従う必要がある。トレーニングの継続性は、法則の中でも重要な要因の一つである。学生選手が一流選手へと成長するためには、適切な経験と知識を持たせ、練習施設を確保し、心理的な外傷（トラウマ）に注意することが必要になってくる。選手のトレーニングプログラムは、体力の維持だけではなく、基礎的な運動能力を高めていく必要がある。そして、トレーニング適応を促進するための基本的な計画を立案していくのである。

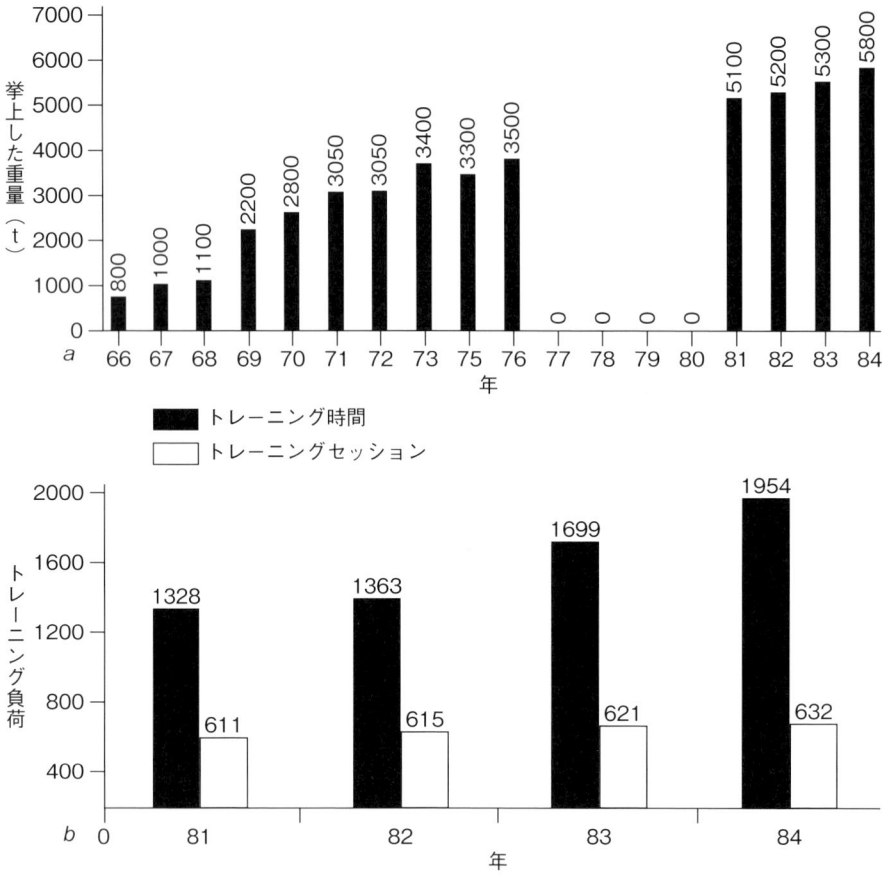

図 5.7　ブルガリアのナショナルチームによるトレーニング負荷。(a)挙上した総負荷重量。(b)トレーニング時間とトレーニングの回数。

Data from I. Abadjiev and B. Faradjiev, 1986, *Training of weight lifters* (Sofia, Bulgaris：Medicina i Fizkultura).

が，シーズンを通して筋力を保持することができる。

マクロサイクルによるトレーニング負荷の総量は，一流選手ほど高くなる。この傾向は年々高まっている（図5.7に，ブルガリアのナショナルチームによるトレーニング量を示した）。1960年代の最も優れたウエイトリフターは，1年間で10000回以上のバーベル挙上動作を遂行していた。

- 1960年のオリンピックにおいて，超重量級の階級で優勝したユーリー・ブラゾフは，1年間に5715回のバーベル挙上動作を行った。
- 1964年のオリンピックにおいて，超重量級の階級で優勝したレオナルド・ザボシンスキーは，1年間に5757回のバーベル挙上動作を行った。
- 1972年のオリンピックにおいて，超重量級の階級で優勝したヤン・タレスは，1年間に8452回のバーベル挙上動作を行った。

1973～1976年までのオリンピックサイクルにおいて，ソビエト連邦（当時）のナショナルチームでは，1年間の平均回数は10600回であった。1985～1988年までのオリンピックサイクルにおいては，1年間の平均回数は20500回にもなっていた。

一流選手の場合には，トレーニング負荷をトン単位で表現し，準備期間中を通して実質的に

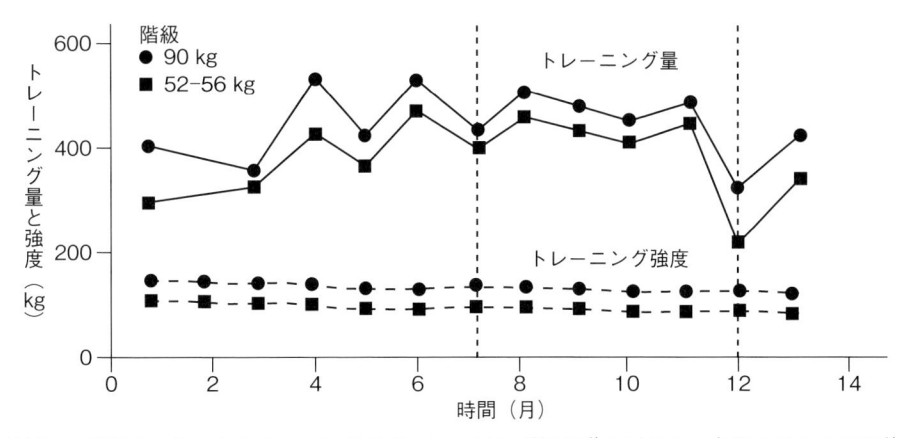

図5.8 ソビエト連邦のナショナルチームにおけるトレーニング量と挙上重量の1年間を通した平均値の推移。52〜56 kgの階級にある選手（4名）と90 kgの階級にある選手（3名）における平均値。縦の破線は，重要な試合を示す。

Data from *Preparation of the National Olympic Team Weight Lifting*, 1984, annual report #85-012 (Moscow, Russia：All-Union Research Institute of Physical Culture).

変化させる（図5.8）。しかし，平均の挙上重量（挙上回数によって分割された総重量）は，かなり一定になる。この現象は，エクササイズの変化がトレーニング方法の変化と関連しているからである。補助的なエクササイズには，多くの反復回数が必要になる。一方，スポーツパフォーマンスに直結するエクササイズは，1〜2 RMの負荷重量で実施する（第4章に示している）。蓄積メゾサイクルにあるスポーツ選手が，クリーン&ジャークを減少させ，その代わりに多くのバーベルスクワットを遂行した場合にも，平均負荷量は変化しない計算になる。すなわち，一つのエクササイズによる負荷（クリーン&ジャーク）の減少は，スクワットによる挙上負荷に替って打ち消されることになるからである。

60％の法則は，マクロサイクルにおける計画を考える場合に利用される。これはメゾサイクルにおける低い負荷の量を，最大の負荷の量の60％に設定すべきであるという原則である。

4. 要 約

トレーニングにおけるタイミングには，エクササイズの継続における間隔のとり方や休息のとり方が含まれている。トレーニングは，次に示したさまざまな長さの周期構造によって構成される。それらは，(a) 1回のトレーニング，(b) 1日のトレーニング，(c) ミクロサイクル，(d) メゾサイクル，(e) マクロサイクル，(f) オリンピックサイクル（4年周期のサイクル），(g) 多年時の長期サイクルである。

短期間における計画は，順に，1回のトレーニング，1日のトレーニング，ミクロサイクル，メゾサイクル（2〜4週間単位）である。短期間のトレーニング計画のための一般的原理は，筋力タイプの違いと疲労による効果の違いに従っている。疲労が高すぎる方法を用いているために，エクササイズを繰り返すことができないスポーツ選手には，その他の軽いエクササイズを行わせる必要がある。一回のトレーニング，1日のトレーニング，ミクロサイクル，メゾサイクルでは，多くの運動能力に対するトレーニング効果を獲得していく必要がある。しかし，設定するトレーニング目標は，二つか，あるいは三つに限定することも必要である。すなわち，パフォーマンスを高めるためには，各サイクルで設定するトレーニング目標のバランス

をとっていくことが重要である。一方，古い方法を用いる危険性や，疲労が重なり合うことによって生じる負の影響を避けることを考慮しながら，トレーニング計画を立案することも必要になる。

1日のトレーニングと1回のトレーニングにおける一般的な考え方は，スポーツ選手ができるだけフレッシュな状態で多くのエクササイズができることである。持久力をトレーニングする場合には，高強度負荷を用いたトレーニングによって疲労困憊になる必要はない。特に，高強度負荷のエクササイズを行った場合には，初期の疲労を防ぐために，セット間の休息を長くとる必要がある（4〜5分）。1日のトレーニングでは，トレーニングの回数を分けて量を稼ぐ方法が効果的である。トレーニング間の休息時間は，疲労が回復する十分な長さでなくてはならない。

継続的に行うエクササイズには，最も重視するエクササイズを選択する。そのエクササイズでは，精密な運動調整と最大の神経系刺激が発揮されるようにする。早期の疲労を予防するためには，補助的なエクササイズの前に，主要なスポーツ運動を行う必要がある。また，ゆっくりとしたエクササイズの前に，ダイナミックなパワー系のエクササイズを行う必要がある。さらに，小さな筋群を利用するエクササイズの前に，大きな筋群を利用するエクササイズを行う必要がある。

最大筋力法は，最も効果的な方法である。この方法はウォーミングアップの後，トレーニング順序の最初に取り入れて実践すべきである。ピラミッド式のトレーニング方法は非効率的である。筋力エクササイズにより構成された専門的な高強度の負荷トレーニングに比較して，混合型のトレーニング方法によって得られる効果は小さくなることを理解する必要がある。同じことは，サーキットトレーニングについても言える。

高強度の筋力トレーニング計画におけるミクロサイクルとメゾサイクル中では，エクササイズの間に十分な休息をとりながら，トレーニング刺激の安定性と可変性を調節していく。ミクロサイクルにおける十分な回復は，休息とエクササイズによる2要因の相互関係を適切に設定し，エクササイズを選択することによって達成できる。増大させた筋力を保持するためには，少なくとも1週間に2回のトレーニングを計画し，実行していく必要がある。ミクロサイクルとメゾサイクル中におけるトレーニングプログラムの変化は，トレーニング負荷を変化させることを通して行われる（エクササイズの種類を変化させることではない）。安定したエクササイズ構成は，メゾサイクルとしてまとめることができるとともに，「60％の負荷」という経験則的な原則が存在している。これは，低い負荷によるトレーニング量を，最大の負荷による量の60％に設定すべきであるという原則である。

中程度の長さによる期間の計画は，マクロサイクルとして構成される。ピリオダイゼーションを推進する場合には，シーズンを分割して構造的に構成していく必要がある。すなわち，シーズン初期にある試合で，ベスト記録を獲得するという目標が設定されたならば，一つのシーズンである1年間を，より短い期間に分けて対応しやすくし，メゾサイクルとミクロサイクルに分けて構成していく。

ピリオダイゼーションでは遅延転換が発生するために，強化トレーニング期間中には最もよい結果を得ることはできない。それ以前に遂行したトレーニングによる効果を適切に得るためには，相対的に軽いエクササイズを遂行する期間を設定することが必要になる。トレーニングによる適応は，負荷がかけられている時ではなく，負荷がかけられていない時に生じる。理解しなければならない一つの現象は，遅延変容である。専門的なトレーニングでは，高めた基本的な運動能力を実際の競技パフォーマンスへと

変容させなくてはならない。この遅延変容は，メゾサイクル中に遂行する高度な専門的トレーニングによって引き出される。さらに，メゾサイクルの計画を立案する際には，トレーニング効果の残存現象を考慮することも必要になる。さらに，トレーニング適応と同様に，脱適応現象にも考慮しなくてはならない。トレーニングの経過は，トレーニングを行う直前の状態，選手のトレーニング経験，目標にする運動能力の種類，メゾサイクル中のトレーニング量などに依存している。適切なピリオダイゼーションでは，混在して錯綜し合うトレーニング要因に折り合いをつけながら設定しなければならない。例えば，一般的な方法としては，オフシーズン中に非専門的な筋力トレーニングを用いて準備を開始し，その後に専門的な技術へと移行していくことを通して，継続的かつ連続的にそれぞれの問題を解決するものである。近年に見られる戦略としては，トレーニング目標を変化させながら，継続的かつ専門的に運動能力を発達させる方法がある。また，トレーニング目標ではない運動能力については，負荷を変化させないようにしながら維持させていく方法がとられている。

マクロサイクルにおける筋力トレーニングのタイミングは，エクササイズと休息の相互作用の原則に影響されている。また，早期の疲労を避けるように実施しなくてはならない。トレーニング刺激の変化やトレーニング負荷の遅延転換，あるいは補助的なエクササイズの導入などによって高めた非専門的な能力は，専門的な能力（主なスポーツスキル）へと遅延変容させるとともに，トレーニングの残存現象などの各要因を考慮しながら，筋力トレーニングのタイミングを図っていくことが大切である。

Chapter 6
筋力トレーニングのエクササイズ

　トレーニング計画を立案する際にコーチが抱える最初の問題は，トレーニングに用いるエクササイズの選択である。選択は無数に存在する。フリーウエイトエクササイズ，マシンエクササイズ，アイソメトリックエクササイズ，負荷をつけての上り坂走，ドロップジャンプエクササイズ，体重を負荷にしたエクササイズなど多数存在する。この章では，筋力トレーニングのために利用できるさまざまなエクササイズについて説明する。

1. トレーニングエクササイズの分類

　筋力トレーニングに用いるエクササイズは，筋の長さの変化によって分類される。それらは一定の長さを意味する静的（スタティック）あるいはアイソメトリックな筋収縮様式，動的（ダイナミック）な意味を持つコンセントリックな筋収縮様式，反動的な意味を持つエキセントリックな筋収縮様式が存在する。動的なエクササイズでは，アイソトニック（"アイソ"は一定を意味し，"トニック"は張力を意味する）な筋収縮様式としても分類される。基本的には，一定の抵抗に打ち勝つように筋が短縮する間に筋張力は変化しない。しかし，外的な負荷抵抗が一定であっても，筋のモーメントアームが変化するために，筋に働く張力は時々刻々と変化している。

　動的なエクササイズによる専門的な一つの運動の種類に，アイソキネティック（"キネティック"は運動スピードを意味する）が存在する。アイソキネティックな運動中には，筋張力とは関係なく，運動速度は常に一定である。このアイソキネティックという用語は，厳密には

図6.1 女子ハンマー投げ選手のための筋力トレーニングにおける専門的筋力トレーニング手段。ハンマー投げでは，主に垂直方向ではなく，斜め方向に力を加える。セットの中に含まれるエクササイズは，これらの要因を満足するように計画されている。バーベルを挙上する技術について見ると，通常，左右に同じ重さの負荷を付けて，左右対称に挙上動作を行う。しかし，このエクササイズ技術は，ウエイトトレーニングによる一般的な技術とはまったく異なる方法を用いたものである。

定義されていない。運動速度は，筋の長さが変化する速度や挙上する物体の速度，あるいは関節の角速度によって決定される。適切なアイソキネティックトレーニングのためには，通常は高価で専門的なトレーニングマシンが必要になる。

コンセントリックな筋収縮によるエクササイズは，他のエクササイズよりも一般的であることから，トレーニングではこのエクササイズが中心的に利用されている。

筋力トレーニングに用いるエクササイズは，そのエクササイズに関与する筋群によってもグループ化される（例えば，腹筋エクササイズや下肢伸展筋エクササイズなど）。さまざまな筋群が発揮する筋力は，一人の個人の中でも大きく変化する。脚伸展運動などの場合には，一回の運動中に高い筋力が発揮されるが，プルアップエクササイズでは，相対的に低い筋力しか発揮されない。さまざまな筋群における筋力の比較は，筋力トポグラフィー（筋力構造図）と呼ばれている。

筋力トレーニングに用いるエクササイズには，次のような分類法も存在する。(a)非専門的エクササイズ（例えば，槍投げ選手や野球の投手のためのバーベルスクワット），(b)専門的エクササイズ（槍投げ選手や野球の投手のための投げる動作に関与する筋を専門的に利用するエクササイズ，図6.1），そして(c)抵抗を加えたスポーツエクササイズ（例えば，重い物体をオーバーハンドで投げるエクササイズ）で

> **コラム**
>
> **どの筋群をトレーニングすることが最も重要なのか？**
> **どのようにして，一般的な筋力の発達を評価するのか？**
>
> 　一世紀以上にわたり，さまざまな人々が筋力レベルの評価のために握力を用いてきた。しかし，握力ははたして全身が発揮する筋力テストになるのだろうかという疑問がわく。握力テストでは，親指が他の四つの指の力に抗しながら力を発揮する。四つの指では，親指だけよりも大きな力を発生できる。このために，実際には，弱い親指のみの筋力を計測していることになる。この親指による筋力は，スポーツ選手にとって重要であるのかについても疑問である。そして，日々を通して，その値は変動するのではないかという疑問もあり，適切に理解することが難しい。
>
> 　いくつかの調査が，この問題に取り組んでいる。少ない数の筋群が関与しているエクササイズは，正確に計測できるテストとして用いられている。一つの筋群による筋力を理解するために，対象者のグループに多くの筋力テストが実践されている。最も代表的な筋群とそのテスト法を見つけるために，統計的な分析が実施されている。初心者がテストを行う場合，専門的で最も重要な筋群を選択する必要がある。専門的な筋群は，腹筋群や脊柱起立筋，脚伸展筋群，腕の伸展筋群，大胸筋群である。テスト法を限定しないといけない場合には，切り返し動作と力強い脚伸展動作を用いてバーベルを挙上する方法が効果的である（例えば，片脚スクワットなど）。

ある。

2. 初心者のためのトレーニングエクササイズの選択

　初心者で若い選手の場合，筋力トレーニングに用いるエクササイズを選択するためには，筋力トポグラフィーが利用される。これを利用しながら，最も重要な筋群を選択しながら，トレーニングしていく。次のことは，親指の法則として知られている。

1. もし，自分の弱い部分が後遺症になる可能性がある場合（例えば，レスリングやフットボールのタックルに要求される首の筋群）には，その筋群を強化する必要がある。
2. 身体の中心に位置し，特に体幹部分にある腹筋群や脊柱起立筋群などは，第一に強化する必要がある。
3. スポーツ技術を間違いなく修得できるレベルになるまで，そのスポーツに関連した筋力を高める必要がある。
4. スポーツ選手は，関節の全可動域を通して動作を行うようにする。そして最大筋力法ではなく，最大下負荷法と最大反復法を用いるようにする。
5. 経験のあるコーチの中では，いわゆる3年ルールが一般的である。このルールは，スポーツ選手が一般的な初期の準備状態を確立するためには，3年間が必要になることを示すものである。この時期には，基本的なエクササイズやバーベルスクワットを利用すべきである。

3. 上級者のためのトレーニングエクササイズの選択

　上級者のための筋力エクササイズの選択は，初心者よりも実質的に複雑になる。そして，筋力トレーニングに用いるエクササイズは専門的でなくてはならない。さらに，トレーニングに用いるエクササイズは，目指すスポーツ運動の要求に答えるものであり，スポーツスキルを内包しているとともに，実際のスポーツ運動パターンに類似したものでなくてはならない。

　しかし，一般的な考え方を実践的に実用化することは容易ではない。コーチやスポーツ選手は，目的とするスポーツ運動のために，最も効果的に筋力を高めるエクササイズを見つける努力をすべきである。次の章に，このための主な必要事項を示した。まず，運動能力を分類し，それに対する議論を推進することが必要になる。そして，反動的な筋力発揮や外力に耐えながら筋力を発揮するエクセントリックな筋力を理解することが必要になる。

(1) 活動筋に注目することの重要性

　活動筋に関する必要条件は最も明白で，単純なものであり，目指すスポーツ運動とトレーニングエクササイズで同じ筋群が働いていなくてはならないという重要な条件である。例えば，カヌーによるパドリング動作改善のための高強度の筋力トレーニングに用いるエクササイズでは，パドリングストロークによる運動パターンの中で動員される筋群に負荷をかけることができなくてはならない。

　このことは明白な必要条件である。しかし，不幸にもスポーツ競技における実践の場では，この必要条件がほとんど満足されていない。多くのコーチやスポーツ選手は，目指すスポーツ運動によって活動する筋群とは異なり，専門的ではないエクササイズやマシンを選択している場合が多い。例えば，競泳の場合，スポーツ選手の手は，複雑な曲線を描きながら，内側や外側への動きが遂行されている（図6.2）。抵抗を示すベクトルは三次元空間を形成している（図6.2a）。一方，陸上トレーニングでは，水泳選手は典型的な直線運動を行うマシンを利用し，後方へと直線的に引く動作を遂行している（図6.2b）。このトレーニングによる筋活動パターンは，水泳のものとは明確に異なっている。そのために，三次元運動ができる装置によって，水泳中に生じる三次元的な抵抗負荷パターンと手の動きを類似させていくことが重要になる（図6.2c）。

　パフォーマンスによる技術が変化した場合には，同じエクササイズによる筋活動でも同様に変化させていくことが必要になる。これについては図6.3に示した。ある選手が異なる挙上技術を利用したバーベルスクワットを行うと仮定すると，より専門的な筋群が関与するものに変化させていくことが必要になる。すなわち，ある場合には膝伸展筋が活動し，他の場合には膝の屈曲筋が活動するスクワットを実施することなどである。

　次に示す四つの技術は，活動筋群を同定するために利用できる方法である。

1．筋を触診する。関与する筋は張力を発揮し，高い負荷抵抗がかかるために硬くなる。
2．遅延する筋肉痛を計画的に生じさせる。利用する筋群には，トレーニング終了の24～48時間後に痛みや硬直が発生する。これを見極めるために，新しいトレーニングエクササイズを初めて用いる場合には，コーチは計画的に過剰なエクササイズを実施させる。
3．関節トルクのバイオメカニクス的な分析は，図6.2と類似した結果を示す。この方法は優れているが，専門的な装置や高い技術を持つ専門家が必要になるために，あまり実用的ではない。
4．筋の電気的な活動を観察するためには，筋

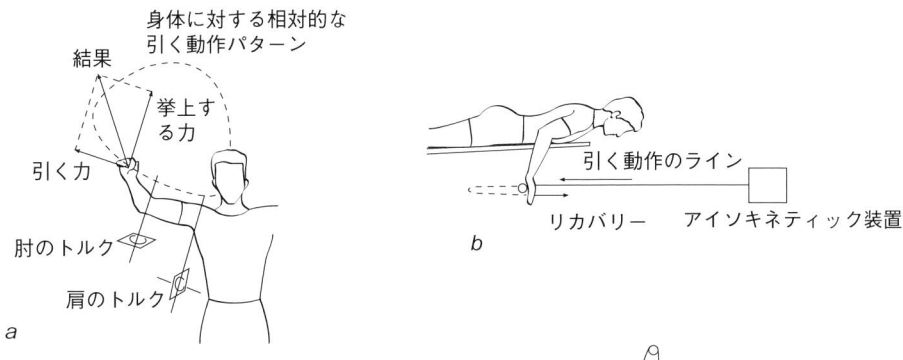

図6.2 陸上トレーニングにおける水泳のストロークパターンと運動装置の利用。(a)平泳ぎによる腕の軌跡と力。(b)直線的に引き動作を行うエクササイズ装置。この装置は一直線で一次元的な抵抗のみが提供される。(c) 2次元的な抵抗力。AとBの2つの抵抗は，水泳における挙上動作と引き動作の2つの要素を提供する。

Reprinted, by permission, from R. E. Schleihauf, 1983, Specificity of strength training in swimming：A biomechanical viewpoint. In *Biomechanics and medicine in swimming*, edited by A. P. Hollander, P. A. Huijing, and G. de Groot (Champaign, IL：Human Kinetics), 188, 189, 190.

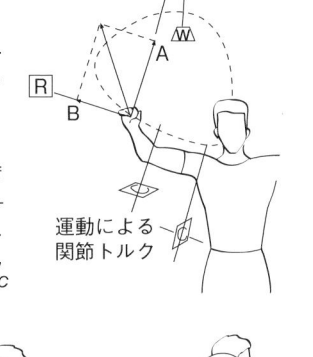

図6.3 80kgのバーベルを用いたスクワットエクササイズ中に膝関節に働く筋モーメント(Nm)。選手の姿勢が変化すると，モーメントの大きさと方向（屈曲と伸展）の両方が変化する。

From V. M. Zatsiorsky and L. M. Raitsin, 1973, *Force-posture relations in athletic movements* (Moscow, Russia：Russian State Academy of Physical Education and Sport) Technical report. By permission of Russian State Academy of Physical Education and Sport.

電図を利用する。この方法は優れているが，関節トルクの場合と同様の理由で実用的ではない。

エクササイズを選択する際のその他の必要条件は，この章の終わりに示した。これらは，さまざまなエクササイズに利用される筋力を決定する諸要因となるものである。

(2) 負荷の種類

陸上運動では，物体の重さ（道具やバーベル，身体重量）やそれぞれの重さを組み合わせることによって，負荷抵抗を作ることができる。水泳やボート競技，カヌー競技やカヤック競技のような水中スポーツでは，負荷抵抗は流体力学の原則によって決定される。もし，トレーニングエクササイズにおける負荷抵抗が，実際のスポーツ種目のものとは異なる場合には，スポーツ選手は力の生成と筋活動パターンが一致していないトレーニングを遂行していることになる。

陸上運動において，質量のある物体が加速さ

> コラム
>
> # エクササイズマシン vs フリーウエイトエクササイズ
>
> 　エクササイズマシンは，多くの場所で利用されている。マシンエクササイズでは，体重を安定させるためにバランスを保持し，身体の動きをコントロールする必要がない。運動の軌跡による自由度は1である。したがって，目的を達成するために身体を安定させなくてはならない多くの運動とは，かなり異なるものである。例えば，頭上にバーベルを挙上した時には，スポーツ選手はバーベルの位置をコントロールしなくてはならない。もし，バーベルがより前方や後方に位置した場合には，釣り合いが崩れて試技が不成功になるか，怪我を生じることになる。対照的に，エクササイズマシンでは，一定方向に首尾一貫した運動を遂行する。その他の首尾一貫した運動の例には，ドアを開ける動作，ボブスレーを押す動作，自転車のペダルを踏む動作などがある。スポーツ選手は，一定の範囲内で力を発揮しながら，目的物を安定させなくてはならない場合がある。この場合に力の発揮は低下してしまう。これは力を低下させてでも，目的物を安定させることに集中しなくてはならないからである。
>
> 　スポーツ選手が運動を無理に遂行している場合には，運動方向とは異なる方向に力を働かせている場合もある。運動遂行に対する種々の抑制は，関節トルクを完全に変化させてしまう。身体運動が強制されている場合には，身体の動きが自由で同じであっても，それぞれの運動で異なる筋群が作用している場合もある。エクササイズマシンによる運動終末の力に関する方向と関節トルクは，フリーウエイトを挙上し保持する場合に生じる動きとは異なるものである。レクリエーション的な身体活動を行う人には重要ではないが，パフォーマンスの改善を目的とするスポーツ選手には，決定的な違いになる。エクササイズマシンを用いたレーニングは，フリーウエイトを用いた場合に比較して，次のような有利な点がある。
>
> ・トレーニング初期の重さを低いレベルに設定して適応でき，細かく負荷を設定できる（1 kgかそれ以下）。
> ・怪我のリスクが小さい（過度の伸展動作などを避けることができる）。
> ・動きが単純であり，技術の修得を行わなくてもよい。
> ・要する時間が少なくてすむ。
>
> 　しかし，スポーツ選手にとっては，フリーウエイトの方がより専門的運動である。一般的な結論は，エクササイズマシンは，レクリエーション的にスポーツを行う人や初心者に推薦できる方法である。一方，フリーウエイトは挙上技術を学習する必要があり，パフォーマンスの改善を目指す経験を積んだスポーツ選手のために推薦できる方法である。

れる場合には，時間的に集中して専門的な身体部位が活動するようになる。すなわち，筋活動は短時間に行われるとともに，専門的な身体姿勢によって最大力が発揮されることになる。一方，油圧抵抗やゴムひも，アイソキネティック装置などの負荷抵抗がトレーニングに用いられると，多くのスポーツ運動とは異なる身体姿勢で，しかも各関節の可動範囲全域にわたって最大力が発揮されるようになる。筋活動は集中的に行われなくなり，長い活性化状態を維持することになる。このようなエクササイズは，陸上で行われるスポーツの専門性とは異なるもので

6章 筋力トレーニングのエクササイズ

コラム　懸垂運動とディッピング運動は同じ効果があるか？

　コンディショニングコーチは，フットボール，バレーボール，競泳，ボート選手などのチームに所属する。あるコンディショニングコーチは，ヘッドコーチから重点的に腕の筋力を高めてほしいと依頼された。彼女は目指すスポーツに類似した専門的な筋力トレーニングを行うことが重要であると考えていた。また，筋力トレーニングに利用できる時間も制限されていた。このようなことから，彼女は最も効果的なエクササイズのみを選択し，実施させなければならなかった。そこで，鉄棒を利用した懸垂運動と平行棒を利用したディッピング運動を選択した。考えられる相対的な量（％）は，100/0，70/30，50/50，30/70，0/100である。あなたならどのような配分を選択するかを考えてみる必要があるだろう。

ある。スポーツトレーニングのための選択の第一は，フリーウエイトや身体質量を単独に利用した方法であるか，あるいはその両方を同時に利用する方法であるかを決定することである。

　水中スポーツにおいては，水の抵抗が速度増大に伴って増大する（第2章で示した力学的なフィードバックの例を参照）。この関係は二次式の関係になり，スポーツ選手によって発揮される外的な力は，腕の速度や水に対するパドルの速度の2乗に比例することになる。スポーツ選手は，できるだけ長く力をかけるように筋を収縮させる。このような活動は，陸上トレーニングでも作り出せる。その際に行う最も適切な選択は，抵抗が速度の2乗に比例するトレーニング装置を選ぶことである。このタイプの装置はかなり高価なものであり，非実用的ではある。

　このタイプの装置では，抵抗(F)が運動速度に比例するとともに，運動の全域を通して抵抗は一定になる。実際には油圧式の抵抗を用いる。油圧を用いた装置では，油がある場所から調整された穴を通り，他の場所に流れるしくみになっている。力がかかり油の速度が増大すれば，トレーニング装置にかかる抵抗も増大する。この装置では，コンセントリックな局面のみで負荷がかかる。空気圧を用いた装置では，負荷抵抗は気体の圧力によって付加される。その場合の抵抗は，エキセントリックな局面でも，コンセントリックな局面でも付加できる。この装置は高価であるが複合的な身体部位に対応するために，身体のすべての筋群が動員されるようなエクササイズとなる。その他の装置では，摩擦抵抗を利用したものも存在する。もし，速度が0でないならば，力(F)は一定である（もし，$V>0$ ならば $F=$ 一定）。力は $F=0$ から，速度が0の場合のFの最大値まで変化する。このような装置は第二の選択肢として利用されることになる。

(3) 力の発揮時間（速度）

　爆発的な筋力の潜在性（ESD；2章で示した）があるために，時間的な対応不可能ゾーンでは最大力 Fmm には到達できない。最大力の発揮（Fmm）を高めることをトレーニング目標とする場合には，Fmm を発揮することができない時間的な対応不可能ゾーンにあるようなエクササイズは利用できない。さらに，高強度の負荷を用いたエクササイズは，優れたスポーツ選手における力の発揮速度を高めるためには，ほとんど利用できない（図6.4）。

　一般的なトレーニング目標が，爆発的タイプ

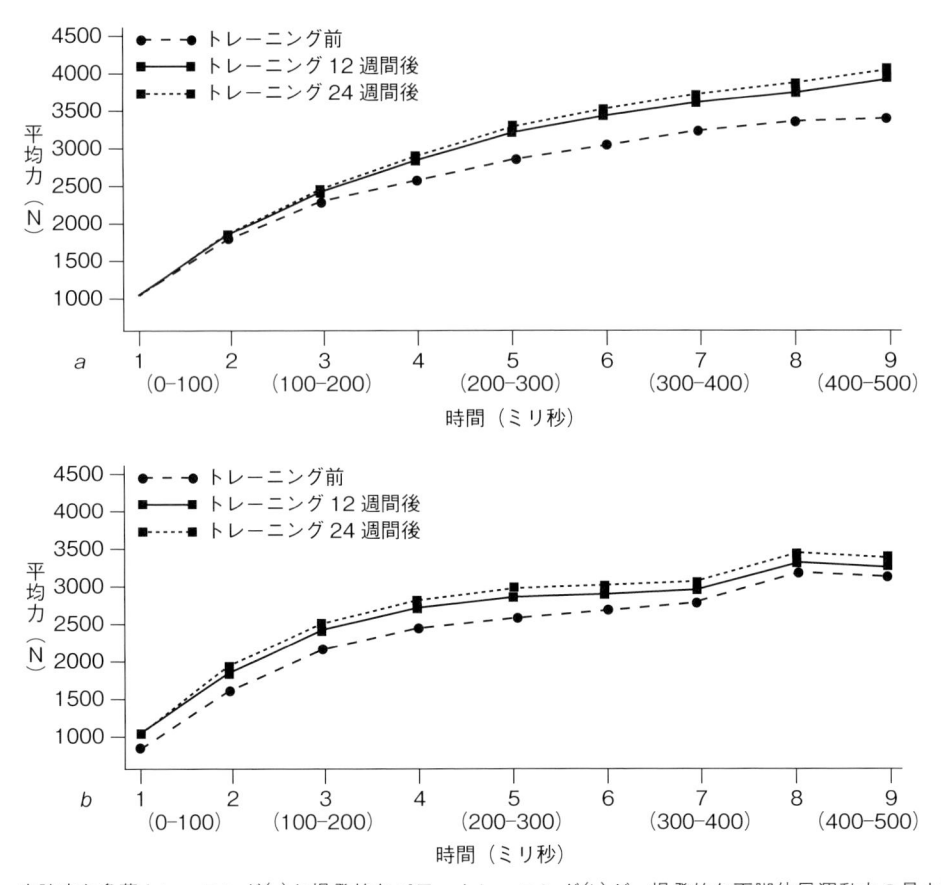

図 6.4 高強度な負荷トレーニング(a)と爆発的なパワートレーニング(b)が，爆発的な両脚伸展運動中の最大筋力と力の発揮速度に及ぼす影響。高強度負荷のトレーニングの結果として，力-時間曲線の初期にある立ち上がり部分ではなく，F_{mm} のみが高まることになる。特に，力の発揮速度である S 勾配（S-gradient）は変化しない。

Adapted, by permission, from K. Häkkinen and P. V. Komi, 1985, "Changes in electrical and mechanical behavior of leg extensor muscles during heavy resistance strength training," *Scandinavian Journal of Sports Sciences* 7：65-75. By permission from author.

の運動による力を増大させることであれば，原則的には，二つの方法を選択し，その中の一つを遂行すべきである。その一つの方法は，最大力 F_{mm} を増大させることである。しかし，この戦略は，ESD が実質的に 50% よりも小さい場合に限ってよい結果を引き出すことができる。その例としては，500 N の力で砲丸を投げる 2 名の選手をイメージすることができる。A 選手は 120 kg のベンチプレスができる（片方の腕では 600 N の力が発揮される）。A 選手の ESD は ［(600－500)/600］・100＝16.6% であった。砲丸投げ選手には，この値は極端に低いものであった。A 選手にとっては F_{mm} を増大させることが，パフォーマンスを改善させるための効果的な方法になる。200 kg のベンチプレスができることは，A 選手のパフォーマンスを改善させることになる。B 選手は 250 kg のベンチプレスができる（片方の腕では 1250 N の力が発揮される）。A 選手の場合と同様にして計算すると，B 選手の ESD は ［(1250－500)/1250］・100＝60% であった。B 選手では 300 kg までベンチプレスを高めたとしても，砲丸投げのパフォーマンスはあまり改善しないのである。

力の発揮を高めるための二つ目の方法は，力の発揮速度を増大させることである。一流スポ

コラム　筋力トレーニングに用いるエクササイズはすべての選手で同じように有効か？

同じような身体を持つ2名のスポーツ選手が，垂直跳において同じパフォーマンスを獲得した。しかし，バーベルスクワットのパフォーマンスは異なった。P選手は体重と同じバーベルを挙上することができた。Q選手は体重の1.5倍のバーベルを挙上することができた。バーベルスクワットは，どちらの選手に対して有効なのか，それはなぜなのかという問いが生じる。

コラム　メディシンボールエクササイズにおける最適な重量はどれぐらいか？

メディシンボールエクササイズは，投げるためのトレーニングとして頻繁に利用されている。一つの研究では，水球選手が陸上トレーニングで用いるメディシンボールの最適重量が明らかにされている。ボール速度を基準にした結果，用いるメディシンボールの重さは約2.0 kgが適切であることが示された。これは，水中での投球速度とトレーニングによる速度上昇の相関係数は，2.0 kgの重さのメディシンボールを用いた場合に最も高くなったからである。

ーツ選手の場合には，高強度負荷のエクササイズの選択が最もよいものではなく，専門的なエクササイズと適切なトレーニング方法を選択する必要がある。

(4) 運動速度

筋力トレーニングに用いるエクササイズの効果は，運動速度に依存する。力-速度曲線における高い力と遅い速度の範囲でエクササイズが遂行された場合には（図6.5 a），トレーニングした範囲のF_mが増大していく。逆に，低い力と高い速度でエクササイズが遂行された場合には，この範囲の中でパフォーマンスは改善される（図6.5 b）。

これらのことは，スポーツ運動と同じ速度で発揮される力を高める必要があることを示している。負荷抵抗を選択する場合には，目指すス

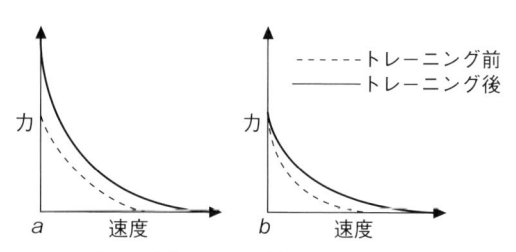

図6.5　異なる負荷を用いた筋パワートレーニング前後の力-速度関係。負荷は，(a)高い負荷抵抗（100% F_{mm}によるもの），(b)低い負荷抵抗（0% F_{mm}によるもの）であった。

ポーツ種目と同じ速度範囲になるようにしなければならない。しかし，エクササイズが低い力と高い速度で遂行された場合には，運動時間が短すぎて，最大力を発揮できなくなる。本書の始めに示したF_{mm}と力の発揮速度に関する現象が生じてしまうのである（時間と力の発揮速度を説明した章を参照）。

高い頻度（1分間あたりの回数が高い）のエ

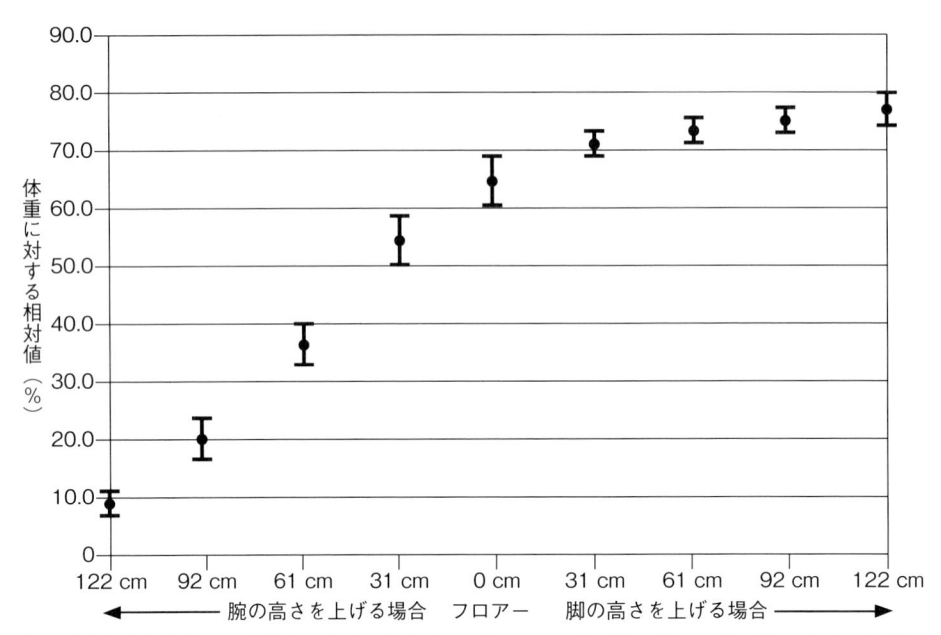

図6.6 さまざまな身体姿勢による腕立て伏せの動作での手にかかる相対的な重量。手と脚の高さに依存して、かかる抵抗は体重の10〜75%まで変化する。手と脚がフロアーの高さにある場合、手には体重の約65%の負荷がかかる。

Data from research by M. Duftey, V. M. Zatsiorsky (2002).

クササイズを実施する際のアドバイスでは、最大速度が実施できるエクササイズを決定するとされるが、これを誤解してはいけない。非常に高い運動頻度では、筋力の上昇を妨げてしまうという実験結果が存在する。運動頻度が中ぐらいの範囲にある場合には問題はない。一つの実験において、バーベルを5回／分、10回／分、15回／分の頻度で挙上した選手では、ベンチプレスによる筋力の増大は同じであった。しかし、運動頻度を最大努力によって高める試技、すなわちスピードを重視した選手では、他の選手に比較して、かなり低い筋力の増大しか示さなかった。

(5)力—姿勢関係

スポーツ選手にとっては、筋力トレーニングに用いるエクササイズにおいて適切な身体姿勢を選択すれば、(a)抵抗量を変化させる、(b)適切な筋群に対して異なる負荷をかける、(c)関節と筋力曲線に従って抵抗を細かく調節することが可能になる。例えば、腕立て伏せにおける抵抗量は、腕の位置や脚の高さによって変化する（図6.6）。ベンチプレスによる肩および肘伸展筋群への負荷は、グリップの幅によって変化させることができる。グリップが広いほど、肩関節にかかる筋群の負荷は大きくなる。

次に、関節—筋力曲線に対する詳細な調節について議論する。調節の背景になる考え方は、筋の長さごとに筋力を強化していくことである。筋力トレーニングの効果には、身体姿勢による専門性と筋長による特異性が存在する（図6.7）。経験豊富なスポーツ選手の筋力トレーニングでは、この事実をよく理解した上で行われている。

スポーツ選手がある動作によって挙上することのできる重さは、全運動範囲において最も筋力の弱い部位に制限される。すなわち、各筋群による最も弱い部位が、挙上することのできる重量を決定する。高強度負荷によるトレーニン

グのために，一定の外的負荷が利用される場合（一定重量のバーベルなど），筋は運動中の最も弱い位置で最大に活性化する。例えば，さまざまな角度で発揮される股関節屈曲力には，3倍の違いが存在する（図6.8）。最も弱い位置（股関節角度70°の場合）における F_m の100%に相当する重量を，最も強い位置（150°の角度）で用いた場合には，股関節屈曲筋群にかかる負荷は，最大の33%になる。したがって，これに関与する筋群は，この位置における最大力を発揮しなくても簡単に運動が遂行できることになる。

次に示す三つのアプローチは，力-角度関係を利用した筋力トレーニングにおける原則である。

1）最大収縮の原則

最大収縮の原則による考え方は，人間の筋力曲線による最も弱い位置で発揮される筋力を高めることに焦点を当てたものである。それによって，1RMに対するパフォーマンスを高めることができる。現実的に最大収縮の原則は，次の三つの条件によって実現できる。

①適切な身体姿勢の選択

挙上する負荷による抵抗は，実際には運動の全範囲で同じではない。負荷抵抗は，体重や器具の重さだけではなく，重力によるモーメント（重心と回転軸までの水平距離）にも影響を受ける。挙上する負荷に対する重力の作用点が，回転軸から引かれた水平線と同じになる場合，重力に対するモーメントは最大になる。これはこの場合に重力のレバーアーム（てこの長さ）が最大になるからである。また，身体姿勢を変えると，筋力曲線と抵抗曲線を適切に重ね合わせることができる。

不適切な状況が重なり，筋力が最小になる位置で外的な抵抗（重力のモーメント）が最大に

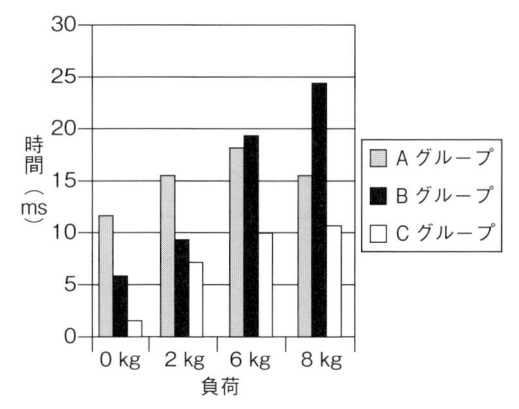

図6.7 最大に速く行う腕の運動におけるさまざまな関節角度でのアイソメトリックなトレーニングの効果（トレーニング前後における運動時間の違い）。スポーツ選手は手にバーベルを持って最大努力による肩屈曲運動をさまざまな角度で行った（n=34）。バーベルの質量は2kg，6kg，8kgとする。対象者は初心者のウエイトリフターであった（17±1.2歳）。すべての選手が同様に行うトレーニング手順に加えて，Aグループは0～5°，Bグループは90°の肩屈曲角度でのアイソメトリックなトレーニングを行った。なお，Cグループはコントロールである。アイソメトリックなトレーニングは，1つのセッションにおいて最大努力のトレーニングを3回3セット，1週間に3日，24週間にわたって実施した。各試技間の休息は10秒とし，セット間の休息は60秒とした。90°の角度を用いたトレーニングは，8kgのバーベルを挙上するために効果があった。2kgのバーベルや無負荷の腕を動かすためには，運動を行った角度でのトレーニングが効果的であることを示唆するものであった。
Reprinted, by permission, from V. M. Zatsiorsky, 2003, Biomechanics of strength and strength training. In *Strength and power in sport*. 2nd ed., edited by P. V. Komi (Oxford, UK：Blackwell Science), 467.

なった場合には，最大収縮の原則が実現されることになる。この場合の身体姿勢は，最小-最大のポジションと呼ばれている。さまざまな関節角度において最大力 F_m が発揮されるが，この中で最小の F_m を示す位置が最小-最大のポジションである。

この考え方を理解するためには，二つの身体姿勢から始まる下肢の上昇運動について比較できる。脊椎を横にして下肢を挙上する運動と，鉄棒にぶら下がる運動（図6.9）の比較である。鉄棒によるエクササイズは，最初の横にな

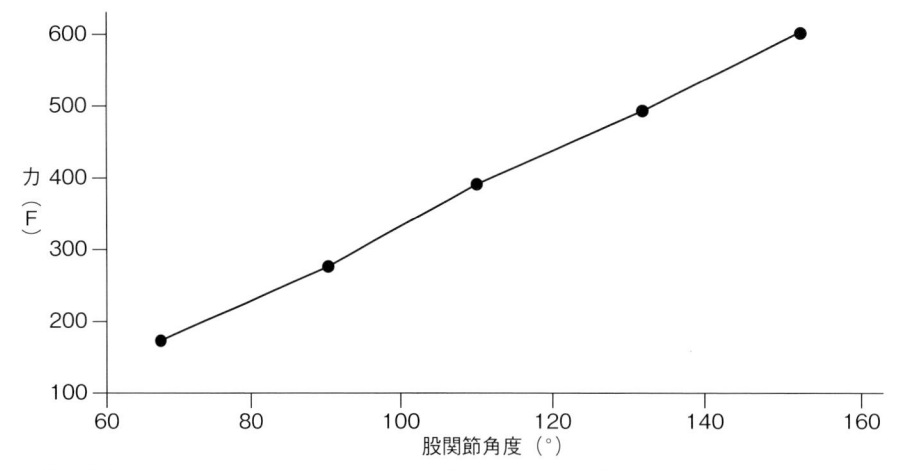

図6.8 股関節屈曲動作によるアイソメトリックな筋力の曲線。180°は解剖学的な位置である。
From M. Williams and L. Stutzmann, 1959, 39：145-152. Adapted from *Physical Therapy* with permission of the American Physical Therapy Association.

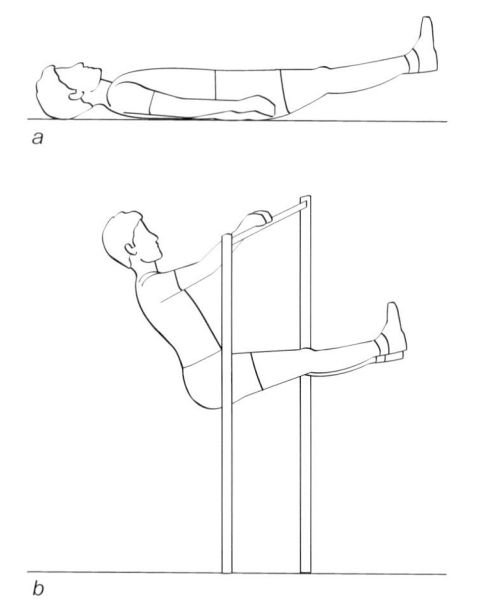

図6.9 2つの開始位置からの脚挙上動作。(a)仰向けの場合と(b)鉄棒の場合。鉄棒を用いた場合に，エクササイズは難しくなる。

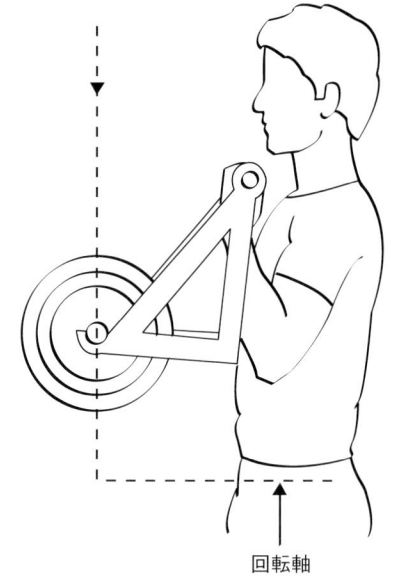

図6.10 最大収縮の原理に基づいた装置。この装置はアームカールを行うためのものである。この装置を用いると，最も高い抵抗が運動終了時点にかけられる。肘が最大に屈曲した場合に，発揮できる筋力（力の大きさ）は最小になり（43頁の図2.22），かかる抵抗は最大になるようにできている。

るエクササイズよりも，非常に大きな努力を必要とする。

　この場合の負荷抵抗（重力のモーメント）は，二つのエクササイズで同じであり，脚が水平になった時点で最大になる。横になった位置で脚を挙上した場合，股関節における力―角度曲線の最も強い位置（股関節屈曲筋群が十分な長さを維持している）と最大抵抗が一致する。一方，同じ脚の運動を鉄棒で行った場合，脚が水平線に至る瞬間には，股関節による力―角度曲線の最も弱い位置になる（股関節屈曲筋群が長さを維持できず，力が発揮できない短い状態

になっている)。この場合に力-角度曲線による最小点(最も弱い姿勢)と最大抵抗が一致することになる。

②専門的なトレーニング装置の利用

　図6.10に専門的な装置を示した。アームカールにおいてバーベルが使用された場合，前腕が水平の位置になると最大抵抗がかかるようになる。最大収縮の原則による現象とは対照的に，前腕の肘関節屈曲筋力は，この位置で最大になる。図6.10の装置を用いると，人間の筋力曲線における最も弱い角度と最大に抵抗がかかる点を一致させることができる。

③ゆっくりとした初期動作

　ゆっくりと動作を開始することは，背筋運動(79頁の図4.6参照)のような筋力エクササイズでは重要である。エクササイズにおける最大抵抗は，体幹が水平な位置にある場合に生じる。運動開始の速度が速すぎると，最も大きな負荷のかかる初期動作において，必要とするエネルギーが消耗されてしまう。そのことによって，脊柱起立筋が完全に活性化されない状態を作ってしまう。経験を積んだスポーツ選手やコーチは，このタイプのエクササイズはゆっくりとした動きで始めることを奨励している。

　人間の筋力曲線による位置と最大の外的抵抗に関する研究は，最大収縮の原理が生じる場合に，より大きな筋力増大が生じることを示している。このような場合にトレーニングは有利に働く。その他には，遂行する力学的仕事量が相対的に小さくなるという有利な点もある。しかし，一方ではその他の身体部位へのトレーニング効果の転移が相対的に小さくなるという欠点も存在する(8頁の図1.3を参照)。コーチはこの原理をよく考慮すべきである。

2) 等張抵抗

　等張抵抗という考え方は，特別なポイント(例えば，最も弱い位置)に焦点を絞るよりも，すべての運動範囲を通して最大張力を発揮することを示している。この原理は，多くの筋力トレーニング装置を開発してきたザンダー氏によって19世紀初頭に示された。等張抵抗は，第1次世界大戦前には医療物理的体操の基礎として用いられてきた。今日，ザンダーの装置はワシントンDCのスミソニアン博物館で見ることができる。等張抵抗は，二つの方法によって達成できる。

　そのシステムによるタイプの一つは，力学的なフィードバックなしで高い抵抗を与えるものである。この場合には，運動速度は発揮される力に関わらず一定になる。その主な原理は，アイソキネティックな装置の中に取り入れられている。運動速度が前もって設定できるとともに，運動中の装置にかかる力も一定に維持できる。筋は運動の全範囲を通して最大に働かせることができる。アイソメトリックなエクササイズでは，さまざまな関節角度において速度は0である。この装置では，筋の短縮速度が前もって決定できるので，さまざまな筋線維タイプに対して(速筋か遅筋)，アイソキネティックな構造を利用して，適切な過負荷をかけることができる。

　理学療法の世界では，アイソキネティックトレーニングは一般的なものである。しかし，一流のスポーツ選手にはほとんど利用されることはない。これは非常に高額な装置だという欠点があるためである。運動に用いる角速度は相対的に低く，360°/秒よりも小さい(競技における角速度は5000°/秒を超えることもある)。そして，ほとんどのトレーニング装置は，単関節運動を遂行するためのものである。

　もう一つのシステムは，人間の筋力曲線や運動速度に適応した可変型の抵抗を提供するものである。いくつかの機器における抵抗は，人間

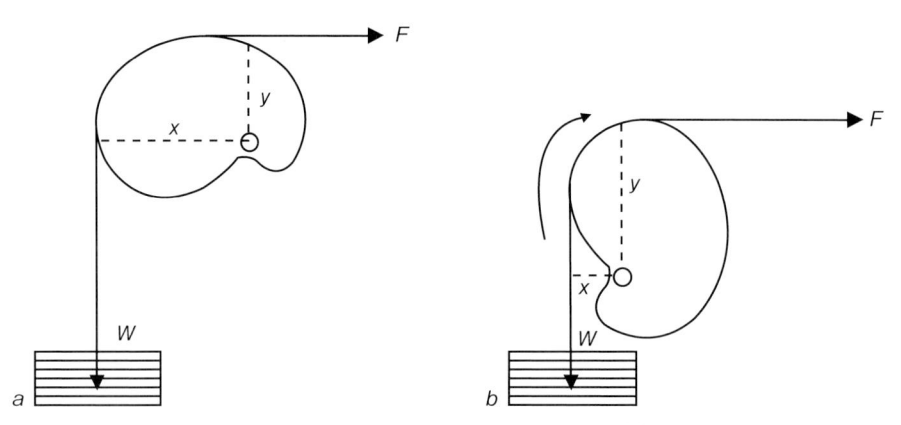

図6.11 可変的レバーアームを用いたカム。この配列において，発揮する力(F)と重りによる力(W)の両方のモーメントアームは変化する。(a)発揮する力のモーメントアーム(y)は，重りによる力(x)のレバーアームよりも小さい。y<xの比率は，より大きなFが発揮される筋力曲線の位置で利用される。(b)y>xの比率は，筋力曲線の最も弱いポジションで利用する。

Adapted, by permission, from M. H. Stone and H. S. O'Bryant, 1987, *Weight training. A scientific approach* (Minneapolis, MN：Bellwether Press), 84.

の筋力曲線に従って適応させている（ノーチラス型の装置）。このタイプの機器は特別な仕組みをしており，抵抗力に影響するレバーアームや作用する力を変化させることができる（図6.11）。負荷抵抗は，選手の能力に応じて変化する。例えば，選手の筋力が弱い位置において，より強い抵抗にも，また弱い抵抗にも設定できるような可変性がある。それによって，利用者は運動範囲全般を通して，最大努力を働かせることができる。

しかし，現在存在している多くの機器に取りつけられているカムの中には，不適切な計画のもとに作られているものもあり，形成される抵抗が人間による平均の筋力曲線に適応していないものもある。バーベルを持ち上げる抵抗を変えるための簡単な方法には，挙上の際にチェーンを使用する方法がある。重いチェーンの一端をバーベルに固定し，他端は完全に挙上するまでフロアーに置かれている。バーが挙上されると，チェーンが床から持ち上げられることになり，挙上しなくてならない重りが増大する。バーベルスクワット，ベンチプレス，ミリタリープレス，チェーン挙上エクササイズなどのエクササイズでは，筋力曲線に適応した抵抗に調節される（45頁の図2.26）。しかし，多くの身体部位を含むエクササイズによる筋力曲線はかなり複雑である（42頁の図2.21）。先に示したチェーンを利用したエクササイズでは，筋力曲線には適応できない。

もう一つの機器のタイプは，運動速度に対する抵抗を設定するものである。速度が速くなるほど，システムが発揮する抵抗も大きくなる。これらの装置は油圧現象に従って作られている。

アイソキネティックス装置とは対照的に，油圧を用いた運動の速度はトレーニング実施者の筋力に依存して変化する。

種々の負荷に対して，研究者はしばしば多様な批判を行う。自然なスポーツ運動と伝統的なトレーニングエクササイズは，バイオメカニクス的には異なるものである。特に，自由度（運動ができる可動方向）の数は自然なスポーツ運動に見られる6から，エクササイズマシンによる1まで存在している。典型的な加速と減速パターンも異なる。アイソキネティックトレーニングは，医療リハビリテーションのためには効

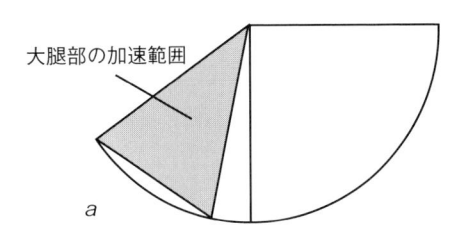

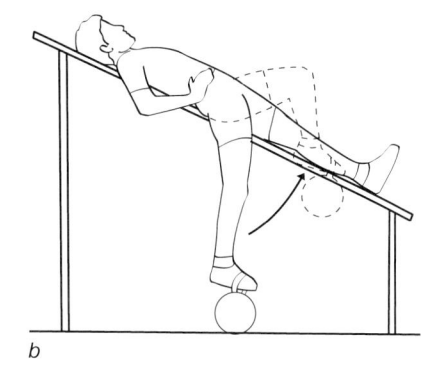

図6.12 (a)脚のスイング運動における加速範囲。(b)アクセントを付けた筋力発揮の必要性を満足するために計画されたエクササイズ。

果的である。しかし，多くの研究では，筋肥大が生じ筋力が増大するという効果について，フリーウエイトよりも負荷抵抗を用いたエクササイズの方が大きいという確証は得られていない。

3) 動作におけるアクセントのつけ方

動作におけるアクセントに対する主な考え方は，スポーツ運動に類似した範囲内で高い筋力を発揮できるようにすることである。自然な運動においては，筋は少なくとも相対的に小さな範囲内で活動する。通常では，最大の筋活動は関節運動の開始時点で発生する。身体各部分の運動は，最初は減速し，引き続いて加速される。例えば，脚をスイングする場合には，最初に静止している大腿部がまっすぐな位置になる前まで加速し，その後は減速していく（図6.12 a）。

股関節の屈曲筋群における動的な筋力を改善して，スイング速度を高めることがトレーニング目標である場合には，活動範囲を超えた位置の筋力を高める必要はない。図6.12 bに，力の適応範囲に関する専門性を満たすエクササイズを示した。

動作においてアクセントをつけることは，優れた選手が行うエクササイズに関する一般的な戦略である。この方法によって，エクササイズの専門性に関する必要条件を満足させることが

できる。例えば，最大収縮の原則によって推薦したように，股関節屈曲筋群において最も弱い位置の筋力を発達させる必要はない。この運動範囲においては，股関節屈曲筋群ではなく，伸展筋群が活動する（図6.12）。したがって，小さな範囲内で最大力を発揮する場合には，広範囲な運動範囲にわたる筋力を増大させる必要はない。

運動の専門性を満足させるエクササイズは，優れたスポーツ選手におけるトレーニング計画の中の大部分を構成していなければならない。旧ソビエト連邦における一流の陸上競技選手は，コンディショニングのために，すべてのセットの95％が，フリーウエイトと自らの身体を抵抗としたエクササイズによって占められていた。水中スポーツでは，フリーウエイトの割合は40％よりも小さいものであった。

4. 付加的なタイプの筋力トレーニングエクササイズ

優れたスポーツ選手は，主にコンセントリックな筋収縮を伴った動的なトレーニングエクササイズを用いる。その他のエクササイズは，補助的なトレーニング，あるいはFmmではない他の専門的な筋力を増大させるために利用している。

コラム　スクワットエクササイズとセミスクワットエクササイズはどちらが有効か？

　コンディショニングコーチは，一流選手（エリート），中級レベルの選手，初心者レベルの選手から構成されるバレーボールとスキージャンパーのグループを対象にして，脚伸展筋力を高めるエクササイズを行った。一流選手と中級者レベルの選手では，スクワットを含めた適切なウエイトトレーニング経験を有している。初心者レベルの選手は，このトレーニングにわずかに慣れている程度である。コーチが提唱するエクササイズは，バーベルスクワット，負荷に対する脚伸展エクササイズ，アイソキネティックな抵抗に対する脚伸展エクササイズであった。コーチはトレーニング効果を分析した。

・**専門的なエクササイズ**
　スキージャンパーは，深いスクワット姿勢から踏切を遂行する。しかし，バレーボール選手は深い姿勢からのジャンプはほとんど行わない。

・**力―姿勢関係**
　スポーツ選手は，通常のスクワットよりもセミスクワットによって大きな負荷を挙上できる。例えば，スポーツ選手は，通常のスクワットによって体重と同じ負荷を挙上できるが，セミスクワットでは体重の1.2倍の負荷を挙上することができる。フルスクワットが遂行される時には，膝関節が最も深く曲がった姿勢で最大努力が要求される。しかし，バレーボールにおける踏切中の専門的な関節可動範囲での最大力は，フルスクワット中の最大伸展力よりもはるかに大きい（フルスクワットでは1 BWの負荷しか挙上できないが，浅い範囲では1.2 BWの負荷を挙上することができる）。

　コーチがこのような最大収縮の原則を好んで用いる場合には，フルスクワットが推薦されることになる（トレーニングにおける必要条件が，力を発揮しにくい深い膝曲げ姿勢において力を発揮できるようにすることである）。また，コーチが等張抵抗法を選択した場合には，アイソキネティックスな抵抗を用いた脚伸展エクササイズを推薦することになる。最終的には，エクササイズにおける専門性が第一に重要になる。アクセントのつけ方を重視している場合には，用いるエクササイズは二つのスポーツ種目に応じて変化させる。セミスクワットは，バレーボール選手に関しては，より専門的なエクササイズになる。しかし，スキージャンパーに関しては，通常のスクワットの方がより専門的なエクササイズになる。

・**脊椎にかかる負荷と怪我の危険性**
　脊椎にかかる負荷は，セミスクワットで最も高く（極端に高い），次いで通常のスクワット，最も低いのが脚伸展エクササイズである。

　これまでに示したような考えをもとにして，コーチは下記のことを決定した。

スキルレベル	バレーボール選手	スキージャンパー
一流選手	セミスクワット　60% スクワット　　　25% レッグプレス　　15% （負荷に対して行う）	セミスクワット　20% スクワット　　　50% レッグプレス　　30% （負荷に対して行う）
中級者レベルの選手	セミスクワット　30% スクワット　　　40% レッグプレス　　30% （負荷に対して行う）	セミスクワット　10% スクワット　　　50% レッグプレス　　40% （負荷に対して行う）
初心者レベルの選手	セミスクワット　 0% スクワット　　　25% レッグプレス　　75% （負荷に対して40%とアイソキネティックス負荷に対して35%）	セミスクワット　 0% スクワット　　　25% レッグプレス　　75% （負荷に対して40%とアイソキネティックス負荷に対して35%）

初心者グループでは，深いスクワットにおける負荷は，相対的に低い（6～10 RM）。初期の注意点は，適切な挙上技術の獲得にある。

(1)アイソメトリックエクササイズ

アイソメトリックトレーニングは，高価な器具を必要としないので，どこでも行うことができる。また，トレーニングに用いる姿勢を少なくすれば，短時間で実施できる。このような有利な点があるにもかかわらず，アイソメトリックエクササイズは，スポーツ競技のためのトレーニングでは，補助的な手段として用いられる場合が多い。それにはいくつかの理由がある。第一には，筋力の向上に必要とされる専門性が不足しているからである（特に，動的なスポーツ運動を目的とした場合）。第二には，トレーニングのために選択した関節角度の効果が，他の関節角度へと転移する効果が小さいからである。転移とは，一つの筋に対して過負荷がかかると（100°の角度），他の関節角度による筋力の増大も生じることである（8頁の図1.3と121頁の図6.7を参照してほしい）。それに加えて，アイソメトリックエクササイズは，一流スポーツ選手が用いると，時々痛みを発生させることもある。一流スポーツ選手によって発揮されるアイソメトリックな最大力は極端に高い。例えば，床からバーベルを挙上する動作のアイソメトリックなイミテーションを行うと，最も好ましい身体姿勢による最大力F_{mm}は，一流ウエイトリフターでは8000 N以上になる。この際に脊髄などの身体部位にかかる力学的負荷は，安全な水準を超えてしまうことになる。

アイソメトリックトレーニングを計画するコーチは，アイソメトリックエクササイズが非常に素早い適応を示すことを心に留めておかなくてはならない。一流スポーツ選手による筋力の増大は，6～8週間でピークに到達する。そのために，アイソメトリックトレーニングでは，最大で1～2メゾサイクルの期間で計画が立案されている。

アイソメトリックトレーニングのプロトコールに関するガイドラインは，次のようなものになる。

・強度：最大努力
・持続時間：5～6秒
・休息時間：小さな筋群では1分，身体の中心部の大筋群では3分

- 反復回数：おのおのの身体部位で3〜5回
- トレーニング頻度：Fmmの増大を目的とする場合には，1週間に4〜6回；筋力を維持するためには1週間に2回
- 姿勢：(a)筋力曲線の最も弱い位置
  (b)20〜30°の角度ごとにすべての範囲にわたって行う
  (c)アクセントをつける関節角度の範囲

姿勢を変化させていく方法は，運動範囲内で多くの角度を強化するために，多くの時間を使わなければならない。しかし，一流スポーツ選手は最大の効率を意識してトレーニングを行う。

身体の近位端にある大筋群のために行うアイソメトリックエクササイズは，血圧に関する高い危険性を持っている。心臓病，高血圧，アテローム性動脈硬化の危険性が高い人は，このエクサイズの利用を避けるべきである。アイソメトリックトレーニング期間中には，少なくとも1週間に1回，動脈血圧を計測すべきである。

急激な適応によって生じるアイソメトリックエクササイズにおける筋力の増大は，動的なエクササイズによるものよりも小さい。このことは，アイソメトリックな筋力の増大がトレーニング目標になる場合に理解しておかなければならない。典型的な例は，男子体操競技選手の吊り輪による十字懸垂である。体操競技選手は，始めに動的なエクササイズを利用し（力の立ち上げ速度を高める），中級者レベルになると，専門的な調整パターンを改善するために，アイソメトリックトレーニングを遂行する。

アイソメトリックトレーニングは，スピードスケートの距離種目のように，体幹を曲げた姿勢を維持しながら，静的に筋持久力を発揮するスポーツによって利用されるものである。スケートの10000mでは，傾けた身体姿勢を15分間にわたって維持する。また，アイソメトリックトレーニングは，ハンドガンを撃つ際に必要になる姿勢の安定性を向上させるためにも利用される。射撃動作を維持することができるようになるために，3〜5kgの負荷を1分間保持するトレーニングエクササイズは，一流選手だけでなく，中級者レベルの選手にも有効である。このエクササイズは，腕の微小振動を減少させるためにも役立つ（このトレーニングによって，遅筋線維の筋力が増大することは，このことをよく示すものである）。

(2) 自己抵抗エクササイズ

自己抵抗エクササイズは，これまでに説明してきた分類には含まれていない。これはトレーニングではほとんど利用されず，推薦できる方法ではないからである。このエクササイズでは，拮抗筋群による張力が，主働筋群の初期張力に抵抗する。筋が最大に近く活性化すれば，この方法による負荷は極端に高くなる。健康な一般人は，筋力を発達させるために，このエクササイズを注意をしながら行っている。自己抵抗エクササイズの後に，ただちに筋は硬くなり，弾性機能（触診による抵抗や押す圧力が高まる）が失われ，四肢の太さが増大していく。そのために，筋肥大によって形態を変化させるためには有効である（身体の形を作るために）。このような理由から，ボディービルダーは見た目の良さを作るために，コンテストの前に自己抵抗エクササイズを実施している。

意図的に拮抗筋の活性化を高めることは，すべてのスポーツスキルに必要とされる適切な運動調整機構に大きな害を与える。これらのことから，自己抵抗エクササイズは，スポーツ選手には推薦できない方法である。

(3) 抵抗に耐えるエクササイズ

エキセントリックな筋活動を伴った高強度負

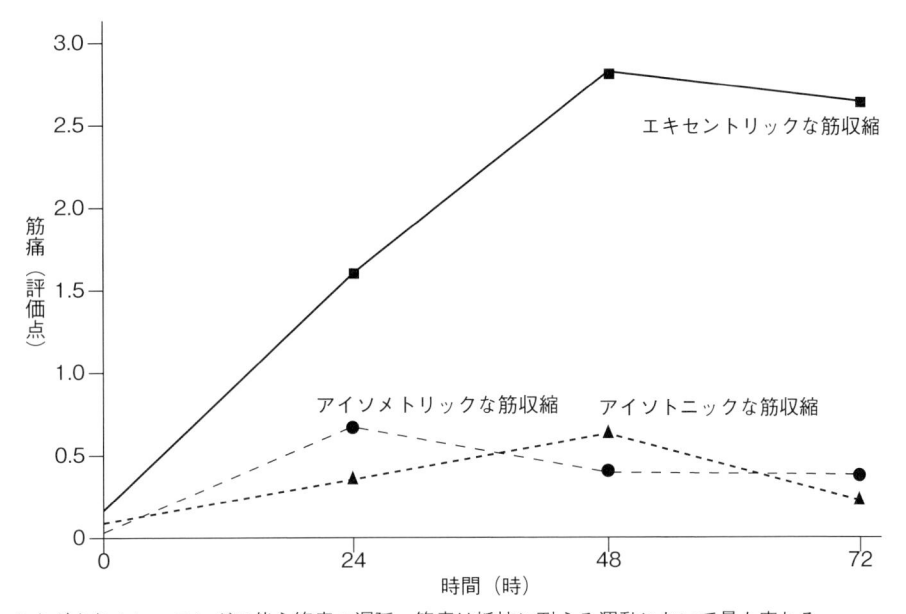

図 6.13 さまざまなトレーニングに伴う筋痛の遅延。筋痛は抵抗に耐える運動において最も表れる。
Reprinted with permission from *Research Quarterly for Exercise and Sport*, Vol. 44, No. 4, pages 458-469. Copyright 1973 by the American Alliance for Health, Physical Education, Recreation and Dance, 1900 Association Drive, Reston, VA 20191.

荷のエクササイズは，筋力トレーニングにはほとんど利用されていない。これらのエクササイズには，プライオメトリックスという言葉が用いられており，これを利用する場合に多くの間違いが生じている。厳密に言うと，プライオメトリックスは，エキセントリックな筋活動を伴ったエクササイズのことである。また，多くの研究者は，エキセントリックな筋活動が強調されるデプスジャンプ（台の上から跳び下り，即座に跳び上がるエクササイズ）のような反動動作を伴うエクササイズとしてとらえている。

エキセントリックなエクササイズを行うと，筋痛の遅延が生じることが証明されている。すべてのスポーツ選手が，一度はトレーニングによる筋痛や硬直が生じ，筋力が減少した経験を持っている。筋痛は運動後24〜48時間以内で生じる（図6.13）。

筋痛の遅延理論については，これまでに多くの知見が得られてきた。それらは，主に二つのグループに分類することができる。

筋損傷の理論は，筋痛が運動中に筋が損傷する場合と連結組織が損傷する場合の二つによって引き起こされることを示唆している。一方，痙攣の理論からすると，三つの循環するプロセスによって，筋痛の遅延が引き起こされる。虚血が継続的に生じると，痛みの原因となる物質が蓄積される。逆に，痛みによって，筋の反射的な痙攣が引き起こされる。それらの繰り返しが連続的に循環しているという考え方である。

筋痛の遅延は，トレーニング強度と量を徐々に高めていく方法によって予防することができる。ストレッチングエクササイズは有効であり，その中でも静的に行う方法は痛みを予防し，痛みの兆候を減少させるために利用できる。ビタミンCの摂取を示唆する研究者もいる（100 mgを1日に2回に分けて摂取することが勧められている）。しかし，このような薬物を利用しない方法，例えばアイシング，栄養補助食品の摂取，筋の電気的な刺激は，筋痛の遅延には大きな効果は期待できないことが示されている。近年，最大のエキセントリックなエクササイズの後に，直ちに筋を布で絞める方法

を用いると，身体の機能性を回復させることができるとともに，筋痛の兆候を減少できる可能性が示されている。

負荷に耐えながらのエクササイズの利用は，目標とするスポーツ運動がコンセントリックか，エキセントリックか，反動的な筋活動かによって左右される。この目標がコンセントリックやアイソメトリックな筋活動である場合には，エキセントリックエクササイズは効果的なものにはならない。しかし，スポーツ選手が1RM以上の負荷を用いて，心理的に最高に集中する場合を体感するためにこのエクササイズを利用する。非常に重いバーベル（1 RMの110％の負荷）を用いた場合でも，エキセントリックエクササイズよりも低い筋の活性化しか示さないこともある。エキセントリックエクササイズを行う際に生じる事故を予防するためには，補助者をつけて行うことが必要になる。旧ソビエト連邦のウエイトリフターは，1984～1988年のオリンピックサイクルの中でエキセントリックエクササイズを利用した。しかし，エキセントリックトレーニングの量（平均挙上重量に総反復回数をかけた値）は，例年の総挙上負荷重量の1％を超えるものにはならなかった。

体操競技では，負荷に耐えながら行うエクササイズは，吊り輪の十字懸垂や平行棒の技に関する発達を妨げる方法とされている。この目的のためには，コンセントリックなエクササイズが効果的方法になる。このエクササイズを筋力の弱い選手が利用する場合には，専門的な技術を要する装置や助力を与える補助者をつけることが必要になる。

理論的にはエキセントリックなエクササイズは，パラシュート降下やフィギュアスケート，体操競技における着地動作，すなわち耐えながら筋力を発揮する能力を高めるために利用する。着地動作においては，高い衝撃力を避けるための専門的な先取り動作によって怪我を予防し，筋の損傷を防いでいる（エクササイズでは，体操のマットのような柔らかい表面に着地し，衝撃力を吸収させるなどの工夫を施しながら，徐々にトレーニングを遂行していく必要がある）。地面への衝撃を吸収し，かかとを傷害から予防するためには，柔らかく着地することが重要になる。着地動作では，怪我や軟骨の退行，骨の退化などのリスクが高いので，エクササイズの数は最少にすべきである。コーチや選手は，エキセントリックなエクササイズの不適切な利用は，安全性を阻害し，オーバーユースを誘引することを知らなければならない。

エキセントリックエクササイズは，反動的な筋活動（伸張―短縮サイクル運動：SSC）のトレーニングとは少し異なる。伸張―短縮サイクル運動の本質は，予備緊張によって高められた力を利用することにある。エキセントリックからコンセントリックへの切り換え時間を短くするほど，伸張―短縮サイクル運動の効果は増大する。このサイクルでは，二つの筋収縮運動が結合したものではなく，途切れのない一つの連続運動として捉える必要がある。スポーツ選手の中には，伸張―短縮サイクル運動を，一つの連続運動ではなく，下肢をある姿勢で止めて，その後キック動作を行うという二つの運動として遂行する傾向がある。このような場合には，負のトレーニング効果による転移が生じるために，伸張―短縮サイクル運動によるパフォーマンスを改善することができなくなる。

(4) 反動的な筋活動を伴うエクササイズ

反動的な筋活動を伴うエクササイズでは，一つの筋群が短縮される前に伸張される。一例として，ドロップジャンプがある。ドロップジャンプは，ある高さから床に跳び下り，直ちに高く跳び上がるエクササイズのことである。このエクササイズによるトレーニング負荷は，重さよりも速度に依存し，落下による運動エネルギ

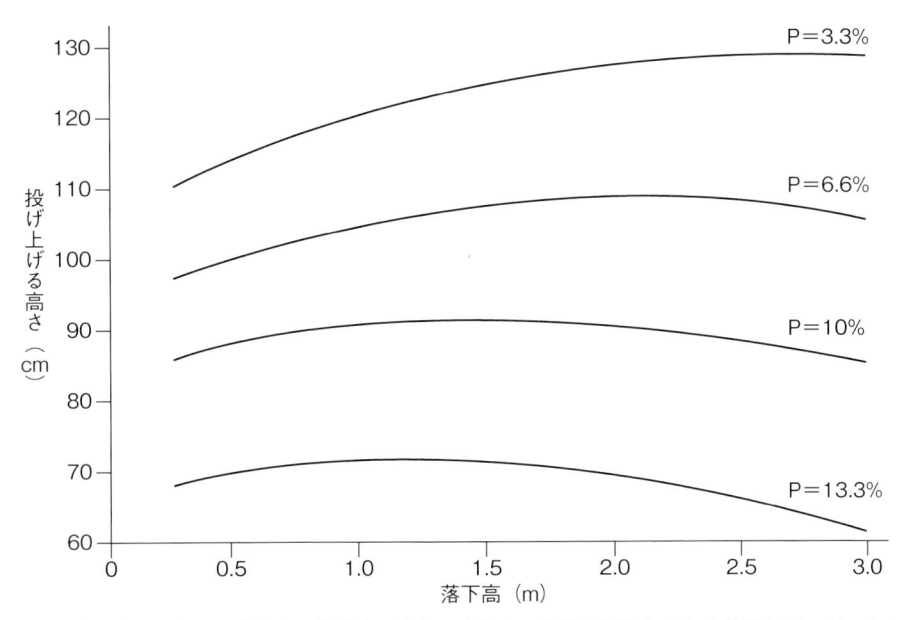

図6.14　重りと落下高に関係して変化する投擲高の変化。実験室に特別に設置してある装置を用いて，さまざまな負荷（F_{mm}に対する3.3%，6.6%，10.0%，13.3%）を，さまざまな高さ（0.5〜3.0m）から落下させた。一流の砲丸投げ選手は，仰向けになった状態で垂直に投げることができ，各々が投げた高さを計測した。基本的には，落下高は落下速度の2乗に比例し，投げる高さはリバウンド速度の2乗に比例する。

Reprinted, by permission, from Yu. V. Verchoshansky, 1977, *Special Strength Training in Sport* (Moscow, Russia：Fizkultura i Sport), 145. By permission of author.

ーによって決定される。運動エネルギー（E）は，$E=\frac{1}{2}mV^2$の公式で表すことができる。mは質量，Vは速度である。反動筋活動を伴うエクササイズでは，運動エネルギーは，速度（落下距離）と質量の組み合わせによって形成される。質量の増大は，リバウンド速度（跳躍高）の減少を導く。逆に，適度な落下速度の増大は，リバウンド速度の増大を導く。しかし，落下速度が高すぎると，リバウンド速度は減少する（図6.14）。すなわち，落下速度（運動エネルギー）の最適な大きさは，身体の質量に依存して異なってくる。

反動筋活動を伴うエクササイズの中で，最も一般的な方法は，片脚，両脚，あるいは両脚を交互に利用して行われるホッピングエクササイズである。経験のあるスポーツ選手は，ドロップジャンプまたはデプスジャンプを用いる。多くのコーチは，ドロップジャンプを行うと，踏切中の弾性エネルギーの貯蔵と再利用能力が直接改善できると思っている。しかし，筋の発揮する張力が大きくなければ，大きなエネルギーを蓄積し再利用することはできない（2章を参照）。このような運動中には，高められた運動神経機構によって筋力が増大する。筋力の増大は，次のメカニズムから生まれる。

- ゴルジ腱系器官の抑制（この場合の反射の抑制とは，抑制性をさらに抑制することを意味する）
- 伸張反射に関する潜在性の増大
- 適切なタイミング

ドロップジャンプには，主に二つのバリエーションが存在する。着地と踏切中に脚伸展動作が小さいエクササイズ（バウンシングタイプ）と，大きな屈曲伸展動作を伴うエクササイズ（スクワッティングタイプまたは垂直跳タイプ）がある。

バウンシングタイプは，最小の接地時間で遂行するように努力する。スポーツ選手には，床

> **コラム**
>
> ## 弾力が大切！　硬い動作はダメ！
>
> 　スポーツ選手における爆発的筋力を改善するために，多くのコーチはプライオメトリクスドリルと呼ばれるドロップジャンプエクササイズを遂行する。台の高さは150～250 cmであった。着地は体操マットの上で行った。実施したスポーツ選手は，最初のトレーニングを行った後に筋に痛みが生じた。しかし，痛みがなくては筋力は増大しないとコーチは考えて，痛みのあるままにエクササイズを継続させた。多くの努力にもかかわらず，選手の踏切能力は改善されなかった。さらに，接地局面における運動調整パターンも低下した。これまで遂行できた一連のエキセントリックとコンセントリック運動による動作が崩れてしまい，着地と踏切の連動した動作ができなくなった。
>
> 　自然な運動中による適切な運動パターンのための必要条件は，外的負荷を抵抗に用いないで，身体自身の持つ運動エネルギーを受け止め，引き続く踏切のために利用できる能力である。この際には，筋と腱の両方がエネルギーを発揮し，弾性エネルギーを蓄えながら変形すること，また筋の活性化によって生じるエネルギーが，接地局面後半のキック動作中に働くことである（伸張反射とゴルジ腱反射による相互作用により生じる）。スポーツ選手が着地中に停止すると，弾性エネルギーが熱に変化し，高められた筋活動状態が消失する。二つの運動パターンから構成される着地と踏切による連続性の分離は，典型的に悪い動作を習得させてしまう。悪い動作の習得は，間違った動きを選択させるために，それを改善するためには長い時間と大きな努力を必要とする。下肢が棒のように硬くなることではなく，弾性体になることが，着地ドリルのエクササイズを行う場合のアクセントである。

の表面が熱いフライパンであるというイメージを持たせて，踏切を行うようにアドバイスする。落下する距離または台の高さは，地面に衝突する際にかかとがガツンとつかない高さに調節する。すなわち，着地における速度は，足関節による過度の背屈運動を避けることのできる高さのものに設定する。スクワッティングタイプは，垂直跳（バスケットボールやバレーボールによるプレーに含まれるジャンプ）やフットボールのスタート速度，アイスホッケーやフットボールのラインマンによる爆発的な筋力発揮能力，投擲パフォーマンス，ウエイトリフターのパフォーマンスなどを高めるために有効である。スクワッティングタイプであっても，あまり深い姿勢にしないことが重要になる。膝の屈曲伸展による範囲は，実際のスポーツ運動よりもわずかに大きい程度にする。

　典型的にジャンパーは，脚を伸展した状態で地面への接地を遂行する。しかし，トレーニング目標が膝伸展筋群における力の立ち上がり速度の改善にある場合には，膝を屈曲した姿勢で着地することも必要になる。また，膝を屈曲した姿勢による着地を改善したい場合には，非常に有効な方法である（フィギュアスケート選手が，さまざまな回転のジャンプを遂行し，支持脚を屈曲した姿勢で着氷する場合）。

　ドロップジャンプは，実践的で非常に効果的なドリルである。一方では，怪我の危険性が高く，またエクササイズへの適応が非常に素早く生じるドリルである。これらのことから，次のガイドラインが推薦できる。

1．年間を通したトレーニングの中に，エクサ

サイズを連続的に取り入れる。規則的なジャンプエクササイズ，ウエイトトレーニングエクササイズ，ドロップジャンプエクササイズを，順序よく取り入れる。ドロップジャンプは，競技経験が3～4年に満たない若いスポーツ選手には利用してはいけない。

2．ドロップジャンプは，1～2メゾサイクル以上にわたって継続的に使用してはならない。また，付加的な重りとなるウエイトベストなどを利用してエクササイズを変化させる。初期適応の後（通常，2～3回のトレーニングの後）に，2～3週間にわたってウエイトベストを利用する。負荷なしのエクササイズを利用する場合には，落下する高さを徐々に上昇させる。

3．7～10日間に1日の割合でドロップジャンプを用いて，競技期間中における爆発的筋力の適正レベルを維持する。重要な試合の前は，少なくとも10日前からの実施は控えるようにする。

4．個人ごとに運動強度を決定する（運動エネルギー，負荷，高さ）。主な必要条件は適切な技術である（負荷に耐える局面から踏切の局面までの移動をスムーズに行い，地面へかかとを衝突させない）。

伸張—短縮サイクル運動によるトレーニングエクササイズは，ドロップジャンプ以外にも存在する。落下する身体質量を増大させるためには，台の高さを変化させるよりも，ウエイトベストやウエイトベルトを着用する。しかし，その重さは100 kgもの大きさにしてはいけない。運動エネルギー，速度，身体質量の間にある複雑な関係を概観すると，反動筋活動に関する装置および伸張—短縮サイクル運動に関する装置を用いたトレーニングエクササイズでは，質量と速度を変化させることができるために，非常に効果的である。これらの装置を図6.15に示した。

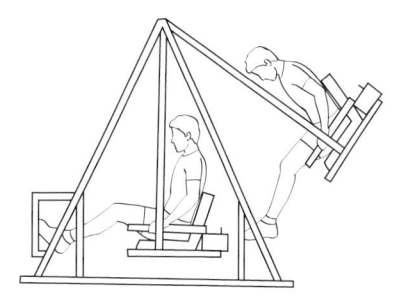

図6.15　着地と踏切動作を用いた反動的な筋活動エクササイズのためのブランコ型装置。運動範囲，システムの質量ともに，トレーニングに応じて変化させることができる。ブランコの質量は，200～300 kgまで増大できる。これは一流スポーツ選手がトレーニングを行う場合に有効な重さである。

(5) 付加的な抵抗を用いるスポーツエクササイズ：スピード負荷トレーニング

実際のスポーツ運動を用いたトレーニングでは，負荷抵抗を増大させる必要がある。この方法は，いわゆるスピード負荷トレーニングと呼ばれるものである。典型的な例は，坂上りサイクリングとギア比を変えて行うサイクリングである。

各種のスポーツ運動は，さまざまな負荷と速度に対して遂行される。負荷は器具の重さや選手の身体質量（慣性力），身体の表面積から決定される空気抵抗や水抵抗である。できるだけ速く運動を遂行した場合には，運動速度に依存して抵抗も大きくなるという関係がある（2章に限定要素的な関係を示した）。負荷が増大すると，速度は減少する。スピード負荷トレーニングには，次の一般的な二つの例が存在する。

1．負荷は推進方向に対して与える（前方への移動運動）。

2．負荷はあまり大きくしない。スポーツ技術が変わってしまうほどの大きさの負荷にしない。例えば，水泳選手が大きな物体を牽引する場合，身体は垂直方向に傾く傾向がある。このように傾くような負荷にならないように設定する。

水泳競技とは異なり，陸上で行うスポーツ運動による負荷は，加える重さ，登り坂などの環境，スポーツ選手が前進することを阻止する方法，パラシュートなどの空気抵抗などによって増大できる。

　ウエイトベルト，リストバンド，アンクルバンドなどの重りを付加する方法は古い方法である。重りの加え方は単純であり，垂直方向の力（重力に対して作用する）を増大させる。しかし，スポーツ選手に対して必要となる要素は，水平方向への力を増大させることにある。負荷を加えて行うエクササイズでは，垂直方向に働く不適切な力がかかってしまう。ランニングでは，身体を過度に上昇させて空中局面を大きくさせる。さらに，下肢への衝撃力を増大させることにもつながる。

　ランニング，ウォーキング，スキーにおいて，登り傾斜の移動運動を用いたトレーニングは，スポーツ技術を可能な範囲内で変化させながら負荷をかける方法である。スポーツ選手の前進性を阻止するような負荷をかける。例えば，そりを牽引する方法や重りを重ねたプーリーマシンを利用するものである。これらの方法は，装置が大きくて重いために，扱いにくいという欠点がある。典型的には，短い運動範囲において利用する方法である（短距離走のスタートのためには利用するが，ランニングのためには利用しない）。

　一方，空気抵抗を増大させる方法は，スピードスケートやスプリント選手では一般的である。この目的のためには，小さなパラシュートを利用できる（図6.16）。スプリント選手が走る場合，パラシュートの膨らみによって引っぱる力が作り出される。ランニング速度があるほど，抵抗力は大きくなる。トレーニング目標が異なれば，異なるサイズのパラシュートも使用できる。パラシュートのサイズに応じて引く力は大きくなり，5〜200 Nまで変化させることができる（6〜10 m/secの速度範囲で変化す

る）。パラシュートの動揺を防ぐために，パラシュートには中心に小さな穴があけられている。

　パラシュートを用いた方法は，その他のトレーニング方法よりも，次に示す点で優れている。

- 負荷となる力は，走る選手の運動方向に作用する。
- スポーツ技術が変化しない。
- パラシュートはまっすぐな移動を制限しない。また選手が曲線を走った場合，あるいはハードル走を行った場合，方向を変換した場合（フットボールやサッカー）にも利用可能になる。
- パラシュートはランニング中に解放し，切り離すことができる。そのはずみを利用して，運動速度を増大することができる（これをアシスティッドドリルと呼ぶ）。

　パラシュートエクササイズにおける唯一の欠点は，ランニングによる接地中と離地中に同じ量の抵抗がかかることである。ランニングの接地中には，身体の各関節が負荷を受けながら機能するが，空中局面では運動速度が妨げられてしまう。

　最大の効果を得るためには，メゾサイクルやミクロサイクルの中で，パラシュートのサイズを変えていくべきである。パラシュートエクサ

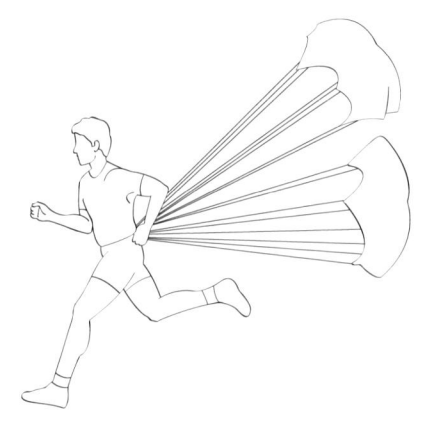

図6.16　ランニングドリルに用いるパラシュートエクササイズ

サイズは，準備期間におけるミクロサイクルの中で行う。しかし，アシスティッドドリルは，試合期間におけるミクロサイクルの中で行う。トレーニングの進行に伴って，パラシュートサイズに伴う抵抗の大きさを徐々に減少させる。最初に用いるエクササイズは，トレーニングにおける最も強い負荷抵抗の状態で遂行する。その後，最終的には最も軽い負荷抵抗で実施するように変化させる。パラシュートエクササイズの前後には，通常の状況下によるトレーニングを遂行する。パラシュートエクササイズは，1週間に2～3回の頻度で利用していく。パラシュートエクササイズを用いたセッションは，通常の計画の中に配置していく。パラシュートエクササイズは，試合期にはスピードや爆発的な筋力のために利用し，対照的にトレーニング初期には，専門的なスポーツエクササイズとともに，1週間に3～4回の頻度で利用し，その後パラシュートのない通常の練習を行うようにする。

水泳競技やボート競技のような水中スポーツでは，流体力学的な抵抗がかかる。それらの目的に応じて，身体の周りの水の流れや水を受ける面積を変化させる（静水だけでなく，動いている水中や水上を推進する場合を考えてみる）。水泳競技選手やボート競技選手における身体やプロペラ（ボートによるオール，カヤックやカヌーのパドル，水泳選手の腕のこと）による流体力学的な抵抗によって，推進力が決定される。例えば，水泳競技におけるハンドパドルは，一般的に利用される抵抗を増大させる方法である。

抵抗が増大すると，発揮する力も増大する。しかし，力発揮による増強メカニズムは，バイオメカニクス的には説明が難しく，トレーニング効果の推測も難しい。水中で受ける外的負荷は，個人の力-速度曲線（F_m-V_m関係）と与えられる水の抵抗の二要因に従った筋力発揮によって決定される（図6.17）。これらは相互に関係があり，発揮できる筋力は運動速度の増大に伴って減少していく。筋収縮速度が速い状況では，大きな筋力を発揮することはできない。逆に，水の抵抗は速度の増大に伴って増大していく。言いかえると，推進速度は，一方では選手の身体特性に影響される（筋収縮速度など），他方ではプロペラの速度などの水に対して働かせる抵抗に影響される。

水に対して働く力は，図6.17cの中の矢印で示した。この点の左では，速度は小さく，筋力が流体力学的な抵抗よりも高い領域にある。この場合の選手の動きを見ると，水中における腕やパドルはゆっくりと動いている。どんなに選手が強くても，発揮する筋力は水によって制限される。その力は，低い速度の場合には小さ

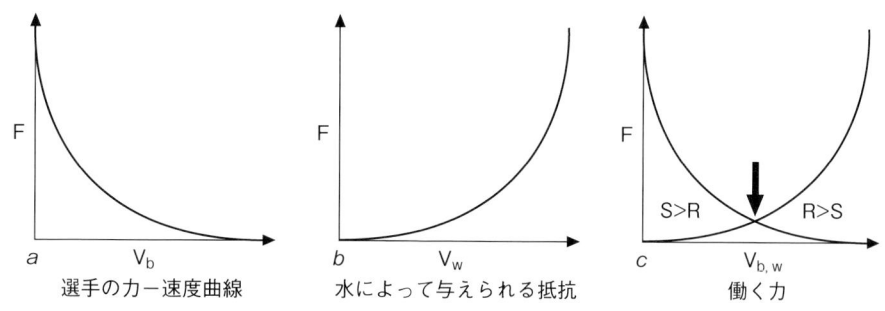

図6.17 選手によって発揮される力は，(a)力-速度曲線（高い負荷抵抗がかけられた際に，一定速度によって発揮される最大力）と(b)水の抵抗の相互作用によって決定される。これらの曲線の交差点は，(c)水の抵抗に対して選手が発揮できる力を示している。この点より左では，選手の潜在筋力が抵抗の大きさを超えている（S>R）。また，この点より右側では逆になる（R>S）。この場合のSは筋力，Rは抵抗である。V_bは身体部位の相対速度である。V_wは水に対する身体の速度である。

表6.1 ボート（身体）対プロペラ（パドルや手）抵抗の変化

増大する抵抗	身体に対するプロペラの速度（V^p_b）	水に対する身体の速度（V^b_w）	水に対するプロペラの速度（V^p_w）	働く力がより大きくなる原因
ボート（身体）	=	<	>	より大きな速度（V^p_w）
プロペラ（パドルや手など）	=	>	<	与えられた抵抗の大きさ

い。しかし，運動速度に伴って水の抵抗が十分に高くなった場合には，要求される筋力の大きさが選手の能力を超えてしまう。このような場合には，十分な筋力を発揮できる能力を持っていることが，パフォーマンス（推進力）の限定要因となる。

力学的には，ボートの運動方向について，水に対するプロペラの速度（V^p_w）は，ボートに対するプロペラの速度（V^p_b）と全ボート速度の（V^b_w）の違いと一致する。

$$V^p_w = V^p_b - V^b_w$$

水泳競技選手の身体が大きい場合，あるいはボートによる流体力学的な抵抗が増大すると，水に対するボート（身体）の速度（V^b_w）は低下する。この場合に，もし，ボートに対するプロペラの速度（V^p_b）を一定に保ったならば，水に対するプロペラの速度は増大する（V^p_w）。すなわち，ボートや身体に対して同じ速度で漕いだ（V^p_bが一定）場合，水に対するプロペラの速度（V^p_w）が増大することによって，選手は大きな抵抗に抗して筋力を発揮することになってしまう。

プロペラによる流体力学的な抵抗が増大すると（例えば，ハンドパドルなどを用いる），同じストローク速度（V^p_b）でより大きなボート速度（V^b_w）を作り出すことができる。そして，やがて抵抗の増大に伴って，水に対するプロペラの速度（V^p_w）は減少していく。しかし，一方では発揮される力は，プロペラによる流体力学的な流れのラインの悪さによっても増大するので注意が必要である（表6.1）。

これらの付加的な抵抗は，二者択一的に増大させることが推薦されている。加える抵抗の大きさは，選手の持っているスポーツ技術によって制限される。もし，実質的に技術が進歩した場合には，付加的な抵抗は減少させることができるようになる。

5. 筋力トレーニングにおける実験的な手法

最近の20年間によって，皮膚表面から筋への電気刺激の利用と機械的な振動がトレーニングに利用されるようになっている。

(1) 電気刺激法

理論的には，EMS（Electro Muscle Stimulation）の効果の一つは，自発的に動員することが難しい速筋線維を優先的に活性化できることである。EMSにおける運動単位の動員では，サイズの原理が変化し，速筋線維が最初に動員されると考えられている。これらのことは，速筋線維が外的な電気刺激に対して低い閾値を持ち，筋の外部表層に位置することが原因とされている。

EMSは筋力トレーニングによる有効な補助手段になる。EMSでは最大に刺激された場合の力のみを増大するものではなく，自発的な力や運動速度，筋持久力についても高めることができる。トレーニング効果が得られるためには，最大筋力では20～25日のトレーニング期間が必要になる。また，最大速度では10～12

日のトレーニング期間が必要になる。筋持久力のためのEMSトレーニング中には，35セッション連続しても筋力の低下は生じない。スポーツパフォーマンスにおける効果は，ウエイトリフティング，体操競技，陸上競技，あるいはバレーボールやバスケットボールのジャンプパフォーマンスに関して確証されている。

　この方法は1960年以前から旧ソビエト連邦によって発展してきた。しかし，旧ソビエト連邦の選手は，伝統的な筋力トレーニングに対する補助としてEMSを利用し，定期的なトレーニングに導入することは少なかった。しかし，この方法に対するスポーツ選手の考え方は実質的に変化し始めた。一流選手の多くが，非常に積極的にEMSを利用している。例えば，カヌーやカヤックによるオリンピックチャンピオンは，オリンピックなどの重要試合の前1ヶ月間にわたって，EMSを上腕二頭筋や三頭筋を含めた筋群に対して用いている。

　一方では，EMSによって最大筋力が増大したという証拠があるにもかかわらず，多くの選手に受け入れられない状況も存在する。これには，習慣的な保守主義に加えて，次の二つの主な理由が存在している。第一には，高めたアイソメトリックな筋力を，現実のスポーツ種目の中で利用できないという経験であった。高めた筋力を実際のスポーツ運動における力に変えるためには，多大な時間と努力が必要になる。第二には，EMSを利用したスポーツ選手では，筋の調整パターンに不具合を感じるとともに，運動における調整力が不足し，継続的な混乱を招くという経験をしていた。これらの知見を簡単にまとめると，筋のみをEMSによってトレーニングしても，神経系はトレーニングされていないことが原因となっている。トレーニングされた骨格筋を活性化するための神経系の能力は，このEMSによるトレーニングでは議論されてこなかった。

　EMSに対する捉え方に違いが生じる理由は，他にもいくつか考えられる。第一は，一般的な筋力トレーニングに対して不適当な割合でEMSが利用されていることである。トレーニングの中で用いられるEMSの割合が高すぎると，効果の出現が難しくなる。第二は，不適切な筋群をEMSの対象として選択していることである。最も強い筋群をEMSの対象として選択し，最も弱い筋群を対象にしない場合には，パフォーマンスの改善は生じない。

　優れたスポーツ選手は，EMSをある決まった目的のために利用してきた。その一つの例は，扁平足との関係である。長距離選手や跳躍選手では，高いトレーニング負荷によって足のアーチ構造が変形する。小さなアーチに関係している小筋群に対して規則的にEMSを行うと，この発生を予防することができるとともに，症状の悪化を防ぐことができる。もう一つの例は，スポーツ選手の脊柱起立筋への刺激であり，背筋に痛みを訴えるカヌー選手やボート選手に有効になる場合である。さらに，男子体操競技選手が十字懸垂で使用する肩の内転筋群のトレーニングにも有効になる。

　次に示すEMSの手順は，ロシアの選手が典型的に利用しているものである。

- キャリアシグナル：シヌソイドあるいはトライアングル
- 周波数：2500 Hz以上
- モジュレーション：50 Hz
- 周期：50%（試技間が10 msecになるようにシグナルを調節する）
- 刺激の量（SA）：自発的なアイソメトリックによる最大力 F_{mm} の100%以上の力を引き出すための刺激，または対象者の耐性の限界となる刺激にする。SAは刺激する機器の出力インピーダンスに依存し，通常は90 Vを超えるものになる。
- 収縮時間：10 S
- 収縮間の休息：50 S
- 収縮の数：10回／日

・トレーニングの日数：5回／週

　刺激方法による最も重要な特徴は，キャリアーシグナルの周波数である．周波数は音の周波数よりも高く，1500 Hz 以上にする．EMS が適切に遂行されている場合には，痛みはほとんどない．皮膚と電極の電気抵抗を適切にするために，表面電極には特性クリームを塗って湿りを与える．

　現在の知識では，EMS を強く推薦できない．スポーツ選手のためのトレーニングに EMS を利用する場合の方法については，さらにこれから検討する必要がある．

(2) 振動を用いたバイブレーショントレーニング

　スポーツ選手に与える周期的な機械的振動は，マッサージの器具として利用できる．振動を用いたマッサージは，1世紀以前から存在する．しかし，筋力トレーニングのためにバイブレーションを用いる考え方は比較的新しい．

　バイブレーションの主な効果は，(a)バイブレーションの適応部位，(b)バイブレーションの方向（走行に垂直か，走行に沿って行うか），(c)バイブレーションの持続時間，(d)バイブレーションの強度などに影響される．強度はバイブレーション頻度 w と大きさ x の関数として決定される．そして，バイブレーションの加速度 a，$a_{max} = w^2 x$，バイブレーションの周波数の2乗と振幅の積に比例するバイブレーションエネルギーが計測される．バイブレーションマッサージでは，振動刺激は目的とする筋群と腱部を対象にして，筋線維の長軸方向に対して垂直に振動を与える．自発的に筋をリラックスさせて，バイブレーションエネルギーを相対的に低くする．

　バイブレーショントレーニングでは，運動学的連鎖の最終点に刺激を与えるとともに，その振動が筋に伝達するようにする．バイブレーショントレーニングには二つの方法がある．振動刺激を同期させた筋力トレーニング方法，あるいは振動状態で遂行するエクササイズを用いた筋力トレーニング方法である．もう一つは，エクササイズを振動するプレート上で行う方法である．筋が収縮したり，ストレッチされる間に，振動波は足から全身に伝わる．一般的なバイブレーショントレーニングは，筋の自発的な活性化と振動刺激を伴うストレッチングを組み合わせて行われる．

　近年の研究では，バイブレーショントレーニングによって，種々の運動能力が有意に向上することが示されている．例えば，最も導入が難しいと考えられる伸張一短縮サイクル運動（垂直跳や連続ジャンプなど）のパフォーマンスに対して効果を発揮する．バイブレーショントレーニングの効果が，ドロップジャンプによる効果と類似しているという仮説が存在する．いずれも筋の活性化を支配するゴルジ腱器官による抑制性反射を抑える効果がある．バイブレーションによる変数（周波数，振幅の大きさ，持続時間）については，それぞれの研究によって異なり，現在のところでは最適な手順の提示は困難である．バイブレーショントレーニングは，現在でもトピックスとして研究されている．

6. 筋力トレーニングにおけるエクササイズ中の呼吸法

　吸気中や呼気中（いわゆるヴァルサルヴァ法；口と鼻を閉じて呼気を送り出すようにする耳管通気法）に最大力を発揮すると，通常，力の大きさは吸気から呼気の際に増大する．この現象に関するメカニズムは，呼吸筋の反射に起因している．この呼吸筋の反射は，増大する肺胞内圧によって筋の興奮性を刺激することになる．しかし，筋の興奮を高める正しいメカニズムについては，現在研究中である．

　ヴァルサルヴァ法は，力を究極に発揮するた

めの呼吸技術である。しかし，呼吸循環器系への刺激が高くなるために，心臓に問題のある人への使用については適さない。このことは多くの医師が示している事実である。ヴァルサルヴァ法では空気が吐き出せないために，肺胞内圧が急激に増大するようになる（40～100 mmHgか，それ以上に増大する。しかし，通常は大気圧よりも2～15 mmHg低い値である）。さらに，高い肺胞内圧とそれに関連した心臓へと血液を返す静脈腔の圧力が増大し，静脈から心臓への血液量が減少してしまう。また，1回拍出量および心臓から拍出される心拍出量も減少してしまう。一方，小さな静脈還流と高い肺胞内圧によって心臓の容量は減少し，特に心室内の容量が大きく減少するようになる。1回拍出量の減少は心拍数の増大によって補償されるために，170拍を超える心拍数になってしまう場合もあり，血圧も増大する（バーベルスクワットの場合に250～320 mmHgまで高まる）。この血圧の上昇現象は，高い筋内圧が末梢抵抗を増大させることによって生じている。

　心拍出量の減少は，脳の貧血や意識消失を引き起こす可能性がある。1972年からオリンピック種目として除外されたミリタリープレスを含め，ウエイトリフティング種目の実施中には，意識消失が頻繁に生じていた。挙上動作後に，胸腔内圧が低下し，多くの血液が心臓を満たす。1回拍出量と心拍出量は増大し，血圧は低下する。しかし，その後，少し時間を経ると，すべてが通常の値に戻る。

　正しく計画し実践する筋力トレーニングでは，このような血圧変化を引き起こさない。間違った考え方とは対照的に，高強度筋力トレーニング（適切に計画し実施する場合）は，心臓循環器系に正の適応を与える。それと同時に，トレーニングでは，次の注意を守る必要がある。

1．ヴァルサルヴァ法や声門を閉じて呼吸を行う方法は，短い時間で究極の努力を行うことを示した上で許可する。低い強度の負荷を繰り返し挙上する最中に，初心者は息を止めることがある。コーチは，これをやめさせなくてはならない。原理的に言うと，高い肺胞内圧はよくないが，高い腹腔内圧はよい。腹腔内圧によって発生するトルクは，椎間板に作用する圧迫力を減少させて，脊柱の障害を予防する。最終的には，挙上動作によるパフォーマンスを増大させる（2章を参照）。

2．初心者には，最大またはそれに近い努力によって運動を行わせない。

3．挙上動作を行う前に，最大に息を吸い込まない。最大吸気は胸郭内圧を増大させる。

4．ヴァルサルヴァ法よりも，むしろ力強く呼吸することは，いつも利用できる方法である。

5．初心者には，パフォーマンス遂行中に吸気と呼気をさせるべきである。特に，ベンチプレスのように，負荷が胸の上で保持される場合には重要である。

6．呼吸の局面に合わせて運動を遂行する場合には，吸気と呼気の二つを考える必要がある。そして，解剖学的な要因やバイオメカニクス的な要因と呼吸をうまくマッチさせる必要がある。

　最後に示す要約では，いくぶん詳細な説明が必要になる。小さな努力を伴った運動では（体幹を傾ける柔軟体操に類似した運動など），体幹の伸展運動と吸入局面を一致させるとともに，体幹の屈曲運動と呼気局面を一致させる必要がある。この例は，呼吸局面と解剖学的な条件のマッチングの重要性を示している。一方，高い力を発揮する場合には，運動方向や解剖学的な姿勢にかかわらず，呼気局面と力を発揮する局面を一致させる。例えば，ボートでは，最も大きな力を発揮する漕ぎ動作中に息を吐き出すようにする。外的な負荷のない柔軟体操によ

る体幹や脚の運動では，脚や体幹が屈曲する局面よりも伸展する局面に息を吐き出すようにする。この例は，呼吸局面とバイオメカニクス的な条件のマッチングを示している。筋力トレーニングエクササイズでは，呼吸局面とバイオメカニクス的な条件のマッチングを重視すべきである。

7.要　約

　筋力トレーニングに用いるエクササイズは，さまざまな方法によって分類できる。例えば，静的な運動（アイソメトリック）とダイナミック・動的な運動（コンセントリック・エキセントリック・アイソキネティック）に分類できる。また，筋力トポグラフィーを用いて比較した筋群に従って，専門的な筋群に分類できる。スポーツ運動の専門性によって分類することもできる。

　特に，若い初心者では，筋力トレーニングにおけるエクササイズを選択するために，筋力トポグラフィーが重要になる。その場合には，最も重要な筋群を選択すべきである。筋群の選択は，弱く怪我のリスクが高い筋群，体の近位端で身体の中心に位置する筋群，スポーツ運動を遂行するために必要となる筋群などが考えられる。高いレベルのスポーツ選手では，現実のスポーツスキルに含まれる運動パターンに類似した筋力トレーニングエクササイズを選択する。そのためには，負荷抵抗，タイミング，力の発揮速度，運動方向，関節可動範囲，筋力の種類などを考慮しながら，運動を注意深く分析することが要求される。

　筋のレバーアーム（てこ）と筋張力の変化に応じて，発揮される筋力は関節可動範囲にわたって変化していく。スポーツ選手は，力－姿勢関係をマネジメントするために，最大収縮の原理を利用する。適切な身体姿勢の選択，専門的なトレーニング機器の利用，動作による初期速度を遅くする方法などによって，人間の筋力曲線における最も弱い時点で発揮される筋力が増大する。また，運動範囲の全域にわたって，最大筋張力を高めていくことを重視する（医療セラピーに用いるアイソキネティックな装置やトレーニング機器に利用されている負荷抵抗法を用いる）。その他の方法では，目指すスポーツ運動において，力の発揮が強く要求される動作範囲を用いたトレーニングを遂行する。

　アイソメトリックエクササイズはほとんど利用されていない。自己抵抗法や抵抗に耐えるエクササイズは，怪我を引き起こす可能性があり，強く推薦できる方法ではない。反動型の筋力発揮によるエクササイズは，早急にトレーニング効果を得る場合に効果的な方法である。

　筋力トレーニングに利用できる方法として，近年，筋への電気刺激法とバイブレーション法が注目されている。これらの方法による効果は高い可能性がある。しかし，今後詳細な調査が必要である。

　ヴァルサルヴァ法などに見られる呼吸法は，力の発揮に大きく影響する。小さな努力で行う柔軟体操は，吸入局面と体幹の伸展運動，呼気局面と体幹の屈曲運動をそれぞれ一致させる必要がある。しかし，高い力を発揮する場合には，運動方向や解剖学的な姿勢に関係なく，呼気局面と運動中の力発揮を一致させる必要がある。筋力トレーニングにおけるエクササイズ中には，呼吸局面と運動中の力発揮は，解剖学的な条件よりもバイオメカニクス的な条件とマッチングさせるようにする。

Chapter 7
傷害の予防

　適切に計画し実践すれば，高強度筋力トレーニングについても，怪我の危険性を低くして，安全に遂行できる。よくコーチングされた状態で遂行する筋力トレーニングに関する怪我の危険性は，10000人のスポーツ選手に対して約1名と見積もられている。フットボールのタックル，アルペンスキー，野球のピッチング，スプリントやランニングなどのスポーツ運動中の怪我と比較すると，筋力トレーニングに関するリスクは極めて小さい。しかし，トレーニングに関する明確なルールを無視して，高強度の負荷を用いた場合には，心理的な問題が発生する恐れもあることから，注意が必要である。

1.怪我を防ぐためのトレーニングの法則

　怪我を防ぐ方法は，実践する場合の共通感覚と専門的知識によって規定される。この法則は非常に単純である。

- 適切な手順に従ってウエイトルームやエクササイズ機器を利用する。
- ウォーミングアップをチェックする。
- やりすぎないようにして，横紋筋変性（4章参照）を避ける。
- 初心者には最大努力による方法を用いない。
- フリーウエイトの利用に注意する。
- バーベル重量が最大負荷を越えると，負荷に耐える動きが強調されるようになる。この場合には補助者をつける。
- 調和のとれた筋力トポグラフィーになるように注意する。筋の発達がバランスを欠いたものにならないようにする。
- ウエイトリフティング技術をよく理解し，確かめながら実施する。

上記の内容に加えて，正当な理由が存在する筋力トレーニングのパラダイムがある。それは身体の脊柱部位に関する内容である。

疫学的なデータによれば，成人における80％以上が一時的および慢性的な腰痛を持っていることが理解されている（いわゆる腰痛症候群：LBPS；Low Back Pain Syndrome）。インフルエンザなどの病気ほどではないが，LBPS は，仕事が困難になる原因の第一および第二にあげられている。筋力トレーニングを行う選手では，すべての怪我の44〜50％が腰のダメージである。

代謝的な異常，感染症，遺伝的な疾病などの要因に加えて，バイオメカニクス的な要因（特に，脊椎への過剰な負荷）が，LBPS が生じる第一の原因である。しかし，ウエイトリフティングやボートのようなスポーツでは，脊椎に大きな力学的負荷が課されるにもかかわらず，これらのスポーツ選手の多くが脊椎に関する問題を有していない。このことは，基礎的なトレーニングを積み，適切なスポーツ技術を用いていれば，LBPS に対する予防ができることを示している。

多くの LBPS の症例における正確な原因は理解できていない。しかし，これまでのデータでは，椎間板の変化が痛みの原因になることを示唆している。腰を安定させる筋群の活動のタイミングが遅れるために，運動調整が不十分になり，腰痛を発生させている。

2．椎間板のバイオメカニクス的特性

椎間板は，椎間円板，円板状繊維，ゼリー状の核，柔らかい核から構成される。若いジュニア選手の場合には，ゼリー状の核の85％が水分で形成されており，流体静力学的な圧力によるパスカルの法則が適応されている。パスカルの法則によって，圧力はすべての部分に均等に分配される。椎間板の圧力は，ゼリー状の核である円板内に圧力ゲージを挿入することによって計測できる。椎間板に含まれる水分は，加齢に伴って減少し，柔らかい核の中では流体静力学的な圧力の法則が適応されなくなっていく。

異なる方向から椎間板に負荷がかかる場合には，力学的特性が異なってくる。二つの椎骨は，脊柱軸に対して連結される円板に挟まれ圧迫される。その場合には，核の中の流体静力学的な圧力は，円板の表面に作用する平均圧力の1.5倍の大きさになる。平均圧力をFとして示すと，椎間円板上の圧力は 0.5 F よりも大きくなる。一方，水平に圧力がかかる場合には，椎間円板はFの4〜5倍の大きさの力で伸張されるようになる（図7.1）。

椎間円板は円筒状の構造物から構成されており，それぞれは水平に対して30°の角度で動く繊維状物質を保持する。しかし，繊維方向は隣接した構造物の中で変化する。若い人と高齢者とでは，力学的な外的負荷に伴って，椎間円板の特別な構造に作用する圧力の大きさと方向が変化する（図7.2）。

垂直方向に負荷がかかる場合に，椎間板に対する力学的な力は，近接した椎間による力よりも小さい。しかし，脊椎に対して垂直方向にかかる負荷は，実際の日常生活ではほとんど見られない。立位姿勢中であっても，負荷は椎間板の軸方向にはかからない。この原因は脊柱が歪み構造をしていることによる。バイオメカニクス研究でも明らかにされており，体幹を曲げたり回転させる場合に，椎間板に作用する力はかなり大きくなる。人々はこれを非常に敏感に感じるとともに，怖さも感じる。

脊柱を傾けると，傾きとは逆方向に髄核が動き，椎間円板は少し突き出るような状態になる（図7.3）。これが脊髄の神経根を圧迫し，痛みを生じさせる原因となる。

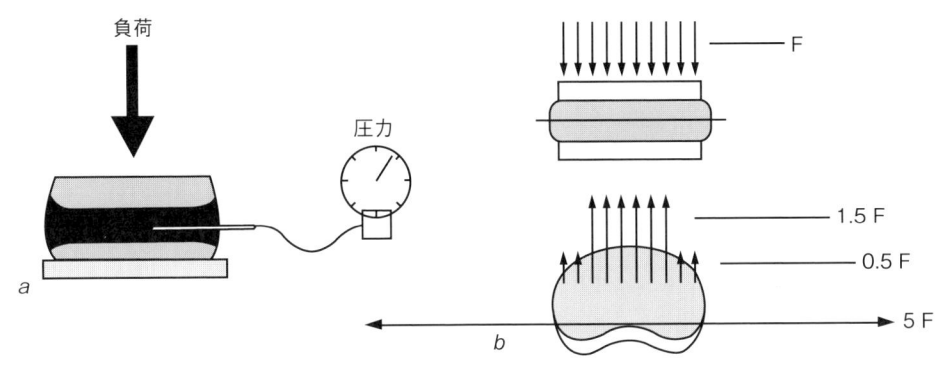

図 7.1 垂直にかけた負荷に対する椎間板の圧力。(a)計測方法。(b)圧力分布。柔らかい核内の圧迫ストレスは，単位面積当りの外的負荷の1.5倍もの大きい力がかかる。

Reprinted, by permission, from A. Nachemson, 1975, "Towards a better understanding of back pain：A review on the mechanics of the lumbar disc," *Rheumatology and Rehabilitation* 14：129-143.

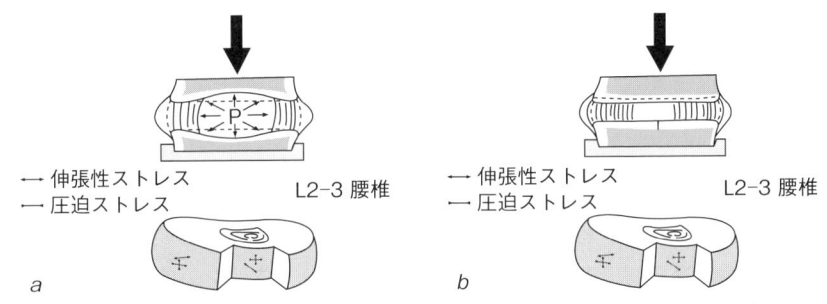

図 7.2 (a)若い人の椎間板と(b)高齢者の椎間板における繊維状リングにかかる圧力。圧力の大きさと方向が変化していることに気づいてほしい。

Reprinted, by permission, from A. A. White III, and M. M. Panjabi, 1990, *Clinical biomechanics of the spine*, 2 nd ed.(Philadelphia, PA：Lippincott, Williams, and Wilkins), 14.

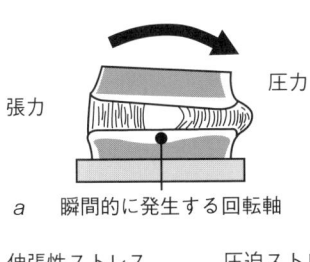

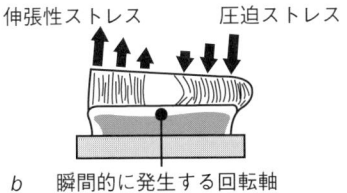

図 7.3 (a)椎間板の変形。(b)力学的なストレス。

Reprinted, by permission, from A. White and M. M. Panjabi, 1990, *Clinical biomechanics of spine*, 2 nd ed.(Philadelphia, PA：Lippincott, Williams, and Wilkins), 15.

3.椎間板が受ける力学的負荷

　椎間板は衝撃によって，または静的な負荷によっても影響を受ける。静的な負荷とは，一定の姿勢を維持するとともに，相対的に遅いゆっくりとした動きの最中に生じるもののことであり，衝撃による変形を無視できるような状態を示している。

(1)衝撃負荷

　体操競技における着地動作，跳躍運動，ランニングでは，衝撃負荷に耐えなくてはならず，脊柱が受ける衝撃を拡散させなくてはならない。身体のさまざまな部位が受ける加速度の大

適切な着地

着地中における脊椎の怪我を予防するためには，高い衝撃吸収性のある靴やマットの利用が大切になる。そして，着地に必要とされる適切な運動能力を習得する必要がある。脚を伸展し，足底屈動作を保持して地面に着地する。接地後，即座に膝を屈曲して硬い着地を防ぐ。衝撃のないように，柔らかい着地を実践する。優れたバレーダンサーの着地では実際に音がしない。このような着地を心がけることが大切になる。

きさを計測することによって，衝撃負荷を評価することができる。

一般的な歩行中には，骨盤と頭部が受ける加速度の違いは0.5〜1.0Gである（Gは重力加速度であり，$G=9.81 m/sec^2$ である）。脊椎は個々の部位ごとに類似した大きさの衝撃を吸収しなければならない。50m級のスキージャンプにおける研究では，着地時に骨盤部位にかかる加速度は10Gを超える大きさになることを示している。同時に，腹腔内圧は90 mmHgに達する（これについては後の章で示す）。脊椎にかかる負荷は，ジャンパーが膝を深く曲げて着地した際に減少し，膝を曲げずに着地した際に増大する。その負荷は，ジャンパーの速度ベクトルと地面による傾斜の間に生じる角度の$\sin\theta$に比例して増大する。この例は，さまざまなスポーツによる着地中には，脊椎は例外なく大きな負荷を受けていることを示している。

着地中の負荷を軽減すること（衝撃吸収）には，次の要因が影響している。
- 接地する表面の材質
- 靴の材質
- 靴と膝関節の動きを調節する運動能力（LBPSの人はこの能力が減少している傾向がある）
- 着地技術

柔らかく着地する技術の向上に伴って，足底屈運動と膝屈曲運動が適切に調節されるようになり，着地衝撃をかなり減少させることができる。優れたスポーツ選手では，柔らかく着地する場合には，身体による運動エネルギーの0.5%しか身体組織（骨や軟骨，脊椎）を歪めるエネルギーにならない。硬い着地中には，身体が持つ運動エネルギーの75%が身体組織を歪めるエネルギーになってしまう。これらの違いはなんと150倍（75/0.5＝150）になる。

(2) 椎間板に作用する静的な負荷

椎間板に作用する力は，体重を有意に越える。それらは主に筋張力によって作られる。立位姿勢を保っている場合の負荷の原因について説明する（図7.4）。

1) メカニズムの基礎

上体の重量はL4（第4腰椎）に作用する。上体部の重心は，椎間板を越えて大きく位置を変えることはなく，少し前の位置にある。そのために，前方へ傾く体の半分によって生じさせる力の回転モーメントは，逆のモーメント作用によって均衡を保たなければならない（$W_1 \cdot L_1$，図7.4を参照）。このモーメントは脊柱起立筋の働きによって生じる。これらの筋は，回転軸の近くに位置しており（椎間板の核の近くに位置する），L_2を引くためのモーメントアームは小さくなる。この力が必要となるモーメントを生成することから，これらの筋はかなり大きな力Fを発揮していることになる（てこの

原理によると，この距離が小さくなるほど，力は大きくなる）。Fの作用する線が脊椎と平行に走っているので，重力にこの筋力が加わり，椎間板の圧力を著しく増大させる。

その結果，通常の立位姿勢では，L4に作用する力は身体重量の半分ではなく，身体重量にほぼ相当する力になる。上体を傾けながら物を持ち上げたり，あるいは他の運動を行った場合には，外的な力は，椎間板を通る回転軸に対して相対的にかなり大きなモーメントを生成する。脊椎における筋と靱帯は，回転軸の近くに位置することから，その力は挙上する負荷と上体の重さを越える大きさになる。この力は椎間板上を通過する力学的な負荷に貢献する（表7.1）。

2）腹腔内圧の役割

腹腔内圧（IAP；Intra-Abdominal Pressure）の役割とそのメカニズムが，何人かの研究者によって明らかにされている。その中の最新知見について説明する。

図7.4に示した計算公式は，80 kgの体重を傾けると，椎間板には力学的な力の限界を越える1000 kg以上の大きな負荷がかかることを示している。同時に，スポーツ選手が問題なく大

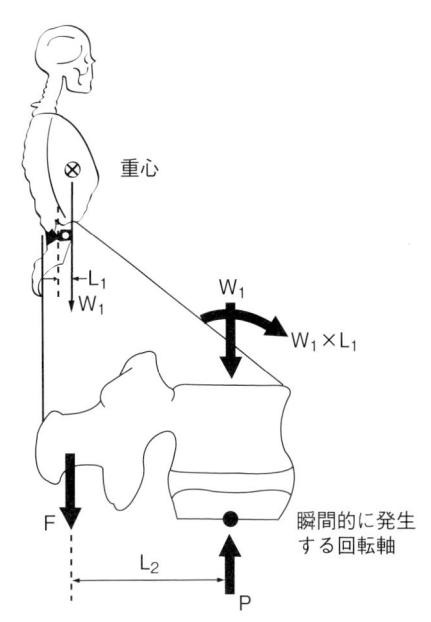

図7.4　椎間板にかかる力学的な負荷が作られるメカニズム。W_1はこれより上に位置する身体重量；L_1はモーメントアーム；$W_1(L_1)$は重力によって屈曲し歪みを発生させるモーメント；Fは脊椎の伸展筋によって発生する力；L_2はそのモーメントアームである。システムの均衡が取れている状態では$W_1(L_1)=F(L_2)$であるので，$F=(W_1 \cdot L_1)/L_2$となる。椎間板に作用する力は，上に位置する身体重量と筋が引く力の合計と同じになり，$P=W_1+F$，あるいは$P=W_1(1+L_1/L_2)$となる。

Reprinted, by permission, from A. White and M. M. Panjabi, 1990, *Clinical biomechanics of spine*, 2nd ed.(Philadelphia, PA : Lippincott, Williams, and Wilkins), 50.

表7.1　異なる状況でのL3に作用する力（体重）

運動姿勢		力
横たわる，仰向けの姿勢	30 kgを牽引	0.14
横たわる，仰向けの姿勢	脚はまっすぐな姿勢	0.43
まっすぐに立った姿勢		1.00
歩行		1.21
横に体幹を傾けた姿勢		1.35
支持をしないで座った姿勢		1.43
腹筋のアイソメトリックなエクササイズ		1.57
笑う		1.71
前に体幹を20°傾けた姿勢		1.71
仰向けになった姿勢から体幹を持ち上げる，脚を伸ばしたまっすぐな姿勢		2.50
20 kgの負荷を持ち上げる，背中は真っ直ぐで膝を曲げた姿勢		3.00
20 kgの負荷を体幹を前に傾けた姿勢で持ち上げる，脚を伸ばしたまっすぐな姿勢		4.85

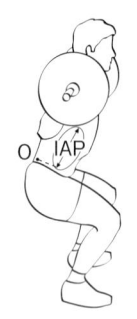

図7.5 脊柱による内的な支持は，腹腔内の空洞にあるボールによる機械的な作用と比較できる。腹腔内圧（IAP）は，回転軸Oに対する脊柱の伸展モーメントによって作られる。

きな負荷重量を挙上できる理由についても理解できる。トレーニングしたスポーツ選手は，脊柱の解剖学的構造がかなり強力であることは確かなことである。しかし，内的な支持による法則が，多くの筋力エクササイズ遂行中に増大するIAPによって成り立っていることを計算によって説明することは難しい（図7.5）。

IAPは筋力発揮中に増大する。特に，ヴァルサルヴァ法を利用している際には増大する。内的支持の結果，椎間板の圧力は平均で20%まで減少し，極端な場合には40%も減少する。

IAPを計測する最も適切な方法は，胃腔の中に圧力センサーを挿入することである。このようにして計測された胃腔内の圧力は，IAPとほぼ同じ大きさであった。図7.6および図7.7は，さまざまなエクササイズ中に計測したIAPのデータである。さまざまな調査結果から二つの結論が導き出せる。

椎間板を通る回転軸に対する力のモーメントとIAPは比例する。同じ重量を異なる方法で挙上するとしても，外的な力によるモーメントと筋力や腹腔内圧などの力によるモーメントは釣り合う。このために，モーメントアームに依存した技術のバリエーションが，他の要因以上に大きなリスクを作り出すことになる。挙上できる最大負荷重量の増大に伴って，IAPを増大させて，脊柱に作用する力学的負荷を減少させることが重要になる。

腹腔壁と肋間筋および横隔膜における筋活動によって，高いIAPが形成される。IAPの大きさとその他の変数（挙上する負荷重量や身体姿勢）が計測し，専門的に開発されたバイオメカニクスモデルを用いると，椎間板に作用する力学的な圧力の大きさをかなりの精度で算出す

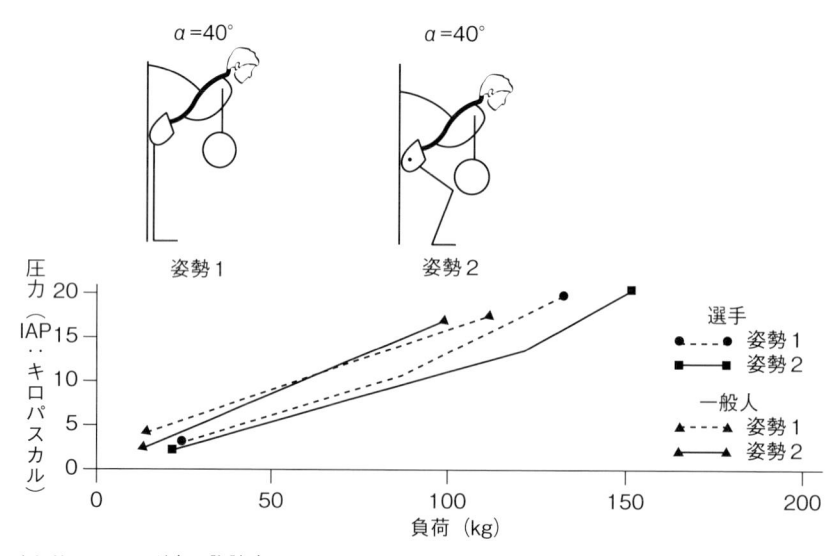

図7.6 ウエイトリフティング中の腹腔内圧

Reprinted, by permission, from V. A. Zatsiorsky, and V. P. Sazonov, 1985, "Biomechanical foundations in the prevention of injuries to the spinal lumbar region during physical exercise training," *Theory and Practice of Physical Culture* 7 : 33-40.

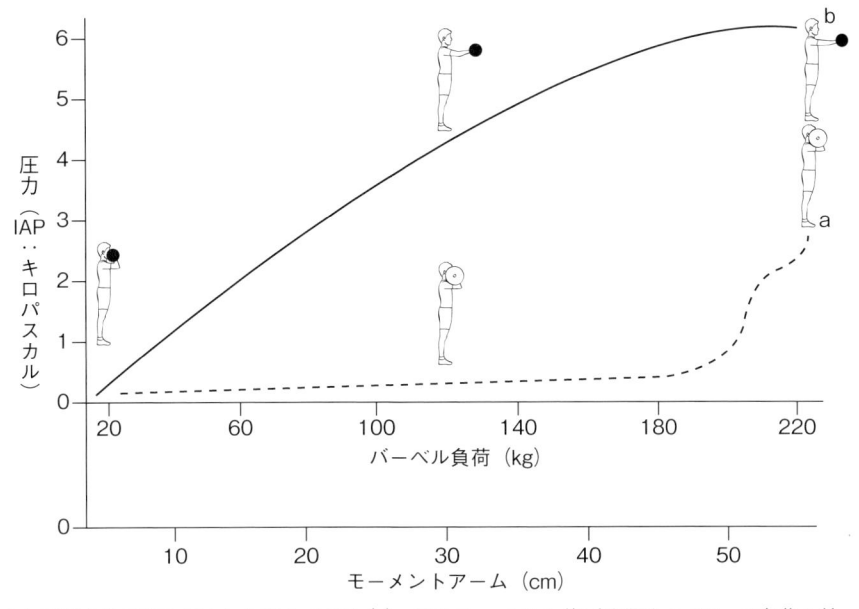

図7.7　肩の上で耐える負荷を増大した場合のIAP（a），腕をゆっくりと伸ばす運動と20 kgの負荷を持って維持する運動による力のモーメントアーム（b）。
From V. P. Sazonov, 1985, *Biomechanical studies in the prevention of injuries to the spinal lumbar region during physical exercise training*（Moscow, Russia：Russian State Academy of Physical Education and Sport），By permission of Russian State Academy of Physical Education and Sport.

ることができる。

4.腰椎における怪我の予防

　脊柱の怪我を予防し再発を防ぐためには，脊柱にかかる負荷を最大限に減少させること，脊柱に関与する筋力を高めること，筋をコルセットのように強くすることが必要になる。脊柱に関与する筋群の発達は，多くの人の間でかなり異なる。予防のためのアドバイスは，個人ごとにかなり異なったものになる。

　実践的な見地からすると，スポーツ選手における腰の問題を予防するためには，いくつかの重要なガイドラインが存在する。目指す筋群を強化すること，あるいは適切なスポーツ技術を遂行することは，怪我の予防を促すことになる。何人かのスポーツ選手は，次に示す効果的な方法を行っている。

- 脊柱への負荷を減少させるための専門的な装具の利用
- 姿勢の選択と柔軟性の改善
- リハビリテーションに関する手順の有効利用

(1)筋の強化

　LBPSは腹筋が弱く，筋がバランスよく発達していない人に生じる。筋の適切な発達は，LBPSの予防のために必要である。脊柱起立筋を強化するためには，同時に腹筋運動を行い（腹直筋だけではなく，腹斜筋も強化する），深層に位置する腰部の短い筋群を強化するためのエクササイズを行う必要がある。筋をコルセットのような働きにするためのエクササイズは，同時に脊柱への負荷もかけることになるために，正確な技術を用いて行うことが必要である。脊柱起立筋を強化するエクササイズでは，脊柱へ過度な負荷がかからないように注意する必要がある。このことは若いジュニア選手や女性については非常に重要なことである。このためには，前述した3年ルールが役に立つ。

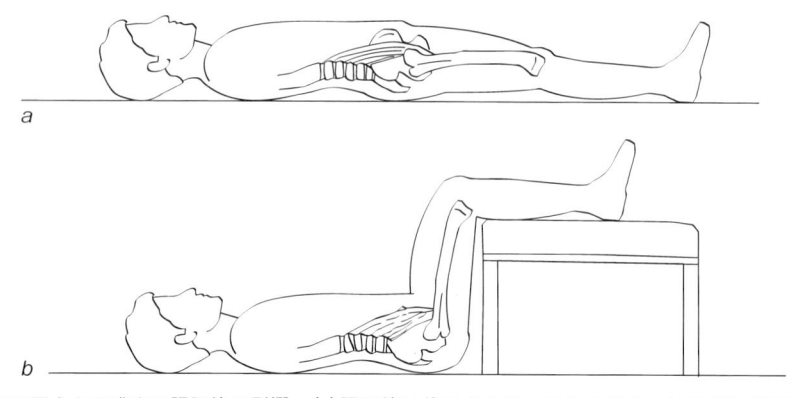

図7.8 椎間板の圧力を形成する腸腰筋の影響。(a)腸腰筋は伸長される。これを引く力は骨盤に作用する。これらは脊椎に対する圧力を形成する（図7.3；143頁）。LBPSの患者では，この姿勢は痛みを発生させることになる。(b)腸腰筋は短縮し，引く力を発生させない。結果として，脊椎への圧力は低いものになり，脊柱はまっすぐを保持し，ずれない。痛みは通常生じない。

Adapted, by permission, from V. M. Zatsiorsky and V. P. Sazonov, 1985, "Biomechanical foundations in the prevention of injuries to the spinal lumbar region during physical exercise training" *Theory and Practice of Physical Culture* 7：33-40.

1) 腹壁筋群のためのエクササイズ

横になっている場合の椎間板に作用する負荷を分析する。脚を伸ばして仰臥位に寝ている人では，椎間板上にかかる負荷はかなり大きく，体重の35〜40％になる。この負荷は仙腸骨の活動（腸骨骨棘と大腰筋の結合；図7.8）によるものであり，脊柱の前湾曲を維持するためものである。

この姿勢によって，コーチは脊柱前湾の消失，すなわち脊柱がまっすぐな姿勢になり，脊柱起立筋群が活動していないことを判定することができる。

2) 腹直筋のためのエクササイズ

高強度筋力トレーニング中には，腹筋の活動に特別な注意が必要である。特に，初心者や10代の若者には，次に示す三つの理由から注意が必要である。第一には，この筋群が体幹の安定性や移動運動中に活動することである。第二には，よく発達した腹筋は，腹腔内にある内臓器官が適切に機能する手助けになることである。第三には，腹筋の筋力はヘルニアを最もよく予防する働きを持っていることである。ヘルニアは，重い負荷を持ち上げる場合に高まるIAPによって生じる。すなわち，脊柱における伸展筋群が強く，腹筋が相対的に弱い場合には，高いIAPがヘルニアを生じさせてしまう。若いジュニア選手のヘルニアは，コーチングによる大失敗である。そして，腹筋のトレーニングをおろそかにした場合に生じる。

次に示す二つの腹筋エクササイズがある。(a)体幹を安定させて，脚を上げるエクササイズ，(b)脚を安定させて，体幹を上げるエクササイズである。仰向けになった状態で脚を上げる動作は，股関節屈曲筋群の活動によって行われる（腸腰筋と大腿直筋）。恥骨結合の下部端に付着する腹直筋は，相対的には不活発な筋群であるとともに，骨盤を動かしてIAPを増大させる特性を持つ。脚を十分に高く上げた場合に，腹直筋群は短縮し始める。しかし，この姿勢では下肢を下方向に引く重力によるモーメントは相対的に小さくなる。そのために，脊椎にかかる初期の圧力はかなり高いが，その後は腹筋の活動は少なくなる。このタイプのエクササイズはあまり効果的ではなく，腹筋を強化するためのエクササイズとしては推薦できない。

腰をかける姿勢で脚を上げるエクササイズは，効果的である（腹直筋は下肢の重力モーメ

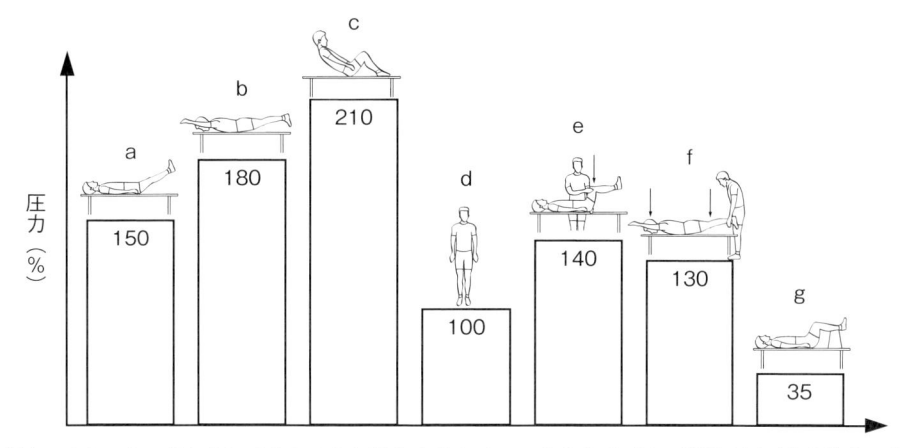

図 7.9　筋をコルセットの代わりにできるように強化するためのエクササイズ中の脊髄内圧（立位姿勢に対する相対値%）

Reprinted, by permission, from A. L. Nachemson, 1976, "The lumbar spine, an orthopaedic challenge," *Spine* 1：59-71.

ントが最大になる際に作用する）。この方法はトレーニングを行ってきたスポーツ選手に有効なものである。いわゆるバスケットハング（ゆりかごを吊るすようなエクササイズ）は，この種のエクササイズの例である。実施者は伸展した脚とともに，水平バーに吊るされる。膝は骨盤が浮かされて傾くまで引き上げられて，伸展した姿勢で身体はまっすぐに維持する。

シットアップエクササイズは，腹直筋を強化する主な方法である。LBPSによる高いリスクを持つ人は，脚を曲げてシットアップエクササイズを行う。この姿勢は脊椎に対する負荷を小さくできるとともに，腹筋の働きを高めることができる。この理由は，腸腰筋が短い状態にあり，大きな回転モーメントが発生しないからである。脚を伸展した状態でシットアップエクササイズを行うと，腸腰筋によってトルクが発生し，椎間板の圧力が非常に増大する（手に20 kgの重りを持って立った姿勢で前方へ体を傾ける場合と類似する）。このタイプのエクササイズは，腰痛から回復した人には絶対に行わせてはいけないものである。

シットアップエクササイズは，体幹を曲げた姿勢で遂行すべきである。最初は，頭部と肩を動かす（胸と腹部を大きく動かすことは，腹筋の活動を減少させる）。シットアップエクササイズでは，胸と腹部を引っ込めるようにしながら動かす。屈曲運動による最初の30～45°の範囲では，腹筋が主働筋として働く。また同時に，股関節屈曲筋群は短い円弧状に動くために，45°になるまで強く短縮している。LBPSを持つ人は，肩がわずかに浮き上がる程度の動作に制限する。部分的なシットアップエクササイズでは（部分的なカールエクササイズ，あるいはクラッチングと呼ばれている），膝は屈曲し（140～150°），体幹を床から30°上昇させる。

LBPSによる高いリスクのある人のために，頻繁に推薦されているエクササイズは，仰向けの姿勢から脚と骨盤を上げる方法である（図7.9 e）。椎間板の圧力は小さく，腹筋の関与は有意に高まる。

LBPSを持ち，筋力の弱い人のためには，アイソメトリックエクササイズが推奨される。これらの人には，LBPSを悪化させた後には，筋がコルセットの代わりになるように強化するトレーニングが勧められる。この利点は，椎間板への圧力を増大させずに，腹筋へ負荷をかけることができることにある。このエクササイズを実施するためには，通常の呼吸を行った後，声門を閉じて腹筋を収縮させる。そして，強く呼気を行いながら，直腸の括約筋を収縮させる。このタイプのエクササイズは，体幹と横隔

膜による筋活動によって行われるものであり，複合的な用い方をすれば，大きな効果を引き出すことができる。エクササイズは3～5秒にわたる筋収縮を伴って，10～15回繰り返す。一連のエクササイズは，一日に3～4回繰り返す。このようなアイソメトリックエクササイズは，他のタイプのエクササイズよりも高い効果のあることを示す研究も存在する。

3）内腹斜筋および外腹斜筋のためのエクササイズ

多くのエクササイズでは，左右が対称に動きながら負荷を挙上するために，高いIAPは腹直筋に加えて，内腹斜筋と外腹斜筋による筋活動によって発生する。まず，活動している腹直筋は，体幹の屈曲動作を生じさせるが，それを拮抗筋（脊柱起立筋など）が形成するモーメントで打ち消して相互バランスをとっている。一方，腹直筋の活動が高まるほど，IAPも高まる。この筋活動が高まるほど，屈曲モーメントが高まることになるので，同時に脊柱起立筋によって脊柱の伸展モーメントも高めなくてはならなくなる。一方では，IAPは内腹斜筋および外腹斜筋の活動によっても形成され，脊柱起立筋がこれを補強する。両方の腹斜筋は脊柱を支持し，脊柱の伸展筋群による力を減少させることに貢献している。負荷抵抗に対して体幹を回転させるエクササイズ，あるいはシットアップエクササイズのような腹斜筋や腹直筋を強化する方法は，トレーニングの中に入れなくてはならない重要なエクササイズである。

4）背部の短い深層筋群を強化するエクササイズ

棘突起間を連結する筋群，あるいは椎骨を連結する脊柱にある筋群は，通常の身体運動中に意識的に活動させることは難しい。

次に示すエクササイズは，これらの筋群をトレーニングするために推薦できる方法である。

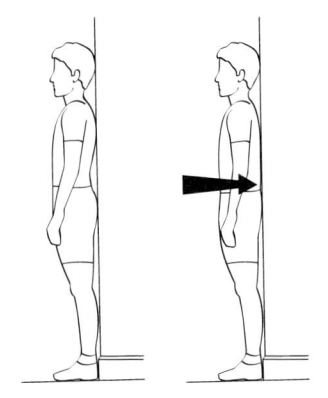

図7.10 背部の深層にある短い筋群を強化するエクササイズ（いわゆる骨盤傾斜）

壁に対して背を向けて立ち，かかと，尻，肩，頭部を壁に付ける。次に，壁に対して脊柱を休めながら，少し押すようにして背中を完全にまっすぐにし，脊柱の前湾姿勢を作り出す。壁と身体部位の接触をしっかりと継続させる（図7.10）。このエクササイズは高いレベルのスポーツ選手でも難しい。うまくなると，壁の助けがなくても，この姿勢が自由にできるようになる。通常の場合には，5～6回実施する。

(2) 適切なスポーツ技術の必要性

身体を前方に傾けた場合，脊柱を伸展させる筋群の活動が最初に増大し，その後完全に消えてしまう（図7.11）。背部にある筋や靱帯には，この時点で大きな負荷がかかることになる。この筋群は回転軸の近くにあることから，重力モーメントに抵抗しながら，釣り合いを保つために，大きな力を発揮しなくてはならない。この場合には，椎間板への圧力は非常に高くなる。

背中を丸める動きは，ウエイトリフティングによる挙上動作では危険である。背中を丸めると，椎骨は傾き，圧迫力が椎間板の前方部分に作用する。伸展力は後方部分に作用し，圧力が集中することになる。この圧力は椎間板を歪める力になることから，注意が必要である（図

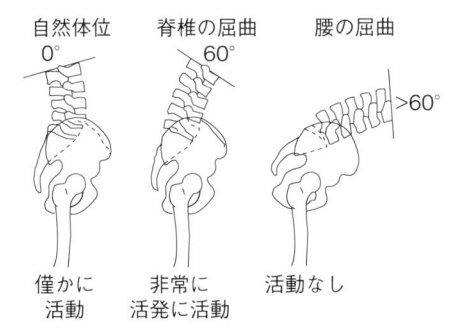

図7.11　前方へ体を傾けた場合の脊椎を支持する筋の活動。後方にある靱帯が張られるまでには，脊椎の屈曲は約45～60°必要である。骨盤が受動的に大臀筋やハムストリングによって制限されるまで，骨盤の回転によって運動の第2局面が遂行される。この姿勢では筋活動は見られなくなる。体幹の重さは，脊柱起立筋や靱帯の受動的な力によって打ち消されることになる。

Reprinted, by permission, from V. M. Zatsiorsky, and V. P. Sazonov, 1985, "Biomechanical foundations in the prevention of injuries to the spinal lumbar region during physical exercise training," *Theory and Practice of Physical Culture* 7：33-40.

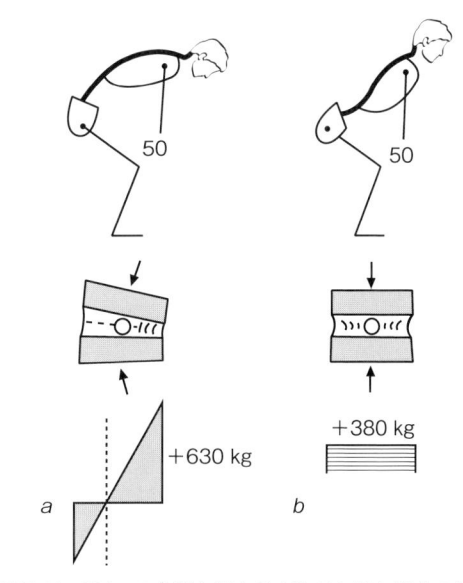

図7.12　50 kgの負荷を異なる方法でかけた場合の椎間板にかかる負荷。(a)不適切な技術。(b)正しい技術。これらの技術では，椎間板にかかる力は630 kgと380 kgになる。

Reprinted, by permission, from V. M. Zatsiorsky, 1966, *Motor abilities of athletes* (Moscow, Russia：Fizkultura i Sport), 60.

7.12)。

実践的なアドバイスとして，負荷重量を挙上する場合には，脊椎を保護する必要がある。できれば，背中を丸めず伸ばした姿勢で挙上動作を行う。この技術は子どもの時に学習する必要のある物の持ち上げ方に関する原則であり，習慣化しなくてはならない動作である。身体教育では，背中を丸める動作ではなく，正しいスクワット姿勢を用いながら，脚の伸展筋群を強化していくことを学ばせる必要がある。

10代のジュニア選手（テニスやバスケットボール，バレーボールなど）では，多年時にわたる長期サイクルにおける準備期間の初期段階中に，筋力の発達を含めたコンディショニングトレーニングを怠る場合が頻繁にある。そのような場合には，20歳になると，すでに自らの体力不足が原因となり，競技パフォーマンスが停滞してしまう。そのために，陸上競技選手が行うようなトレーニング法（特に，フリーウエイトの利用）を用いて，できるだけ素早く筋力を発達させようとする。しかし，20歳の陸上競技選手は，何年も経験を積んでその年齢に至っている。このために，その選手のトレーニング方法を，他のスポーツの初心者がまねて実施することは不可能であり，単に危険が伴うだけである。

1980年代初期にあった，旧ソビエト連邦における女子テニスチームのコンディショニングコーチに関する不幸な例を紹介したい。このコーチはそれまでにコーチング経験がなく，筋力トレーニング経験もなかった。このコーチが推薦したトレーニングは，他のスポーツで行われている方法をまねたものであった。その結果，6ヶ月後には9～10名の選手に腰痛問題が発生した。その中の8名は十分なリハビリができなかったために，結局国際的なレベルには到達できずに脱落してしまった。

(3)補助器具および装具

補助器具は，IAPを高めて脊椎を固定するために利用する必要がある。これらの方法の一

正しい技術　　不適切な技術

a　　　　　　*b*

図7.13　ウエイトリフティングにおける正しい技術(a)と不適切な技術(b)
Reprinted, by permission, from V. M. Zatsiorsky, and V. P. Sazonov, 1985, "Biomechanical foundations in the prevention of injuries to the spinal lumbar region during physical exercise training," *Theory and Practice of Physical Culture* 7:33-40.

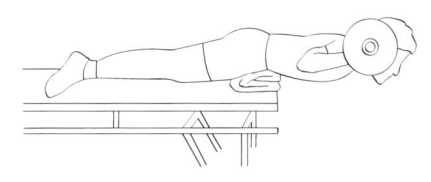

図7.14　IAPを高めて椎間板にかかる負荷を低下させるために、腹筋の下にパッドを入れる方法
Reprinted, by permission, from V. M. Zatsiorsky, and V. P. Sazonov, 1985, "Biomechanical foundations in the prevention of injuries to the spinal lumbar region during physical exercise training," *Theory and Practice of Physical Culture* 7:33-40.

つは、脊柱を伸展させる筋の運動を高めるパッドの利用である（図7.14）。また、ウエイトベルトは、IAPを増大させて脊椎にかかる負荷を減少させる。ウエイトベルトは、脊椎の歪みを支持するために用いられてきた。これはスタンディングバーベルプレスのような運動を行う場合に重要となる装具である。しかし、このエクササイズはオリンピック種目からは除外された。その後、ウエイトベルトを腰に巻く指導は現在も維持されている。これまでの研究では、脊柱よりも腹筋を支持するベルトの装着がIAPを増大させて、脊椎にかかる負荷を減少させることを示している（図7.15）。

(4) 姿勢の選択と柔軟性の強化

　脊椎への負荷の増大は、LBPSに対する高いリスクを生じさせる。前湾姿勢は、垂直に対して斜めに位置している仙骨の傾きを補償している。仙骨の位置は、仙骨の椎骨が水平に対して上向きであるために生じる椎骨角度によって決定される。通常は角度が小さいほどよい状態にあり、水平な骨盤の位置では、腰椎と仙椎が連結される部位で安定している。

　骨盤の傾斜は、関連した筋群が発揮する筋力によって形成されている。体重の重い人では、骨盤がより傾斜した状態になる。このケースで最初に行うことは、体重を減少させることである。次のことは、これに関連した筋群の働きである。

- 体幹の屈曲筋群（腹直筋）と股関節伸展筋群（ハムストリング）。これらの筋群が活性化すると、傾斜角度を減少させる傾向があり、より垂直な位置に骨盤が回転するようになる（より水平な位置へと骨盤が動くことに関連している）。腹直筋は過度な骨盤前傾を調節する。
- 体幹の伸展筋群と股関節屈曲筋群（大腿直筋）。これらの筋は、傾斜した位置に骨盤を回転させる働きがある。

　バーベルスクワットやシット＆リーチエクササイズが遂行される。腹筋の強化や股関節屈曲筋群のストレッチングを怠っている選手は、腹筋が弱く股関節屈曲筋群が硬く、しばしばハムストリングが働くために、骨盤の前傾角度が過度になる。逆に、骨盤による過度の前湾は、椎間板の後湾を引き起こし、脊椎の関節面に圧迫ストレスをかけることになる。そして、脊椎か

7章 傷害の予防

チェックリストを用いるようにしよう

女性や身長が極端に高い人，あるいは10代のジュニア選手がウエイトトレーニングを行う場合には，特に注意が必要である。そして，次のことをチェックする必要がある。

- この選手には，ウエイトトレーニングが直ちに必要であるか？ フリーウエイトを利用しない方法もたくさん存在する。このことをしっかりと考える必要がある。
- あなたの指導している10代のジュニア選手は，筋力トレーニングにおける経験を積んでいるか？ 3年ルールを思い出す。この原理を満足しているかについて考える必要がある。
- 体幹部の筋を強化する必要がある。脊柱起立筋や腹筋などは特に重要である。
- 最初にエクササイズマシンを利用する。ついで，フリーウエイトを利用する。
- 適切な挙上技術を教える。挙上技術を見せて理解させる。
- 軽い負荷から始める。バーベル運動そのものではなく，不適切な重さが怪我を招く原因になる。経験のない選手のほとんどは，プレートを付けずにバーベルだけでも十分な負荷になる。
- ウエイトベルトと補助パッドを利用する。
- 適切な呼吸技術を教える。
- 女性や若いジュニア選手，シニア（高齢者）選手の筋力トレーニングに興味のある指導者は，9，10，11章を読み，内容を理解する。

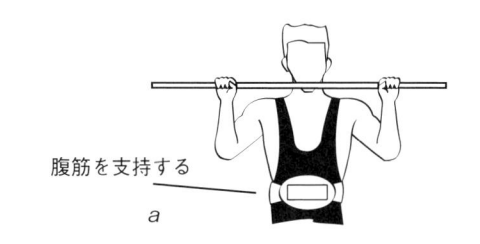

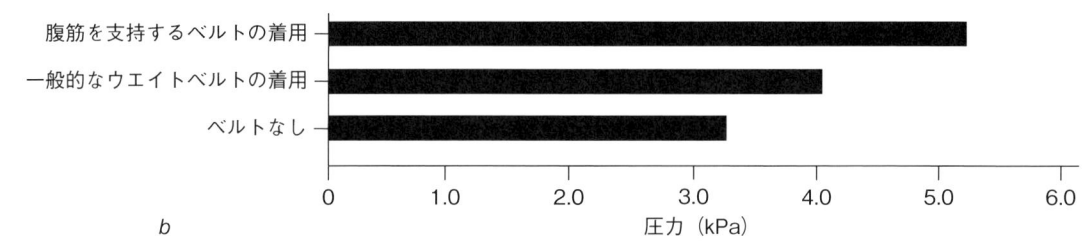

図7.15 さまざまなコンディショニング状況におけるIAP。(a)腹筋の支持を高めるベルト。(b)腹筋を支持するベルトの着用，一般的なウエイトベルトの着用，ベルトなしの3条件下において，10 kgのバーベル2個を挙上した場合のIAP。

Reprinted, by permission, from V. M. Zatsiorsky, and V. P. Sazonov, 1987, "Belt-corsets reducing risk of the spine lumbar trauma at weight lifting and strength exercises," *Theory and Practice of Physical Culture* 3：15-18.

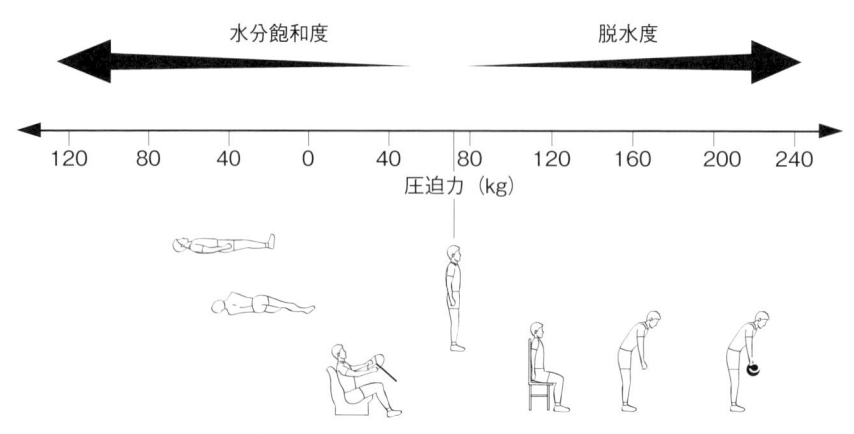

図7.16 髄核による水分飽和度と圧力（L₃の椎間板）
Reprinted, by permission, from A. Nachemson, 1975, "Towards a better understanding of back pain：A review on the mechanics of the lumbar disc," *Rheumatology and Rehabilitation* 14：129-143.

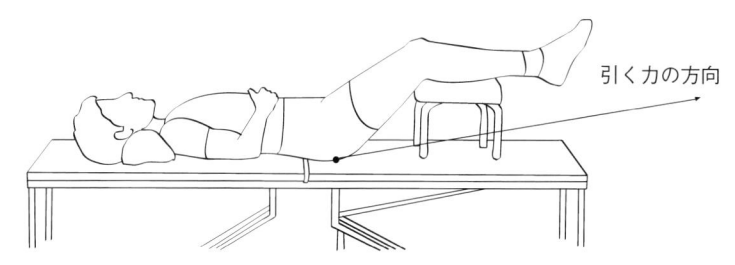

図7.17 脊椎を牽引するために用いられる，二つに分けられるテーブル。選手の脚を曲げて牽引するのは，背中をまっすぐにするためである。
From V. M. Zatsiorsky, and S. S. Arutiunjan, 1987, *Spinal traction as a rehabilitation tool* (Moscow, Russia：Central Institute of Physical Culture).

ら出ている神経根が圧迫されて，痛みを生じさせることになる。骨盤の角度と過度の前湾を調節するためのアドバイスとしては，腹筋を強化するとともに，股関節屈曲筋の硬さを減少させるストレッチングエクササイズを遂行することがあげられる。

(5) リハビリテーションの手順

圧迫された椎間板の特性や形状を修復するためには，大きな負荷を計画的にかける必要がある。そして，修復のための手順に従った計画の実行が要求される。これには，5〜15分の高強度ウエイトトレーニングを行った後に，マッサージや温水（30℃以下）の中で泳ぐことがよいとされている。水泳はジャグジーによる入浴に換えることもできる。椎間板への負荷が減少した時には，椎間板内の水和作用が増大する（図7.16）。

多くのコーチは，バーベルを受けて支持する動作を伴うウエイトリフティングを推薦する。しかし，それを行うと，大多数の選手は脊柱の長さが減少する。通常は，体幹筋の反射による活性化が生じ，これらの筋によって脊柱が変形することを防いでいる。一方，多くの選手が，バーベルを受けて支持する動作の際にリラックスできていない。十分な椎間板の水分によって脊椎に作用する圧迫力が取り除かれているが，変化した脊柱が自然に元に戻ることは難しいことも多い。

このようなことから，脊柱の牽引は非常に効果的な方法になることが明らかにされている。

7章 傷害の予防

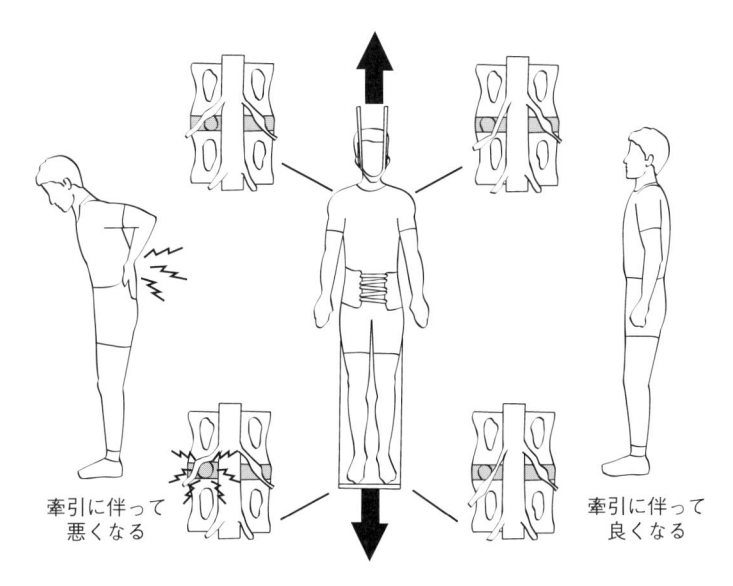

図7.18 痛みに及ぼす脊柱牽引の影響

牽引に伴って悪くなる

牽引に伴って良くなる

バイオメカニクス的な変化

Reprinted, by permission, from A. White and M. M. Panjabi, 1990, *Clinical biomechanics of spine*, 2 nd ed.(Philadelphia, PA：Lippincott, Williams, and Wilkins), 50.

図7.17は，推薦できる牽引姿勢と伸張するための用具について示している。脊柱の牽引は，個人の牽引力を調整して（スーパー重量級のウエイトリフターでは100 kgまで），1週間に2回程度遂行する。この方法は非常に効果的な修復方法である。

脊柱の牽引はLBPSの既往症のない選手にのみ推薦でき，医学的な検査と理学療法士の許可が必要になる。これに対して，LBPSですでに苦しんでいる選手の場合には，牽引は負の影響を及ぼすことになる。図7.18はこの理由を示したものである。牽引中に脊椎の負荷は減少し，脊椎にある骨はまっすぐな状態に再配置される。ここで，脊椎にある神経軸小根の相対的な尾骨方向への移動が生じる。そのために，腰椎の突起部が神経の上に位置すれば，痛みは軽減される。しかし，神経の下に位置すれば，痛みが倍増することになる。したがって，理学

コラム

腰に問題を持っているか？

最初は医師に診療してもらう。既往症を聞かれ，レントゲンや核磁気共鳴法で画像が撮られる。将来の可能性についても聞かれる。深刻な問題がない場合にはトレーニングが許される。そして，次のステップを踏んでいく。

第1段階—急性の痛みがある段階

少なくとも1～2週間はリラックスしたエクササイズを遂行する。腹直筋を高める方法とし

て，アイソメトリックなエクササイズが推薦できる。リラクセーションエクササイズの目的は，筋の痙攣を減少させるか，除去することにある。リラクセーションの方法には，次のようなものが存在する。

- 横になる。顔の筋をリラックスさせる。まぶたをリラックスさせる。目は，すべてのエクササイズ中は，半開きにしておく。
- 頸の筋をリラックスさせる。筋に抵抗をかけないように，頭を右に下げるようにする。重力のみが作用するようにする。3秒待って，頭を回す。再びリラックスする。筋に抵抗をかけないように，今度は頭を左に下げるようにする。おのおのの側を3～4回繰り返すようにする。
- 床に足を付けて，右膝を曲げる。そして，リラックスする。脚を伸ばして，床に沿って足を滑らせる。再び，重力のみを作用させる。両方の脚ごとに3～5回繰り返す。
- 腹筋に関するアイソメトリックなエクササイズを行う。
- これらの手順を逆に繰り返す。すべてのエクササイズでリラックスを心がける。

第2段階―痛みが消失した段階

脊柱への負荷を一時的に減少させる（スクワットの代わりに，脚を上げるエクササイズを利用する）。

- トレーニング――脊椎に過度な負荷をかけていないか？　スクワットが多すぎないか？　デットリフトを数多く行っていないか？
- 体力レベル

  (a) 脊柱起立筋，腹直筋，外腹斜筋および内腹斜筋，あるいは脊柱に関与する筋は十分に強いか？　その強化をおろそかにしていないか？

  (b) 柔軟性はどのぐらいか？　床に手のひらをつけることができるか？　股関節屈曲筋は硬くないか？

  (c) 骨盤が大きく傾いていないか？　脊柱は大きな前湾曲をしていないか？

- 挙上動作技術――挙上動作中に脊柱が丸くなっていないか？　そのことをしっかりとチェックする。
- 腹筋の支持――挙上動作中に腰にベルトを巻いているか？　そのベルトは腹筋を支持するものであるか？　補助パッドを使用しているか？
- 回復手順――通常，トレーニングで使用している回復方法にはどんなものがあるか？　ないのか？

それぞれの答えにもとづいて，あなた自身の処方と予防法を選択する。この章を注意深く読み返し，あなたにとってのベストな方法を決定する。また，新しい方法も取り入れる。これらの方法が行われた場合，10人中9人のスポーツ選手は，脊椎に関する簡単な問題のみを残して，自らの能力を完全に回復させることができる。

療法士は，選手に対してこの牽引が効果があるかどうかを決定する必要がある。

神経根を腰椎の突起部から遠ざけるように動かすことができれば，椎間板の突出による痛みを和らげることができる。立ったり，歩いたりする時に，体幹を一方向に傾ける姿勢をする人がいれば，圧迫される位置に神経根があるという兆候を示している。これは痛みを持つ選手が，痛みのある側とは異なる方向に体幹を傾けると，神経根が突起物の上に移動するようになるからである。このような選手には牽引は推薦できない。この選手が牽引を行うと，痛みを悪化させることになる。もし，選手が痛みのある側に体を傾けたならば，神経根が突起物の下にあることを示している。このような選手のためには，牽引が利用できる。それらの決定は医師によってなされなくてはならない。

5. 要 約

コーチや選手は，高強度の筋力トレーニングを実施する場合に，脊椎の怪我を予防するための注意をしなくてはならない。

バイオメカニクス的には，椎間板は水分と内圧によって特性化されている。垂直な負荷がかかっている際には，個々の椎間板の力学的な強さは十分な強度にあるが，隣接する脊椎との連結強度は十分ではない。このために，脊柱の椎骨が傾くと，髄核が傾いた方向とは逆に移動し，繊維状のリングがはみ出してしまうことになる。これによって，脊椎神経根の圧迫が生じ，激しい痛みを伴うことになる。

椎間板に作用する力学的な負荷は，衝撃的なものと静的なものとに分類できる。衝撃負荷は着地中に受けることが多い。着地中の衝撃負荷は，着地面の材質や靴の性質，あるいは運動スキルや技術が融合し和らげられて緩衝される。柔らかい着地技術は，足関節や膝関節を屈曲しながら調整されるものであり，これによって衝撃力を減少させることができる。

椎間板にかかる静的な負荷は，外的な負荷そのものではなく，筋張力や腱の力によって発生する。ウエイトリフティング中に，椎骨が受ける高い負荷は，IAPの増大によって減少させることができる。これは内的な支持作用として理解できる。その結果として，椎間板の圧力は平均で20％，最大で40％も減少させることができる。最大挙上重量が高まると，脊椎に作用する力学的な負荷の減少を促進させることができる。

脊柱の椎骨に対する怪我を予防するためには，椎骨にかかる負荷を減少させることと，椎骨に作用する筋を強くすることが必要になる。このための予防方法は，筋を強くすることと，適切なスポーツ技術の利用である。強化する必要のある筋群は，脊柱起立筋に加えて，腹筋と深層にある背部の短い筋群である。適切なスポーツ技術は怪我の予防に大きく貢献する。脊柱の前湾動作は，負荷を持ち上げる際には禁止である。できるならば，挙上動作の際には，前にかがむ姿勢よりも，しゃがんだ姿勢で行うようにすべきである。

補助装具はIAPを高めて，脊柱を固定することができる。腰に巻くベルトは腹部を支持するためのものである。また，パッドも有効な方法である。良い姿勢を維持することと，柔軟性を発達させることも推薦でき，特に脊柱が前湾している選手には効果がある。骨盤の傾斜と過度な前湾姿勢になっている場合には，腹筋を強化するか，股関節屈曲筋群の硬さを減少させると良い。

椎間板の形状とその性質を適切なものに戻すためには，計画的に大きな力をかけなくてはならない。また，この方法はリハビリテーションにも利用できる。リハビリテーションの方法には，マッサージや温水による水泳とともに，脊柱の牽引などがある。

Chapter 8
目的に応じた筋力トレーニング

さまざまな目的を達成するために，高強度の筋力トレーニングが利用されている。その主な目的には，筋力，パワー，持久力の向上があげられる。また，筋の量的な増大や怪我の予防という目的もある。この章では，さまざまな筋力トレーニング方法の特性について説明する。

通常，高強度の負荷は一定のスポーツ運動によって発揮される最大力を高めるために利用されるものである。そして，オリンピックリフティングでは，これ自体が競技パフォーマンスになる。本書では，これまで筋力トレーニングに関する基本的な原理や方法について説明してきた。この内容は，経験豊富な一流選手のトレーニング，子どもや女性，あるいは高齢者のトレーニングを目的に対して議論する場合に効果的である。

1. 筋　力

トレーニング経験を積んだスポーツ選手の持っている一般的な考えは，筋力を単一的に考えるのではなく，筋に由来する要因と神経系の要因の二つの要因に分けてトレーニングを行うことである。神経・筋系の調整機構（運動単位の動員，発射頻度，同期化，筋力発揮の全体的な調整パターン）を改善するためには，第1に最大筋力法を選択する。一方，筋肥大を目指す場合には，最大反復法と最大下負荷法が適切である。エクササイズのタイプと強度，量を変化させることによって，計画通りに正の適応を導き出すことができる。逆に，一般的なエクササイズと一定負荷だけでは，早期に馴化現象が生じたり，やる気の喪失を招くことになってしまう。

高強度の筋力トレーニングにおける三つの負

> ## コラム　トレーニング目標である最大筋力
>
> 高強度の負荷を用いて行う最大筋力法（神経・筋系調整機構を改善する方法），筋肥大を引き出すための最大下負荷法と最大反復法の三つを組み合わせる。エクササイズの種類は規則的に変化させていく。トレーニング負荷も変化させていく。

荷条件，すなわちエクササイズのタイプ，トレーニング方法（最大筋力法と最大下負荷法など），トレーニング量は，計画の中で調和がとれるように変化させなければならない。一方，さまざまな高強度の筋力トレーニングにおける効果を重ね合わせても通常は負の効果にはならない。したがって，種々の方法をミクロサイクル中に融合していくとともに，1日のトレーニングやセッションの中で組み合わることが重要になる。例えば，1RMのバーベルを挙上する方法と同じトレーニング中に，最大下負荷法を組み合わせて利用することもできる。すなわち，エクササイズのタイプ，負荷方法と量の適切な組み合わせが，大きなトレーニング結果を発生させることになる。

エクササイズの複合を考える場合には，2メゾサイクルごとに典型的な組み合わせパターンを変化させるようにする。例えば，連続した二つのメゾサイクル中では，2種類および3種類のスナッチエクササイズが利用されることもある。

スナッチエクササイズは，動作のタイプと開始時のバーベルの位置によって分類できる。動作のタイプは，(a)競技型スナッチエクササイズ（バーベルを頭上まで挙上し，深いスクワット位置で受けて支持する方法），(b)パワースナッチエクササイズ（バーベルを頭上まで挙上し，脚をわずかに曲げた位置で受けて支持する方法），(c)スナッチプルエクササイズ（バーベルをある高さまで引き上げ，支持しない方法）が存在する。動作開始時のバーベルの位置は，

(a)床の上から，(b)床の上に置いたボックス上から，(c)持ち上げた位置からの3種類に設定できる。これらの組み合わせによって，9種類のスナッチエクササイズが設定できる。

典型的なトレーニング計画では，まず優先的に用いる方法を決定した上で，メゾサイクル中にタイミングよく取り入れながら変化させていくことが必要になる。主な変化の例は，筋肥大を引き出すことを優先的にした方法を（主に，最大下負荷法と最大反復法を用いる），メゾサイクル初期のトレーニング計画の中に設定する。そして，トレーニング負荷は，経験則による60％ルールに従って変化させる。

2. パワー

筋力トレーニングの目標として，多くのスポーツでは最大筋力の発揮だけではなく，一定の抵抗（体重や用具）に対するパワーや運動速度の改善が目指される。この場合に最大筋力は，高い運動速度を発揮するための前提条件になる。しかし，筋力から速度への変容は容易ではなく，適切なエクササイズとタイミングを選択し，トレーニング計画を立案することが重要になる。

専門的エクササイズを行う場合には，満足できる方法を追求していく必要がある。主に最初は，重量による抵抗やスピードによる抵抗を用いたエクササイズを選択すべきである（6章を参照）。負荷は適切な方向（水平方向）に適用させなくてはならない。そして，実際の運動パ

ターン（スポーツ技術）から逸脱したものにしないようにすべきである。

トレーニング期間の前に，各選手の負荷抵抗―速度曲線を用いて，個人特性を決定するためのスポーツエクササイズテストを行う（図8.1）。例えば，砲丸投げ選手は基本的な重さ（7.257 kg）から始まり，8 kg，9 kgの重さの砲丸投げテストを実施する。個々の選手におけるテスト結果は，それぞれの基準値と比較する。そして，コーチはその結果をもとにして，一定期間にわたる適切なトレーニング計画を立案する。その際には，重い器具を用いるか，あるいは軽い器具を用いるかは，最大に注意が向けられる重要事項である。

パワートレーニングに用いるエクササイズを選択する場合，コーチや選手は6章で示したエクササイズの専門性に注意すべきである（働く筋群，負荷抵抗のタイプ，力発揮にかかる時間と速度，運動の方向性，力―姿勢関係）。活動する筋群は，目指すスポーツ運動と同様にすべきであり，負荷抵抗のタイプもできるだけ類似させるようにする。専門的に言うと，アイソキネティックエクササイズは，滑らかでゆっくりとした速度に特徴があり，水泳，カヌー，ボートなどの水中で行うスポーツのための陸上トレーニングとして効果的である。しかし，陸上で行うパワー型のスポーツトレーニングのためには不適である。一方，フリーウエイトによるエクササイズは，筋によるリラックスの仕方が異なるために，水泳のためのトレーニングとしては制限すべき方法になる。

スポーツ運動において，力の発揮に必要とされる時間が短い場合は（0.3秒以内），最大筋力そのものよりも，力の立ち上がり速度の方が重要な決定要因になる。最大力を発揮するまでに要する時間を，素早い運動を行わせて比較することは，トレーニング計画に導入するエクササイズの選択が適切なものであるかどうかを判断するための証拠となる。爆発的筋力が不足（時間概念を持たない最大筋力とスポーツにおいて短時間で踏切中に発揮する力との違い）している場合には，最大筋力を高める高強度の筋力トレーニングは有効ではない。最大筋力は運動速度を高めるためには，直接的な効果を発揮しない。極めて短時間では最大筋力を発揮できないことから，素早い運動のパフォーマンスを高めるためには，力の発揮速度（RFD；Rate of Force Development）が主なトレーニング目標になる。

最大負荷を挙上するエクササイズを用いる

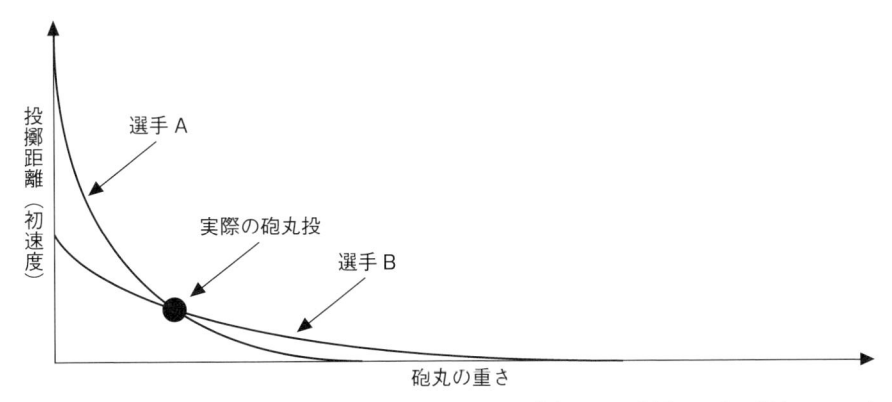

図8.1 同じ砲丸投げの記録を持つ2名の選手のテスト結果。重い砲丸による結果は2名で異なっている。選手Aは選手Bに比較して，重い砲丸では低い結果を示すので，この選手の筋力特性は，重い重さの器具の利用によって，大きく改善する可能性を持っている。選手Bのためには，その他のトレーニングを考えなくてはならない（スポーツ技術を高めることや軽い砲丸を投げること）。

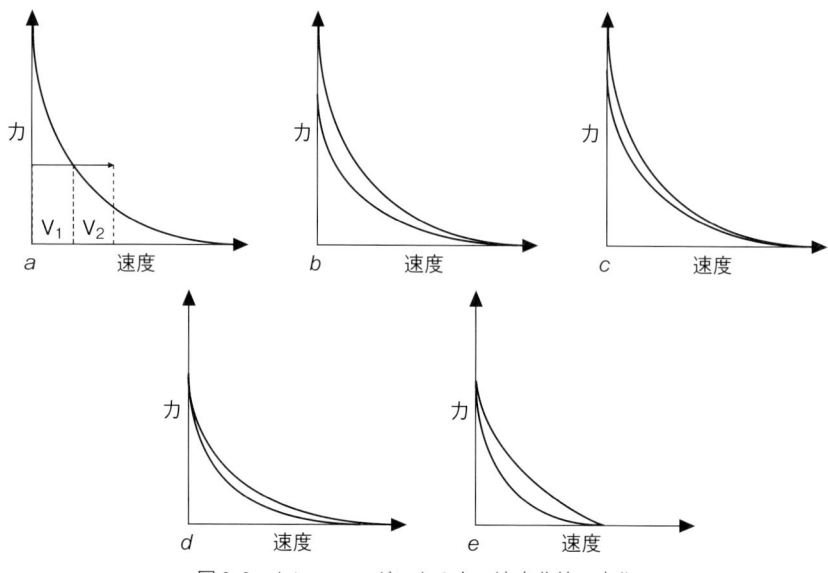

図 8.2 トレーニングによる力―速度曲線の変化

と，スポーツ選手における力の発揮速度を高めることができる。一方では，力の発揮速度よりも，最大筋力そのものが必要になるスポーツ運動があることも忘れてはならない。

力の発揮速度を高めるためには，高負荷を用いて，素早く最大まで筋を活動させるエクササイズを利用する。負荷が高くなるために，運動速度は相対的に低くなるが，力の発揮速度は極端に高くなる。爆発的な筋活動は，自発的な最大努力によって，できるだけ素早く遂行する。これらのエクササイズは，ウォーミングアップの後のフレッシュな状態で直ちに行うようにする。このエクササイズによる典型的な方法は，最大の 90％ 負荷を用いた 3 回 3 セットで構成するものである。この場合のセット間の休息時間は長く取るようにする（5 分程度にする）。トレーニング目標が力の発揮速度にある場合には，このエクササイズは，1 週間に 4 回，2 週間にわたって実施する。その場合には効果が馴化する傾向が強く，6〜8 週間にわたってトレーニングを継続する場合には，エクササイズを変化させていく必要がある。

また，力の発揮速度は，反動動作が含まれるエクササイズを用いたトレーニングによって改善できる（この章の後で示す伸張―短縮サイクル運動の際に議論する）。

運動速度は，力の発揮速度についでパワーを高めるために利用するエクササイズの第 2 の特徴となる。この場合の典型的な目標は，一定の抵抗に対して遂行できる運動速度を増加させることにある。すなわち，力―速度曲線に従って考えると，F-V_1 から F-V_2 へと曲線が移動することに相当する（図 8.2 a）。しかし，全体的な曲線の変化なしには（種々の抵抗に対する速度が変化しない場合），力―速度曲線における一つのポイントのみ（一定の抵抗による運動速度）を変化させることは不可能である。力―速度の関係を変化させるためには，四つのバリエーションが存在している。

最初のバリエーション（図 8.2 b）では，速度の増大が力―速度曲線の全範囲にわたって観察できる場合である。これが投擲による力―速度曲線（砲丸の重りを変えた投擲距離の計測）であれば，トレーニングによって変化したことを意味している。そして，選手は軽い砲丸と重い砲丸の両方を利用した投擲を実施していたこ

とになる。このバリエーションは，若いジュニア選手に多く，経験を積んだ一流選手にはほとんど見られない。

高負荷を用いたトレーニングは，高負荷で低い速度の範囲の速度を高めることになり（図8.2c），重い器具に対するパフォーマンスが増大することになる。この方法は，競技パフォーマンスを改善する最も典型的なものである。

三つ目のバリエーションである低負荷で高い速度を用いたトレーニングは，低負荷による速度を大きく改善することである（図8.2d）。この方法は，高負荷を用いたトレーニングのための補助トレーニングとして利用する（テーパリング期の前のある期間およびその最中に用いる）。

最終的には，中間範囲を利用したトレーニングが，力－速度曲線を変化させるためには奨励できる（図8.2e）。この結果では，力－速度曲線における中間範囲を改善することができる。このような変化は，一定の器具を用いた専門的トレーニングによっても効果を引き出すことができる。力－速度曲線の上昇パターンに伴って，それに関連したスポーツパフォーマンスが短時間に改善される（1シーズンよりも短時間

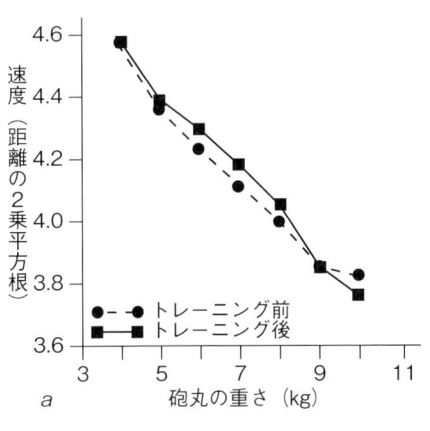

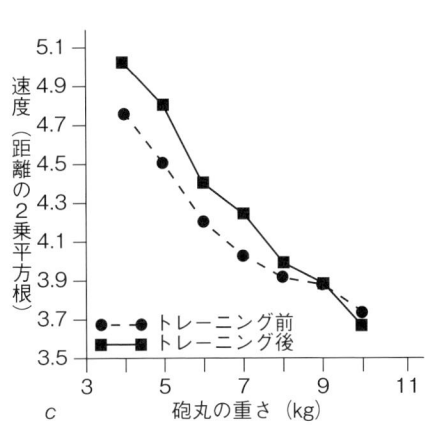

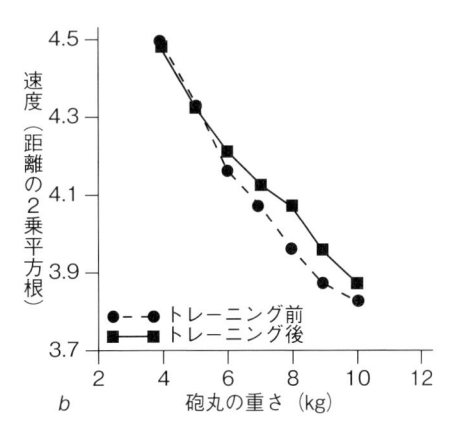

砲丸投げでは，砲丸の距離は離手瞬間の速度(v)，投擲角度(a)と離手した高さ(h)の関数になる。

$$距離 = \frac{v^2}{g}\cos a\left(\sin^2 a + \sqrt{\sin^2 a + \frac{2gh}{v^2}}\right)$$

g は重力加速度である。距離は離手速度の2次方程式になるので，距離の2乗平方根を縦軸にプロットし，これが離手速度を代表する。

図8.3 さまざまな重さの砲丸を用いた7週間のトレーニング前後の立ち投げによるパフォーマンス。テストには4～10 kgまでの砲丸を利用した。(a)基本的な砲丸；7.257 kgの砲丸が利用された（n=4）。(b)重い砲丸（8～10 kg）；砲丸投げの手順は，重い砲丸（全体の70％）と基本的な砲丸（30％）により構成されていた（n=4）。(c)軽い砲丸(4.5～6.0 kg)；軽い砲丸は全体の70％に構成されていた（n=3）。

(b) and (c) from V. M. Zatsiorsky and N. A. Karasiov, 1978, *The use of shots of various weights in the training of elite shot putters* (Moscow, Russia: Russian State Academy of Physical Education and Sport). By permission of Russian State Academy of Physical Education and Sport.

コラム　トレーニング目標であるパワー

　負荷を用いたスポーツ運動を遂行する。その際には，競技パフォーマンスを高めることのできる最大速度を用いる。パフォーマンスは初期に大きく向上するが，その後の馴化現象によって効果は低減する。そこで，その他のトレーニング手段を導入することが必要になる。

　最大筋力を高め，ゆっくりとした運動で大きな力が発揮できるようになっても，速い速度で大きな力を発揮することにはならない。しかし，パワー発揮は，最大筋力の法則に従って考えなくてはならない。パワー型のスポーツにおける一流選手が，非常に高い筋力を持つ人々であることは事実である。一方，大きな力と高い速度が複合されるスポーツの場合には，必ずしも大きな筋力を持つ人々が爆発的なパワーで運動を遂行できるわけではない。

　次に，力の発揮速度をトレーニングする。力を発揮するための時間が短い運動では，力の発揮速度が最大筋力よりも重要になる。最大の F_{mm} を高めるだけではなく，動的筋力も高めていく。動的筋力とは，高い運動速度で発揮される力のことである。中強度の負荷に対して，最大努力で行うエクササイズを利用する。専門的なドリルと反動動作を伴うエクササイズ（伸張―短縮サイクル運動）を用いる。これが専門的な運動能力を改善するために必要である。

に改善する）。しかし，その大きさは相対的に小さいものになる。力―速度曲線の中央が高まるために，その形はまっすぐになり，凹状にならない状態になる。そのために，一定負荷に対するパフォーマンスを改善する場合であっても，高負荷と低負荷の領域についても，適切なエクササイズを用いて高めていく必要がある。このような問題はかなり論争になっている。

　一方，トレーニングによる結果は，用いるエクササイズの速度に依存する。速度を改善するためには，目指すスポーツ運動と同じ力―速度曲線の領域にある負荷と速度を用いたトレーニングを遂行すべきである。この専門的トレーニングでは，図8.2eに示すような力―速度曲線の変化になる。この変化は短期間に得られる。一方，実質的なパフォーマンスの改善には，専門性の高い低負荷で高い速度の領域に加えて，高負荷で低い速度の領域を用いたエクササイズの導入も必要になる。これらのことは，一流スポーツ選手が行ったトレーニング事例によって確かめられている（図8.3）。

　トレーニングに適応させる運動方向は，エクササイズに対する決定要因になる。多くのスポーツ運動では，筋は短縮する前に強力に伸張される（伸張―短縮サイクル運動，または反動動作を伴う筋活動のことである）。2章で示したように，反動動作を伴う筋活動のメカニズムは複雑である。反動動作を伴った筋活動は専門的なものであり，異なる視点に立った運動能力と捉えてトレーニングすべきである。これを目的に利用するエクササイズについては，6章で説明した。

　結論を言えば，パワーのトレーニングは，(a)負荷を加えた実際のスポーツ運動と，(b)それを補助するエクササイズによって構成される。後者は，(a)最大筋力，(b)力の発揮速度，(c)動的な筋力（速い速度で行われる運動によって発揮される力），(d)伸張―短縮サイクル運動によって発揮される力を目標にしたものに分類できる。これらのエクササイズを用いる比率は，それぞれのスポーツ選手の個人的な特性によって決定され，スポーツ選手の特性に変化

が生じる際には，その比率についても変化させなくてはならない。

3. 筋　量

　筋肥大はボディービルダーによる第一の目的である。しかし，スポーツ選手では，筋量を増大させることが第一の目的にはならない。筋肥大は，筋力を高めるための重要な要因である。ある種のスポーツ選手にとっては（フットボールのラインマンや砲丸投げ選手），体重の大きさがプレーを有利にするために，筋量を増大させる必要がある。このような場合には，ボディービルダーのための方法は，スポーツ選手によっても利用されている。

　このトレーニングによる主な目標は，タンパク同化作用を最大に活性化することであり，回復期間中に，筋の収縮タンパク合成を形成することである。分解されたタンパク総量は，5～7 RM と 10～12 RM の間の負荷を用いた場合に最大になる。筋肥大のためには，このトレーニング強度（最大反復法と最大下負荷法）を用いる必要がある。トレーニングの手順では，選択した筋群によるタンパク分解を活性化できるように設定する。

- 神経系要因を強調した場合には，セット間の休息は 3～5 分となる。それに比較して，筋肥大を強調した場合には，セット間の休息は 1～2 分と短くなる。
- 1回のトレーニング，あるいは1日のトレーニングの中では，二～三つの筋群および身体部分を対象としたエクササイズを選択し，それよりも多くのエクササイズは利用しない。次の日には，行っていない他の筋群を対象としたエクササイズを行う。これを分割型トレーニング法と呼ぶ。例えば，腕，肩，腹筋を1日の中で強化する。次の日には下肢を強化する。さらに次の日には，胸部と背部を強化する。そして，休息日を設ける。このような分割システムを用いると，一つの筋群を完全に疲労困憊にさせた上で，回復のための十分な時間を与えることができる（この例では，72 時間を要する）。一つの筋群では1週間に2回実施する。また，分割システムは，筋力を高める神経系メカニズムの改善には決して使用しない。
- 数種類の筋群を対象としたエクササイズは，単一のトレーニング単位の中で行い，エクササイズは継続的に変えていくようにする。例えば，ダンベルを用いたカールは，回内動作および回外動作による姿勢を変化させながら行う。背部を対象としたすべてのエクササイズは，トレーニングの最

表8.1　筋肥大と筋力（神経要素）を高めるためのトレーニング手順

トレーニングで変化させる要因	筋肥大	筋力（神経要素）
目　的	筋を活性化させて疲労困憊にさせる	最適な発射頻度を伴いながら，運動単位を最大に動員させる
強　度（RM）	5～7 RM から 10～12 RM まで	1～5 RM
セット間の休息	1～2 分（短い）	3～5 分（長い）
同じ筋群を強調して高める場合の休息	長い（48～72 時間）	短い（24～48 時間）
用いるエクササイズ	3つか2つの筋群（分割システム）	多くの筋群
変化させるエクササイズ	フラッシング法：同じ筋群のエクササイズを変化させていく（さまざまな筋群のエクササイズには変えない）	推薦して変化させる
トレーニング量（負荷，回数，セット数）	より多い	より少ない

> **コラム**
>
> ## トレーニング目標である筋量
>
> トレーニングを行うと，対象とした筋群によるタンパク分解が活性化されるとともに，休息期間中にタンパクの超過回復が行われる。これを促進させるためには，5〜6 RM から，10〜12 RM までの負荷を利用する。負荷方法には，最大反復法と最大下負荷法を用いる。表8.1 に推薦できる方法の概略を示した。

初に遂行するようにする。次に，胸部を対象としたエクササイズを遂行する。その際には，対象とした筋群をできる限り疲労困憊にする必要がある。このためには，同じ筋群を対象にしたエクササイズでも，わずかに姿勢を変化させながら，継続的に同一のエクササイズを繰り返すようにする。この方法はフラッシング法と呼ばれ，筋の血液循環の増大が，筋の成長を促進させるという仮説に従った方法である。1回のトレーニングにおいて，一つの対象とした筋群では，20〜25回の運動回数を実施する。表8.1 は，筋量を高めるトレーニングと筋の力発揮を高めるトレーニングを比較したものである。

4. 持久力

持久力は疲労に耐える能力として定義することができる。人間の活動は時々刻々と変化するために，疲労の種類やそのメカニズムは個々の瞬間ごとに異なったものになる。例えば，指の運動による疲労は，マラソン選手やボクシング選手の疲労とは異なり，必要とされる持久力のタイプもまったく異なっている。

(1) 筋持久力

筋持久力は，ベンチプレスを繰り返すような高強度負荷を用いたエクササイズにおいて出現し，心臓循環器系や呼吸器系に制約されない。この場合の疲労は，運動の実施に直接関与する神経・筋系で生じるものである。

筋持久力は，疲労困憊まで行うエクササイズの繰り返し数，あるいは姿勢を維持継続している時間によって決定される。両方の場合ともに負荷は，キログラム（kg）やニュートン（N）のような絶対値（50 kg のバーベル）か，最大力に対する相対値（50% Fmm のバーベル）で設定できるので，持久力の絶対的な指数と相対的な指数を評価できる。絶対的な持久力を評価するためには，筋力における個々の違いを無視することができる。典型的な例は，すべての人に，同じ負荷を用いた動作を行わせ，その長さを計測する場合である。これに対して，相対的な持久力を評価するためには，個々に，最大筋力に対する割合が同じになる負荷を用いた動作を行わせ，その長さを計測する場合である。

筋持久力の絶対的な指数は，筋力との関係がかなり強い。大きな筋力を持つスポーツ選手は，小さな筋力を持つスポーツ選手に比較して，多くの繰り返し回数を遂行することができる（図8.4）。しかし，この関係は最大筋力の25%までの負荷を用いた場合に見られるものである。負荷が小さい場合には，繰り返し回数は急激に増大し，最大筋力に依存しなくなる（図8.5）。筋持久力の相対的な指数は，最大筋力とは正の相関関係を示さない。これらの関係は負になる場合が多い。

筋力と持久力の関係を説明するための例を考

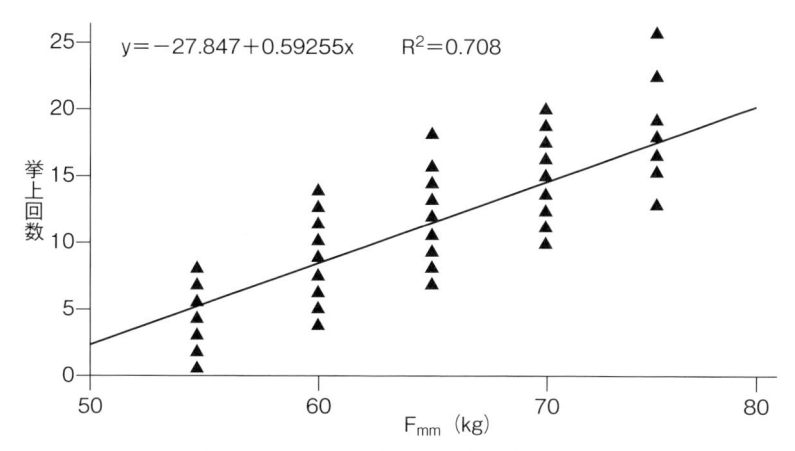

図8.4 同じ運動において，ベンチプレスで挙上できる最大重量（F_{mm}）と 50 kg のバーベルを挙上できる回数との関係。挙上動作のペースは 2 秒間で 1 回である。対象者は 16～18 歳のレスラー（n=60）である。最大筋力の平均値は 67.5 kg であった。挙上する 50 kg の重さは，F_{mm} の平均値の 75% とほぼ同様であった。グラフ内にある点の数は，60 の対象者数よりも少なく，41 ポイントであった。これは F_{mm} と挙上回数のデータが同じで重なるポイントが，いくつか存在しているからである。

Data from V. M. Zatsiorsky, N. Volkov, and N, Kulik, 1965, "Two types of endurance indices," *Theory and Practice of Physical Culture* 27(2)：35-41. Reprinted by permission from *Theory and Practice of Physical Culture.*

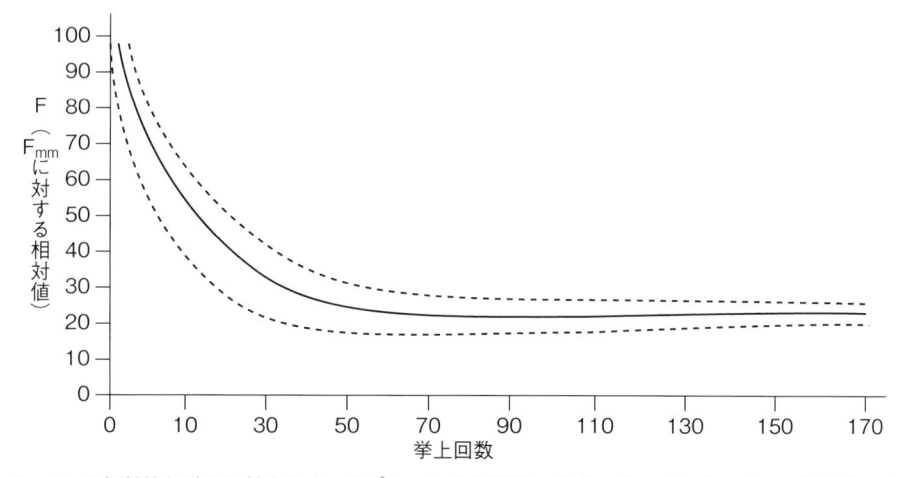

図8.5 バーベルの相対的な重さに対するベンチプレスによる回数。16 名のウエイトリフターの平均値；実線は平均値を示し，点線は標準偏差を示している。

Reprinted, by permission, from V. M. Zatsiorsky, N. Volkov, and N. Kulik, 1965, "Two types of endurance indices," *Theory and Practice of Physical Culture* 27(2)：35-41. Reprinted by permission from *Theory and Practice of Physical Culture.*

えてみる。ベンチプレスによる最大挙上重量が 100 kg と 60 kg の 2 名のスポーツ選手が存在する。これらの選手が 50 kg の負荷を用いてベンチプレスを行うと，最初の選手は他の選手よりも多くの回数を継続できることから，持久力の絶対値は高いことが理解できる。しかし，この 2 名の選手が 10 kg の負荷を用いると（最大筋力の 25% よりも小さな負荷），持久力のある選手がどちらになるのかを推測することは不可能である。この状況の場合には，持久力は最大筋力の大きさには依存されない。また，最大筋力の 50% の負荷で行っても（50 kg と 30 kg に相当する），持久力のある選手がどちらになるのかを推測することは不可能である。この場合に

も，持久力は最大筋力の大きさに依存されない。最大筋力が決定要因になる競技に適していないと思われる選手は，絶対的な持久力を必要とする競技を選択すべきである。要求される負荷が増大するほど，持久力は筋力の大きさに依存されるようになる。このように，かなり大きな負荷（最大筋力に対する75～80%の負荷）を用いた繰り返し運動の場合には，専門的な持久力トレーニングは必要ではない。それよりも負荷が小さい場合には，筋力と持久力の両方を発達させなくてはならない。体操競技における吊り輪運動で，3秒の保持ができない選手には，持久力ではなく筋力を高めるトレーニングが必要になる。しかし，一つのコンビネーションの中で，十字懸垂を4回遂行することができるが，5回になるとできなくなる選手には，持久力を強化しなくてはならない。このような場合には，最大筋力の40～80%の負荷を用いた繰り返し運動による筋力エクササイズが推薦できる。そして，繰り返し回数はできるだけ多くする。最大筋力の20～25%よりも小さい負荷の場合には，筋力トレーニングの効果が，スポーツパフォーマンスを即座に改善することにはならない。マラソン選手のようなスポーツ選手は，高強度負荷のトレーニングをほとんど行わない。

　筋力トレーニングが一定のスポーツに与える潜在的利点を見積るためには，主なスポーツエクササイズ中に発揮できる力を，類似した動きによる最大筋力に対する割合で評価すべきである。例えば，一流ボート選手は，シングルスカルによるオールに対して1000 Nの瞬間的な力を発揮することができる。しかし，陸上での環境では，同じ姿勢で2200～2500 Nの力を発揮することができる。これらのことから，ローイング中には，Fmmの40～50%に相当する力を発揮していることになる。目指すローイング運動中に発揮される力が高いことから，最大筋力を高める筋力トレーニングが，ボート選手に

有効な方法であるということは明白な事実である。一方，ボート選手のためには，この方法は筋持久力トレーニングと融合して用いるべきである。

　サーキットトレーニングは，筋持久力を高めるための効果的かつ簡便な方法である。このトレーニングでは，実施する種目数によっていくつかのサブグループに分けることができる。トレーニングを実施する際には，サークル状に配置した器具を利用したエクササイズを遂行する（図8.6）。身体重量を負荷にしたエクササイズ，あるいはエクササイズマシンを用いたエクササイズは，異なった場所で実施するようにする。同じ筋群のエクササイズは，連続しないように配置する。実施者は，一つのエクササイズから次のエクササイズへ，短い休息時間で素早く移動しながら行っていく。サーキットトレーニングは，一定に配置されているエクササイズをすべて完了した時に終了とし，1サイクルが終了する時間を設定する。

　トレーニングプログラムの特性（専門性，方向性，複雑性，負荷性）は，サーキットトレーニングの一般的な順序性に従って専門化し修正する。典型的には，サーキットトレーニングの手順は，1RMの50～70%の負荷を利用する。一つの配置位置では，5～15回の回数を行い，その配置位置で行うエクササイズ間の休息は15～30秒にし，1～3周にわたって実施する。全体の時間は15～30分で行うようにする。

(2) 持久的スポーツ

　持久的スポーツにおいては，高いエネルギー供給を必要とし，無酸素系の代謝と酸素摂取量が増大するとともに，心臓循環器系と呼吸代謝系が高い活動を示す。持久的スポーツによるパフォーマンスは，末梢性の筋機能よりも循環器系と呼吸器系，そして熱を消失させる能力によって制限される。局所的な持久力（筋持久力）

と全身持久力の関係は低いことが示されている。持久的スポーツ選手（スピードスケート選手やスキー選手など）が，オフシーズンのトレーニングの中で，筋持久力エクササイズを制限した場合には，そのシーズンの成功は阻害されることが証明されている。しかし，30回，50回，または数百回の片脚スクワットエクササイズ（1000回以上もの回数ができる選手も存在する）が実施できるにもかかわらず，主なスポーツパフォーマンスにおける実質的な改善がない場合があった。このようなことから，筋持久力のトレーニングは，持久力型のスポーツ選手のためには効果がないと判断される場合もあった。しかし，この考え方がこれまでのトレーニングに関する失敗を作り，時間と努力を無駄にしてきた。

　現代スポーツでは，上述のこととは異なり，持久力と筋力の両方による改善が，多くのスポーツパフォーマンスのために重要になることが理解されている。そして，現在では筋力トレーニングは，持久的なスポーツの選手によっても広範囲に利用されている。主なトレーニング目標は，最大筋力そのものを高めることだけではなく，遅筋線維が発揮する力を高めることである（このことは最も重要である）。人間の筋は，遅筋線維と速筋線維によって構成されている。遅筋線維は長時間の有酸素性運動に適している。速筋線維は短時間に行う運動に適したものであり，大きな力やパワーの発揮，素早い力の発揮速度を担っている。筋力トレーニングは速筋線維による運動単位を最大に活性化させて，最大筋力を増大させることに貢献する。しかし，持久的運動の初期に，速筋線維の運動単位が関与する場合には，無酸素性の代謝を活性化させることになり，初期疲労を誘発させてしまうことになる。

　持久的スポーツでは，遅筋線維を動員させて，できるだけ長く運動を行うようにしなくてはならない。このような場合の代謝応答は有酸素性になり，それによって運動は継続されていく。長時間運動において速筋線維が動員されることは，明らかに好ましいものではない。活性化される速筋線維が少ないほど，長時間運動ではよい状態を保持することができる。持久的な運動中に，繰り返し発揮される力は最大筋力ではなく，遅筋線維によって持続的に発揮される

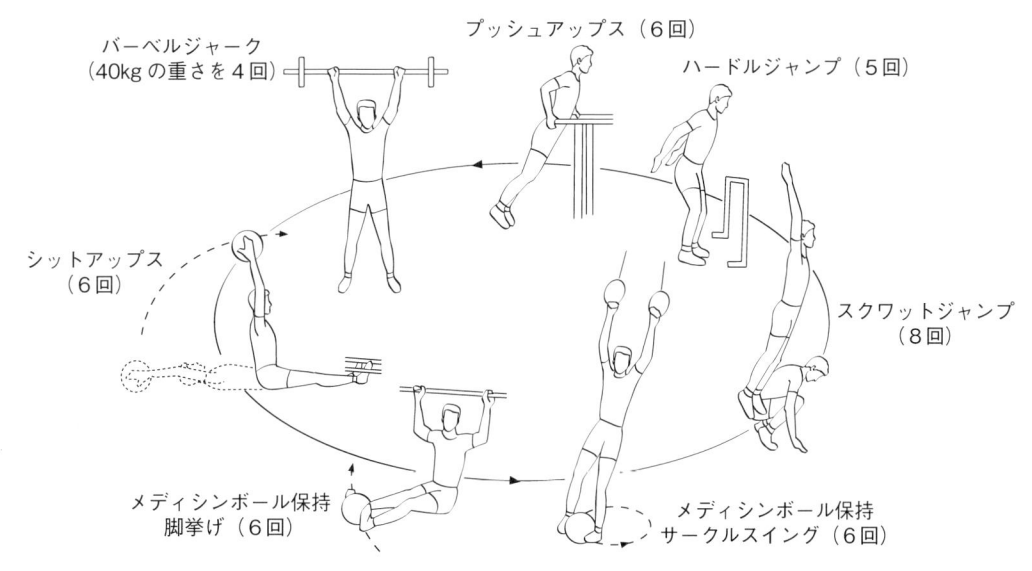

図8.6　サーキットトレーニングの例

Reprinted, by permission, from V. M. Zatsiorsky, 1966, *Motor abilities of athletes* (Moscow, Russia：Fizkultura i Sport), 156.

> **コラム**
>
> ## トレーニング目標である筋持久力
>
> 　目的とするスポーツ運動に類似したエクササイズを用いて，トレーニングエクササイズによって発揮される力とスポーツ運動中に発揮される最大力（Fmm）を比較する。
> 　トレーニングエクササイズによって発揮される力が，Fmm の 80% よりも大きい場合には，そのエクササイズは持久力トレーニングの方法にはならない。その方法では，最大筋力を高めることになる。トレーニングエクササイズによって発揮される力が，Fmm の 20% よりも小さい場合には，逆にそのエクササイズは最大筋力のトレーニングにはならない。それは持久力を高めることになる。トレーニングエクササイズによって発揮される力が，Fmm の 20% よりも大きく，80% よりも小さい場合には，最大筋力と筋持久力の両方を高めることができる。筋持久力を高めるためには，最大下負荷法を利用する。そして，負荷の大きさを変化させ，1 セットにおけるエクササイズは，疲労困憊まで継続して遂行する。また，サーキットトレーニングを用いるようにする。

力（疲労に抵抗して有酸素的に発揮される力）である。

　筋力トレーニングによる基本的方法では，遅筋線維が発揮する継続的な力を高めることはできない。これらの方法は，速筋線維を動員させて特異的に強化できる可能性がある。相対的に低い負荷による長時間エクササイズを行うことは，持久力選手にとっては筋力を高めることにもつながる。すなわち，トレーニング刺激に対する運動単位の動員を，遅筋線維に関する運動単位を含めたものにすべきである。コーチの間では，有酸素能力が最も高い水準で働いている場合には，筋も強く活動していると信じられてきた。例えば，5 分間継続する挙上動作から構成されるエクササイズは，一般的には筋力を高めるために利用されてきた。1980 年に水泳 1500 m で世界記録保持者になり，オリンピックチャンピオンにもなったブラディミル・サルニコフ選手は，陸上トレーニングの中で，10 種類の専門的なエクササイズを遂行していた。それぞれのセットは 10 分間行っていた。水泳選手の間では，この方法は筋力トレーニングとして分類されていたが，ウエイトリフターが行うトレーニング内容とはまったく異なるものであった。

　筋力トレーニングを持久力トレーニングと組み合わせることは難しい。例えば，高強度の筋力トレーニングは，筋肥大を引き起こし，活動筋の毛細血管密度とミトコンドリア量を減少させる。これらはいずれも持久力の決定要因である。逆に持久力トレーニングは，毛細血管とミトコンドリア密度を増大させて，筋の大きさを減少させる。筋力トレーニングと持久力トレーニングが同時に行われた場合には，これらの相反する適応が同時に効果を発揮することが難しくなってしまう。さらに，二つを混合させて用いると，単独で筋力トレーニングを行う場合よりも，筋力の増大は生じなくなってしまう。このことは，持久力トレーニングに関しても同様なことである。また，二つのタイプのエクササイズを行った間の時間が短いほど，負の影響は大きくなる。例えば，同じトレーニングの日に，二つのタイプのトレーニングを行う場合には，別の日に二つのトレーニングを行う場合に比較して，負の影響が大きくなる。もう一つは相互の干渉作用による影響である。それぞれの

各種のメゾサイクル

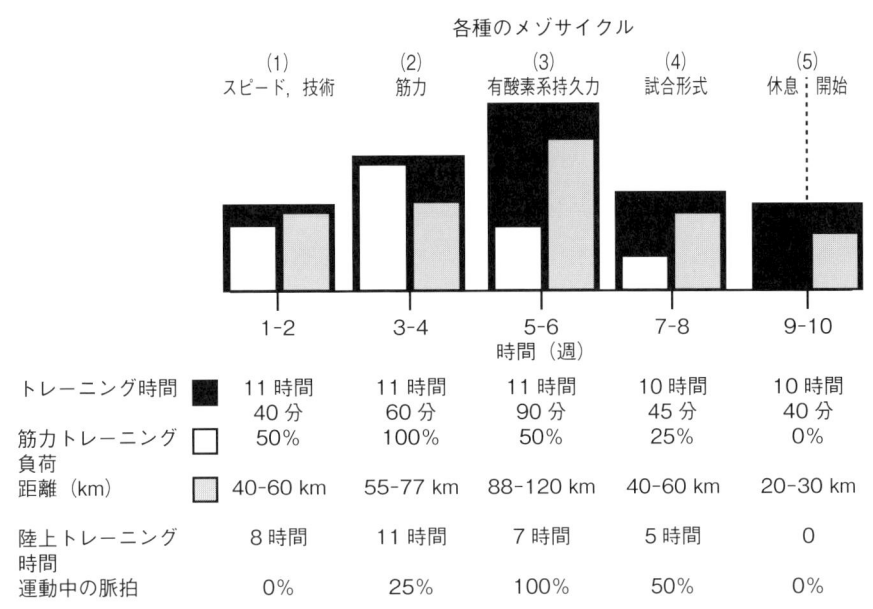

	(1) スピード，技術	(2) 筋力	(3) 有酸素系持久力	(4) 試合形式	(5) 休息｜開始
時間（週）	1-2	3-4	5-6	7-8	9-10
トレーニング時間 ■	11時間40分	11時間60分	11時間90分	10時間45分	10時間40分
筋力トレーニング負荷 □	50%	100%	50%	25%	0%
距離（km） ▨	40-60 km	55-77 km	88-120 km	40-60 km	20-30 km
陸上トレーニング時間	8時間	11時間	7時間	5時間	0
運動中の脈拍	0%	25%	100%	50%	0%

図8.7 ブラディミルサルニコフ（1980年と1988年のオリンピックにおける水泳1500mのチャンピオン）のコーチ，イグノール・コシキンによるトレーニングプラン。筋力トレーニングによるメゾサイクル(2)が，持久力トレーニングの前に置かれていることに気づく。また，目的にしていない運動能力は，維持するように設定されている。維持のための負荷は2～3回実施している。例えば，1週間での陸上トレーニングは，筋力を高めるメゾサイクル中には11時間，試合形式のメゾサイクル中には5時間となっており，1週間で泳ぐ距離は最大で140km，最小で40kmであった。最終的には，短いメゾサイクルを用いており，通常の4週間単位ではなく，2週間単位の長さで遂行している。

From *Preparation of the National Swimming Team to the 1980 Moscow Olympic Games*, 1981,(Moscow, Russia：Russian State Academy of Physical Education and Sport), 242. Technical report #81-5. By permission of Russian State Academy of Physical Education and Sport.

トレーニングによる負荷が大きくなるほど，筋力と持久力の向上が相容れなくなり，負の効果を発揮するようになる。

筋力トレーニングと持久力トレーニングを行うためには，相互の順番が大切になる。最初に筋力トレーニングを行い，次いで持久力トレーニングという順序が効果的であり（図8.7），その他の順序では効果的な改善を望むことができない。

主なトレーニング目標にしない運動能力は，一定のメゾサイクルの中で維持できる程度の負荷をかけて保持していくことが必要である（高めようとしない）。

5. 障害の予防

高強度の筋力トレーニングは，筋力を高めるとともに，関節に関与する結合組織（腱，靱帯，靱帯と骨の連結部）の力学的な強さも高める。また，骨のミネラル含有量も増大させる。怪我する前の強力な筋は，弱い筋に比較して，多くのエネルギーを吸収することができる。このことは，怪我を予防するために重要である。怪我のリスクを減少させるトレーニングを計画するためには，(a)筋群と関節運動，(b)筋のバランス，(c)運動調整パターンを考慮する必要がある。

強化しなくてはならない筋群のグループは，非専門的な筋群と専門的（スポーツ運動で活動する）な筋群に分類できる。最も重要とされる

> **コラム**
>
> ## トレーニング目標である全身持久力
> ## （心臓循環器系，特に有酸素系）
>
> 酸化系で疲労耐性の高い遅筋線維による運動単位が発揮する筋力を高める。その場合には，最大負荷を利用してはいけない。多くの回数を反復できる最大下負荷を利用する。そして，筋力と持久力を高めるプログラムを順序よく行う。

一般的な筋群は，どのスポーツにも必要とされるものであり，若いジュニア選手のために重視し強化しなくてはならない。代表的なものは，腹筋群や骨盤と体幹部を安定させる体幹伸展筋群である。これらの筋群は，すべての運動に必要とされる安定性に働くものである。このようなコアスタビリティーには，股関節外転筋群や外旋筋群も働いており，怪我を予防するためには非常に重要な筋群になる。これらの筋群における筋力を高めることは，高強度の負荷を用いたトレーニングを遂行するための基礎を形成することになる。専門的な筋群は，各種のスポーツ種目ごとに異なり，首の筋群（フットボールとレスリング）から小さな足部の筋（ジャンプやスプリント）までにわたっている。

筋と関節の強化は，目指すスポーツ運動に関与する関節だけでなく，その他の身体運動に内在する関節運動についても行うようにする。特に，外転運動や内転運動に関与する関節，身体部位を長軸方向に回転させる関節（足部の外転と内転運動など）は重要である。例えば，フットボール選手は，膝伸展運動に関与する筋力を高めるために，多くのエクササイズを遂行している。しかし，膝関節の怪我は，横方向の運動の際に作用する外力や衝突によって生じる場合が多い。膝の横方向への動きに抵抗する筋群を強化しない場合には，膝関節による怪我のリスクは非常に高くなる。このことは足関節に関しても同様である。足背屈筋群のみがトレーニングされる場合には，足部に作用する大きな横方向への力に抵抗できなくなる。発揮できる筋力が，過伸展を防げないほど弱すぎる場合には後遺症を引き起こす。最新式の筋力エクササイズマシンであっても，一方向への抵抗しか与えることができず，自由度が1の運動のみが行われる。そのために，フリーウエイトを用いたエクササイズによって得られるほど，怪我のリスクに対する効果は少なくなる。エクササイズマシンを常用するスポーツ選手は，各関節の安定性に問題があり，運動調整が不十分である場合が多い。筋力トレーニングによる目標が，関節の安定性にある場合に（例えば，後遺症後の膝関節のルーズ性に対応する），多くのアスレチックトレーナーと理学療法士は，膝の屈曲動作と伸展動作のみを遂行できるアイソキネティックマシンエクササイズを奨励する。しかし，この方法では横方向への動きがトレーニングされないために，それに加えて関与する筋と関節の安定性についてもトレーニング目標にしなくてはならない。

筋の強さのバランスは，怪我を予防するために重要である。最初に，両脚による筋力のアンバランスについて評価する。一方の脚が他の脚よりも強い場合には，強い脚でパワフルな踏切を行い，弱い脚で着地するようになる。これによって，過度の負荷が弱い脚にかかるようになり，怪我のリスクを高めてしまう。両脚の筋力差が10％以上になり，大腿囲に3cm以上の差がある場合には，弱い脚を強化するトレーニングを行う必要がある。第二のアンバランスに

8章　目的に応じた筋力トレーニング

トレーニング目標である怪我の予防

　腹筋，体幹の伸展筋群，股関節に関与する筋群を強化する。目指すスポーツに専門的な筋群を強化する。スポーツ運動にある関節運動とその他の関節運動の両方に関与する筋群を，強化しなくてはならない。膝関節や足関節による横方向の動きに抵抗するための筋を強化する。四肢間の筋力のアンバランス，主働筋と拮抗筋間の筋力のアンバランスに対応する。反動型の筋活動を伴うエクササイズを行う。

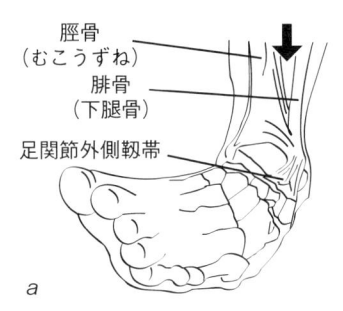

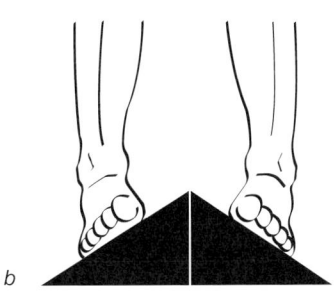

図8.8　(a)不適切な着地による足関節の過度な内転運動。着地が捻挫を引き起こす。足関節に関与する筋群は，内転動作に対して抵抗できないために，不適な着地により捻挫が発生する。これに関与する筋力を増大し，着地中に必要な筋群を活動させることを学習させるために，三角のボックス上で繰り返し低く跳ねるジャンプエクササイズを利用する。これらのジャンプエクササイズは，柔らかい着地でやさしく行うようにする。(b)足関節の内転運動に抵抗する筋力を改善する繰り返しジャンプエクササイズ中の足の位置。三角のボックスを合わせたものである。足関節の内転運動に抵抗する筋力を改善するために，この器具が利用できる。

よるタイプは，主働筋と拮抗筋による差（大腿四頭筋とハムストリング）である。膝伸展に関する力は大腿四頭筋によって発揮される。一方，脛骨を減速させる運動は，ハムストリングの働きであるとともに，大腿四頭筋が発揮するエネルギーも吸収する。大腿四頭筋が相対的に強いというアンバランスは，ハムストリングへの過負荷を発生させる。ある研究者は，怪我のリスクを最小限にするために，ハムストリングの筋力が大腿四頭筋の60%よりも小さくならないことを提案している。この提案は，関節角速度30°/秒で計測した結果によるものである。

　最終的には，筋力トレーニングによる運動の調節パターンに注意を払う必要がある。伸張—短縮サイクル運動では，このサイクルによる伸張局面か，あるいは伸張から短縮への切り返し時点で，筋力が最大に発揮されることになるために（2章を参照），怪我を発生させてしまう場合が多い。このようなことから，後遺症を減少させるためのエクササイズでは，反動型の筋活動も含めて取り入れていくべきである。反動型筋活動として計画されたエクササイズは，怪我の予防のためにも利用できる。このエクササイズを用いると，筋は神経系の要因によって強化される。適切な運動調節パターン，筋力，柔軟性を，同時に改善することができる。その例は，三角の表面をした特別のボックス上で繰り返しジャンプを行うエクササイズである（図8.8）。これを規則的かつ選択的に行うと，足関節の解剖学的な構造を強化し，足関節のねんざや脱臼のリスクを防ぐことができる。

6. 要 約

　スポーツパフォーマンスを向上させる筋力トレーニングでは，筋自体を高めるだけではなく，神経系の要因を改善することが重要である。神経・筋系による調節機構（発射頻度，運動単位の同期化，神経系全体の調節パターン）を改善する最もよい方法は，最大筋力法でエクササイズを遂行することである。一方，筋肥大を目指す場合には，最大反復法と最大下負荷法を用いることである。

　最大筋力は，高い運動速度を獲得するための前提条件である。しかし，筋力を速度やパワーへ転移させるためには，最大筋力だけではなく，力の立ち上がり速度（RFD），動的筋力，伸張一短縮サイクル運動による筋力が必要になってくる。スポーツ運動では，力発揮の大きさだけでなく，発揮するための時間の要素が加わることになる。したがって，最大筋力を発揮する時間よりも，短い時間でスポーツ運動は遂行されるために，最大筋力よりも力の発揮速度がより重要になるのである。

　筋量を増大させるエクササイズでは，対象となる筋群のタンパク分解を促進する。逆に，休息期間中には，収縮タンパクの合成を促進する。このようなトレーニングに用いる負荷は，5～6 RM から 10～12 RM の範囲が適切である。

　持久力は疲労に耐えるための能力である。人間の活動中には，疲労特性とそのメカニズムが時々刻々と変化している。筋持久力は疲労に到達するまでのエクササイズの継続回数，あるいは挙上動作ペースを維持できる時間，一定の姿勢を維持できる時間によって評価することができる。いずれの場合も，負荷は絶対値（例えば，50 kg のバーベルを挙上する）と最大筋力に対する相対値（例えば，Fmm の 50% のバーベルを挙上する）によって設定する。最大筋力の 25% よりも大きい負荷の場合には，持久力と筋力の間には正の相関関係が成立する。筋持久力による相対的な指数と最大筋力との間には，ほとんどの場合に負の相関関係が成立している。

　筋力が必要とされるスポーツであっても，その成果が得られない場合には，絶対的な持久力について考える必要がある。最大筋力の 75～80% よりも小さい負荷でのスポーツでは，筋力と持久力の両方を発達させなければならない。目指すスポーツに対する筋力トレーニング効果を見積もるためには，スポーツ運動に類似したエクササイズによる最大筋力と，実際のスポーツ運動中に発揮される最大力を比較することが必要になる。なお，サーキットトレーニングは，筋持久力を高める実践的方法として効果的である。

　筋力トレーニングでは，速筋線維による運動単位を発達させなくてはならない。これに対して，持久力を必要とするスポーツでは，できるだけ長時間にわたって運動を継続するために遅筋線維の運動単位を発達させなくてはならない。筋力トレーニングによる伝統的方法では，遅筋線維の運動単位は発達しない。相対的に低い負荷による長時間運動は，持久的スポーツ選手の筋力を高めるために利用することができる。その場合には，最大筋力を高める強度ではなく，遅筋線維による運動単位が発揮する力を増大させるようにする。

　筋力トレーニングと持久力トレーニングを組み合わせることは難しい。筋力トレーニングと持久力トレーニングが同時に行われた場合には，それぞれの効果が相殺し合うために，同時に大きな効果を得ることはかなり難しくなる。その問題を解決するためには，筋力と持久力のプログラムを順番に配列する方法を用いることである。すなわち，筋力トレーニングを最初に置き，その後に持久力トレーニングを配列する。

　怪我を減少させるためのトレーニングでは，

筋群，関節運動，筋バランス，運動調整パターンに配慮してエクササイズを設定する。非専門的な筋群と専門的な筋群の両方を強化するためのトレーニング計画を立案する。最も重要な非専門的筋群は，腹筋群と体幹部の筋群，股関節筋群であり，ジュニア選手の場合には特に強調して強化していく必要がある。強化する筋群と関節の構造は，目指すスポーツ運動にある関節運動だけではなく，それ以外の一般的な関節運動についても配慮する必要がある。横方向への運動，身体部分の縦軸に対する回転運動は，最も重要な関節運動になる。怪我を予防するためのその他の方法では，主働筋と拮抗筋の筋力アンバランス，四肢左右間の筋力アンバランスを避けるとともに，それらを取り除くようにすることである。後遺症を減少させるためのエクササイズには，反動的な筋活動を含めたエクササイズを用いる必要がある。

PART 3
性差や年齢に応じた筋力トレーニングの方法

　第3部では，人の性差や年齢に応じたトレーニングの知識を得るために，女性，子供（ジュニア），高齢者（シニア）のトレーニングについて説明する。

　9章では，女性のためのトレーニングに関する特性について説明する。女性のためのトレーニングプログラムは，男性のものとほぼ同様であるが，女性選手が直面するさまざまな事柄を理解することが重要になる。トレーニングを考える場合の性差とは何か，トレーニングプログラムの違いとはどのようなものであるのかについて考える必要がある。このためには，9章で議論する2つのことを理解しなければならない。体が〝大きくなる″のを避けようとして適切な負荷と最適なトレーニング方法が利用されない場合がある。つまり，筋力トレーニングプログラムの成功には，体を大きくすることへの恐れといった社会心理学的な問題が強く関係している。この章では，男性の筋力と女性の筋力の違いを説明し，最適なトレーニング計画について考えていく。また，筋線維の大きさ，性周期による影響，女性における筋力トレーニングの適応メカニズムについても説明する。

　10章では，ジュニア選手のトレーニングに関する特性を説明する。20年前，多くの医学的な専門家は，成長阻害が生じることや効果が得られないという理由で，若いジュニア選手にはリフティングを使用しないことを提唱していた。筋力トレーニングプログラムは，若いジュニア選手には安全であるか，安全であるならば，成人と比較した場合にどこに違いがあるか，などの問題が存在する。多くの専門機関が，この問題に対する答えを用意しており，異なる年齢にある子供のための筋力トレーニングプログラムを計画する場合のガイドラインを提示している。この章では，子供がトレーニングを安全に行うための基本的な必要条件を議論するとともに，経験豊富な指導者がコーチングしていく重要性を指摘していく。安全性の確保は，筋力トレーニングプログラムを実行するために重要である。筋力トレーニングプログラムは，若いジュニア選手が怪我を予防しながら最適に成長し，スポーツパフォーマンスの発達を最大にするために利用することができる。子供の筋力トレーニングについては，多くの作り話や間違った話が存在するために，コーチや選手は正しい事実を理解し，若いジュニア選手のための安全で効果的な筋力トレーニングプログラムの知識を持つ必要がある。

　11章では，シニア選手のためのトレーニングについて説明する。加齢による過程を理解することは，シニア選手のトレーニングへの適応メカニズムを知るために必要である。シニアスポーツ選手のためには，どのような筋力トレーニングプログラムが必要になるか，どのようなトレーニング効果が期待されるか，エクササイズは老化を止めることができるのかなどの問題が存在する。これらの問題が，シニア選手のためのトレーニングプログラムを計画するために必要になる。さらに，より専門的なトレーニング目標を発展させていくためにも重要になる。加齢に伴う様々な身体問題を軽減していくことは，筋力トレーニングによる目標になる。シニア選手にとっては，自らのスポーツパフォーマンスを改善することが，幸せでやりがいのある活動的な生活をもたらすことに役立っている。

Chapter 9
女性スポーツ選手のための筋力トレーニング

　20年前から，すべての一流女性選手は，怪我の予防とスポーツパフォーマンスを高めるために筋力トレーニングを利用している。解剖学的にも生理学的にも男女には異なる特性があることを考慮しながら，おのおのの人のための個別プログラムが用いられている。女性については，適切なエクササイズを実行することによって，他人に対する自分への評価が高まることになり（美しく見えるなど），このことが目指すスポーツのための専門的能力を高めることにも関係する。スポーツごとに発達させなくてはならない能力として，マラソンのような持久種目から，砲丸投げのような瞬間的にパワーを発揮する種目までさまざまな能力が存在する。目指すスポーツのためのトレーニングプログラムは，成功を継続的に導くための必要条件である。

　30年前から，女性のスポーツへの幅広い参加が生じ始めている。このようなスポーツを行う機会の増大に伴って，怪我の危険性が高くなっている。そのために，怪我を予防するための身体的な準備を行う必要がある。また，それぞれのスポーツにおけるゲームや試合の質的な向上が起こり，それに伴ってスピードやパワーなどが高まり，女性でも高い強度のスポーツ運動を行うようになってきた。これらのことは，女性についても，パフォーマンスレベルを向上するためには，体力を高めていかなくてはならないことを意味している。高校や大学レベルにおいても，洗練された筋力トレーニングプログラムやコンディショニングプログラムを行うようになっており，女性選手の体力発達は著しくなっている。身体の形および形態，筋のたくましさ，筋の輪郭，筋機能の違いは，30年前の女性と現代の女性を比較するとよく理解できる。伝統的に見られる社会の中での女性の役割も変

化している。筋力トレーニングは，女性が最適に筋力を発達させて，目指すスポーツの要求に答えるために利用する必要がある。この章では，筋力トレーニングにおける女性のための最適プログラムについて説明していく。

1. 女性選手における筋力トレーニングの必要性

　すべてのレベルにある女性選手が，パワーやスピードの向上に応じて，高い強度のスポーツ運動を行うようになっている。そのために，パワーやスピードを増大させるとともに，特に上半身の筋群を強化することが必要になっている。男性と女性の主な相違点は，上半身の形態と筋力の大きさであり，上半身の能力による劇的な違いがスポーツパフォーマンス（例えば，バレーボールのスパイクやバスケットボールにおけるシュート）を制限している。それに加えて，スプリントスピード，ジャンプ，方向変換などの全身運動によるパワーが，スポーツパフォーマンスで成功するためのカギになってきている。

(1) 上半身のサイズと筋力の大きさ

　20歳の大学バスケットボール選手であろうと，50歳のマスター選手であろうと，女性選手の大多数が行うべきことは，上半身にある筋群の発達を促すことである。上半身の筋群の重要性は，一流の長距離ランナーが腕振り動作に必要とされる局所的筋持久力を高めることから，砲丸投げ選手が必要とする上肢の筋力やパワーまで，すべての女性選手に当てはまるものである。すなわち，女性選手のためのトレーニングプログラムでは，スポーツスキルの遂行に必要となる上半身の筋群の筋力を強調的に高めるべきである。男性に比較して，女性の筋線維は少なく，横断面積も小さい。したがって，上

一流女性選手は，パフォーマンスを高めたり怪我を予防するために筋力トレーニングを利用する。

半身の筋群を発達させるためには，すべての筋線維を活性化させる必要があり，筋の発達を促す刺激となる重い負荷や，適切な姿勢の利用が必要になる。このためには，上半身の筋群の肥大を促すためにボディービル技術を利用することができる。この技術は，全身の筋力を高めるためのエクササイズプログラムを統合したものである。

(2) 女性選手におけるパワーの必要性

　パワークリーン，あるいはオリンピックスタイルでのウエイトリフティングエクササイズにおける全身パワーは，スポーツパフォーマンスの向上に欠かすことのできないものである。また，全身のパワーは，すべての女性スポーツのための重要なトレーニング要素でもあることから，筋力トレーニングプログラムの中に正しく取り入れていかなければいけない。全身のパ

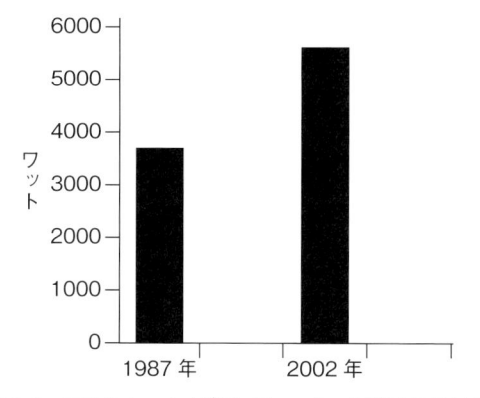

図9.1 コネチカット大学のバレーボール選手における垂直跳のピークパワー
Unpublished data from Dr. Kraemer's laboratory.

ワーは,テニスにおけるパワフルなサーブを行うことから,バスケットボールにおけるリバウンドまで,多くのスポーツの中で異なるものである。パワーに対する要求の増大は大きく,優れた女性選手が筋力トレーニングプログラムを遂行するための目的にしなければならない(図9.1)。このようなことから,パワーは男性だけでなく,女性のための筋力トレーニングに関しても非常に重要である。

男性に比較して,女性は上半身の筋群のための高強度の筋力トレーニングプログラムを遂行していないことが多く,そのために高い発達ができる潜在能力を残している。一般的に,トレーニングプログラムを考える場合には,次の留意点がある。

1. 個々の上半身の筋群を強化するためには,多くの関節角度を用いながらエクササイズを行う。
2. エクササイズには,クローズドキネティックチェーン(閉鎖系の運動)を用いる。
3. 重い負荷を利用したエクササイズを,筋力トレーニングの中に配列する。
4. セット数の多いトレーニングを利用すべきである。
5. ピリオダイゼーションに従ってトレーニングを遂行する。

2. 女性選手における筋力トレーニングの利益と迷信

女性選手が,適切な筋力トレーニングプログラムを遂行すると,次のような効果を得ることができる。

- 骨形成を良好にし,骨粗しょう症によるリスクを減少させながら骨を強くすることができる。
- 結合組織を強化して,関節の安定性を高めるとともに,怪我を予防することができる。
- スポーツ運動や日常生活運動に必要な筋力を強化することができる。
- 除脂肪体重を増加させて,必要としない脂肪を減少させることができる。
- 筋が増大し脂肪が減少するために,代謝速度を高めることができる。
- 自尊心を改善し信頼感を高めることができる。
- スポーツスキルを高めて,身体能力を改善することができる。

過度にトレーニングマシンを用いる,負荷が小さすぎる,負荷や強度を漸増しないなどの場合には,これらの効果は減少するか得られなくなってしまう。筋力トレーニングは身体のすべての機能に影響するために,適切なコンディショニングプログラムを考慮しながら行う必要がある。

女性選手のための筋力トレーニングに関する間違いは,不適切なトレーニングプログラムの実施によって,効果が大きく制限されていたことである。このような間違いは,1998年にアベンとジョンソンによる『可能性を殺してきた迷信の嘘を暴く』の内容によって紹介されている。

可能性を殺してきた迷信の嘘を暴く

・迷信1：筋力トレーニングは女性をより大きく重くする？

　実際には，筋力トレーニングは脂肪を減少させて，除脂肪体重を増大させる。除脂肪体重の方が脂肪よりもわずかに重いために，体重をわずかに増大させる。しかし，筋力トレーニングは，下肢の太さを減少させて，あるいは一定のままで，筋力を有意に増加させることができる。一方，上肢筋群に関しては，非常にわずかではあるが，増大を示しやすい。ほどんどないケースであるが，高強度の負荷でのトレーニングを多量に行うと，肥大に関する遺伝的要因を持つ女性の場合には，四肢が肥大していくこともある。

・迷信2：女性は男性とは異なるトレーニングを利用すべきである？

　女性はしばしばウエイトトレーニングマシンの使用を好み，ゆっくりとコントロールされたエクササイズを利用する場合が多い。この原因は，自分の体重を利用したエクササイズや爆発的なエクササイズ，フリーウエイトを利用したエクササイズでは，怪我を引き起こす可能性が高いという恐れを抱いているためである。

　実際には，男性に比較して，女性が筋力トレーニング中に怪我をしやすいという証拠は存在しない。適切なエクササイズ技術を指導し利用させることは，男女同様に怪我のリスクを低下させる。筋力トレーニングでは，男女ともに，負荷強度や負荷量を徐々に増大させるようにする。

　さらに，目指すスポーツに類似した専門的エクササイズでは，実際のスポーツ運動による速度に類似させたものにすべきである。このための最適な方法は，多関節運動系によるクローズドキネティックチェーンの利用であり，活動する筋群や関節の可動範囲を，目的とするスポーツ運動に類似したものにすることである。例えば，トリセプスキックバックエクササイズよりも，プッシュプレスエクササイズの方が，陸上競技における砲丸投げのためのトレーニングには適したものである。

・迷信3：女性は高強度・高重量を用いたトレーニングを避けるべきである？

　女性は軽いダンベルなどの制限された負荷を利用する場合が多い。男性が利用するものよりも相対的に軽い負荷は，生理学的な適応を促す負荷としては小さすぎる場合が多い。

　ほとんどの女性は，以前から信じられている負荷強度や負荷量よりも高いレベルでトレーニングができる。骨や筋，軟骨，靱帯，腱の適応を誘引するのに十分な強度を用いたトレーニングを推進すべきである。エクササイズによる強度が低く，不十分な刺激しか与えない場合には，生理学的な適応は小さくなってしまう。筋力トレーニングにおいて最大の効果を得るためには，エクササイズを最大の反復回数に近いもので遂行すべきである。

3. トレーニング効果の期待できる筋の特性

トレーニング効果の期待できる神経・筋系の特性に対する強調点が，おのおののスポーツで異なることを理解する必要がある。一般的に，これらの特性は次のように定義できる。
- 除脂肪組織の発達
- 最大筋力の向上
- 最大パワーの向上
- 局所的筋持久力の向上

これらのトレーニング要素のバランスは，専門的なスポーツと個々のスポーツ選手の要求を満たすものでなくてはならない。

(1) 除脂肪組織の発達

一流スポーツ選手の中にも，身体が大きくなることや筋が発達しすぎることに恐れを抱く人が存在している。これらのことは，エクササイズのタイプや用いる負荷によって生じることもある。筋が発達しすぎるような負荷の利用は，筋力やパワーが古くから考慮されていないスポーツ種目についてはよく見られる。しかし，身体が大きくなることに対して恐れる必要はない。中でも，上半身に関しては，除脂肪組織の発達は重要になる。そして，筋細胞を適切に発達させるためには，トレーニングプログラムにおける手順が重要であり，適切に筋組織を活性化させていかなくてはならない。

トレーニングする筋群を正しく選択することは，運動単位の活性化と関係している。すなわち，エクササイズに関与する運動単位（α運動ニューロンとそれに関連した筋線維）を活性化させて，それに関連する筋群を収縮させるように計画する必要がある。運動単位の活性化と筋力トレーニングを結びつけるためには，サイズの原理という基本的な概念に注目することが必要になる（3章を参照）。そのために，多くの研究者が，運動単位によるサイズの原理を研究してきた。
① 運動単位における筋線維数
② 筋線維における横断面積の大きさ
③ 電気的な刺激量（神経細胞が活性化するために解放される神経伝達物質の量）

サイズの原理に関する基礎を理解することは，筋を選択的に利用する要因について理解することにつながり，特に女性選手のトレーニングでは重要になる。ほとんどの女性は，重い負荷を挙上する動作を避ける傾向がある。しかし，重い負荷を挙上することによって，大きな筋線維を支配する運動単位を選択的にトレーニングすることができるようになる。サイズの原理は，最も小さな運動単位から大きな運動単位へと，順に活性化していくことを示している。活性化される運動単位数は，エクササイズに用いる負荷（専門的な力やパワーを引き出すための負荷）によって決定される。また，運動単位のサイズは，小さなものから大きなものまで，広範囲に存在している。そのために，スポーツ選手が個人ごとに持っている特徴を理解することが重要であり，一定の筋によって活性化される集合体にはかなりの違いが存在している（一流ランナーの大腿四頭筋では，100 m スプリンターに比較して，速筋線維の割合が少ない）。これらの相違は，筋力およびパワー型スポーツ選手から持久型スポーツ選手までに内在している遺伝的な違いを反映したものである。そして，スポーツ選手における運動単位は，さまざまなスポーツパフォーマンスを潜在的に規定している。図9.2は，さまざまなスポーツ選手における運動単位のタイプの違いを理論的に示したものである。

トレーニングプログラムを計画する場合には，一つの筋における運動単位を評価する必要があり，そのためにはプログラムに影響する要因について考慮する必要がある。例えば，関節角度や作用する力の方向などを変化させること

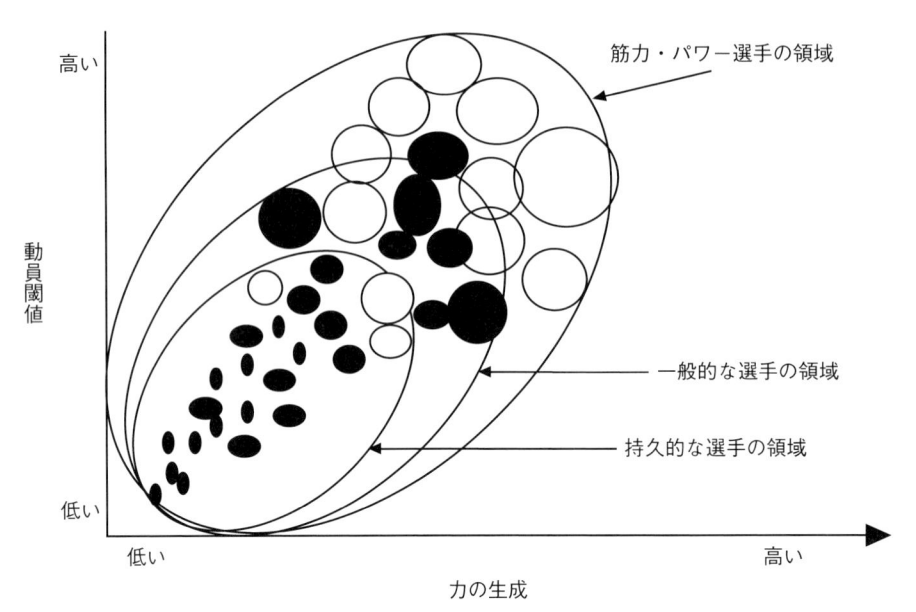

図9.2　サイズの原理を示した理論的な図。○は運動単位を示し，神経線維と関係している。大きなサイズの○は，より多くの数の線維，あるいは大きな線維を含んだものである。特別なスポーツ選手を示す運動単位の領域は，楕円によって示されている。

によって，さまざまな運動単位を使用するエクササイズへと変更させていくことができる。最適に筋量を増大させる場合には，筋群全体を利用できるように，バイオメカニクス的に関節角度をさまざまに変化させたエクササイズを用いることが大切になる。一方，閾値の高い運動単位を刺激するためには，より重い負荷が必要になる。これらのことは，女性のパワーを発達させるためには特に重要である。これに対して，トレーニングにおける負荷量の増大は，除脂肪組織の量を増大させるために重要である。女性のためには，マルチプルセット（複数セット）トレーニングは，シングルセットサーキットトレーニングよりも優れた方法である。これらのプログラムに関する要素のすべては，最適なトレーニング行程とそれに伴った結果を引き出すために，トレーニングピリオダイゼーションの中に適切に導入していく必要がある。

(2) 筋力の発達

女性選手における筋力の発達は，男性の場合と同様に，負荷の種類によって決定される。トレーニングプログラムにおける高強度負荷（3～5 RM・1 RMの90％以上の負荷）の不足は，筋力を最適に適応させる効果を減少させる。1 RMによる最大筋力を発達させるためには，女性であっても高強度負荷の利用が必要になる。多くの女性選手のためのトレーニングでは，高強度負荷が不足していることは明白なことである。高強度負荷を用いたトレーニングは，結合組織の強さと密度も改善する。強力な筋力を必要としない（例えば，クロスカントリーランニング）スポーツ選手のためにも，骨，靱帯および腱のような結合組織を最適に発達させるために高強度負荷を用いるようにする。

高強度負荷を利用する効果的な方法は，ピリオダイゼーショントレーニングを利用することである（伝統的な直線性あるいは非直線性のプログラム）。ピリオダイゼーションは，高負荷

筋力とパワーの発達に関する ピリオダイゼーションプログラム

12週間のトレーニング後に，1週間の積極的休息をはさんで12週間以上続けられるプログラムの負荷とセット数。

月曜日（高強度）	水曜日（中強度）	金曜日（低強度）
バーベルスクワット	ハングクリーン	ジャンプスクワット（1 RMの30%）
ベンチプレス	レッグエクステンション	ダンベルショルダープレス
レッグプレス（そり型）	スティフドレッグデッドリフト	ハイプル
ケーブルシーティッドローイング	ペクトラルデックフライ	ベンチプレス
ワイドグリップラテラルプルダウン	ダンベルインクラインプレス	シッティッドローイング
ショルダープレス	EZアームカール	ダンベルアームカール
シットアップ	トリセプスプッシュダウン	シットアップ
レッグカール	ハイパーエクステンション	ステュフドレッグデッドリフト
ダンベルアップライトローイング	スプリットスクワット	ランジ

セット間の休息とエクササイズ
- 月曜日：3〜4分
- 水曜日：1〜2分
- 金曜日：2〜3分；ジャンプスクワット，3-4分

負荷とセット数
- 月曜日：3〜5 RMの範囲，3〜5セット
- 水曜日：6〜8 RMの範囲，2〜4セット
- 金曜日：12〜14 RMの範囲，1〜3セット；ジャンプスクワット，3回・6セット

によって生じる疲労からの回復に大きく影響されているプログラムである。このプログラムを計画することに関しては，マニュアル本を提供することはできないが，プログラムの中には，重要となる要素と方法を導入していく必要がある。コラムに示した筋力とパワーの発達に関するピリオダイゼーションプログラムは，女性を対象にした非線形ピリオダイゼーショントレーニングプログラムの例である。

(3) 筋パワーの発達

筋パワーは，ほとんどの女性によるスポーツパフォーマンスを決定する優先的な要因である。$P=Fd/t$ は，筋パワーを高めるプログラムを考えるための基本的な式である。高い筋力を発揮するトレーニング，あるいは重い負荷を利用したトレーニングは，式の中の力（F）に影響する。体重を負荷にしたパワートレーニングやスピードトレーニングは，式の中の速度（d/t）に影響する。このように，高強度負荷を用いた筋力トレーニングと爆発的パワートレーニングは，女性のための筋力トレーニングプログラムにおける基本である。多くのプログラムでは，先に示したパワーの式における力の構成要素のみに焦点を当てているが，速度の要素

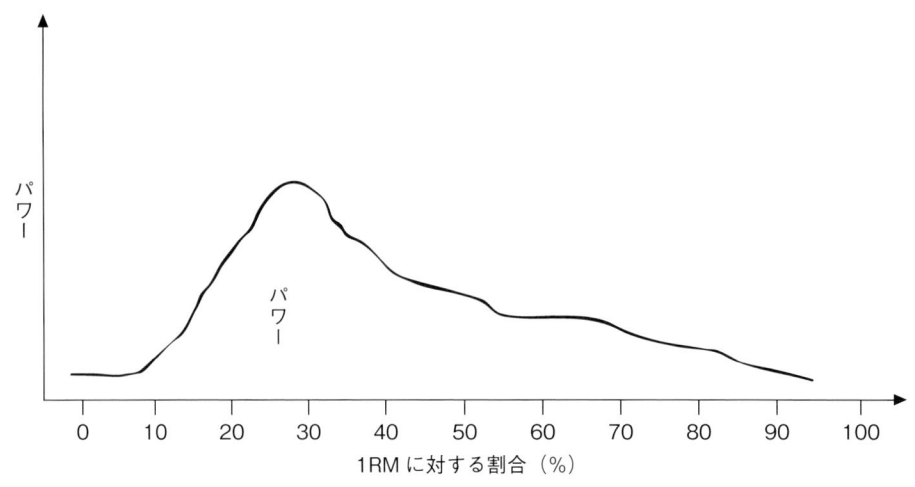

図9.3 コンセントリックなエクササイズに利用する負荷と発揮されるパワーとの間の関係。力学的パワーのピークは，スクワットジャンプやベンチスローのようなエクササイズでは，1RMの30～45％で発生する。エクササイズの選択は，負荷としている重量物を減速させる動きのないものにすることが望ましい。

に焦点を当てた負荷とエクササイズも重要になってくる。コンセントリックなエクササイズに見られるパワーは，アイソメトリックなスタートポイントから負荷が低下するのと同時に増大していく（速度が高まるために）。1RMの挙上動作は，高い力の要素と相対的に低いパワーの要素によって構成される。パワーの最大値は，負荷抵抗がかなり減少した時点ではなく，運動中に発生する。これを力学的な最大パワー出力（クレーマーとニュートン，2000；図9.3）と呼ぶ。力学的最大パワーは，スクワットジャンプやベンチスローでは1RMの30～45％の間で生じる。しかし，ハングクリーンやプルのようなリフティング系では，より高い1RMの60～70％の間の負荷で生じる。速度の構成要素が高くなる専門的なトレーニングエクササイズになるほど，力学的最大パワーは1RMの30～45％の間で生じる。オリンピックのウエイトリフトエクササイズでは，力学的最大パワーは，1RMに対する割合が低いところで生じる。

パワートレーニングでは，運動範囲を超えて生じる減速を制限できるエクササイズを選択することが重要である。典型的にはそのような条件を満たすマシンエクササイズ，あるいは圧縮空気に対して継続的な加速を与えるエクササイズが必要であり，その場合には高い速度の運動を発生させることができる。もし，リフティングエクササイズにおいて，物体が解放されない場合（ベンチスローに対するベンチプレスのように）には，その動きを停止させてブレーキをかける必要がある。その場合に身体は，拮抗筋群によって関節を保護するとともに，主働筋の活性化を制限し，パワー発揮に関して非効率なエクササイズを形成するようになる。

筋パワーは，プライオメトリックス的な筋収縮を行う伸張-短縮サイクル運動を用いた補助トレーニングによって発達させることができる。そのドリルは，パワーの式の中の速度の要素を強調的に発達させるねらいがある。

一般的には，最大筋力の発達は継続的に推進していく。その一方において，パワーの速度要素に関するトレーニングを行わなければ，パワーの向上は低迷することになる。最大の力発揮速度は，パワーを改善するために重要な要因である。より軽い負荷を集中的に利用することで

生じる高強度負荷の不足は，トレーニング期間中に筋力を低下させてパワーの発達を妨げることになる。このように1RMの90％や100％の高強度負荷の利用は，トレーニングメニューやトレーニングサイクルの中に導入していかなければならない。筋力とパワーの発達は相互に影響し合うために，トレーニングプログラム全体の中に組み込む必要がある。筋力かパワーのどちらか一つに焦点を当てたプログラムだけでは，他のトレーニング要素による発達も減退させてしまうことになる。

(4) 局所的筋持久力

最大筋力に対するそれぞれの割合で筋収縮を行う能力は重要であり，それは筋力トレーニングによって高めることができる。さまざまな努力を複合的に行う能力は，局所的筋持久力を発達させることと関係する。高い負荷強度を用いる局所的筋持久力，あるいは低い負荷強度を用いる局所的筋持久力に関するプログラムについて考えてみたい。高い負荷強度の筋持久力は，重い負荷を用いて（1RMの60％か80％の負荷），短時間の休息期間をとりながら複合的にセットを組むことで高めることができる。高い負荷強度の筋持久力を高めるためには，最大力や最大パワーに対してより高い割合の負荷重量を用いることが重要になる。最大力や最大パワーの基準は，高い負荷強度で繰り返し継続されるスポーツ運動で発揮される値になる。これはパワーの持久力，あるいは筋持久力と呼ばれており，高い負荷強度で繰り返し継続されるスポーツ運動に必要な能力である。

これに対して，低い負荷強度の筋持久力は，多くの反復回数を用いて発達させることになる。1RMの40～60％負荷を用いたセットを組むことや20RM以上の負荷を用いると，小さな負荷のスポーツ運動による局所的筋持久力を高めることができる。しかし，これらの方法では，1RMの筋力を高めることはできない。局所的筋持久力がスポーツ選手のために必要な要因である場合には，このトレーニングプログラムを，ピリオダイゼーションプログラムのサイクル中に頻繁に取り入れなければならない。

このようなトレーニングは，身体全体による多関節系運動でも，あるいは単関節運動においても行うことができる。エクササイズによる技術の確認は，神経系のパフォーマンスに有害になると考えられる局面，すなわち疲労が生じる各セットの終わりにおける動きを評価することによって行う。局所的筋持久力によるパフォーマンスを改善する一つの方法は，8～10回繰り返すことのできる負荷を用いて，セット間に短い休息期間を設けたプログラムを組むことである。

局所筋持久力のためのトレーニングでは，異なったトレーニング日やピリオダイゼーショントレーニングプログラムに対するバリエーションを与えるようにする。筋線維におけるグリコーゲン枯渇によって，エクササイズが遂行できなくなった場合には，高い閾値を持つ運動単位に対して休息時間を提供し，それに代わって軽い負荷重量で活性化する多くの運動単位をトレーニングしていくようにする。このことは，ピリオダイゼーショントレーニングプログラムで用いるモデルを設定する場合の基本である。特に，非線形の方法では，トレーニングにおける週間ミクロサイクルの中ではなく，一定の決められたトレーニング日の中で異なるトレーニング強度を利用していく必要がある。

4. 男性と女性における生理学的な違い

20年前に，男性，女性ともに，同じトレーニングプログラムを用いることが適切であることが明らかにされた（フレックとクレーマー，2004）。しかし，女性のための筋力トレーニン

グプログラムを計画する場合には，いくつかのことを考慮する必要がある。筋力トレーニングは，筋力やパワー型のスポーツでは一般的であるが，テニスやゴルフ，サッカーやバスケットボールでは，高い負荷強度を用いた筋力トレーニングは不適切であるという考えが存在している。一方では，コンディショニングプログラムの一部として，筋力トレーニングを利用しているスポーツも存在するが，そのようなスポーツの選手は，筋力トレーニングを行うことに不安を持っている。このためには，不安に対する教育が必要であるとともに，筋力トレーニングプログラムによる生理学的効果を説明していく必要がある。ウエイトルームの利用法やエクササイズによる技術，テストの手順，トレーニングによる手順を適切に教育し，トレーニングの目的を明確に理解させる必要がある。

スポーツ運動では，幅広い生理学的なバリエーションが存在する。このために，個人の身体特性に応じてトレーニングを計画する必要性を教育していくことは非常に重要である。多くの女性選手が共通して持つ不安は，筋力トレーニングによって，男性のような外見になってしまう可能性があることである。強い不安を持っているために，トレーニングを快適に遂行できない場合には，トレーニングの質に対して悪い影響を与えることになってしまう。しかし，アナボリックステロイドのような薬物を利用しなければ，通常の筋力トレーニングでは，女性の身体が男性のように変化することはない。

(1) 筋線維からみた違い

男性に比較して，女性の筋線維数は少ない。同様に，男性よりも女性の筋線維は細い。このような筋による性差は，自然な筋力トレーニングによって，女性の身体が男性のような外見になることがないことを示している。一方，女性は男性と同じ筋線維組成を持ち，タイプⅠ（遅筋線維）とタイプⅡ（速筋線維）およびそのサブタイプで構成される。遅筋線維は筋の持久的な特性に影響し，速筋線維はスピード，筋力，パワーに影響する。トレーニングされていない個人の筋線維サイズの比率には性差が存在する。トレーニングされていない女性の75％は，遅筋線維が速筋線維に比較して大きいことが認められている。このことは，筋力およびパワー型スポーツを行う女性選手の中には，大きな潜在能力を持つ選手が多数存在することを意味している。トレーニングされていない女性には，トレーニングの初期にこの種の特徴のあることはほとんど知られていない。女性の日常生活における特徴は，ほとんどが筋力やパワーがあまり要求されないものである。したがって，生得的ではなく，習得的な日常生活習慣が性差を形成しているのである。

しかし，筋線維に関する違いは，筋力トレーニングプログラムに影響を与えるものである。日常生活運動の中で遅筋線維にかかる負荷に加えて，速筋線維に負荷をかけるトレーニングを行うことができれば，筋の特性を劇的に変化させることができる。このようなトレーニングで重要なことは，より高い閾値の運動単位に支配されているタイプⅡの筋線維をトレーニングすることである。このためには，高強度負荷を利用することが必要になる。それに加えて，遅筋線維が支配的である場合には，急激な脱トレーニングが進行することから，頻繁にかつ多くのトレーニングを実施することが必要になる（1週間に1回よりも2回のセッションを計画する）。図9.4に年齢による男性と女性の筋線維タイプを示した。

(2) 筋力とパワーからみた違い

男性と女性の間にある筋線維数と横断面積の違いは，絶対筋力の違いを決定するものである。身体の大きさと重さは，上半身の筋力より

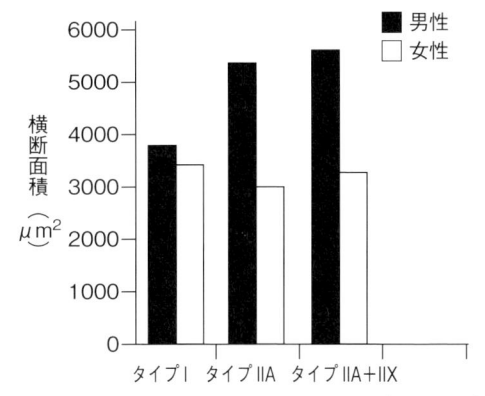

図9.4 トレーニングされていない若い（20～25歳）男性（n=15）と女性（n=15）のさまざまな筋線維横断面積の比較。すべての筋線維において，男性が女性に比較してより大きな横断面積を持っている。
Unpublished data from Dr. Kraemer's laboratory.

も下肢の筋力における違いに依存している。そのために，女性による上半身の筋力を発達させることの重要性が見過ごされている。

　全身的な最大筋力発揮における女性の平均値は，男性の60％である。また，上半身の筋力における女性の平均値は，男性の25～55％の値になる。一方，下半身の筋力では70～75％の値になり，高い割合になることが示されている（フレックとクレーマー，2004）。

　パワーリフターとウエイトリフターの記録を見ると，性差による影響はリフティングの成績にも表れている。これらの知見は，特別な特性を持つスポーツ選手群や個人の存在を示唆している。もし，年齢や身体の大きさなどの指標を用いて比較をした場合には，特別な女性選手は男性よりも大きな筋力を持っていることもありえる。パワーリフティング競技を継続的に行ってきた結果，ほとんどの男性が挙上できない235 kgのスクワットエクササイズを，女性が挙上できることが明らかにされている。このように，さまざまな指標を性差に着目して比較することは，重要な意味を持っている。

　平均的な男性に比較して，女性における垂直跳の成績は54～73％の値になり，立幅跳の成績は75％の値になる（フレックとクレーマー，2004）。また，立幅跳では，男性におけるパワーの63％を発揮できる。この違いの理由は，男性と女性における筋線維タイプのサイズ比率が異なることがあげられる。女性の70～75％は，タイプIの筋線維横断面積がタイプIIよりも大きくなっている。一方，力－速度曲線が男性と女性で異なることは，素早いスポーツ運動によるパワーに性差が存在することを示すものである。しかし，運動速度の増大に伴う力の低下現象は，性差に関係なく生じるものである。さらに，膝伸展運動による最大速度は，性差に関係していない。力の発揮速度はパワーに影響しており，男性の筋は，より大きな羽状角度（運動を行うために，腱膜を引っ張る方向に対して，筋が実際に発揮する力の方向との間の角度）になっていることから，その角度が筋活動の力学的な特性に影響している。しかし，筋による力発揮速度は，男性における平均値に比較して女性では小さい（フレックとクレーマー，2004）。爆発的筋力トレーニングは，力の発揮速度を高めて，パワー型のスポーツパフォーマンスを改善することができることから，女性選手においても必要とされるトレーニング法である。

(3) ホルモン濃度からみた違い

　トレーニング適応における男性と女性の基本的メカニズムの違いは，テストステロンおよび男性ホルモンである。男性と女性における休息中に循環するこれらのホルモン濃度を比較すると，男性に比較して女性では$\frac{1}{10}$～$\frac{1}{20}$の値になる（クレーマーとラテマス，2003；図9.5）。その変化が大きく生じる思春期の男性と女性では，この違いはさらに著しいものになる。テストステロンは，より大きな筋サイズ，肩幅，筋力に影響を及ぼすものである。女性においては，このホルモンのほとんどは副腎腺によって生成されており，卵巣では生成されない。女性

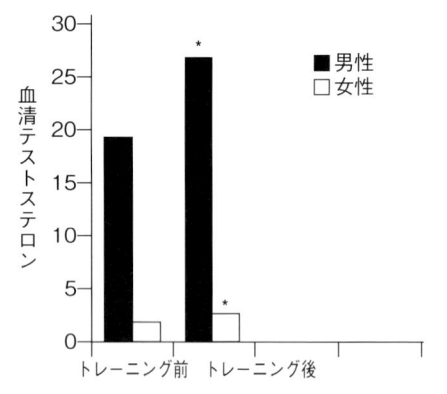

図9.5 ウエイトトレーニング前後における若い男性と女性の血清テストステロン応答の比較。
男女ともに，トレーニングによって値は有意に増大した。また，男性が女性に比較して，より大きな増大を示した。女性の値が男性に比較して，著しく低いことに気づくべきである。
Unpublished data from Dr. Kraemer's laboratory.

においては，副腎から男性ホルモンであるアンドロゲンが分泌されて濃度が高まり，それが筋の高いトレーナビリティーを発生させる。しかし，男性に比較すると，女性ではその値が$\frac{1}{10}$〜$\frac{1}{20}$の値になる。しかし，エクササイズを行った場合には，少しではあるが増大が起こり，長いトレーニング期間を経ると，さらに増大するようになる。他の病理学に関係するテストステロンについては，疫学的な領域のものであり，女性におけるトレーニングによる変化とは関係しないものもある。

女性においては，成長ホルモンは下垂体から分泌される。この成長ホルモンは，筋や骨，結合組織に影響する成長因子を変化させる。また，生化学的に活性化した成長ホルモン濃度（生物学的な成長ホルモン）は，安静時には男性よりも高く，その変化は筋力トレーニングによって生じる。女性においては，通常の成長ホルモンレベルは，男性よりも高く，結合組織と同様に，筋でもアナボリックな適応による媒介となり，筋を補償するメカニズムに対しても貢献する。

フレックとクレーマー（2004）は，女性における無酸素性能力の違いとそのトレーニング効果について検討した。除脂肪体重および四肢の太さが，通常以上に増大するためには，次のような要因が影響している。

- テストステロンおよび成長ホルモン，その他のホルモンが通常の休息時に高い値を示す。
- 筋力トレーニングに対するホルモン応答が通常よりも高い。
- テストステロンに対するエストロゲンの割合が通常よりも少ない。
- 大きな筋量になる遺伝的な特徴を持っている。
- 高い強度の筋力トレーニングを遂行できる身体的および心理的な能力を持っている。

男性に比較して女性の筋線維応答は，より急激に生じる。男性と同じ手段を，女性に対して行わせると，女性のミオシンATPアーゼのアイソフォームはより速く変化する。このように，男性に比較して女性は，筋力トレーニング刺激に対して非常に速い応答を示すことが認められている。大切なことは，トレーニング適応を引き出す生理学的応答を起こすようなエクササイズと負荷をプログラムの中に入れたトレーニングを行うことである。

効果的なトレーニング計画の作成は，トレーニングの第一歩である。女性のためのプロトコールでは，トレーニング量を変化させる場合にはマルチプルセットが効果的であり，負荷を変化させる場合には高強度負荷に設定する必要がある。トレーニング手段を組み合わせることは，目指すスポーツによるトレーニング効果をバランスよく得ていくために必要になる。そして，この組み合わせが女性のための筋力プログラムを成功に導くカギになる。

5. 女性選手のための筋力トレーニングのガイドライン

女性のために計画されたトレーニングプログ

ラムは，目指すスポーツに要求されるものであり，個人的な課題を克服できるものでなくてはならない。次に示すガイドラインは，女性選手が個人の要求やスポーツの専門性を満足させるためのものである。1998年のアーベンとジャンセンが作成した基準は，NSCA（National Strength and Conditioning Association）の基準とほとんど一致したものである。次のガイドラインは，女性のためのトレーニングプログラムの本質的な内容になる。

1．正しく計画された筋力トレーニングプログラムには，フリーウエイトやダンベル，あるいは自らの身体を負荷にしたエクササイズが含まれている。トレーニングに用いるエクササイズにおける負荷強度は，女性も男性と相対的に同じ強さで行うようにする。

2．トレーニング機器の利用や腹筋強化のエクササイズを中止してはならない。一方，ランジエクササイズ，傾斜を利用したランジエクササイズ，歩行ランジエクササイズ，ステップアップエクササイズ，ラテラルステップアップエクササイズ，スクワットエクササイズなどの下肢筋群を対象にしたエクササイズは，フリーウエイトを用いて行わなくてはならない。

3．女性は，ベンチプレスエクササイズ，インクラインプレスエクササイズ，広背筋・背筋プルダウンエクササイズ，プルアップエクササイズ，バックエクステンションエクササイズなど，上半身の複合筋群を用いたエクササイズを行わなくてはならない。

4．女性は，プッシュプレスエクササイズ，ハングクリーンエクササイズ，パワークリーンエクササイズ，クリーン＆ジャークエクササイズ，スナッチエクササイズなどを利用して，基本的な全身の筋力を発達させなくてはならない。

5．トレーニングプログラムには，多関節系のエクササイズを用いる必要がある。なぜなら，筋肉間調整能力や神経の固有受容器，あるいは運動バランスを発達させることができるからである。そして，高めた筋力はスポーツ運動や日常生活運動に利用できる。例えば，スーパーマーケットでバッグを持ちながら階段を上がる筋力を高めるためには，ステップアップエクササイズが，脚伸展マシンを用いたエクササイズよりも優れている。

6．バスケットボールのような脚を使うスポーツ選手のためには，三次元的な動きに関するバランスや身体調整を必要とするスクワットエクササイズが，脚伸展マシンを用いたエクササイズよりも優れている。

6．怪我の発生率

女性の多くは外見を気にするが，とりたててトレーニングを行っていない人の身体は，当然スポーツを行うための準備がなされていない。進歩したトレーニングマシンや器具を配置しているウエイトルームで起こる怪我の発生率は，実際の競技スポーツによる場面よりも低い。1000時間のトレーニングによって生じる怪我は，2.8回と概算されている。そのほとんどは，腰背部や膝，あるいは足部の過度な利用によって生じている。また，怪我はトレーニング負荷を増大しようとした場合に発生している。特に，スポーツを始めた最初の2週間，あるいは休暇の後のスポーツを再開した際に生じることが多い。トレーニング負荷と怪我との関係は，原因と結果の連鎖として捉えることができる。トレーニング負荷量と強度を増大させていく場合には，いつも注意しなければならない。また，コーチは，エクササイズにおける技術と負荷への耐性の状況を注意深く観察する必要がある。

バスケットボール選手については，男性に比較して女性では，前十字靱帯における怪我の発生率が高く特異的に生じることが多い。女性の

怪我の危険性を減少させるために，男性とは異なるトレーニングを用いる必要があるかについて議論されている。女性に比較して，男性の前十字靱帯は厚いことが知られている。大転子の幅は，背の高い男性では広く，逆に女性では狭い。この解剖学的な要因による狭い大転子の幅は，女性が前十字靱帯による怪我を起こしやすい原因として考えられている。ペティーとブライソンの研究（2002）によれば，筋力トレーニングやコンディショニングプログラムによって，高い負荷を用いたエクササイズを行うことは，女性によるスポーツ中の前十字靱帯の怪我を予防するために役立つことを示している。

7. 月経周期と筋力トレーニング

筋力トレーニングと月経周期に関する研究は非常に少ない。胸が大きくなる，本能的な欲求が増大する，肥満になる，気分が変わるなどの月経期間の前に生じる兆候は，トレーニングを行うことによって減少させられることが報告されている。これらのことは，活動的な女性は，そうでない女性に比較して，月経期間の前に生じる兆候を抑えることができることを示している。女性選手が，生理の特徴を壊すような筋力トレーニングを行う場合には，どのような質や量が遂行されていたのかについて調べる必要がある。月経異常には，無月経症および生理出血を生じない症状がある。無月経症には，16歳を越えても初潮が遅れる初期の無月経症と，以前には月経があったが，それが長い期間にわたって止まってしまう第二の無月経症である月経困難症がある。また，過度な生理出血が継続的に生じる月経過多症，非定期的に軽い月経症状が繰り返される稀発月経症がある。高いストレスを受けている女性では，月経困難症や月経過多症などの発生率が高く，異常な月経周期になることが多い。

(1) トレーニングエクササイズによるストレスと月経周期

月経異常の原因になると考えられるエクササイズは存在しない。月経異常に関する他の要因には，不十分な栄養摂取を含めて，トレーニングと試合に関する相互作用がある。軽い体重がパフォーマンスを高めるスポーツ（体操競技，クロスカントリーランニング），体重制限のあるスポーツ（ウエイトリフティング，女性レスリング）を行う女性選手は，月経周期の異常に関する問題を促進させている場合が多い。また，栄養摂取を控えながら多くのトレーニング量をこなす場合には，この問題をさらに悪化させている。

女性選手における第二の無月経症の発生率は，活動的な生活をしない通常の女性よりも高いことが経験的に知られている。しかし，スポーツ運動自体が原因になり，症状を促進しているという証拠はこれまでに存在しない。この問題に関する新しいパラダイムでは，すべての月経周期に関する問題は，競技に対する精神的な厳しさが連続し，身体状態や栄養摂取状況，行動パターンに負の影響を及ぼしていることであるとしている。

女性においては，摂取すべき適切なカロリーと栄養要素（例えば，タンパク質の摂取など）が，エネルギー消費に見合っているというだけではなく，筋組織の修復や再構成のために利用できる量でなければならない。筋力トレーニング後には，多くの女性がタンパク合成に必要とされるアミノ酸を適切な量だけ摂取できていない。不適切な食事行動と栄養不足（例えば，カルシウム摂取など）は，最適なトレーニング適応を制限している。それに加えて，月経周期の異常を促進する原因にもなっている。

興味深いことに，199名のオリンピックスタイルによるウエイトリフターの25%（平均年齢16歳）が，不規則な月経周期であったこと

が報告されている。13～15歳までの選手の3名については、生理が開始されていなかった。長距離選手においては、トレーニングによる長い走行距離、高い負荷強度、多くの頻度、長いトレーニングシーズンが、月経周期を不規則にするリスクとなっている。しかし、高い負荷強度を用いて高い頻度でトレーニングを遂行した場合に、すべての選手が不規則な月経周期になるわけではない。栄養摂取状況、エクササイズによるストレス発生状況、心理学的な要因などの相互作用は、選手の個人的な特徴を反映して異なり、それに伴って月経異常を促進させるメカニズムも異なってくる。

(2) 月経周期とパフォーマンス

月経困難症や月経による腹部の痛みは、月経周期の前に増大する。大人の女性による月経困難症は、60～70%の発生率であることが報告されており、それは年齢が高齢になるほど増大する。偏頭痛や頭痛を持った女性の多くは、月経の際に、この症状が発生する傾向が強い。一般の女性に比較して、スポーツ選手では、月経困難症が月経周期の前に表れる頻度は少なく、症状も軽い。月経周期の前に表れる偏頭痛や頭痛の症状は、スポーツパフォーマンスに対して有害になる。そのために、避妊薬の経口投与やプロゲステロンを注入して、月経をコントロールすることによって、試合日における月経を避けることを奨める場合もある。

正常な月経周期中に、筋力発揮の変化は表れない。最も良好な身体状態になるのは、月経終了から次の月経周期までの15日間であることが示されている。しかし、さまざまな女性選手を対象にすると、オリンピックにおけるスポーツパフォーマンスはすべて月経周期中に行われている可能性があり、どんな期間においてもメダルが獲得できている。このように、パフォーマンスに及ぼす月経周期の影響は明確にはなっておらず、個人的な特徴を大きく反映しているものである。稀発月経症、第二の無月経症は、スポーツパフォーマンスに対して影響を及ぼさない。コンディショニングプログラムやスポーツに参加している女性選手では、月経周期中に意欲を失うようなことはない。負の影響が大きく現れる場合には、極めて個人的な状態が影響しており、スポーツには健康を大きく阻害するような負の要因はないのである。

8. 女性選手の抱える三つの問題

女性選手の抱える三つの問題は、次の内容で構成されている。これらは、女性の健康や体力、パフォーマンスにダメージを与えるものである。

1. 不規則な食事：これは不適切な身体イメージを持ち、過食症および拒食症になるという問題を含んでいる。食欲不振を伴うノイローゼ（自己飢餓状態）と過食を伴うノイローゼ（大食いと下剤の利用）は医学的な問題であり、スポーツドクターに適切な診察と処方を受ける必要がある。栄養士やコンディショニングコーチは、これらの医学的な問題を解決しようとしてはいけない。スポーツドクターに問題の解決を任せることが重要になる。
2. 無月経症：これまで議論してきたように、無月経症は月経周期が引き延ばされているものを含むものではない。初期の無月経症は16歳までに月経がないことである。第二の無月経症は、正常に月経は始まったが、その後長期にわたってなくなってしまうことである。
3. 骨粗しょう症：これは異常に低い骨のカルシウム濃度による疾病であり、特に高齢になるに伴って骨折の危険性を高めるものである。

食事習慣が乱れている場合には、筋を修復したり再構築するためのタンパク質や栄養が不足

コラム 妊娠中の女性選手に対するアドバイス

　妊娠中に重い負荷重量を挙上することのリスクは，おなかの中の子どもに対するものではなく，母体に対して存在するものである。妊娠ホルモンは靭帯を柔らかくし，子どもがいる骨盤内を広げるように働いている。靭帯が柔らかくなるために，関節は不安定になり，怪我の危険性が高まることになる。このために，妊娠中には新しいトレーニング方法の導入や高強度の筋力トレーニングを行うべきではない。妊娠後には，通常のトレーニングが可能になる状態へ素早く心身を回復させるために，筋力トレーニングが大きく貢献することになる。

　フィジカルセラピストであるカール・ピーターソン（2005）は，妊娠中の女性に対して，「心地よいエクササイズを継続しなさい。しかし，新しいことを行って自分に負担をかけてはいけません。慣れていないエクササイズや重すぎる負荷を利用してはいけません」というアドバイスをしてきた。日常生活運動に類似したステップアップエクササイズやスプリットスクワットエクササイズ，ミニランジエクササイズなどは，最も適したエクササイズである。

　妊娠中に奨励できるエクササイズを示した。

エクササイズ	注意事項
スクワット	運動の範囲を減少させるべきである（膝は絶対に90°以上に曲げてはならない）。もし，あなたがスクワットの負荷を増大させたいのならば，動かす速度を低下しなさい（3から4数えながらゆっくりと下げるようにする）。
レッグプレス	レッグプレスは下腹部の締まりを維持し，背部を保護することを促す。しかし，これは妊娠初期の3ヶ月間は避けるべきである（背筋を用いるエクササイズは，妊娠初期と後期の各3ヶ月間は行うべきではない）。
股関節外転筋の強化のためのマシンエクササイズ	股関節外転筋強化のマシンを用いたエクササイズは，臀部の筋を強化し，姿勢を安定させる。これによって，下腹部の締まりを維持し，背中が過伸展することを防ぐ。もし，あなたが痺れや痛み，あるいは脚の裏がひりひりする感覚を持っているならば，直ちに医師に見せなければならない。
腹筋エクササイズ	フロアー上でのエクササイズによって下腹部をコントロールすることに集中する。これはケーゲル体操のことである（恥骨筋を繰り返し収縮させて強化するエクササイズ）。伝統的なシットアップはエクササイズからは除外すべきである。

していることから，筋力トレーニングによる効果を得ることは難しい。また，神経性食欲不振は，持久力型のスポーツ選手に多く，より多くの栄養を燃焼し，身体が痩せることと関係している。栄養摂取量と栄養素の質を適切に決定することができれば，筋力トレーニングはエクササイズセラピーとしても利用できる。しかし，この領域で用いるエクササイズは少なく，コンディショニングコーチは医者と協力して状況をしっかり観察する必要がある。

　女性は食欲障害の影響を受けやすく，特に体重制限のあるスポーツでは多くなる。トレーニング中に生じるさまざまな種類の無月経は，栄養不足や持久力トレーニング量の過多と関係している可能性が高く，遺伝的問題を含んでいる場合は少ない。この問題が食事行動と親密に繋がっていることを考慮すると，女性選手における食事分析とカウンセリングを行うことは，対処法を考えるための大きな助けになると言える。

9章 女性スポーツ選手のための筋力トレーニング

NSCAの定めた女性のための筋力トレーニングに関する要点

　女性選手の筋力トレーニングを理解するために，NSCA（National Strength and Conditioning Association）は1990年にこの点に注目したセクションを設けて研究を実施した。次に示す内容は，女性選手の筋力トレーニングに関するコンセンサスである。

1．適切な筋力およびコンディショニングエクササイズプログラムは，スポーツパフォーマンスを高めることができる。これらの実施は，生理学的な機能を改善し，怪我のリスクを減少する。これらは，男性選手と同様に，女性選手に対しても効果的なものである。
2．女性選手は，男性選手と同じ基本的原則にもとづいて，類似した方法論，プログラム，エクササイズタイプを用いて筋力を強化していくことができる。
3．下肢の場合には，トレーニングをしていない女性の相対的な筋力（除脂肪体重に対する筋力）は，男性とほとんど同じ水準にある。
4．男性と同じ相対的負荷を利用する筋力トレーニングによって，女性選手についても筋肥大を生じさせることができる。
5．女性選手は，男性と同じ筋線維組成を持っている。しかし，女性の筋線維横断面積は，男性のものよりも小さい。
6．正常な生理周期の始まりが，スポーツパフォーマンスに影響することを明確にした研究はない。
7．月経周期にある女性選手は，骨格筋が損傷しやすいという考え方は間違いであり，正さなければならない。一方，女性選手における無月経症や他の生理による問題は，即座に産婦人科医師に相談すべきである。
8．多関節系のエクササイズを利用した筋力トレーニングは，骨格筋系に十分な刺激を与えることができる。そして，骨のカルシウム貯蔵を高めることができる。
9．ウエイトトレーニングと妊娠に関係した研究データは少ない。妊娠中の女性が安全にウエイトトレーニングを行うための内容は明確ではなく，不確かな証拠しか存在しない。しかし，共通したコンセンサスは，トレーニング強度とエクササイズの適切な選択が重要になることである。
10．リラキシンホルモン（卵巣黄体から分泌されて，恥骨結合を弛緩させて出産を促進するホルモン）の流出によって，出産準備のために腱や靱帯は柔らかくなる。高負荷を用いた多関節系エクササイズ（スクワット，デッドリフト，スナッチ，クリーン）を，妊娠初期から3ヶ月後に行う場合には，大きな注意が必要になる。妊娠中の女性は，体温上昇が発生しやすいので，すべての種類のエクササイズを行う場合には，環境状態を良好に保つことが必要になる。
11．筋力トレーニングは体重を変化させるとともに，身体組成を好ましい方向へと変化させる。
12．男性に比較して女性は上半身が弱いので，大人の女性では上半身の筋力トレーニングを重視する必要がある。

筋力トレーニングは，骨の健康を維持し，骨粗しょう症の予防法としても利用できるものである。さらに，非常に重要なことは，思春期後期までに，最大骨量と骨密度を蓄積するための筋力トレーニングを行うことである。若い女性選手が，長い人生の中で病気になるかどうかは，効率的な筋力トレーニングを，適切な時期に適切なタイミングで行うことができるかどうかによって決まる。これは，多くの要因による相互作用と，それに関連する行動によって影響される。これらの問題に直面した際に，筋力トレーニングプログラムを計画することが大切である。

　スポーツ選手は，他の人々よりもはるかにさまざまな要因に対する影響を受けやすく，またその要因はさまざまに変化する。多くのスポーツでは，身体のかたちやイメージに関する主観的な判断を必要とする。例えば，フィギュアスケートや体操競技，飛び込み競技のようなスポーツでは，身体のかたちが採点対象になるために，女性選手に対するストレスは非常に大きくなる。コーチの中には，女性選手における体重および体脂肪に関する誤った評価と要求を行い，食事障害を生じさせている場合がある。このような負の影響は，女性選手にダメージを与えることになる。コーチは，女性選手の健康を阻害するような，負の連続的な影響を避けなくてはならない。筋力トレーニングを行わせるコーチは，さまざまなスポーツ運動に対するトレーニングプログラムの内容を理解する必要がある。

　次に示すスポーツ種目の選手は，上述してきたことに影響されやすい。
1．主観的に評価されるスポーツ（ダンスやフィギュアスケート，飛び込み競技，体操競技，エアロビクス）。
2．持久的なスポーツ（長距離走，サイクリング，クロスカントリースキー）。
3．着ている服装が目立つスポーツ（バレーボール，水泳競技，飛び込み競技，クロスカントリースキー，陸上競技，チアリーディング）
4．体重階級があるスポーツ（レスリング，ウエイトリフティング，ボート競技，マーシャルアーツ）
5．思春期前の身体が強調されるスポーツ（フィギュアスケート，体操競技，飛び込み競技）

　女性選手が若いほど，その影響も強くなる。それに加えて，多くの女性選手では，スポーツを実施することによって劇的な成熟過程を経験する。そのような場合には，身体における形態や機能性が，スポーツスキルにおける必要条件よりも未成熟であることが多く（飛び込み競技，フィギュアスケート，体操競技），注意を促す必要がある。

9．要　約

　女性選手のための筋力トレーニングプログラムでは，目指すスポーツの専門性に女性の身体的な特性を適合させることが必要になる。また，女性の身体における特徴を重視したプログラムを，個人的に作成することが大切であり，それが発育段階のジュニア選手である場合には，身体的な発達に関するさまざまな要因との関係を考慮しながら行うべきである。筋力トレーニングの効果は，女性の特性に配慮しながら，怪我を予防できる水準に高めるべきである（例えば，前十字靱帯の怪我など）。一方パワーの発達は，今日のスポーツパフォーマンスには極めて重要であり，それは最適な筋力が前提条件になっている。上半身の発達（筋力と大きさ）は，ほとんどのスポーツにおけるトレーニングの初期段階の目標として設定するものである。男性と女性におけるトレーニングの違いは微妙であることから，一定のトレーニング手段やトレーニング周期を詳細に設定することによ

って，女性だけに特有の適応を引き出すことは，現在のところ非常に難しい。むしろ，男性におけるトレーニング効果やエクササイズによる効果を検討していくことが，女性のための最適な筋力トレーニングプログラムを確立していくためには有効な方法になる。

Chapter 10
ジュニアスポーツ選手のための筋力トレーニング

　若いジュニア選手のための筋力トレーニングは，15年ほど前から盛んに行われ始めている。両親やコーチ，スポーツドクターの間では，5歳や6歳の子どもについても，筋力トレーニングが有効であることを理解し始めている。これまでに，トレーニング効果とその安全性，適切な方法などがゆっくりと理解されてきた。トレーニングプログラムを適切に修正することによって，若いジュニア選手は変化に富んだ内容のトレーニングに参加することができる。また，若いジュニア選手には，スポーツパフォーマンスや怪我の予防に関するトレーニング効果に加えて，健康を促進するという効果も期待できる。

　トレーニングの研究者たちは，子どもたちに筋力トレーニングプログラムの利用を進める一方で，両親や教員，ボランティアコーチが，適切なプログラムを計画し，適切なエクササイズを選択して指導することができるかどうかについて注目してきた。こうした人たちは，子どもたちが安全で効果的な筋力トレーニングを行うことに関して，大切な領域を共有している人々である。

　子どもに対するトレーニングの有効性（例えば，思春期前の子どものスポーツパフォーマンスを高める）は不確かなものであり，今後このことを説明するための研究を推進し，確かな証拠を確立していかなければならない。最も大切なことは，子どもの筋力トレーニングに対するマイナスのイメージや非現実的な恐れなどを，関係する人々の思考から取り除くことである。

　第1の問題点は，より若いジュニア選手のための筋力トレーニングプログラムに関する次のような内容である。

1．若いジュニア選手にとって挙上動作は安全なのか？

若いジュニア選手による筋力トレーニングは，筋や結合組織に効果を与えるとともに，スポーツパフォーマンスを高めるためにも効果を発揮する。

2．若いジュニア選手のウエイトトレーニングはいつから始めるのか？
3．若いジュニア選手はウエイトトレーニングから効果を得ることができるのか？
4．若いジュニア選手が利用するトレーニングプログラムタイプはどのようなものか？

1．ジュニア選手のための筋力トレーニングとその安全性

　筋力トレーニングに関する安全性を理解することは，若いジュニア選手の指導にとっては重要である。

　トレーニング中の怪我は，エクササイズの技術が間違っている場合や突然の避けられない事故によって引き起こされる。このような怪我の予防は重要であり，今後減少させなくてはならない。そのためには，筋力トレーニングプログラムに内在する怪我のリスクに対する慎重な対応が必要になる。怪我の種類は，筋や結合組織に関するものが多く，適切な注意を払うことができれば予防できるものである。

(1)怪我を防ぐための主な要因

　筋力トレーニングプログラムによって怪我が生じる主な原因は，エクササイズの技術の誤った利用や避けられない突発的な事故である。

　若いジュニア選手に怪我が生じるのは，適切な指導や指示がなされない場合である。ウエイトルーム内でルールを破る行為（例えば，室内用シューズを使用しないことなど）や不適切な器具の利用（例えば，ベンチの重りの置き方が不適切な場合など）は，事故が生じる可能性を高くするが，それらはすべて筋力トレーニングおよびコンディショニングを行うコーチや指導者によって対応できるものである。

　その他の要因としては，若い思春期の少年に対して，上腕二頭筋を強化するために毎日20〜30回ものアームカールを強要した場合のように，不適切なトレーニングプログラムによるオーバーユース（使い過ぎ）があげられる。

10章 ジュニアスポーツ選手のための筋力トレーニング

コラム

肥満と運動をしない子ども

1999〜2000年には，6〜19歳までの子どもの15%が過体重であった（1980年の3倍に増大）。そして，2〜5歳までの子どもの10%が過体重であった（1994年の1.07倍に増大）。さらに，子ども全体の15%は，今後過体重になるリスクのあることが示された。アメリカの子どもの平均値をみると，活発な活動時間は1日に15分以内であり，普通の活動時間は1日にたった43分しかなかった。テレビを平均して1週間に17時間視聴し，それに加えてビデオやテレビゲームによる時間も費やしていた。

世界中で子どもの肥満が多く，多くの子どもが腕立て伏せや腹筋運動さえもできない状況にある。自らの体重を負荷にしたエクササイズでさえも難しく，負のフィードバックや自尊心の低さのために楽しくエクササイズを行うための能力を持たない子どもが多い。自らの体重を操作することのできる能力は，最適なスポーツパフォーマンスを獲得するためには重要である。

ウエイトトレーニングエクササイズは，若いジュニア選手の基本的な体力レベルを改善することができる。これによって，子どもは自らの体重をコントロールできる能力を高めることができる。さまざまな器具での挙上エクササイズによって，体重のコントロールや動きそのものを発達させることができるようになり，スポーツパフォーマンスを高めることに役立っている。

このようなことは，筋力トレーニングプログラムの実施によって，身体組成と子どもの活動力を改善することができることを意味している。

子どもの場合には，最適な結果を短時間に引き出そうとしないで，子ども自身が困難にならないような筋力トレーニングを行うことが大切である。

ナショナルストレングス＆コンディショニング協会（National Strength and Conditioning Association；NSCA），アメリカンカレッジ・スポーツメディシン（American College of Sports Medicine；ACSM），アメリカンアカデミー・ペディアトリクス（American Academy of Pediatrics；AAP），アメリカンオルソペディックソサイエティ・スポーツメディシン（American Orthopaedic Society for Sports Medicine；AOSSM）などのすべての協会では，大人の指導者がついていることの重要性とともに，若いジュニア選手の個性に応じたトレーニングプログラムの重要性について提唱している。指導者から指導を受けながら行う筋力トレーニングを通して，思春期前のジュニア選手は自らの力で安全で効果的にトレーニングを実施できるようになる（ガイとミッシェル，2001）。指導の際には，筋力トレーニングの必要性が，子どもと大人では異なることを十分に理解した上で，エクササイズの技術やエクササイズの処方と方法を設定していくことが重要になる。コーチや両親は，トレーニングの過程を援助し見守るだけでなく，若いジュニア選手がトレーニングを行う場合の安全性確保の方法などを理解できるようにするとともに，筋力およびコンディショニングの資格をもった専門家として成長することを考えていくようにすべきである。

1）挙上エクササイズにおける適切な技術

　ウエイトルームにおいて，若いジュニア選手の安全性を確保するための最も重要なことの一つは，適切な挙上技術を理解させることである。すなわち，子どものための適切なエクササイズの技術を，いかにして教えるかについて知ることが重要になる。さらに，コーチに要求されることは，エクササイズの技術の組み合わせを増大させることである。プルエクササイズ，クリーンエクササイズ，スナッチエクササイズのようなオリンピックのウエイトリフティング運動と同様に，スクワットエクササイズ，ランジエクササイズ，ベンチプレスエクササイズなどのフリーウエイトエクササイズを，筋力トレーニングプログラムの中に組み込んでいく。

　もし，エクササイズを教える能力のないコーチが指導すれば，オーバーユースによる慢性の怪我と急性の怪我の両方が発生してしまう危険性が高まる。適切なエクササイズの技術を理解し，エクササイズの必要条件を明確にすることは，安全で効果的なトレーニングプログラムのための必要条件である。

　適切なエクササイズの技術を教えることは，フリーウエイトエクササイズとウエイトマシンエクササイズのどちらに対しても必要なことである。エクササイズ技術の説明については，クレーマーとフレックが120を越えるエクササイズについて紹介した『若いジュニア選手のための筋力トレーニング』（2005）という本がある。

2）適切な補助技術

　マシンエクササイズ，フリーウエイトエクササイズ実施に対して適切な補助を与えることは，エクササイズの技術と同様に重要なことである。器具の設置位置はトレーニング実施者だけではなく，補助者の立つ位置のことを考慮したものでなくてはならない。補助者は，挙上回数を増すための助力だけでなく，適切なエクササイズ技術の選択に関しても助けを与える役割を持っている。補助者はトレーニングプログラムによる安全性も重視しなくてはならない。次に示す内容は，クレーマーとフレック（2005）によって作成された補助者の役割である。

１．適切なエクササイズの技術を知る。
２．適切な器具の設置技術を知る。
３．補助者が助力を与えるために十分な筋力を持っているかについて確かめる。
４．挙上回数がどれぐらいなのかを知る。
５．すべての時間にわたって実施者に注意を向けておく。
６．不適切な技術を使用している場合には，エクササイズを中止させる。
７．不適切な技術を使用している場合には，適切な技術を選択させる。
８．重大な怪我が発生することにつながる行動をしっかりと把握しておく。

　補助者が補助をする主な目的は，怪我を予防することであり，実施者にはいつも補助者をつけるべきである。補助者を含めて，筋力トレーニングは，適切な指導がない状態では実施すべきではない。トレーニングプログラムにおいて遂行されるすべてのエクササイズに関して，適切なエクササイズの技術と補助技術が選択できなくてはならない。もし，実施者が十分に適応できる場合には，お互いに交代で補助をし合うようにする。お互いに補助をし合えない場合には，同じ場所でトレーニングを行っている大人の助力を受けるようにする。

3）適切な器具

　若いジュニア選手が安全にトレーニングを行うためには，適切に器具を利用することが重要になる。子どもがウエイトマシンに適合できない場合には，エクササイズによる過度な運動範囲，急性の怪我やオーバーユースによる慢性の怪我を生じさせるような不適切な負荷がかかること，不適切な筋の発達が生じることなどの問

題が発生する。フリーウエイトエクササイズを利用した場合には，これらの問題は解消されるか，あるいは減少する。子どもがマシンを利用する場合には，マシンへの適合性をしっかりと評価しなくてはならない。

ほとんどのウエイトマシンは，一般男性を基準に作られたものである。そのために，若い子どもの四肢の大きさや身体の大きさは，大人専用のマシンに適合していない場合が多い。これらのことは，特に，可変抵抗と呼ばれる負荷を利用したマシンを利用する場合には注意が必要になる。なぜなら，子どもの筋力曲線（例えば，過度な可動範囲）が，大人のものとは一致しないからである。子どもに見られる筋力曲線に合致する負荷を作り出すマシーンは今のところ存在しない。器具に設置されている椅子を上げたり下げたり，あるいはパッドを変化させることだけでは，子どものサイズや特性に適合させることはできない。

その他にも，ウエイトマシンの利用に関する子どもの問題として，負荷を付けなくても器具そのものの重量が重すぎて一回も持ち上げられない場合や，一つのプレートが重すぎて適切に負荷を増大できないことがあげられる。もし，子どもがその器具に適合しているか疑わしい場合には，注意を払いながらフリーウエイトエクササイズへと変更していく方法も考えなくてはならない（クレーマーとフレック，2005）。

4) 適切な呼吸法

一般的に，それぞれのエクササイズ中には，下降局面中か，それよりも前の段階において，息を吸い込み，挙上局面中に吐き出すようにすべきである。そして，挙上する際には息を止めない。息を止めることは血圧上昇を導き，脳への血流を減少させて軽いめまいや失神を招いてしまい，最終的に怪我を発生させることにつながる。最大か，それに近い負荷の利用が，子どものウエイトトレーニングプログラムの目的ではないので，過度に息を止める必要はなく，適切な呼吸法をすべてのエクササイズにおいて指導し実践させるべきである。

(2) 骨格筋における怪我のタイプ

子どもの筋力トレーニングでは，骨格筋における致命的な怪我の可能性が存在する。このことは，ほとんどの身体活動について同様に生じる可能性がある。筋力トレーニングによるリスクは，子どもが毎日行っている多くのスポーツ運動やレクリエーション活動より高くない。1年間という長い期間を対象にして，子どものスポーツに関する怪我の原因を検討した研究がある。筋力トレーニングによって発生する怪我は，1576件の中で0.7％であったが，フットボールやバスケットボールのプレー中には15～19％もあった。100名の参加者を対象にした調査では，フットボールの28.3％とレスリングの16.4％が最も高かった。この分析には筋力トレーニングは含まれていなかった。

筋力トレーニングには，子どもの成長軟骨に対する急性および慢性の怪我が生じる可能性が存在する。したがって，若いジュニア選手のための筋力トレーニングプログラムは，最大負荷および最大に近い負荷を用いてはいけない。トレーニングエクササイズ中に生じた怪我のほとんどは，不適切な技術の使用によって生じたものである（2005年にクレーマーとフレックの示した技術の解説を参考）。そのために，適切な技術の使用が強く要求される。若いジュニア選手は，筋力トレーニングによる負荷への適応に時間がかかりすぎるために，負荷に耐えることが難しく，トレーニングを楽しむことができない場合が多い。それを解決するためには，知恵，成長，成熟，理解力のすべてが貢献することになる。

> コラム

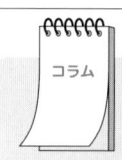

適切なエクササイズの例

【ベンチプレス】
○スタートポジション

　ベンチの上に仰向けに横たわり，順手で手のひらを上に向けてバーベルを握る。手の幅は肩幅よりも広いスタンスにする。バーベルは胸の上で腕の長さで支持する。脚は腰の幅よりも大きく開いて，床にフラットに置く。膝は90°に曲げる。

○動作と終了のポジション

　コントロールできる方法によって，胸の中心にバーベルを降ろす。バーベルが胸の中心に接したら，腕を伸展し始めて，再び腕の高さまでバーベルを挙上する。バーベルが胸の中心に接する瞬間には，上腕は胴体に対して65～90°になる。横から見て，バーベルが胸の中心に接する瞬間から腕の長さになる間までスムースに動くようにする。

○助力の方法

　軽い負荷を利用する場合には，1名の補助者が実施者の頭の後ろに立ち，必要な場合には助力を行う。もし，重い負荷を利用する場合には，2名の補助者が必要になり，バーベルの両側に顔を合わせるようにして立たせる。

ベンチプレス

【スクワット】
○スタートポジション

　足を床にフラットに接地して，腰幅かそれよりもわずかに広いスタンスで立つ。体重は両足の真ん中でかかと側にかける。つま先はまっすぐか少し外側に向け，頭はまっすぐに立て視線は前方に置く。バーベルは背筋を伸ばして肩の上に置き，順手で手のひらを前方を向けるようにしてバーを握る。手は肩幅かそれよりもわずかに広くする。バーベルをラックから降ろし，スタートポジションに持って行く。

10章 ジュニアスポーツ選手のための筋力トレーニング

スクワット

○動作と終了のポジション
　大腿部が床と平行になるまで，膝と腰をコントロールできる方法で曲げていく。膝は前方へと動き，膝が曲がりきった時点でつま先の上に位置する。コントロールできる方法でスタートの位置まで戻す。胴体は前方に傾くが，できるだけすべての局面で立てて置くようにする。すべての局面で，足は床にフラットに接地し，身体重心が両足の真ん中でかかと側にあるように維持する。また，すべての局面で，頭はまっすぐに立て視線は前方を維持する。

○補助の方法
　スクワットはパワーラックか，それに類似した安全性が確保できる器具の中で行う。2，3名の補助者を，実施者の両側と後ろに立たせる。

【シーティッドケーブルロー】
○スタートポジション
　大腿部に対して胴体を90°にしてシートに座り，足は腰幅にし，足を置く板にフラットに載せる。胴体については，背中側をわずかにアーチ状にしてまっすぐに立てる。首と頭は背中と同じようにまっすぐに立てる。腕の長さに肘を伸ばしてハンドルを順手で握り，肩はリラックスさせて胸を開く。ケーブルの長さとシートの位置を調節する。抵抗はスタートポジションか

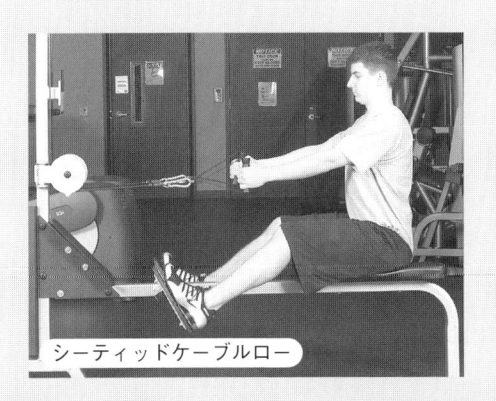

シーティッドケーブルロー

らかかるようにする。
○動作と終了のポジション
　ハンドルが胸に着くまでコントロールしながら引く。引き動作は肩によって始め，その後肘は曲げていくようにする。ハンドルが胸に着いた時には，肘がわずかに胴体の少し後ろになるように引いていく。完全に引き動作が行われるまで，肩は同じように動く。胸にハンドルが着くと，再び肘を伸ばしてスタートポジションまで戻す。
○補助の方法
　適切なスタートポジションを設定し，エクササイズ中にわたってよい技術を維持することは，すべての場合に必要である。補助を必要としないエクササイズである。

【ランジ】
○スタートポジション
　足を腰幅か，わずかに開いて，床にフラットに着けてまっすぐに立つ。胴体と頭部はまっすぐに立て，視線を前に向ける。バーベルを肩と脊柱の上にのせて，オーバーグリップで手の平が前に向くようにして肩幅で握る。スクワットラック，またはパワーラックからバーベルをはずしてスタートポジションで立つ。
○動作と終了のポジション
　コントロールの効く方法によって，両足を腰幅に維持しながら，片脚をまっすぐ前にステップし，できるだけ長いステップで足を着く。そして，後ろ脚の膝が床に着くまで，前方へステップした脚の膝を屈曲させる。前方にステップした脚の足裏は，すべての時間で床にフラットに着き続ける。前の膝が曲がり始めると，後ろの脚の足のかかとが上がるようになる。前方の膝が曲がった後に，膝の動きを止めないで再び伸ばし始める。計画した回数になるまで，エクササイズを繰り返す。計画した回数が終了すると，前の脚で床を押して，スタートポジション

ランジ

まで前脚を2回ステップしながら身体を後方に持ってくる。反対の脚についても，計画した回数を繰り返し行う。胴体は，エクササイズ中できるだけまっすぐに維持する。

○補助の方法

技術が必要になる。いくつかの共通した技術として，次のことがあげられる。前方へのステップが短すぎると，膝が曲がった時に，つま先よりも前に膝が位置してしまう。逆に，前方へのステップが長すぎると，膝が曲がった時に，かかとよりも後ろに膝が位置してしまう。脚が前方にステップした際に，両足が腰幅の広さになっていない場合には，身体による基底面が狭くなり，バランスを維持することが難しくなる。そして，胴体をまっすぐに維持することができなくなり，脚にかかる負荷が不安定になる。そのようなエクササイズを安全に遂行するためには，助力を与えることが大切になる。前方へのステップでは，膝に不安定な負荷がかかる長さを選択してはならない。バーベルランジでは，バーベルの両端に2名の補助者を位置させることを推薦する。ダンベルランジでは，通常，補助者を必要としない。ダンベルランジは，胴体をまっすぐに安定しやすく，脚への負荷を軽減できるので，バーベルランジよりも行いやすい。

1) 成長軟骨の怪我

成人における一般的な怪我に加えて，思春期の子どもでは，成長軟骨に関する怪我の発生が多い。成長軟骨は三つの位置，すなわち(a)骨端線あるいは成長板，(b)骨端あるいは関節表面，(c)腱の挿入部あるいは骨突起の挿入部に存在する。骨の長さは骨端から成長し，それぞれの骨が形成されている。ホルモンの変化によって，骨端が思春期後には硬直化し，化骨するようになり，その後は骨の成長は生じなくなる。このようになると身長が止まってしまう。骨端は関節として，骨と骨との間に生じる衝撃を緩衝する作用も持っている。軟骨の損傷は，関節表面を荒く削ることになり，これによって関節を動かすと痛みが生じるようになる。主な筋や腱，骨に関する腱の付着部と骨突起の付着部に存在する成長軟骨は，腱と骨との間の強固な連結を形成している。三つのすべての成長軟骨について，思春期の著しい成長期には関節に関与する筋群が強く緊張するようになり，このことが怪我の危険性を高めることになる。

2) 急性の怪我

急性の怪我は，単一の外傷が原因となって生じる。成長軟骨の損傷や骨折などの骨格系による急性の怪我は，筋力トレーニング中には非常に稀にしか起きない。大人に比較して，思春期前の子どものウエイトトレーニングに関する急性の怪我のほとんどは，筋損傷に関するものである。トレーニングを行う前に適切なウォーミングアップをしない場合には，筋損傷が頻繁に生じる。したがって，主要なトレーニングの前には，ウォーミングアップとしてのエクササイズを行うことが望まれる。筋損傷に関するその他の原因は，多くの負荷をたくさんの回数にわたって挙上しすぎることである。若いジュニア選手には，ガイドラインに従って，1セットあたりの適切な反復回数を指導すべきである。

思春期前に発生するウエイトトレーニングの際に生じる骨端骨折の原因が報告されている。骨端は，子どもにおいて骨折が起きやすい部位である。子どもの骨端は硬直化（化骨）しておらず，成人の骨と同じ強度を持っていない。これらは，最大負荷を頭上まで挙上するエクササ

イズによって生じる場合がある（オーバーヘッドプレスエクササイズ，クリーン＆ジャークエクササイズ）。これらのケースは，思春期前のプログラムに関する二つの注意点を提示している。第一には，最大および最大に近い負荷重量は，思春期前の子どもには利用してはならないことである。特に，指導者がいない場合には行わないようにする。第二には，不適切な技術の実施が，多くの怪我の原因になっていることである。したがって，すべてのエクササイズにおいて，適切な技術の実施が強調されなければならない。

12～14歳までの少年において，最も頻繁に骨折が起こる時期は，身長が増大し成長が急激に高まる時期と一致する。骨折の増大は，骨の厚さの増大と骨の長軸への成長による石化作用が不一致になることによって生じる。したがって，12～14歳の少年が，ウエイトトレーニングを行う場合には，負荷の調節が極めて重要になる。同じことは，10～13歳までの少女についてもあてはまるものである。

急性の外傷は，大人の場合と同様に，子どもの場合においても，腰によって引き起こされることが多い。筋力トレーニングにおいては，急性の外傷は最大および最大に近い負荷を挙上した場合や，多くの反復回数を繰り返した場合に生じる。また，多くのケースでは，腰の痛みはスクワットエクササイズやデッドリフトエクササイズにおける不適切な技術によって発生している。これらのエクササイズを遂行する際には，背中をまっすぐな姿勢に維持し，できるだけ脚を利用した動作を強調することが重要になる。これによって，椎間板にかかるトルクを維持し，過度な負荷から腰を守ることができる。

3）慢性の怪我

慢性の怪我およびオーバーユース（使い過ぎ）による怪我は，小さな怪我を繰り返すことによって生じる。シンスプリント（下腿前面の痛み）と疲労骨折は，使い過ぎによって生じる怪我である。長期間にわたって不適切な技術を用いると，オーバーユースによる怪我を生じさせる（可変型の抵抗を用いたマシンの使用は，子どもには不適切である）。

物理的なストレスは，三つのすべての成長軟骨に損傷を与える可能性がある。例えば，野球のピッチングによって繰り返される肩の外傷は，上腕骨の骨端の損傷を引き起こす。この損傷は肩の痛みを引き起こすものであり，リトルリーグショルダーと呼ばれている。思春期前の子どもの関節における成長軟骨は，大人のものよりも怪我を生じやすく，特に，足，膝，肘関節の骨端によく見られる。解離性骨軟骨炎は，軟骨とその下の骨が関節表面から分離する病気である。膝関節で最も頻繁に起こり，肘や足関節でも生じる。繰り返される小さな外傷は，野球における若いピッチャーの肘関節やランナーの足関節で生じる解離性骨軟骨炎の原因になっている。腱部の成長軟骨は，オスグット症と関係している。オスグット症については完全に理解されていないが，一部が剝離骨折（骨を腱が引っ張ることによって生じる）をすることによって生じるという証拠が増えている。このような思春期に起こる類似した怪我は，不適切なエクササイズ技術に関係しているものが多い。

繰り返し生じる小さな外傷は，椎骨の圧迫骨折を引き起こす原因になる。多くの子どもたちでは，成長が高まる際に脊柱にかかる負荷が増大する傾向にある。この増大する負荷は，曲線化している脊柱の湾曲を増大させることになる。過度な負荷は，腰を極端に内側に曲げる原因になる。この状態のことは脊柱湾曲症と呼ばれている。これには脊柱の成長や，弱く小さなハムストリングなどを含むいくつかの要因が影響している。おのおのの負荷のすべてが，医学的な取り扱いを必要としているわけではない。しかし，脊柱の曲線が硬く固定されている場合には，医学的な処方が必要になる。

4) 背中の怪我

筋力トレーニングによって生じる背中の問題は，腹筋（シットアップ）や背筋（グッドモーニングエクササイズ，バックハイパーテンション）を強化するエクササイズの遂行によって減少する。これらの部位を強化することは，腰への負荷を減少させるとともに，適切なエクササイズの技術を維持する助けとなる。腰を強化するエクササイズを行う場合には，少なくとも10回連続で遂行できるような軽度から中程度の負荷強度を用いるべきである。

若いジュニア選手のための筋力トレーニングにおいて，安全な器具の利用や年齢に応じたトレーニングガイドラインが利用されなかった場合には，重大な怪我を引き起こす可能性が高まる。一つのケースでは，9歳の子どもがベンチプレスのバーベルを胸の上に落として死亡した例がある。これはすべての若いジュニア選手の筋力トレーニングプログラムにおいて，適切な指導と安全な器具の利用の重要性を強調した不幸な例である。

子どものためのエクササイズと活動を推薦することには，利益もあるがリスクをもたらすこともある。筋力トレーニングに関する怪我の発生は，大人の指導者をつけて適切な指導を推進すること，適切なプログラム計画を実行すること，トレーニング器具を注意深く選択することなどによって減少させることができる。思春期前や思春期の子どもの筋力トレーニングプログラムへの参加をすべて否定し除外することは，安全性を獲得するための正当な理由にはならない。

2. 筋力トレーニングの開始時期

若いジュニア選手が行う筋力トレーニングを，安全で効果的に管理するためには，トレーニングにおける原理を理解するとともに，子どもの身体的および感情的な適応について理解する必要がある。子どもが筋力トレーニングを始めることのできる最小の年齢を決定することは難しいが，コーチの指導を通して，トレーニングプログラムにおける負荷への身体的な準備ができ，加えて心理的にも感情的にもトレーニングを行う準備ができた時に初めてトレーニングを開始するようにすべきである。一般的には，スポーツ活動を行う準備ができた子どもは，筋力トレーニングを行う準備もできていると考えられる。さらに，子どもに対する医学的な調査を行うことが大切であることは言うまでもない。

(1) 心理学的な成熟性

コンディショニングプログラムに計画的に参加することのできる心理学的な成熟性は，筋力トレーニングプログラムの質を決定する重要な要因である。若いジュニア選手は，筋力トレーニングプログラムに対する知識をもっておらず，なぜそのようなプログラムを行うことが重要なのかを理解できない場合がある。その場合には，挙上するための力を発揮することへの熱意はなくなり，トレーニングによる成功は制限される。そして，トレーニングを熱心に行わないことが継続されていくと，若いジュニア選手における燃え尽き症候群が発生する。若いジュニア選手が持っている身体的かつ精神的な能力を越えたトレーニングプログラムによって強化しようとすることは，長期にわたる継続的な成功を導くための問題を生じさせることになる。

(2) 身体的な成熟性

ジュニア選手がスポーツに参加できるような十分な成熟を示しているならば，スポーツにおける厳しさに対応できる身体コンディショニングを作ることができる。大人のスポーツ選手と

同様に，子どもの身体もスポーツ運動ができる身体へと準備しなければならないのである。子どもは，同じ時期に二つか三つのスポーツ種目に参加することが多い（例えば，サッカー，空手，バスケットボールなど）。これらの多種目への参加は，若いジュニア選手の身体を高いストレス状態に置くことになり，このことが筋力トレーニングを推進する時間の確保を困難にしている。心理学者が指導しているスポーツクラブでは，スケジュールが制限された場合には，筋力トレーニングはしばしば最初にスケジュールから除外することが多い。このような若いジュニア選手のためのスケジュール指導は，スポーツに参加する時間を確保するためのものである。今日でも，多くの若いスポーツ選手は，競技シーズンになると，スポーツに必要となる身体的準備にほとんど時間を費やさなくなる傾向がある。そのことと，多くの子どもがスポーツを行うようになったこともあり，若いスポーツ選手による怪我は，ここ10年間で爆発的に増大している。これらのことは，スポーツ実践や試合での身体的なストレスに耐えることのできる準備状態を作る必要性が緊急に高まっていることを示している。

1）筋力・身体の成長・成熟性

子どもの時期には，発育発達に伴って，多くの身体的な変化が急激かつ劇的に生じる。筋力は10代の初期から増大し，男子の筋力は加速度的に高まり，また，女子の筋力は一般的には定常状態を示すようになる。筋が発揮する最大筋力は，スポーツや生活環境の中で働く力とはまったく異なったものである。不適切なトレーニング負荷を用いることによって生じる筋力の増大と，正常な成長や発達によるものとを区別することはほとんどできない。もし，正常な成長を越えて筋力を改善したい場合には，適切な強度と頻度のトレーニングを，長期的に継続していくことが必要になる。

ナイム・スレイマノグル：1988, 1992, 1996年のオリンピックチャンピオン。20世紀で最も優れたウエイトリフターであり，世界で初めてクリーン＆ジャークで体重の3倍の重さを挙上した選手である。この時の年齢は16歳であった。

若いスポーツ選手に対して，筋力トレーニングが効果的であるという証拠が存在する（クレーマーとフレック，2005）。この研究では，適切に計画した筋力トレーニングプログラムが，思春期前と思春期との間においても，通常の発育発達による変化を越えた筋力発達を促すことを示している。6歳の子どもを対象にしても，9ヶ月の筋力トレーニング行うと，筋力発達に効果があることを示している。しかし，このデータでは，思春期前の男子と女子との間に存在する筋力の相違については明確にしていない。

子どもの発育発達については，多くの研究と知見が存在する。子どもの成長は，身長のような一つの要因にのみ影響されない。遺伝的な潜在性，栄養，睡眠を含めて，多くの要因が発育発達に影響する。そして，成熟とは大人へ向かう行程である。この子どもの成熟を調査するためには，次の領域について考慮していく必要がある。

・身体的なサイズ

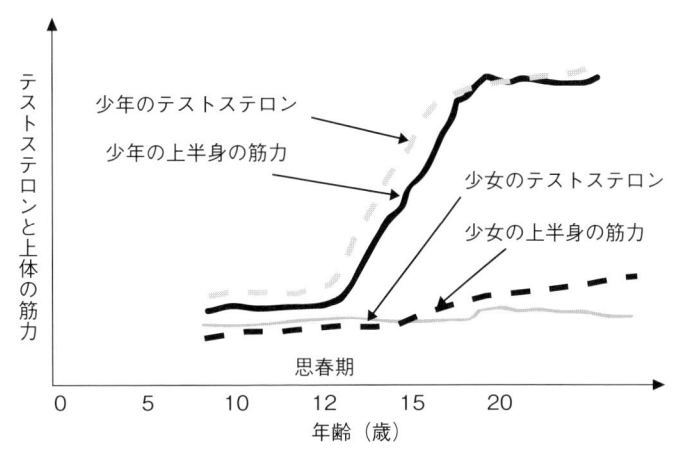

図10.1 安静時のテストステロン濃度と上半身の筋力に関する少年と少女の違い

・骨成長
・性的な成長
・感情的な成長

　さまざまな専門性を有する医者によって，子どもの発達に関する種々の領域から評価が行われている。子どもはそれぞれ，生物学的な年齢と生理学的な年齢を持っている。生理学的な年齢は，機能的な能力とパフォーマンスを決定するために最も重要である。この年齢は，筋力トレーニングプログラムを発達させる場合にも考慮する必要がある。生理学的な年齢は，子どもの成長速度に関係する。生物学的な時間の枠を越えて，子どもによって異なる成熟速度があり，それに応じた変化が生じているのである。

2) 筋力の発達に関する生理学的なメカニズム

　神経系メカニズムは，思春期前に筋力が増大する場合の第一要因になる。これまでのトレーニング研究では，四肢における形態的な発達の小さい思春期前の段階においても，筋力が有意に増大することを示している。四肢における太さが十分に増大しないのは，筋量を増大させる刺激ホルモンであるアンドロゲンが十分に分泌されていないためである。そのために，成人と比較すると，思春期前の子どもには，筋量の増大が難しいことが知られている。このように考えると，思春期にある子どものためのトレーニングプログラムでは，筋量の増大はトレーニング目標にすべきではない。

　除脂肪体重による増大がない状態であることから，思春期前には神経系の適応（活性化する運動単位動員数の増大，運動単位の同期的な調整能力，発射頻度の増大）が，トレーニングによる筋力の増大を生じさせている。また，トレーニングによる筋力の増大が，神経系メカニズムによる変化以上に大きくなることを考慮すると，パフォーマンスの向上に関係している筋群の調整能力を高めることも重要であると思われる。

　劇的な要因は，少女と比較して少年のテストステロン分泌が異なることである。思春期には，少年の睾丸によるテストステロンの分泌は，肩幅の増大や顔のひげなどを代表する性に関連した要因と関係があるとともに，除脂肪体重の増大に関係がある。思春期とその後のトレーニングに伴う少年の筋力増大は，テストステロンの劇的な増大に影響されている（図10.1を参照）。若い少年（14〜17歳の年齢）では，トレーニングを行うと，テストステロンの劇的な増大が生じることが認められている。（クレーマーとフレック）。

　他のホルモンと成長因子（成長ホルモン，イ

> **コラム**
>
> ## 成長は波状的である
>
> 　人間の最も急激な成長は，子宮の中にいる時に生じ，週に0.5〜2.5 cmの範囲で成長する。出産後の成長は，主に三つに区別される。幼少期，子どもの時期，そして思春期である。人生の最初の2年間は，1年間に平均15 cmの範囲で成長する。この幼少期の成長速度は，胎児の成長因子に依存されながら，平均で79 cmに成長するまで維持される。一方，その後の子どもの時期の成長速度はよりゆっくりとしたものであり，1年間に平均で6 cmの範囲で成長する。この子どもの時期の成長は，成長ホルモンに依存されるものであり，最終的に85 cmに成長するまで維持される。さらに思春期には，1年間に平均で10 cmもの範囲で成長し，この時期は成長ホルモンとIGFに加えてステロイドホルモンに依存される。

ンシュリン，インシュリン様成長因子）は，身体によるタンパク同化作用に影響する。特に，このことは，女性の筋力発達に関して重要になる。成長ホルモンとインシュリン様成長因子（IGF-1）は，複合型および多様型の両タイプで認められている。これらは，下垂体前葉からの成長ホルモンの分泌を刺激する視床下部由来のシグナルホルモンを構成している。そして，分泌される成長ホルモンは，血液を伝わり循環する。一方，筋にすでに存在するIGF-1を活性化させるために，筋それ自体を刺激する以外にも，肝臓から分泌されるIGF-1が働くことになる。このように，成長ホルモンが下垂体から分泌された場合には，多くの身体諸器官に効果を与えることになる。IGF-1が肝臓にある暗褐色細胞から分泌された場合には，これが筋や骨細胞を含めた多くの身体組織に作用する。成長因子のような多くのタンパク同化ホルモンは，身体の成長と発達に対して応答するとともに，エクササイズによるトレーニング刺激に対しても影響を受ける。

3．ジュニア選手における筋力トレーニングの効果

　子どものための筋力トレーニングプログラムは，適切に計画し実行すれば，驚くべき効果を得ることができる。1970年に発表された筋力トレーニングと子どもの研究における混乱状態は，筋力トレーニング効果がほとんどないという論証から生まれた。これらの研究が発端になり，子どもに対しては，筋力トレーニングは効果的でないという考えが普及した。しかし，これらの研究における実験計画や評価テストには重大な誤りがあり，それによって間違った結論が導き出されていたのである。1980年代の中期から後期に行われた研究において，思春期後には，除脂肪体重や筋力が増大することが示され，子どもにも筋力トレーニングによる効果が認められることが明らかにされた。ここ10年間にわたって得られた科学的証拠の多くは，子どもについても，筋力トレーニングプログラムを長期にわたり適切な強度で遂行した場合には，成長や成熟から独立したトレーニング効果が筋力を増大させることを強く示唆している。筋力トレーニングは，スポーツパフォーマンスの改善や怪我の予防（クレーマーとフレック，2005）と同様に，結合組織における強度および密度などの他の生理学的な要因の改善にも有効である。

　子どものための筋力トレーニングの効果は，次の通りである。

- 筋力および局所的筋持久力の増大
- スポーツパフォーマンスの向上
- スポーツ運動による怪我の予防
- 生活習慣としてエクササイズを実施する能力の促進

(1) 筋力の増大

筋力トレーニングを優先的にしていないジュニア選手でも，十分に時間をかけた場合には，ほとんどのすべてのプログラムで筋力の増大が生じる。プログラムにおける負荷強度，セット数，負荷量の選択は，若いジュニア選手にとって非常に大切である。しかし，若いジュニア選手には，筋力トレーニングの経験がないことから，トレーニングプログラムにおける選択を十分に理解することができない。トレーニング初期に適応が認められた後に，一定の年齢において専門的な適応が生じる。ジュニア選手の時期に用いた筋力トレーニングプログラムは，その後の専門性に対して大きな影響を及ぼす。これらのことは，今後，長期的な研究を通して明らかにされる必要がある。それに加えて，トレーニングプログラムには周期性を採用し，周期区分に応じて変化させていくことによって，マンネリ化を防いでいかなくてはならない。

8週間の漸増的筋力トレーニングによって，筋力は74%の増大を示すことが報告されている。短期間の筋力トレーニング後（8～20週間）には，平均でも30～50%の増大が認められる。この増大の多くは，トレーニングの初期に生じる運動学習効果に起因するものである。思春期の前に見られる相対的筋力の増大は，思春期中に見られるものと同じであることが認められている。絶対的筋力の増大は，思春期の前に比較して，思春期中に明らかに大きくなる（挙上することのできる負荷の大きさ）。その後，さらに大人になると，若いジュニア選手よりも大きな絶対的負荷を挙上することができるようになる。

若いジュニア選手がトレーニングを中止した場合，そこから脱トレーニングによる負の効果が始まる。筋力トレーニングの中止が十分に長い期間にわたる場合には，自然な成長に戻ってしまい，トレーニングしていない人の成長と同様になり，筋力トレーニングによる効果は急速に失われる。すなわち，思春期前と思春期中における若いジュニア選手に見られる成長は著しいことから，一定の期間にわたってトレーニングを中止すると，トレーニングしていない人の生理学的な発達速度にまで即座に戻ってしまい，筋力トレーニングによる効果は急激になくなってしまう。

ある研究では，筋力トレーニングを20週間行った後に，1週間の休息を取ると，思春期前の少年の筋力は一定を維持できなくなることが示されている。また，思春期にある男子ジュニア選手を対象にして，12週間の筋力トレーニングを行った場合には，1週間に2日の休息と1日の休息ではほぼ同じ効果になることが認められている。このようなトレーニング効果を維持する専門的な調整法に関する情報は，著しく不足している。

若いジュニア選手においては，トレーニングしていない人に比較して，身体的に有利な状態を保持するために，1週間に1日以上のトレーニング頻度を継続していく必要がある。

(2) スポーツパフォーマンスの向上

子どもに対して筋力トレーニングプログラムを行わせると，スポーツパフォーマンスが向上することが認められている。筋力トレーニングプログラムを行うと，子どもの走り幅跳や垂直跳の成績が向上するとともに，スプリントタイムや敏捷性走のタイムも短縮することを示す研究が報告されている。これとは対照的に，2週間および3週間にわたる筋力トレーニングを行

っても，目的とするスポーツスキルに改善が認められなかったという報告も存在する。しかし，これらの場合は，筋力トレーニングプログラムからスポーツスキルへの転移が適切でないことが原因となっている。筋力トレーニングの効果は，トレーニングの継続期間，頻度，強度，量，スピードに依存しており，専門性のないプログラムを用いると，トレーニングによる転移効果が得られず成功できない。

筋力トレーニングプログラムがスポーツスキルに及ぼす影響を検討する場合には，専門性の原則を忘れてはいけない。成人と同様に，若いジュニア選手におけるトレーニング適応は，運動様式，運動速度，筋収縮のタイプ，筋収縮の強さを変化させたエクササイズに応じて特異的に生じる。この場合には，トレーニングプログラムにおけるエクササイズが，バイオメカニクス的な動作に適合していることが重要になる。このことがスポーツスキルへのトレーニング効果の転移量を決定する。また，若いスポーツ選手が特異的なトレーニング方法を開始する場合には，動作の適合性とトレーニング効果の転移を考えることが大切になる。これはスポーツ選手の年齢に依存するとともに，基本的なエクササイズによって，必要とする筋力をいかにして高めていくかに依存するものである。

実験計画に問題があったこと，高いスキル構成要素を持ったパフォーマンスに対応するためのトレーニング期間が不足していたことなどの理由によって，思春期前と思春期中におけるスポーツパフォーマンスに対する筋力トレーニング効果は，現在でも明確な結論に至っていない。しかし，経験的には，思春期前と思春期中における筋力トレーニングによって，確かに身体的要因の発達が生じる。十分な身体能力を準備するための筋力トレーニングを行うためには，十分に効果的な持続時間と負荷強度になるようなトレーニングプログラムを指導する必要がある。それに加えて，トレーニングプログラムによる周期化は，最適なプログラムを計画していくために必要であり，長期間にわたるトレーニングプログラムでは特に重要になる。

(3) スポーツ運動による怪我のリスクの減少

スポーツ運動における負荷は，筋および結合組織による成長や強度を改善するためには機能しない。したがって，若いジュニア選手が筋力トレーニングを行う目的は，スポーツ運動やレクリエーション活動に参加するための能力を準備して，怪我のリスクを減少させることにある。

選手の両親やコーチは，筋力トレーニングを行うことによって，怪我が減少することを期待する。一方，若いジュニア選手がコンディショニングプログラムに期待することは，スポーツパフォーマンスの改善である。若いジュニア選手は，スポーツパフォーマンスが改善されるという見通しがあるから，筋力トレーニングを推進する。高校や大学においては，スポーツパフォーマンスの改善を目指して，筋力トレーニングを行うケースが多い。スポーツ実践や筋力トレーニング中の怪我を少なくするためには，専門的機関が行う研究や指導が非常に重要な役割を演じている（フライゲンバウム，1996）。

(4) 生活習慣の中でエクササイズを実践する能力の促進

筋力トレーニングには，怪我の予防に加えて，スポーツパフォーマンスを高めるための身体能力を向上する効果が存在する。若いジュニア選手による身体的潜在能力の発達は，筋力トレーニングにおける究極の目的になる。しかし，最も重要な効果は，ウエイトルームにおいて若いジュニア選手がその時間を真に楽しむことで身につくエクササイズ習慣の習得である。

世界中で肥満の子どもの割合が高まりつつあるために，身体活動を増大させることは，子どもにとって大切なことになる。筋力トレーニングが，子どもの身体的な健康だけでなく，心理的な健康に及ぼす影響を理解するために，コーチや指導者は子どもの心理状態や身体的特徴を詳細に観察しなくてはならない。

次に示す内容を含めて，若いジュニア選手のための健康と体力に関する効果は，適切なトレーニング計画を立案し，筋力トレーニングプログラムを良好に実行することによって達成される。

- ストレスに対する血圧応答の改善
- 骨密度の改善
- 身体組成の改善
- 心理的な良好さに対する改善

筋力トレーニングによって，スポーツ運動および日常活動から受けるストレスへの耐性を向上させることは，心臓循環器系の応答を低く維持することに影響している（例えば，一定の運動に対する血圧など）。さらに，最大努力でスポーツ運動を行う必要がある場合には，血圧の急激な上昇に耐えて，身体が適応するようになる。筋力トレーニングによる骨への張力，圧力，歪みなどに伴って，若い女性に重要とされる骨密度を含めた骨の構造は大きく改善される。筋力トレーニングは，除脂肪体重（筋と骨など）の増大と体脂肪の減少を促進し，良好な身体組成を獲得することに貢献する。筋力トレーニングは自己信頼感を高めるとともに，心理的によい身体イメージの感覚を習得する助けとなる。このことは，若いジュニア選手には重要な筋力トレーニングプログラムからの利益である。

4．子どもの筋力トレーニングに対する迷信

筋力トレーニングは，子どもの形態的発育を阻害するという迷信が存在する。しかし，筋力トレーニングを含めた身体活動は，若いジュニア選手が最終的に到達する身長には影響しない。近年の知見では，若いジュニアスポーツ選手による筋力トレーニングが，成長に対して悪影響を与えないことが示されている。栄養の場合と同様に，年齢に応じた筋力トレーニングのガイドラインがあれば，発育段階における成長に適切な影響を与えることができる。

健康は単に病気のない状態と定義できる。しかし，子どものための適切な健康の定義は難しく，最適な健康状態による行動や要因がどういうものであるかは不明確である。成人を対象にした研究から，子どものことを推測し考えることは可能であるが，成人に対する健康の条件が子どもにあてはまるのかを考慮しながら，用心深くエクササイズを行う必要がある。近年の研究では，若いジュニア選手の場合には，正しい健康状態にできない筋力トレーニングは制限すべきであることが示されている。これらの研究では，子どもの健康は，筋力トレーニングに影響されるだけではなく，その他にも改善しやすい条件が存在することを示している。

9章でも示した通り，若い女性では，スポーツへの参加意思が異なっている場合が多い。異なる目的を達成するために，学校や健康クラブにおけるウエイトルームを利用しているが，女性による筋力トレーニングへの参加はまだ少ない状況である。これは筋が大きくなり過ぎるという恐れが，参加を制限しているからである。この場合には，適切な教育や指導によって，筋力トレーニングにおける迷信を打開しなくてはならない（例えば，男性に比較して，女性の筋細胞数は少なく，テストステロンの分泌も少ないために，筋は大きく発達しない）。それに加えて，ウエイトルームでは，女性のためのモデル（トレーニングによって成功している女性）が必要になり，またコーチの存在も重要になる。女性のための適切なコーチングと教育の必

要性は，現在でもまだ見過ごされている状況にあり，過小に評価されている。

5．ジュニア選手のための筋力トレーニングのガイドライン

トレーニングプログラムは，それまでに遂行してきたトレーニングの背景を考慮しながら，ジュニア選手の年齢に対応したものを設定していく必要がある。若いジュニア選手のための生理学的能力と心理学的能力に影響する発育発達の要因を十分に理解せずに，成人のトレーニングプログラムをジュニア選手に適用している場合が非常に多く存在する。トレーニング効果および有効性などに対する質問の答えは，医学における専門家の興味を引くものであった（クレーマとフレック，2005）。主なスポーツ医学とエクササイズサイエンスの機関は，ここ10年間にわたって筋力トレーニングに関する資格やガイドラインを作成してきた。

クレーマーとフレック（2005）は，若いジュニア選手が筋力トレーニングプログラムを行う場合に生じる問題を，次のように提示した。

1. 子どものための心理学的および生理学的な準備状態は，筋力トレーニングプログラムに参加できる状態になっているか？
2. どのような筋力トレーニングプログラムを子どもに行わせるべきか？
3. プログラムに用いるエクササイズの適切な技術を理解しているか？
4. プログラムに用いるエクササイズの安全な補助方法を理解しているか？
5. プログラムに用いるトレーニング器具の安全性を理解しているか？
6. 筋力トレーニングの装置が子どもに適応しているか？
7. 子どものためにバランスのとれたエクササイズをトレーニングプログラムに用いているか（例えば，筋力トレーニングに加えて，心臓循環器系の活動や他のスポーツへの参加など）？
8. 子どもの成長軟骨に対する怪我の予防がプログラムの中で考慮されているか？

筋力トレーニングエクササイズを通して，子どもはストレスに耐えることができるようになる。本書では一貫して，個人ごとにエクササイズを選択するための考え方，適切な指導法，プログラムの評価法を説明してきた。両親と教師およびコーチは，年齢にかかわらず，若いジュニア選手に関する十分な議論を行う必要がある。子どもが持っている関心や不安に対して，大人は熱心に議論し話を聞き，そして相互に意見を求め合う必要がある。最も重要なことは，共通の考え方を持った上で，積極的に回復期を設けて休息をとるなどの方法を用いて，エクササイズにバリエーションを持たせることである。「もっともっと」という考え方は，ジュニア選手のトレーニングに関しては間違いである。

一般的なガイドラインが存在する一方で，種々のプログラム作成のための知見も多数存在している。それは，すべてのジュニア選手のための理想的なプログラムが存在しないということでもある。若いジュニア選手のためには，個人の特性に応じたプログラムであるとともに，成人選手へと成長を導くようなプログラムを用いてトレーニングを開始すべきである。筋力トレーニングプログラムへの耐性に関する劇的な変化は，子どもの成熟性を反映するものである。子どものエクササイズやスポーツプログラムへの耐性を過少評価せず，若いジュニア選手によるエクササイズの耐性に対しては，負荷をかけすぎてやる気をなくさせるよりも，焦らずにゆっくりと始めて継続する方が適切である。

筋力トレーニングのための適切な原理を利用することによって，子どもの発達状況に反映したプログラムを計画することができる。筋力トレーニングプログラムを実行する際には，適切なガイドラインを用いながら，熱意を持って妥

協せず，エクササイズへの耐性を過大評価しないようにしながら，発達段階に応じたエクササイズを行うことが必要である（クレーマー，2000）。両親と教師およびコーチは，実施しているプログラムだけが最も適した内容であるという考えが悪いものであることを知っておく必要がある。そして，子どもがエクササイズやスポーツへの不参加も選択できるようにしておくことが大切である。また，参加している子どもに助力を与えて，保護することのできる環境を提供していくことも重要になる。

(1) 初心者のためのトレーニングプログラム

子どもの筋力を高めるためには自身の体重やパートナーの体重を用いた筋力トレーニングが，効果的である。子どもが過体重であり，必要な可動範囲にわたるエクササイズが遂行できない場合には，パートナーを利用したエクササイズで代用すべきである。パートナーを利用したエクササイズは，クレーマーやフレックによって示されている（2005）。子どもがウエイトトレーニングを開始する前には，基本的な体力水準を高めておく必要がある。

開始時点に見合ったプログラムは，年齢に応じて著しく異なる。クレーマーとフレック（2005）は，表10.1に示すような異なる年齢から始める場合のプロフィールを作成している。より年少（5～6歳）の子どもに関する筋力トレーニングプログラムの場合には，初期には体重を利用したり，パートナーを利用したエクササイズを行い，基本的な筋力を発達させることによって，より大きく成長した時に実施する他のエクササイズのための準備を行う。体重が過負荷になりすぎないように，少ない回数のエクササイズを行うことに注意を向けなくてはならない。軽いダンベルの利用やパートナーを利用したエクササイズは，体重を負荷にしたエクササイズのパフォーマンスを向上させることができる。

(2) ジュニア選手のための筋力トレーニングに関する専門性

若いジュニア選手のための筋力トレーニング

表10.1 子どもの段階的な筋力トレーニングに関する基本的なガイドライン

年齢（歳）	考慮すべきこと
7歳以下	負荷を軽くするか，無負荷の基本的なエクササイズを指導する。トレーニングセッション，エクササイズの技術の指導，体重を利用した体操，パートナーエクササイズ，軽い負荷のエクササイズを，いずれも量を少なくして行わせる。
8歳～10歳	エクササイズ数を徐々に増大し，すべてのリフティングエクササイズの技術を行う。エクササイズの負荷は徐々に増大していく。量は徐々に増大し，エクササイズから受けるストレスに対する耐性を注意深く観察する。
11歳～13歳	すべての基本的なエクササイズの技術を教える。各々のエクササイズによる負荷は漸増していき，エクササイズの技術を強調する。それができたら，負荷を軽くするか，無負荷の状態で，より高度な専門的エクササイズを指導する。
14歳～15歳	より高度で専門的なエクササイズを行う。特に，目指すスポーツに専門的な要素を加えて行う。エクササイズの技術を強調し，量を増大させていく。
16歳以上	基本になるエクササイズを習得した後，完全な大人のプログラムを行う。

もし，子どもが経験のない状態でプログラムに参加するならば，低い初期レベルから始めて，運動の耐性，スキル，理解力を少しずつ高めていくようにプログラムを変化させていく必要がある。

Adapted, by permission, from W. J. Kraemer and S. J. Fleck, 2005, *strength training for young athletes*, 2 nd ed.(Champaign, IL：Human Kinetics), 13.

プログラムの流れは，成人のためのプログラムの流れと同じステップを踏んでもよいようである。子どものために作られ指導されてきた基本的なトレーニングプログラムは，1週間に3回，20～60分よりも長くならない内容である。筋力トレーニングプログラムは，安全性と楽しさを前提にしたものにすべきである。トレーニング環境は，プログラムにおける目標と期待を反映したものでなくてはならない。子どもが年齢を重ねるほど，より前進したプログラムに変更する必要がある。表10.1は，7～16歳までのプログラムを示している。子どもは筋力トレーニングに参加するためのさまざまな準備を行うとともに，最大の効果を得るためにはどうすればよいかを理解できる知恵を高めていく必要がある。

1) エクササイズの分類

エクササイズは数種類の方法に分類できる。
- 単関節エクササイズは一つの関節に関与する筋群のみが働くものである。
- 多関節エクササイズは一つ以上の関節運動が調整されたものである。
- マシンエクササイズは，運動の可動域を固定する。若いジュニア選手のためには，用いる器具を適切に選択しなくてはならない。バランスをとるために補助的に働く筋の利用は必要としない。
- フリーウエイトエクササイズは，運動の可動域を固定しない。そのために，負荷を挙上することと，バランスを保つための調整力を必要とする。このためには，身体姿勢の安定性を確保し，挙上する動作を助ける補助的な運動を行う筋群の活性化が必要になる。
- 構造的なエクササイズは，負荷を挙上するために全身を利用し，多関節運動による調整を必要とする。

これらのさまざまなエクササイズの例は，図10.2に示してある。

2) プログラムを決定する要素

第一に，おのおののエクササイズに利用する負荷は，推薦している反復回数ができるものにすべきである。その負荷で最大の反復回数が遂行できたならば，次は目指す反復回数になる負荷へと重さを変化させていく必要がある。各時点における運動フォームと技術には，継続的に注意を向けなければならない。そして，エクササイズはコントロールされた技術で遂行されなけれならない。それによって，負荷を不適切に動かすことによる怪我を予防し，マシンエクササイズやフリーウエイトによるダメージを防ぐことができる。若いジュニア選手の筋力トレーニングでは，どのようにエクササイズを遂行するのか，あるいはどのような姿勢を用いるのかについて理解する必要がある。

筋力トレーニングプログラムの目的は，子どもの個人的な要求ごとに異なり，それに応じてプログラムも変化する。そして，実際のプログラムを決定する要素によるさまざまなコンビネーション（例えば，エクササイズの種類の選択，エクササイズの順序，用いる負荷，セット間とエクササイズ間の休息時間）は，子どもに対する安全性と有効性を保障するものでなくてはならない。また，プログラムを作成する場合には，トレーニングの原則や共通した考え方に従って行うとともに，科学的な情報を適切に利用していく。若いジュニア選手には，すべてのエクササイズを，適切な技術を用いながら遂行させるとともに，それぞれの子どもが，トレーニングプログラムへの耐性があるかどうかを観察し，エクササイズによるストレスを注意深く評価していかなくてはならない。これらのアプローチでは，1年を通したトレーニングサイクルの中に，周期化したコンディショニングプログラムを，トレーニング量と強度を変化させながら組み込んでいく必要がある。コーチは若い

10章 ジュニアスポーツ選手のための筋力トレーニング

a *b*

c *d*

図 10.2 エクササイズは，装置のタイプと関与する関節の数によって分類される。
(a) レッグカールは単関節運動による固定型マシンエクササイズである。
(b) レッグプレスは多関節運動による固定型マシンエクササイズである。
(c) バイラテラルバイセプスカールはフリーウエイトによる自由型単関節運動である。
(d) ハイプルエクササイズはフリーウエイトによる自由型多関節運動である。

NSCAの定めた子どものための筋力トレーニングに関する要点

NSCA（National Strength and Conditioning Association）によって，次に示すような筋力トレーニングプログラムに関するガイドラインが作成されている。
- おのおのの子どもは，筋力トレーニングに関する生理学的かつ心理学的な準備が十分にできていなくてはならない。
- 子どもには現実的な目的を持たせるべきである。子どもに新しいスキルをはっきりと具体

化して学ぶ時間を設ける。
- エクササイズに関する環境は，安全で自由なものでなくてはならない。
- エクササイズのセッションには，5〜10分のウォーミングアップとクーリングダウンを含めなくてはならない（低い強度の有酸素系エクササイズとストレッチングエクササイズ）。
- エクササイズに用いる器具は，おのおのの子どもに適したサイズに調節しなければならない。
- すべてのトレーニングセッションは，経験のある専門家によって指導されるべきである。トレーニングの専門家とは，認められた協会や団体の資格を有する人のことである。
- すべての子どもにエクササイズの技術，トレーニングのガイドライン，補助手順に関する指導を行わなければならない。
- すべての子どもに，ウエイトルームにおけるエチケット（適切な場所に重りを返すことや身体的な違いを尊重することなど）を指導すべきである。
- 1セットから始めて，6〜8セットのエクササイズを行う。適切な調節ができるように，相対的に軽い負荷（12〜15 RM）から始める。
- 負荷は筋力の増大に伴って，徐々に増大させていくべきである。5〜10%の間で負荷を増大することは，ほとんどの子どもに対して適切である。
- 1週間あたりのセット数，エクササイズ数，トレーニングセッション数は，徐々に増大させていく。一般的なガイドラインとしては，8〜10のエクササイズを，6〜15回ずつ，1〜3セットにわたって遂行する。1週間の間には，2〜3日間にわたる連続した実施日を設けない。そして，プログラムを通して，子どものトレーニングに耐える身体的かつ心理的な能力を観察する必要がある。
- 子どもはプログラムを行うことに心地よさを感じる必要があり，次の実施を楽しみにして待つようにならなければいけない。もし，子どものトレーニングプログラムに関して問題が生じた場合には，専門家に相談して適切な修正を行わなければならない。
- 6〜8週間にわたる一般的な筋力トレーニングに引き続いて，専門的なエクササイズ（ベンチプレスエクササイズ，スクワットエクササイズ，レッグプレスエクササイズ）を，個人的な必要性と能力に従って，プログラムの中に取り入れる。新しいエクササイズが遂行される場合には，そのエクササイズの技術の学習において，十分に意識が持てるような軽い負荷を用いて開始するようにする。そして，筋肉痛は最小におさえる。
- 数ヶ月の筋力トレーニングに引き続いて，より高度な多関節系構造のエクササイズ（オリンピックリフトや修正したクリーンエクササイズ，プルエクササイズやプレスエクササイズ）を，適切な負荷とフォームを用いて，プログラムの中に取り入れる必要がある。専門的な多関節系リフトエクササイズを子どもに対して教える目的は，神経系の調節機構に関する発達やスキル技術を改善するためである。高強度の負荷を用いた爆発的運動は，思春期の前には行わないようにする。しかし，思春期になると，注意をしながら取り入れていく。
- もし，子どもが新しいエクササイズへの挑戦に不安を持っているようであれば，子どもにそのエクササイズを行って見せるようにすべきである。子どもの考えを聞き，エクササイ

ズを遂行するための方法を教えなくてはならない。
- 1年を通して，系統的に筋力トレーニングプログラムを変えていくことによって，子どものトレーニングプログラムについてもピリオダイゼーションの考えを取り入れていく。
- 個人間の競争を行わせないようにし，多くの運動への参加と強化に集中するようにする。
- 子どもがトレーニングを楽しんでいるか確認するべきである。筋力トレーニングプログラムへの参加を強制してはならない。
- 指導者や両親は，よい手本になるべきである。子どもが興味を持続できるように，支援と協力をしていく必要がある。
- 子どもには，トレーニングの前，中，後には十分な水分摂取を行うように奨励すべきである。
- 子どもには，様々なスポーツや身体活動を行うように奨励する。

　年齢に応じたトレーニングのガイドラインとプログラム，適切な指導は，子どもが安全で効果的かつ楽しい筋力トレーニングを行うために欠くことのできないものである。また，指導者はそれぞれの子どもの身体的特徴や感情および情緒の特徴について，十分に理解しなければならない。一方，子どもは筋力トレーニングの持つ効果や危険性について，正しく理解しなければならない。子どもの興味や目的，あるいは必要になる要因は絶え間なく変化する。しかし，筋力トレーニングを行う場合には，子どもの体力やスポーツプログラムに関する基礎的な条件と構成要素をしっかりと考慮して行うべきである。

ジュニア選手の成熟速度に関係する要素について理解しなくてはならないし，身体の発達に関する遺伝的な素因についても知らなくてはならない。子どもは小さな大人として取り扱ってはならず，大人のエクササイズに関するガイドラインやトレーニング哲学を直接子どもに利用してはいけない。

(3) サンプルプログラム

　フットボールに関するサンプルプログラムは，この章で議論した原理を論証している。このサンプルプログラムは，さまざまなスポーツのためのガイドラインとして利用されている。プログラムのプロフィールは，クレーマーとフレックによって示されている（2005）。
　フットボールには，スピード，筋力，パワーが必要になる。また，各ポジションにおける必要条件は異なっている。筋力トレーニングにおいて，スピード，筋力，パワーを改善することは，スポーツパフォーマンスを高めて，怪我を予防するために役立つ。これらのスポーツにおいて，若いジュニア選手は，怪我を予防するためのトレーニングを実践するために，まず身体的な準備状態を高めていく必要がある。クォーターバックは，肩に関するエクササイズに焦点を当てる必要がある。すべてのプレーヤーは，首，肩，膝，足首など，怪我が頻繁に起こる部位のエクササイズを遂行する必要がある。

> コラム

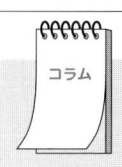

フットボール選手のための筋力トレーニングプログラム

1. オフシーズンのプログラム

ウォーミングアップ

5分間のジョギングとサイクリングによる一般的なエクササイズを行い，一般的なストレッチングルーティンを行う。

エクササイズ

選手はリストの順にエクササイズを遂行する。下線の部分はピリオダイゼーションの中で行うエクササイズである。

- <u>ベンチプレスエクササイズ</u>
- <u>スクワットエクササイズ</u>　または　<u>レッグプレスエクササイズ</u>
- <u>オーバーヘッドプレスエクササイズ</u>
- <u>ニーカールエクササイズ</u>
- シーティッドローエクササイズ
- ニーエクステンションエクササイズ
- エルボーカールエクササイズ
- アブドミナルエクササイズ

時間

- 1週間に3回のセッションで，セッションの間は少なくとも1日を空けるようにする。
- セッションあたりの時間は60～70分とする。

怪我の予防に関するエクササイズ

- ネックエクササイズ
- ショルダーローテーターカフエクササイズ
- カーフレイズエクササイズ

代用として用いるエクササイズ

- <u>デッドリフトエクササイズ</u>
- ラットプルダウンエクササイズ
- ランジエクササイズ
- <u>フロントスクワットエクササイズ</u>
- ナロウグリップベンチプレスエクササイズ

発展的なエクササイズ

- 実施者は，より専門的なエクササイズを8～10RMの負荷で，セットあたり5回以内の回数を用いて遂行する。専門的なエクササイズを利用する場合には，トレーニングセッションの始めから遂行すべきである。
- 膝の高さ，あるいは大腿部の高さからのパワークリーンエクササイズおよびクリーンプルエクササイズを行う。

10章 ジュニアスポーツ選手のための筋力トレーニング

- 膝の高さ，あるいは大腿部の高さからのパワースナッチエクササイズおよびスナッチプルエクササイズを行う。

オフシーズンのトレーニングプログラム
- 形式：セット−レペティション
- セット数：2～3回
- 負荷：10～12 RM
- セット間の休息とエクササイズ間の休息：2～3分
- 腹筋エクササイズに関するセットあたりの回数：20～30回
- その他：クォーターバックとオフェンスラインマンは，補助的にショルダーガードルエクササイズを遂行する。

2.プレシーズンのプログラム
ウォームアップ：ジョギングやサイクリングによる一般的なエクササイズを約5分行い，その後ストレッチングを行う。

エクササイズ
選手はリストの順にエクササイズを遂行する。下線の部分はピリオダイゼーションの中で行うエクササイズである。
- インクラインベンチプレスエクササイズ
- <u>バックスクワットエクササイズ</u>
- ラットプルダウンエクササイズ
- ニーカールエクササイズ
- リバースエルボーカールエクササイズ　あるいは　エルボーカールエクササイズ
- アブドミナルエクササイズ
- ショルダーインターナルローテーションエクササイズとショルダーローテーションエクササイズ（クォーターバックに必要）

時間
- 1週間に3回のセッションで，セッションの間は少なくとも1日を空けるようにする。
- セッションあたり30～45分とする。

怪我の予防に関するエクササイズ
- カーフレイズエクササイズ
- アディショナルローテーターカフエクササイズ
- ネックエクササイズ
- ニーエクステンションエクササイズ

代用として用いるエクササイズ
- <u>ナロウグリップベンチプレスエクササイズ</u>
- シーテッドローエクササイズ　あるいは　ベントオーバーローイングエクササイズ
- <u>ベンチプレスエクササイズ</u>
- リストカールエクササイズ
- デッドリフトエクササイズ

発展的なエクササイズ
- 実施者は，より専門的なエクササイズを8〜10 RMの負荷で，5回以内のセット数を用いて遂行する。専門的なエクササイズを利用した場合には，トレーニングセッションの始めから遂行すべきである。
- 膝の高さ，あるいは大腿部の高さからのパワークリーンエクササイズおよびクリーンプルエクササイズを行う。
- 膝の高さ，あるいは大腿部の高さからのパワースナッチエクササイズおよびスナッチプルエクササイズを行う。

プレシーズンのトレーニングプログラム
- 形式：セット－レペティション
- セット数：3回
- 負荷：8〜10 RM
- セット間の休息とエクササイズ間の休息：1.5〜2分
- 腹筋エクササイズに関するセットあたりの回数：20〜30回
- その他：クウォーターバックとオフェンスラインマンは，補助的にショルダーガードルエクササイズを遂行する。

3. インシーズンのプログラム

ウォームアップ：ジョギングやサイクリングによる一般的なエクササイズを約5分間行い，その後ストレッチングエクササイズを行う。

エクササイズ

選手はリストの順にエクササイズを遂行する。
- オーバーヘッドプレスエクササイズ
- バックスクワットエクササイズ
- ベンチプレスエクササイズ
- ニーカールエクササイズ
- ネックエクササイズ
- ニーエクステンションエクササイズ
- ショルダーインターナルローテーションエクササイズとショルダーエクスターナルローテーションエクササイズ
- アブドミナルエクササイズ

時間
- 1週間に1〜2回のセッションで，セッションの間は少なくとも1日を空けるようにする。
- セッションあたり25〜45分とする。

怪我の予防に関するエクササイズ

実施しない

代用として用いるエクササイズ
- インクラインベンチプレスエクササイズ

- シーテッドローエクササイズ
- ラットプルダウンエクササイズ
- ランジエクササイズ
- フロントスクワットエクササイズ
- カーフレイズエクササイズ
- ナロウグリップベンチプレスエクササイズ

発展的なエクササイズ
- 実施者は，より専門的なエクササイズを8～10 RMの負荷で，5回以内のセット数で遂行する。専門的なエクササイズを利用した場合には，トレーニングセッションの始めから遂行すべきである。
- 膝の高さ，あるいは大腿部の高さからのパワークリーンエクササイズおよびクリーンプルエクササイズを行う。
- 膝の高さ，あるいは大腿部の高さからのパワースナッチエクササイズおよびスナッチプルエクササイズを行う。

インシーズンのトレーニングプログラム
- 形式：セットーサーキット
- セット数あるいはサーキット数：2～3回
- 負荷：8～10 RM
- セット間の休息とエクササイズ間の休息：1～2分
- 腹筋エクササイズに関するセットあたりの回数：20～30回

6. 要 約

　筋力トレーニングは，若いジュニア選手のコンディショニングプログラムのために効果的であり，重要なプログラムである。さらに，適切なプログラム計画が遂行されたならば，すべての年齢の子どもにとってパフォーマンスを効果的に高めることができるとともに，怪我を防止することができる。また，エクササイズの技術と姿勢を選択するとともに，大人の指導が適切になされる場合には，高い安全性を獲得することができる。筋力とパワーの発達は，スポーツパフォーマンスを高める専門的トレーニングとして必要になる。それに加えて，筋力トレーニングは，健康と体力を高めることに対してメリットを与えるとともに，骨の健康についても改善していく。トレーニングの成功は，最適なプログラム計画を立案し，それを正しく実行することによって達成できる。

若いフットボール選手のための筋力トレーニングプログラムでは，スピード，筋力，パワーの向上に焦点があてられなければならない。

Chapter 11
シニアスポーツ選手のための筋力トレーニング

60歳からは身体に劇的な変化が生じる。これに対して，筋力トレーニングは，身体機能および生理的状態を，一般的な年齢曲線上に維持するために利用できる。近年得られた知見によると，高齢になっても身体の可塑性が維持されているために，筋力トレーニングによる適応が生じることが示唆されている。そして，筋力トレーニングは，加齢による機能性の低下を抑えるために利用することができる。すなわち，筋力トレーニングは，スポーツパフォーマンスに対して大きな効果を与えるとともに，シニアの健康状態を維持および改善するために利用することができるのである（ハッキネン，2003）。筋力トレーニングにおける原理はシニアにも適応でき，漸進性の原則も適応することができる（クレーマーら，2002；フレックとクレーマー，2003）。シニア選手は，試合で受ける過酷な状態を受け入れるための身体準備を行わなければならない。シニアが怪我をすると，回復のために長い時間がかかるとともに，根本的かつ長期的に身体パフォーマンスに影響を与えてしまう。そのために，スポーツパフォーマンスに対応できる身体的な準備と注意が必要になる。筋力トレーニングは，スポーツ実践や試合で受けるストレスに耐えるための身体的な発達を提供することができる。

1.筋力とパワーに及ぼす加齢の影響

加齢は遺伝的に決定されているものであるが，身体活動の特性にも影響される。病理学を越えた加齢に関する最も劇的な問題は，多くの生理的システムや身体の機能および形態の低下による運動不足症候群が存在することである。筋，骨，免疫，内分泌腺，心臓循環器系におけ

背筋のためのアイソメトリックトレーニングは，身体機能を高め，60歳以降の加齢に伴う負の影響を減少させる。

る機能の改善は，適切な処方と漸進的に遂行されるトレーニングプログラムによって実現できる（サイン，2004）。

シニアができる主な試みは，身体機能と諸能力を加齢に伴って維持していくことである。加齢に伴って身体能力は低下する。筋力トレーニングは，身体の機能性を維持し促進する。図11.1は，男性の典型的な加齢曲線を示している。筋力トレーニングを行っている人は，行っていない人よりも，高い機能性が維持できることを示している。

シニアの筋力トレーニングは，身体能力を著しく維持することが示唆されている。60歳代の男性パワーリフティングにおける世界記録は，ベンチプレスが164 kg，スクワットが203 kg，デッドリフトが282.5 kgである。これらのことは，身体能力は年齢を越えて非常に広範囲に保持できることを示している。また，すべての年齢において，筋力トレーニングが筋に適応を与えることを示している。アントンら（2004）は，パワーリフティングとウエイトリフティングによる記録を調査し，次のことを示した。

1．最大の挙上動作パフォーマンスによって評価される最大無酸素系筋パワーは，以前から考えられていた年齢よりも早期から連続して低下する。
2．最大筋パワーは，複雑で力強い運動によって大きく低下する。
3．加齢に伴う身体機能の低下速度は，より複雑で爆発的なパワーを必要とする運動に関しては，男性よりも女性が大きい。
4．年齢に伴う筋パワーの低下速度は，上半身と下半身で類似している。

図11.1に示すように，加齢は筋力に影響を与える。トレーニングを行っている人は，していない人に比較して，筋力における低下の割合が少ない。継続的な筋力トレーニングは，加齢に伴う機能低下を抑える。

すべてのスポーツにおいて重要なことは，人生のできるだけ初期に開始することであり，これは筋力トレーニングについても同様である。早期の筋力トレーニングプログラムは，個人の達成可能な筋力やパワーの大きさを決定する（10章を参照）。それに加えて，神経系の学習と生理的能力の向上は，成熟と成長を増大させる。若い時期のトレーニング，特に思春期前のトレーニングは，人生の重要な時期における多くの発達要因に重大な影響を与える。内分泌系機能における劇的な変化は，男性と女性の成熟

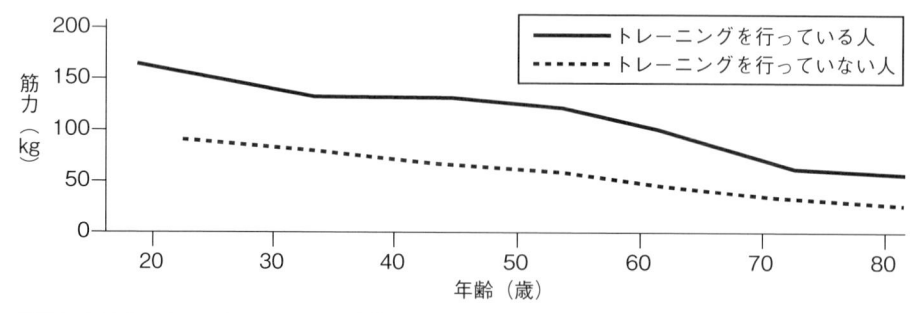

図11.1　男性におけるスクワットでの1RMの変化

11章　シニアスポーツ選手のための筋力トレーニング

コラム：シニア選手はスポーツ活動から効果を得ることができる

スポーツへの参加は，社会で活動し続けるシニアのために，多くの利益をもたらす。シニアは，スポーツを通して，緊張，疲労，抑圧，困惑，怒りを少なくし，活力を改善することができる。

の開始を促進する。内分泌系における大きな変化は，男性では人生の後半で生じることが知られており，男性ホルモンの減少は通常50歳ごろから生じる。また，女性では45～55歳で閉経が生じる。これらのことは，内分泌系の変化を理解するための重要な生理学的指標であり，生物学的な年齢が異なることを意味するものである。これらの期間は"身体のトリガー期"と言われており，この時期には身体の変化に応答することのできる強さが必要になる。

(1) 生理的な能力の消失

加齢に伴う筋線維の消失と運動単位の破壊は，筋を弱くしていく。最も大きな消失は，高い閾値を持つ速い運動単位で起こり，その傾向は長期間利用しない場合には増大していく。この消失は，特に筋線維数の少ない女性において顕著になる。サルコペニア（Sarcopenia）は，筋線維サイズの萎縮によって生じ，筋全体の萎縮が筋力低下の原因になっている。このことはマスターズ選手にとっても同様に生じる。細胞が最小のサイズになった際に，不活動がプログラム化された細胞の死を加速するのかもしれない。そして，サルコペニアが機能性の消失を促進し，病気になるリスクを高め，死亡率を高めることになる。サルコペニアの原因は明らかになっていないが，四つの重要な要因が存在している。

1. α運動単位の消失
2. 筋細胞による収縮性の低下
3. アンドロゲンやエストロゲンのようなホルモンの変化
4. 異化作用による細胞分裂の増大

シニア選手にも，このような変化は生じる。筋力およびパワートレーニングは，身体にある細胞，組織，生理学的なシステムに影響を及ぼし，パフォーマンスに必要とされる機能性を維持する。

1) 細胞サイズの仮説

身体の中の細胞は，遺伝的な素因に基づいて設定された最小の大きさが存在している。細胞がこのサイズよりも萎縮した場合に，細胞死が生じる。加齢に伴う筋線維の消失は，脱神経による神経刺激の減少や筋線維細胞の死による結果である。筋線維は年齢に伴って消失するが，一方では，活動が増大すると強化される。消失した筋線維は，脂肪や結合組織にとって代わられる。筋線維の消失は，力を生成するための個々の運動単位を傷つけ，筋全体の基本的な代謝機能に影響を与える（筋量の減少によるカロリー消費の低下）。

2) 筋力低下に関する年齢に依存した閾値

一般的な状況では，筋力パフォーマンスは20～30歳で最大になる。そして，その後に20年の歳月をかけて維持されるか，もしくはわずかに減少していく。60歳になると，男性でも女性でも劇的な減少が生じるが，特にこの減少

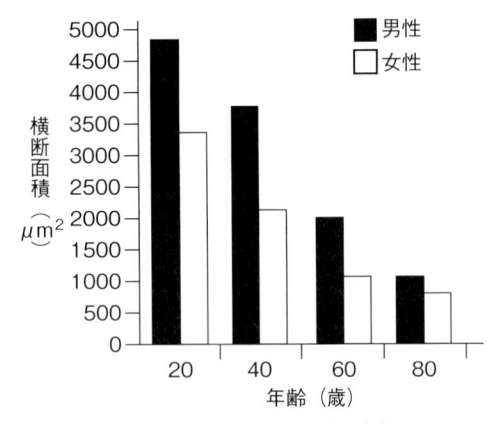

図11.2 加齢に伴う男性と女性の外側広筋におけるタイプⅡ線維横断面積の変化（各グループともに12名のデータによる）。男性の横断面積は女性のものよりも有意に大きい。
Unpublished data from Dr. Kraemer's laboratory.

は女性において著しい。横断的な研究では、年齢に伴う筋力低下の大きさが明らかに過小に評価されている。加齢に伴う筋力低下は、絶対的な筋線維サイズが萎縮することによって生じる。図11.2は、加齢に伴うタイプⅡ線維の横断面積の低下を示している。

筋力低下は、70歳になった後に最も劇的なものになる。縦断的なデータと同時に、横断的なデータをもとにすると、筋力は60歳から70歳までの10年間で約15％低下し、その後には30％低下していくことが明らかにされている。加齢に反して、生理的能力かつ機能的能力を高く維持することは、トレーニング実践を継続するために必要になる。力は質量と加速度の積であるので、力を最適にするための加速動作を強調したトレーニングを行うべきである。

(2) パワー産生の消失

パワーを発揮する能力は、シニアにとっても重要な身体能力であり、シニア選手の場合には特に重要である。男性でも女性でも、パワーに関するパラメータと機能的な能力との間には、高い関係があることが認められている。

男性でも女性でも、シニアに比較して、若い成人は急激に力を発揮することができる。力－速度曲線における0～200 msecの範囲の力は、加齢に伴って低下していく。これはα運動単位の絶対的な減少によって生じる。図11.2に示すように、タイプⅡ筋線維の横断面積サイズと収縮タンパクは、加齢に伴って減少し、特にこの違いは、男性と女性の年齢を比較する場合に顕著に認められる。筋力1RMの値は、タイプⅡ筋線維に関連した非常に高閾値の運動単位における遺伝的素因に影響される。加齢に伴い、1RMの値よりも、パワーはさらに素早く減少していく。急激に力を発揮する能力は、65歳から84歳までの間に、1年に3.5～4.5％の割合で減少していく。また、パワーを発揮する能力は、個人ごとの生理学的な特性に依存して、20歳から75歳までに、50～75％減少することが示されている。垂直跳のパワーとパフォーマンスは、加齢に伴って生じる結合組織における弾性要素の消失とともに低下していく。それに加えて、細胞内の水分消失は、加齢に伴うパワーパフォーマンスの低下に影響している。

(3) 加齢に伴う筋力低下に関する原因

多くのさまざまな研究は、加齢に伴う力発揮能力の低下する原因が、筋量の減少であることを示唆している。このことは、力発揮を目的としないトレーニングを行っている人にも見られる。筋量の減少は、個々の筋線維におけるサイズの萎縮や消失に関係している。加齢に伴ってタイプⅡ線維の選択的な消失が発生することが明らかにされている。80歳を過ぎると、タイプⅠ線維よりもタイプⅡ線維による顕著な低下が認められることから、タイプⅠ線維に対するタイプⅡ線維の比率は、青年のころには平均で60％あった値が、80歳をすぎると30％よりも低下してしまう。一流ウエイトリフターの調査によると、タイプⅡ線維を含む高い閾値を持つ

運動単位が減少する現象は，食い止める方法が存在しないことを示している。アントン（2004）が示したように，急激に力を発揮する能力は，加齢に伴って劇的に減少する。急激な方向変換や加速能力の低下は，パワーの低下に影響されて生じるものである。

2．筋力増大のためのトレーニング

25年間にわたる研究では，さまざまな筋力トレーニングを行わせることによって，シニアの筋力が改善することを論証している。60〜96歳のシニアでは，トレーニングによる最大筋力の改善が，118〜213%の範囲にあることを示している（ハッキネン，2003）。最大筋力を発揮する神経系の要因に関する学習効果は，相対的に高い割合で筋力を増大させることに役立つ。また，筋力の最も高い増大は，下肢筋群によって特異的に生じることが認められている。トレーニングをしていない人がトレーニングを行うと，相対的に筋力が増大することは，どの年齢の人にも共通である。しかし，筋力の増大によるトレーナビリティーが，年齢によって異なるのかどうかについては明確にされていない。48週間のトレーニングに伴う筋力の増大では，最初の24週間の方が後の24週間に比較して，大きな増大を示す。これらのことから，ある特定のエクササイズを用いた6ヶ月の筋力トレーニングは，シニアについても，大きな筋力の増大を引き出すことが理解できる。

(1) 運動単位の活性化と筋肥大

筋力における大きな増大は，トレーニングした筋による運動単位の活性化に関連している。シニアの筋肥大は，トレーニング期間に十分な栄養を摂り，長い期間にわたってトレーニングが遂行された場合に生じる。シニアにおける変化には，大きな個人的バリエーションが観察される。そして，それはこれまでの個人の活動特性，健康状態，回復能力に関連している。

筋肥大は筋力増大の第一要因である。タイプⅠ筋線維とタイプⅡ筋線維では，横断面積の増大が観察できる。トレーニングプログラムに高強度負荷が含まれている場合には，平均的にタイプⅡはタイプⅠに比較して，横断面積の増大は著しく大きい。高い力を必要とする高負荷でのトレーニングは，高い閾値の運動単位を動員させて，筋組織を完全に活性化させることができる。筋の長さと直径からみた筋サイズの増大は，筋力トレーニングにおける活性化状態によって変化する。観察されるすべての筋が肥大する程度は，活動する運動単位数によって決定される。このために，上肢と下肢を利用した大きな筋群によるエクササイズの利用が必要になる。

(2) ホルモンの分泌

シニアではエクササイズに対するホルモンの応答が著しく変化する。この現象は男性，女性ともに生じる。このような加齢に伴う内分泌器官による機能性の変化は，若い人々に見られるようなタンパク合成や代謝系に関する刺激応答能力を減少させる。この減少した無酸素系のホルモン応答（テストステロン，成長ホルモン，IGF-1，インシュリン）は，トレーニングに対する生理学的な応答の減少を説明するものである。

図11.3は，30歳と62歳の人の違いを説明している。この図は，短いトレーニング期間であっても，シニアはトレーニング刺激に応答することができるが，若い人ほど大きな反応を表すことも示唆している。このような変化は，より長い回復期間の必要性を過少評価させるとともに，シニア選手の変化の大きさが，ジュニア選手の変化とは類似しないことを説明するものである。

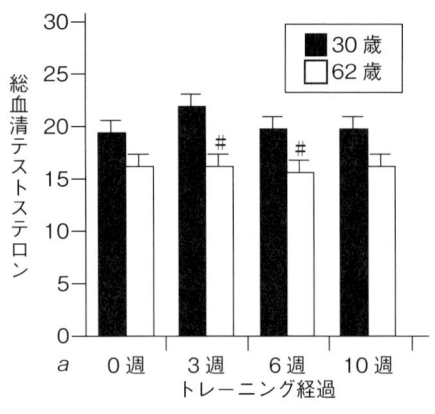

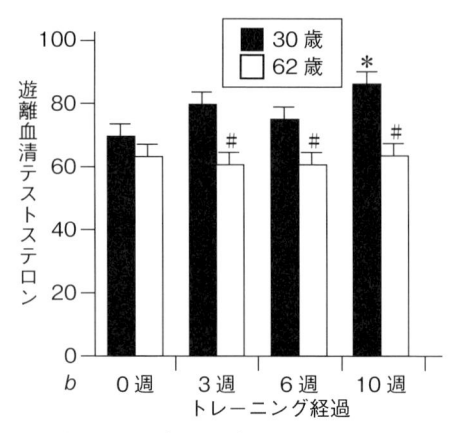

図11.3 10週間のピリオダイゼーションを用いた筋力トレーニングによる30歳と62歳の男性のテストステロン応答に関する違い。#はグループ間に見られる有意差である。＊は10週間のトレーニングによって，30歳の人に見られる血清テストステロンの有意増大を示している。

Adapted, by permission, from W. J. Kraemer et al., 1999. "Effects of heavy resistance training on hormonal response patterns in younger vs. older men." *Journal of Applied Physiology* 87(3): 982-992.

3．筋パワーを高めるためのトレーニング

　初期に行われた研究は，シニアにおける短期間でのパワー改善への試みがほとんど成功しないことを示していた。パワーの十分な改善が阻害される原因は，トレーニングの構成要素であるトレーニング時間，エクササイズの種類などに対して制限を与えていたことによるものであり，それによって神経系の機能低下が止められないことである。したがって，パワーエクササイズ（ハングプル，ハングクリーン，負荷付きジャンプ）では，爆発的で高いスピードパワーパフォーマンス（減速を伴わない気圧式の機器などを用いた固定されたエクササイズなど）を利用することが必要になる。また，トレーニングプログラムを適切に変化させることができれば，シニアでも，パワーの改善が可能になる。

　シニア選手におけるパワーの変化については，1RMに対するさまざまな割合（%1RM）を用いて評価してきた。これらの典型例は，1RMの30〜55%の範囲，あるいは体重の50〜70%の範囲を用いて評価されてきた。1RMに対する高い割合を用いて発揮される最大パワーは，筋力トレーニングプログラムによって高めることができる。トレーニングプログラムは，力とパワーの要素に依存する。

　シニアのための筋パワーに関するトレーニングは，多くの決定要因に依存している。それらを満足させるためには，次に示すエクササイズ実施上の留意点を守ることである。

1．適切なエクササイズを用いた場合でも，エクササイズにおける運動範囲の減速部分を除去することである。
2．最大パワーのためのトレーニングには，1RMの30%または40%の負荷を利用する。
3．力を形成する加速要素を最適にする。
4．上半身のパワー発揮のためにメディシンボールエクササイズを含めたプライオメトリックエクササイズを利用する。
5．高い力およびパワーに関する負荷をかけるトレーニングの間隔，すなわち回復期間を最適にする。それは3〜7日の範囲になる。
6．関節の安定性や機能性を保護するために，四肢の大きな減速を削除した高いスピード発揮ができるウエイトマシーンを使用す

11章 シニアスポーツ選手のための筋力トレーニング

コラム：男性における内分泌系ホルモンの停止

加齢に伴い，タンパク同化ホルモン（テストステロン，成長ホルモン，IGF-1）を合成する内分泌系器官の能力は減退し，血液中のそれぞれのホルモン濃度は低下する。この濃度が低くなりすぎると，医師は自然なサプリメントを用いたタンパク同化を促す薬を処方し，筋と骨に影響するホルモン濃度を増進させる。

筋力トレーニングは，シニア選手の人生設計に応じて行われる。70歳のシニア選手でも，身体能力を改善することができる。最適のトレーニングは，ピリオダイゼーションを用いたプログラムの作成と適切なエクササイズを利用した実践活動によって達成される。

る。この目的のためには，アイソキネティクス的な抵抗を利用する。その際には，エクササイズの選択と利用方法は，シニアに適したものに制限する。

4．栄養・年齢・運動への取組み

栄養，長寿，体力に関する研究の数は，指数関数的に増大している。エクササイズを継続し，スポーツ競技を継続しているシニア選手は，エネルギー供給および身体組織を再建する栄養摂取のために，正しい食事習慣を持つことが重要である（キャンベルとガイ，2004）。

加齢に伴って細胞中に水分不足が生じるために，保水と適切な水分摂取が必要になる。特に，筋力トレーニングを行う場合には，非常に重要なことである。3％の脱水レベルは，24～48時間にわたって筋力を低下させる。水分摂取は体温調節と水分循環のために重要であることから，シニア選手にとっても水分摂取は大切である。また，筋肥大に関する最初の応答は，細胞の膨張によるものであり，筋肥大を導くタンパク融合には透過性が必要である。水分摂取は細胞へ水分を与えるためにも重要になる。

キャンベルとガイ（2004）によると，シニアによる食事習慣を検討していく場合には，次に示すような点を考慮する必要がある。

1．栄養摂取は十分に行うべきである。特に，

> **コラム**
>
> ### 加齢に伴う神経系機能の減退
>
> 速筋型の運動単位数は，50歳を越えるとわずかに減少し始めて，10年で10%の減少を示すことが証明されている。シニア選手がトレーニングを中止した場合には，遅筋線維の割合が増大していくことになる。この現象には，速筋線維の選択的な萎縮と消失が原因している。

グルコース貯蔵を促進するための炭水化物を摂取し，エクササイズ中のエネルギーとして利用しなくてはならない。

2．タンパク質は筋肥大を促進するために摂取しなければならない。

3．食事による微量元素の摂取を強調すべきである。微量元素とはビタミンB_2，B_6，B_{12}，D，E，ミネラルであるカルシウムと鉄を含めたものである。

4．食事による体温上昇の加齢変化と脱水に対して増大する感受性は，健康を維持しパフォーマンスを向上するために，十分な水分摂取が重要であることを過少評価させる。

栄養は，シニア選手が，健康を高めて，パフォーマンスを向上させるための必要条件である。栄養摂取ではタイミングも重要になる。タンパク合成を促進するためには，必須アミノ酸と炭水化物をトレーニングの前後30分以内に摂取すべきである。アミノ酸摂取に伴うインシュリン応答は，シニア選手のタンパク合成を促し，トレーニングからの回復を促進する。

栄養と食事に関するマネジメントを改善していくことは，シニア選手が筋量を高める筋力トレーニングを行う場合に重要である。筋肥大を促進するためには，十分なタンパク質が必要になる。タンパク質の必要性は，推薦されているRDA（Recommended Daily Allowance；タンパク質・ビタミンの1日の推奨量）の値0.8 $g・kg^{-1}・day^{-1}$を越える可能性がある（キャンベルとガイ，2004）。必要とされるタンパク質と他の栄養による状態が悪い場合には，除脂肪体重は増大しない。ビタミン，ミネラル，微量元素の十分な摂取は，筋力トレーニングによる組織の再合成や回復機能を大きく促進する。

5. 筋力トレーニングによる疲労からの回復

疲労からの回復は，すべてのスポーツ選手にとって重要であるが，シニア選手にとっては特に重要になる。トレーニング後の期間は，組織の再合成のためのものである。適切な回復と同様に，エネルギーの再貯蓄は，筋力トレーニングプログラムの中の重要な一部である。

(1) トレーニング間に設定する休息

高齢になるほど，エクササイズによる疲労を回復させるために，十分に長い時間が必要になる。また，筋と結合組織は，ホルモンによる刺激応答を回復させるとともに，細胞の水分含有量を回復させるために長い時間が必要になる。これらのことからシニアのトレーニングにおいては，疲労回復のことを考慮してトレーニング強度と量を変化させなければならない。特に，高強度の負荷やエキセントリックな負荷を用いたエクササイズを多く行った場合には，筋損傷が非常に大きくなる。

筋のバイオプシー（生検法）研究では，シニアによるトレーニング後には，筋線維の7～10%が損傷を受けており，高強度のトレーニングを行うと，その傾向はより大きくなること

を示している．したがって，トレーニング後に生じる筋損傷は，若い成人と同様に，シニアでも生じることが理解できる．他の研究では，高強度の筋力トレーニングを行った場合，若い女性に比較して，高齢の女性では，筋の損傷が高い割合で生じることも示されている．若い女性に比較して，高齢の女性における筋のサイズは小さく，筋の横断面積あたりの張力が大きくなる．小さい筋量と少ない運動単位の活性化によって張力を発揮しなければならないために，筋損傷の領域は大きく激しくなる．

(2) 酸化による損傷

若い成人とシニアを対象にして，酸化によるDNA損傷を調査した研究では，シニアでは酸化による有意な損傷が認められ，その傾向は男性に多いことが示されている．酸化による損傷は，ホルモンの要因に規定されているために，性差が存在することになる．エクササイズが酸化による筋損傷に及ぼす影響については明らかではない．しかし，エクササイズは筋組織の損傷を促す酸化ストレスを増大させて，組織に炎症を生じさせる可能性がある．

筋力トレーニングは，エキセントリックな損傷を予防する効果があり，素早い回復に貢献する．しかし，この回復の長さは，エクササイズの種類とそれに伴って生じる損傷の大きさに依存する．例えばシニアのウエイトリフターが，2週間の激しいトレーニングを行う場合には，専門的な目的に配慮しながら，注意深く高強度の負荷によるエクササイズをプログラムの中に入れていかなければならない．そのためには，さまざまな種類のピリオダイゼーションモデルが必要になってくる．

(3) pH変化に対する耐性

高強度活動に対する身体の耐性は，ほとんどのスポーツで重要になる．特に酸化による変化と身体組織のpHに対する耐性のためには，筋と血液が重要な要因となる．この適応の一部は，筋力トレーニングによって達成できる．なぜならばpHに対する耐性は加齢に伴って低下するが，この状態はトレーニング不足による代謝状態と同様なものだからである．

乳酸はpHが変化することによるものではなく，身体の緩衝能力に貢献する解糖系の副産物によるものである．ATPの加水分解はpHの変化に影響を及ぼし，細胞内と細胞間の緩衝能力の改善は，スポーツ運動による劇的な身体変化に対する耐性を高めることに貢献する．

筋力トレーニングにおけるセット間や，エクササイズ間の休息期間を短縮する方法は，血液や筋組織の緩衝能力を改善し，身体の生理学的能力を向上させる．さらに，この緩衝能力を改善するためには，1週間に2回，8週間のトレーニングを遂行する．しかし，緩衝能力を変化させるような刺激レベルにするためには，1週間ごとに負荷と休息の関係をより高強度に変化させなくてはならない．400m走や800m走レースのための身体準備と同様なトレーニングを，シニア選手に行う場合には，疲労のサインを注意深く評価しなければならない．吐き気，軽い頭痛，めまいの兆候がある場合には，トレーニングは直ちに中止しなければならない．休息時間は，それらの兆候がなくなるまで延ばし，正常に回復した後に，次のトレーニングへと移行するようにすべきである．この兆候は深刻な病気を示唆したり，代謝への負荷が高すぎることを示している可能性があることを忘れてはならない．

(4) 関節へのストレス

回復過程における一つの重要な局面は，トレーニング後に経験する関節に対するストレスである．重い負荷を利用したエクササイズでは，

> **コラム　医師の処方せんなしの治療**
>
> 　近年の医学的な研究では，セチル脂肪酸と呼ばれる自然オイルを混合したトロピカルクリームの利用が，関節変形症を持つシニアの関節運動を有意に促進させることを結論づけている（クレーマー，2004）。トロピカルクリームの利用は，シニア選手の痛みを軽減し，関節可動域におけるバランスを改善する。

関節に対して高い圧迫力を与える。この圧迫力は用いるエクササイズのタイプによって決まる。知っておかなくてはならない重要なことは，どれぐらいの回数を行うと，関節に問題が発生するかである。一般的に，トレーニングにおいてエクササイズの失敗が頻繁に起こるが，その場合には，関節に対して大きな圧迫などのストレスがかかっていることが多い。シニア選手では，一回の反復回数を増すか中止するかについて，あるいは回復時間中に関節の痛みを制限する方法を導入するかについて，すべて個人的な特徴を配慮して判断しなければいけない。反復回数の多いエクササイズでは，最後の反復でのプッシュ動作中に，ヴァルサルバ法を用いた場合の危険性を理解していなければならない。

6. 筋力トレーニングと骨の健康

　筋力およびパワートレーニングによる結合組織（骨，腱，靱帯，筋組織内の非収縮要素）の発達，シニア選手の健康を維持し，怪我の予防を促進する。一般の成人や持久的トレーニングのみを行うスポーツ選手に比較して，女性シニア選手はより強い骨を持ち，関節変形症が少ないことが示されている。

　圧迫力やエキセントリックな負荷に耐えながら，身体にかかるストレスに対応するためには，弾性要素としての結合組織を強化する必要がある。スポーツ運動中には，身体各部の骨は力学的に適切な配列をさせなくてはならない。このためには，適切なエクササイズ負荷を利用し，結合組織を強化するための力を加えることのできるトレーニングプログラムを設定する必要がある。構造的な組織である骨は，張力や圧迫力に耐えられなくてはならない。エクササイズの処方は，負荷の必要条件を十分に反映しなければならない。

7. シニア選手のための筋力トレーニングのガイドライン

　プログラムデザインの原理は，スポーツ選手の年齢にかかわらず同じである。多くのシニア選手の持つ機能的な能力にはバリエーションがある。最もよいプログラムは，個人の必要条件と医学的な特徴に合わせて，個人ごとに設定したものである。

　シニア選手のためのトレーニング周期性を検討した研究は少ない。一方，周期性を取り入れた筋力トレーニングプログラムは，シニア選手に対してより最適なものである。それに加えて，機能的な筋力トレーニングは（不安定な地面上で行うエクササイズなど），筋のバランス，筋力，機能的な能力を有意に改善することができる。

　シニア選手のための筋力トレーニングプログラムは，トレーニング前に行う評価テスト，個

加齢と怪我の危険性

　シニア選手は，ローテーターカフ（三角筋の下にある筋であり，肩の動きをコントロールする役割を持つ），二頭筋腱炎，膝関節炎，大転子滑液のう炎，大腿四頭筋腱炎，ヘルニア，下腿三頭筋痛，骨折（閉経後の女性），原因不明の腰痛などに陥る傾向がある。これらの怪我を予防するためには，ローテーターカフを用いたエクササイズなど，プログラムの中に必要なエクササイズを適切に取り入れることが大切である。また，軽い負荷，中程度の負荷，そして重い負荷など，負荷の大きさを注意深く選択しながらプログラムの中に取り入れることも大切である。さらに，各セットにおける反復回数を適切に選択し，実施中には体の状態をよく理解するとともに，決して痛みや苦しみと戦おうとしてはならないことが大切である。

人に適した目標の設定，プログラムデザイン，トレーニング効果を評価するテストなどによって作成される。トレーニングプログラムの中で行うべき評価は，筋力テスト（可能であるならば，トレーニングに用いる器具を利用する），身体組成，機能的能力，筋サイズの変化，栄養の管理，トレーニング前の医学的な検査である。

(1) 医学的な検査

　アメリカスポーツ医学会（ACSM）では，プログラムを開始する人々に，三つのリスクカテゴリーを提唱している。
1. 明らかに健康で，まったく冠動脈疾患リスクがなく（高血圧，喫煙），心臓循環器系および代謝系の疾病のない人
2. 高いリスクを持ち，二つかそれ以上の冠動脈疾患リスクと心臓循環器系および代謝系疾患の兆候のある人
3. 冠動脈疾患と心臓循環器系および代謝系の疾患になった経験のある人

　シニア選手は，より激しいトレーニングを行うとともに，健康に対するリスクを最小に抑えるために，医師の検査を受けながら実施していくべきである。

(2) 進行速度

　シニア選手の持つ主な関心は，怪我およびオーバーユースのないように適切にトレーニングを進めることである。トレーニングからの回復には長い時間が必要になり，トレーニング後に，組織を再建するための生理的な回復能力が重要になる。この方法については，ACSMでは基準を示している（クレーマー，2002）。

　高い質の筋力トレーニングは，シニア選手のQOL（クオリティ・オブ・ライフ）とスポーツの成功のために利用できる。トレーニングでは，筋肥大，筋力，パワー，局所的筋持久力などの筋に関する能力を高めていかなければならない。また，トレーニングプログラムでは，バリエーション，徐々に行う漸増性，専門性，回復への注意などが内在されていなくてはならない（クレーマー，2002）。

　シニア選手が行う長期的な筋力トレーニングにおいて，その目標が筋力のレベルを高めることにある場合には，筋力トレーニングプログラムのバリエーションを多くする必要がある。漸増性の原則については，筋力に関する適応を促すように，負荷の強度と量を徐々に上げていくことである。適応の大きさと適応の速度は，トレーニング初年度では大きく，その後に基本的

な改善がなされた後には小さくなっていく。

シニア選手におけるプログラム計画では，周期性を取り入れていくことによって，スポーツパフォーマンスに重要となる要因を配置していく。筋力はどのプログラムに対しても目標の中核になる。筋の大きさが増大すると，pHに対する耐性を改善することにもつながる。乳酸の緩衝能力の改善は，局所的な筋持久力を改善することにつながる。

8. 要　約

シニア選手のための筋力トレーニングの有効性は，筋力，筋量，筋持久力の増大を促進するとともに，柔軟性やエネルギー蓄積を高めて，自己へのイメージや信頼性を改善することである。シニア選手のための筋力トレーニングプログラムに関する二つの構成要素は，筋力とパワーである。筋の強さは毎日の身体運動を良好にし，QOLを高める。それに加えて，筋力トレーニングでは，心臓や循環器系への負荷は少ないが，心臓循環器系の持久力を高めることに貢献する。これは，小さい持久的運動を用いたトレーニングであっても，副次的に最大の自発的な筋力が高まることに類似している。筋量と骨量が高まることは，シニア選手の健康状態を維持増進していくために非常に重要である。これらのことから，シニア選手のための筋力トレーニング計画とその正しい実践は，スポーツパフォーマンスの向上と健康を維持増進するのために欠くことのできないものであることがわかる。

用語解説

※太字は特に重要な語

あ行

アイソトニック isotonic　一定の力によって行われる筋収縮のこと。一定の負荷に対する運動,一定の関節トルクによる運動によって生じる。

アイソメトリックな筋収縮 isometric muscle action　静的な筋活動（static muscle action）を見よ。

アクチン actin　筋原線維にある2つのタンパクの中の一つ。もう一つのタンパクはミオシンである。

アデノシン三リン酸 adenosine triphosphate（ATP）　素早く利用できるエネルギー源であり,すべての細胞で利用される化学物質。

アミノ酸 amino acids　筋タンパクを構成する有機化合物。

アミノ酸（必須）amino acid, essential　食事によって摂取すべき不可欠なアミノ酸。

医学的一力学的体操 medico-mechanical gymnastics　馴化した抵抗に準じた負荷をかけるためのトレーニング機器を用いたエクササイズのこと。ザンダー氏（1879）によって提唱されたエクササイズと機器を示すために用いられていた古い用語。

異化作用 catabolism　合成物質を単純な物質に分解する作用。同化作用とは逆の作用。

移行期（トレーニング）transition period（of training）　次のシーズンへ移行するための準備を行うトレーニング期間。

維持負荷 retaining load　体力レベルを維持するための神経系領域の負荷。

一要因理論 one-factor theory　1回のトレーニングによる即座の効果は,生化学的な物質を枯渇させることから始まり,休息期間の後に,物質のレベルが初期レベル以上に増大していくという理論（超過回復理論のこと）。

一般トレーニング理論 generalized training theories　スポーツトレーニングの最も基本的な特徴を考慮した基本モデル。

ヴァルサルヴァ法 Valsalva maneuver　声門を閉じて呼気を行う方法。

ウエイトリフティング, オリンピックスタイル weightlifting, Olympic style　スナッチとクリーン＆ジャークからなる種目のこと。

動き motion　幾何学的に決定できる運動。もしすべての身体部分が異なる試みで行われても,それらが同じ方向,あるいは非常に類似した軌跡で動いた場合,それは力や時間,速度などが異なっても,同じ動きであると判断する。

運動単位の分布域 corridor（of motor units）　ある運動で動員され,トレーニングされる運動単位の分布域のこと。

運動単位 motor unit（MU）　運動ニューロンとそれが支配する筋線維の単位。

運動単位の活性化 motor unit activation　運動単位と筋線維の刺激。

運動ニューロン motoneuron（motor neuron）　筋細胞を支配する神経細胞。

運動能力の転換 transmutation（of motor potential）　一般的な能力を専門的な競技パフォーマンスへと転換させること。

エキセントリックな筋活動 eccentric muscle action　運動と同じ方向の外力を受けて,伸張しながら張力を発揮する筋活動。プライオメトリックな筋活動して知られている。

エネルギー energy　仕事を行うための容量。

エフェクトサイズ effect size　［(トレーニング前の平均値－トレーニング後の平均値)／トレーニング前の標準偏差］で計算されるトレーニング効果。

遠心性 efferent　中枢神経系から刺激が送られてくること。

横隔膜 diaphragm　胸腔から腹部を分ける筋膜。

横紋筋変性 rhabdomyolysis　過度の運動によって生じる筋線維の融解による崩壊現象。

重さ weight　重力による抵抗。

オリンピックサイクル Olympic cycle　オリンピック周期の4年間単位のトレーニングサイクル。

か行

外的な力 external force　選手の身体と環境との間に作用する力。外的な力のみが選手の筋力を計測する指標となる。

外転 abduction　四肢を身体の正中面から遠ざけるように動かす運動。

解剖学的な一致 anatomical match　体幹の伸展と吸気，体幹の屈曲と呼気を一致させること。

学習効果 learning effects　実践による機能の変化，とくに神経系がよりよく機能すること。

過負荷 overload　通常の大きさを超えたトレーニング負荷（強度と量）。

カロリー calorie　エネルギー量。熱にした場合の量で表した指標。

慣性 inertia　物体の特性に応じて生じる抵抗であり，外力が加わらない限り，運動はそのままの方向と速度を維持する性質。この物体を加速（減速）するためには，慣性に打ち勝つ大きさの力が必要になる。

慣性車輪 inertia wheel　少ない摩擦抵抗によって，車輪の持つ慣性を抵抗にする装置。主に研究に利用される。

拮抗筋群 antagonist muscle groups　主働筋群に抗する筋群。主働筋群が行う運動にブレーキをかける筋群。

稀発月経 oligomenorrhea　不定期で軽い月経のサイクル。

急性のトレーニング効果 acute training effects　運動中に即座に生じる変化。

休息インターバル rest interval　セット間の休息時間。

急速解放法 quick-release technique　身体の部位をある位置に固定した状態で，アイソメトリックな筋力発揮を行わせ，その後この固定を取り除き，急激な運動パフォーマンスを開始させること。

強調法・抑揚法 accentuation　主なスポーツ運動中には最大努力が発揮される関節角度があるが，この角度に関与する筋力を強調的に増大させる方法。

強度係数 intensity coefficient（IC）　[IC＝挙上した重量の平均値／競技パフォーマンス]で計算される。

局所的な筋持久力 local muscular endurance　最大下負荷に対して繰り返し筋収縮を行うための筋または筋群の能力。例えば，懸垂，パラレルバーディップ，腕立て屈伸，または固定した負荷を用いたトレーニングエクササイズにおいて，最大反復回数を目指すことなどによって評価する。

筋の欠乏 sarcopenia　年齢にともなって筋力の低下を引き起こす筋線維サイズおよび筋量の減少。

筋原線維 myofibril　太い線維と細い線維からなる筋線維の縦列の単位。

筋原線維の領域密度 filament area density　筋線維横断面積に対する筋原線維横断面積の割合。

筋コルセット muscular corset　体幹の筋群。

筋持久力 muscular endurance　心臓循環器系や呼吸器系の高い活動を必要としないで，高い負荷を伴うエクササイズを行うための持久力。

筋線維 muscle fiber　骨格筋細胞。

筋痛の遅延 delayed muscle soreness　トレーニングの24〜48時間後で生じる痛みや疼き。

筋電図 electromyography（EMG）　筋の表面や深部の電気活動を記録する方法と指標。

筋の横断面積 cross-sectional area（of a muscle）　縦軸走行に対して垂直面の筋線維面積。

筋紡錘（伸張受容器） muscle spindle（stretch receptor）　筋内の長さ変化を感知する受容器官。

筋膜 fasciae　線維膜のこと。

筋力 muscular strength　筋力(strength)を見よ。

筋力 strength (muscular)　筋の努力によって外的な抵抗に打ち勝つ、あるいは外的な物体に作用を与えるための能力。最大最高の外的な力を発揮する能力は、F_{mm} として示される。

筋力アーム muscle force arm　関節の回転中心と筋力の作用線との間の最短距離。

筋力曲線 strength curve　競技者が発揮する力（トルクなど）と身体の姿勢（関節角度など）との関係をプロットしたもの。

筋力トポグラフィー strength topography　さまざまな筋群の筋力を比較するためのもの。

筋力の不足 muscle strength deficit（MSD）　［100（電気刺激を受けて発揮する筋力－最大の自発的筋力）／最大の自発的筋力］で表わされる。

空気式 pneumatic　空気を圧縮することで操作する筋力トレーニングの負荷。

屈筋 flexor　関節角度を減少または四肢を屈曲させる筋。

クリーン＆ジャーク clean and jerk　バーベルを床から肩の位置まで挙上し、引き続いて頭上までさしあげる運動。重量挙げ競技の種目。

クロスブリッジの付着 cross-bridge attachment　ミオシンクロスブリッジのヘッドとアクチン線維の連結。

月経過多症 hypermenorrhea　規則的な間隔で起こり、過度で長期にわたる子宮内出血の症状。

月経困難症 dysmenorrhea　生理期間になると痛みのある症状。

月経周期 menstrual cycle　女性において月ごとに生じる子宮組織と血液の排出。

結合組織 connective tissues　腱や靭帯、骨、軟骨などの身体を支持する組織。

現実的メゾサイクル realizational mesocycle (precompetitive mesocycle)　ある範囲の体力で、最高のスポーツパフォーマンスを引き出すために計画されるメゾサイクル。

減少反転の原則 principle of diminishing returns　トレーニングの量や持続時間が増大すると、適応の大きさが低下するという原則。

限定要素的な関係 parametric relationship　運動におけるパラメータの値（例えば砲丸の重さ）が、系統的に変化された場合、同じ運動でも、最大力(F_m)と最大速度(V_m)の関係は変化する。F_m と V_m の関係は典型的には負になり、力(F_m)が大きくなるほど、速度(V_m)は小さくなるという関係がある。

効果係数（ピリオダイゼーションにおける）efficacy coefficient (in periodization)　シーズンにおける最も重要な試合で最高のパフォーマンスを発揮した選手数の割合（％）。

骨化作用（化骨）ossification　カルシウムの沈着によって骨が硬化すること。

骨粗しょう症 osteoporosis　骨の量と密度が減少し、骨折の危険性が高まる症状。

個別性 individualization　個人ごとの能力や特性などに応じてトレーニングを行うこと。

ゴルジ腱器官 Golgi tendon organ　筋に直列に付いている張力を感知する神経。

ゴルジ腱反射 Golgi tendon reflex　筋の一端を引く力の急激な上昇によって引き起こされる筋活動の抑制。

コンセントリック（マイオメトリック）な筋活動 concentric (or miometric) muscle action　張力を発揮して筋が短縮すること。外的な負荷は運動方向とは反対方向にかかる。

コンプライアンス compliance　ある力に対して長さが変化する割合を示した指標。

さ行

サイズの原理（運動ニューロンの動員）size principle (of motor neuron recruitment)　筋によって発揮する力を調整するために、中枢神経系は低い力を発揮させる小さい運動神経から動員し、高い力を発揮させる大きな運動神経へという順序性を用いている。小さな運動神経は遅筋線維、大きな運動神経は速筋線維を支配しているために、サイズの原理は低い力しか発揮していない場合には、遅筋線維しか活性化されていないことを意味している。

最大筋パフォーマンス maximal muscular performance　運動パラメータの大きさ（例えば，道具の重さや走距離）が固定された時の最も高い達成度のこと。P_m（V_m は最大速度，F_m は最大力）は，専門的な最大筋パフォーマンスとして，この著書全体にわたって用いられている。

最大最高のパフォーマンス maximum maximorum performance　P_{mm}（パワー），F_{mm}（力），V_{mm}（速度）で示される最も高いパフォーマンスのこと。例えば，V_{mm} と F_{mm} は最も好ましい条件下で発揮される最大の速度と力のことである。

最大収縮の原則 peak-contraction principle　関節運動における最も弱い位置（スティッキングポイント）での筋力が主に増大するという原則。

最大の競技重量 maximum competition weight（CF_{mm}）公式試合において達成する競技パフォーマンスとしての重量。

最大のトレーニング重量 maximum training weight（TF_{mm}）心理的なストレスのない状態で持ち上げることができる最も重い重量（IRH）。

最大の非限定要素的な関係 maximum nonparametric relationship　非限定要素的な関係（nonparametric relationship）を見よ。

最大反復回数 repetition maximum（RM）　疲労するまでに1セットにおいて一定の反復回数を挙げることのできる最大重量。例えば，3 RM は1セットで3回挙げることのできる最大の重さを示す。

サーキットトレーニング circuit training　専門的な運動を含めて，いくつかの運動で構成させるトレーニング。

サルコメア（筋節）sarcomere　筋原線維の収縮繰り返し単位。

残存トレーニング効果 residual training effects　トレーニングが中止された後，可能な適応がなされる期間を超えても変化が保持されること。

試合期 competition period　シーズン中のトレーニング期間のこと。

時間－不足領域 time-deficit zone　時間が短すぎて，最大最高の力を発揮することができない領域。

持久力（エンデュランス）endurance　疲労に耐える能力。

持久力指数 indices of endurance　持久力の絶対指数（absolute indices of endurance）を見よ。絶対指数と相対指数がある。

持久力の絶対指数 absolute indices of endurance　同じ大きさの抵抗に打ち勝つ運動回数を指標にして決定する持久力（例えば 50 kg のバーベルを挙上する回数など）。

持久力の相対指数 relative indices of endurance　最大筋力に対する割合で特定された負荷（例えば，F_{mm} の 50％の重さのバーベルを挙げること）に打ち勝つことによって決定される持久力。

刺激負荷 stimulating load　正の適応を誘発する神経系のレベルを超えた大きさの負荷のこと。

仕事 work　力とそれに要した距離の積。

思春期 adolescence　子どもから完全な大人へと発達する段階。身体は生物的には大人になっていても，心や感情は完全には成熟していない段階。思春期とされる年齢は，各国の文化によって異なり，米国では一般的には 13 歳から 24 歳までとされている。

主働筋群 agonistic muscle groups　運動を行うために主に働く筋群。

馴化 accommodation　継続的に負荷する刺激に対して，生物学的な反応が順応し，減少していく現象。

準備 preparedness　試合のための競技者の配備。個人の持っているスポーツパフォーマンスによって特徴が決定される。

準備期間 preparation period（of training）　シーズンオフ中のトレーニング。

女性競技者の三問題 female athlete triad　食事障

害，無月経，骨粗しょう症のこと。

伸筋 extensor　関節角度を増大または四肢を伸展させる筋のこと。

神経 neuron　神経細胞。

神経軸索 axon　神経刺激が伝わる線維。

身体中心の安定性（コアスタビリティー）core stability　四肢の運動を遂行するために必要とされる体幹や骨盤の安定性。

伸張受容器 stretch receptor　筋紡錘などの伸張運動を感知する器官。

伸張ー短縮サイクル運動 stretch-shortening cycle　反動的筋活動（reversible muscle action）を見よ。

伸張反射（筋伸展反射）stretch reflex（myotatic reflex）　伸張に反応して筋を収縮させる反射のこと。

髄核 nucleus pulposus　椎間板の中にあるゼリー状のやわらかい線維状の軟骨。

スティッキングポイント sticking point　最も弱い身体姿勢で，力も最小になる位置。

ストレス（インパクト）ミクロサイクル stress（impact）microcycle　トレーニング負荷は高く，休息間隔は短く休息が不十分なミクロサイクルのこと。疲労は日を追って蓄積していく。

スナッチ snatch　オリンピックのウエイトリフティングにおける2種目の中の一つであり，バーベルを床から頭上まで一気に挙げる種目。もう一つの種目は，クリーン＆ジャークである。

スピード負荷トレーニング speed-resisted training　抵抗を増大させながら，スポーツ運動そのものをトレーニング手段とすること。

スポーツに専門的な運動 sports-specific exercise　競技者の専門種目に関連したトレーニング運動。

成熟期 puberty　性的な成熟に到達する期間であり，男子では13歳から15歳，女子では10歳から16歳の頃のことである。

成長ホルモン growth hormone（GH）　脳下垂体から分泌される身体の成長を調節するホルモン。

静的（アイソメトリック）な筋活動 static（isometric）muscle action　筋の長さが一定の筋活動で，動きのないもの。アイソメトリックとは，筋（筋＋腱）の長さに変化がないことを意味する。

線維輪 annulus fibrosus　椎間板の外部分を形成する輪のような線維。

前十字靱帯 anterior cruciate ligament（ACL）　膝にある二つの靱帯の中の一つ。大腿骨の内側から脛骨の頭へと繋がる靱帯。この靱帯は膝の前で交差していることから，十字靱帯と呼ばれている。

漸増負荷トレーニング progressive resistance training　筋力を高めるために，負荷を漸増的に上昇させるトレーニング。

専門性 specificity　トレーニング運動で引きおこされる適応とスポーツ運動に要求される適応との間の類似性。

前湾症 lordosis　背中にある背骨の湾曲で，脊柱前湾症のこと。

増殖 hyperplasia　細胞数の増大。

即時トレーニング効果 immediate training effects　1回のトレーニングセッションの結果として生じる効果。

速筋線維（タイプⅡ）fast-twitch fibers（type Ⅱ）　高い張力，高い力の発揮速度，低い持続力を有する筋線維のこと。

た行

代謝率 metabolic rate　身体がエネルギーを使用する速度。安静時の代謝率は，休息中にエネルギーを使用する速度のこと。

体力 physical fitness　競技者としての準備に必要な要求で，ゆっくりと変化する構成要素のこと。

脱トレーニング負荷 detraining load　競技者のパフォーマンスや機能的な能力を低下させるための負荷。

多年時のトレーニング multiyear training　長期

展望に立ったトレーニング（long standing training）を見よ。

短期計画 short-term planning　ワークアウト，ミクロサイクルおよびメゾサイクルにおける計画。

弾性 elasticity　ゴムバンドやバネのような変形する物体に生じる性質。

男性の更年期 andropause　中年男性において男性ホルモンレベルが低下する時期。女性の閉経期に相当するもの。これをADAM（高齢男性における男性ホルモン低下）と呼ぶ。

遅延転換 delayed transmutation　獲得した運動能力を競技パフォーマンスに転換するために要する期間。

遅延変容（トレーニング）delayed transformation (of training load)　実施したトレーニングに対してパフォーマンスの向上が遅れる状態。

遅延変容の期間 period of delayed transformation　最高のトレーニング負荷とピークパフォーマンスが発生する間の期間。

力 force　身体や物体間の相互作用を瞬間的に計測したもの。大きさ，方向性，作用点を持つ。

力－速度関係（曲線）force-velocity relationship (curve)　運動のパラメータを規則正しく変化させた時の最大力と速度との間の限定要素的な関係。運動速度は力の増大に伴って減少する。

力の勾配 force gradient (S-gradient)　筋力発揮における初期の立ち上がり速度を示す指標。[S-gradient＝$F_{0.5}/T_{0.5}$] で計算される。$F_{0.5}$は最大力F_mの半分の力，$T_{0.5}$はこの力に達するまでの時間のことをそれぞれ示す。

力の発揮速度 rate of force development　筋活動の開始から時間経過に伴って発揮される力。

力のフィードバック force feedback　ゴルジ腱反射（Golgi tendon reflex）を見よ。

遅筋線維（タイプⅠ）slow twich fibers (type Ⅰ)　低い力，遅い発揮速度，高い持続力を持つ筋線維のこと。

蓄積メゾサイクル accumulative mesocycle　スポーツ選手の基礎的な能力を高めるために計画したトレーニングのメゾサイクル。スポーツ技術（運動学習）と同時に，基本的な運動能力を改善するためのメゾサイクル。

中期計画 medium-term planning　マクロサイクル計画。

中枢性の要因（力の産生）central factors (in force production)　中枢神経系によって筋活動を調節する要因のこと。筋肉間調整と筋肉内調整がある。

超過回復局面 supercompensation phase　運動負荷の後で生化学的な物質のレベルが高まる期間。

超過回復理論 theory of supercompensation　一要因理論（one-factor theory）を見よ。

長期計画 long-term planning　多年時にわたるトレーニング計画。

長期展望に立ったトレーニング long-standing training　選手の競技歴のすべてを見越して行うトレーニング。

腸腰筋 iliopsoas　腸骨筋と大腰筋で構成する筋。

直線的なピリオダイゼーション linear periodization　1シーズン中に，連続するすべての目標をトレーニングすること。

椎間板 intervertebral disc　近接した二つの椎骨間にある繊維状軟骨の円盤。

適応 adaptation　環境に対して身体諸器官が調整されていくこと。

テストステロン testostcronc　男性ホルモンのこと。

テーパリング（ピーキング）tapering (peaking)　重要な試合前に行うトレーニング期間。変容メゾサイクルと現実的メゾサイクルの特徴を結合する期間。

同化作用 anabolism　一つの物質から複合物質を合成すること。異化作用とは逆の作用。

同時トレーニング simultaneous training　異なる運動能力のトレーニングを同時に行うこと。例えば，同じ期間中に，あるいは同じトレーニングの日に，筋力とスピードをトレーニン

グすること。

等速性筋活動 isokinetic muscle action 一定速度で筋が短縮すること。通常は一定の関節角速度や負荷を等速で直線的に挙上する方法によって生じる。アイソキネティックとは，一定速度を意味し，筋の長さの変化に関する速度，負荷を挙上する速度，関節角速度のことを示すものである。

等張抵抗 accommodating resistance 関節運動の全範囲を通して筋力を増大させるための抵抗。

動的な筋活動 dynamic muscle action 張力を発揮しながら筋が伸張したり短縮したりすること。コンセントリックな収縮，エキセントリックな収縮，反動的な収縮がある。

ドラッグ drag 空気や水等によって身体に与える運動抵抗のこと。

トルク（力のモーメント） torque（moment of force） 筋力によって生じる回転効果のことであり，筋によって生じる外的なトルクは，筋が発揮する張力とそのモーメントアームの積になる。

トレーニング期間 period of training いくつかのメゾサイクルによる期間。

トレーニング効果 training effects トレーニングの結果として体の中で生じる変化のことであり，急性の効果，短期間に生じる効果，蓄積効果，遅延効果，部分的効果，残存効果がある。

トレーニング効果の重ね合わせ superposition of training effects 個々のトレーニング効果が即時効果と遅延効果を連続的に起こしながら相互作用すること。

トレーニング効果の蓄積 cumulative training effects 多くのトレーニングまたは多くのシーズンのトレーニングが重なり合った結果。

トレーニング効果の転移 transfer of training results トレーニングしていない運動のパフォーマンスが他のトレーニングの効果が影響して上昇すること。

トレーニング効果の変容 transformation（of training work） 実施するトレーニング適応の結果としてパフォーマンスが上昇すること。

トレーニング効果の残存 training residuals 残存トレーニング効果（residual training effects）を見よ。

トレーニングセッション（ワークアウト） training session（workout） エクササイズと休息により構成されるレッスン。

トレーニング転換のメゾサイクル transmutative mesocycle 向上した一般的な体力を専門的な競技の準備に転換するためのメゾサイクル。

トレーニングのタイミング timing of training 時間の流れに即して，トレーニング負荷とエクササイズを適切に分布させて当てはめていくこと。

トレーニングの遅延効果 delayed training effects トレーニング期間の後に，一定の期間が経過して表れる効果や変化。

トレーニング負荷 training load 遂行するトレーニング負荷の大きさなど，負荷の総合的な特性。負荷は挙上する重さの量で示すのが一般的である。

な行

内的な力 internal force 人間の身体のある一部からその他の部位へと働く力。

内転 adduction 四肢を身体の正中面に近づけるように動かす運動。

長さのフィードバック length feedback 伸張反射（stretch reflex）を見よ。

二重ストレスミクロサイクル doubled stress microcycle 2つのストレスミクロサイクルを連続的に配列するサイクルのこと。

二要因理論 two-factor theory 運動後の急激なトレーニング効果は，体力の増大と疲労の増大によって生じるという理論。

人間の筋力曲線 human strength curve 筋力曲線（strength curve）を見よ。

粘性 viscosity 流れる速度に依存して発揮する力が変化するというオイルのような半流動体の

性質。

は行

バイオメカニカルな一致 biomechanical match 運動において力を入れる局面と呼気を一致させること。解剖学的な位置や方向性とは関係しない。

爆発的筋力 explosive strength 最小の時間で最大の力を発揮する能力。

爆発的筋力不足 explosive-strength deficit（ESD） 最大に力を発揮するための時間が短い場合に，最大最高の力（F_{mm}）と最大力（F_m）との間の違いを示す指標。[EDS％＝$100(F_{mm}-F_m)/F_{mm}$]で計算される。与えられた運動では発揮できない選手の持つ筋力に対する割合を示している。

爆発的な筋力指数 index of explosive strength（IES）［IES＝F_m/T_m］によって計算される。F_mは力の最大値であり，T_mはそれに要する時間である。

パスカルの法則 Pascal's law 液体の圧力はすべてのところで同じに分配される。椎間板内の圧力に関する計測は，この法則にもとづいている。

パラメータ parameter 重さや距離のような変数のことで，運動の成果を決定するもの。

パワー power 単位時間当りの仕事。

パワーリフティング power lifting ベンチプレス，スクワット，デットリフトなどのエクササイズによって最大挙上重量を競うスポーツ。

反動係数 reactivity coefficient（RC）［RC＝$F_m/(T_mW)$］で計算される。F_mは最大力，T_mは最大力に到達するまでの時間，Wは選手の体重を示す。

反動的な筋活動 reversible muscle action エキセントリック（伸張）とコンセントリック（短縮）局面よりなる筋活動。

反復回数 repetition 1つのエクササイズにおいてセットで繰り返す運動の回数。

ピーキング peaking テーパリング（tapering）を見よ。

肥大 hypertrophy 細胞と器官の大きさの増大。

必須アミノ酸 essential amino acids アミノ酸（必須）（amino acid, essential）を見よ。

非限定要素的な関係 nonparametric relationship 最大最高のパフォーマンス（P_{mm}, V_{mm}, F_{mm}）と最大パフォーマンス（P_m, V_m, F_m, T_m）との関係。非限定要素的な関係とは対照的に，限定的な関係は，典型的には正の関係になる。

ピラミッドトレーニング pyramid training 1連のセットの中で，負荷を上昇および下降させていく方式。

ピリオダイゼーション periodization シーズン中の最も重要な試合に，最高のパフォーマンスに到達させる目的を持ち，詳細かつ厳密に期間（メゾザイクルやミクロサイクル）を分割する方法。

フィットネス fitness 体力（physical fitness）を見よ。

フィットネスと疲労の理論 fitness-fatigue theory 二要因理論（two-factor theory）を見よ。

フィラメント filaments 筋節（サルコメア）内の糸のような構造体。太いものはミオシンタンパク，細いものは主にアクチンタンパクによって構成されている。

負荷 load トレーニング負荷（training load）を見よ。

腹腔内圧 intra-abdominal pressure（IAP） 腹腔内部の圧力。

複合負荷 compound resistance 二つかそれ以上の負荷を複合したもの。例えば，ゴムによって床に連結された重いバーベルを挙上した場合の負荷。重りを挙上する負荷とゴムを引く負荷が複合されたものなど。

腹部ヘルニア abdominal hernia 腹壁を通して内部の器官または器官の一部が突出すること。

部分的なトレーニング効果 partial training effects トレーニングエクササイズによって得られる1つの変化。

プライオメトリック的筋活動 plyometric muscle

action　エキセントリックな筋活動（eccentric muscle action）を見よ。

分割台　split table　脊椎の牽引のための機器のこと。

分割トレーニング　split training　日を変えて，身体部位別にトレーニングを行う方法。

閉経　menopause　月経周期の終了のこと。

ホルモン　hormone　血液の中に分泌され，他の器官へと輸送される効果を促す物質。

─── ま行 ───

マイオタティック反射　myotatic reflex　伸張反射（stretch reflex）を見よ。

マイオメトリックな筋活動　miometric muscle action　コンセントリックな筋活動（concentric muscle action）を見よ。

マクロサイクル　macrocycle　1シーズンのこと。準備期，試合期，移行期で構成される。

末梢性の要因（力の産生に関して）peripheral factors（in force production）個々の筋群における最大の力発揮能力のこと。

ミオシン　myosin　筋原線維における太い線維の収縮タンパク。

ミクロサイクル　microcycle　何日かのトレーニング日がグループ化されたシステム。

無月経　amenorrhea　初期の無月経は，16歳以降でも初潮が遅れて生理的な出血がない状態。第二の無月経は，以前は生理があったにもかかわらず，それが休止してしまう状態。

無酸素運動（アネロビックエクササイズ）anaerobic exercise　酸素を使わない運動のこと。

メゾサイクル　mesocycle　いくつかのミクロサイクルよりなるシステム。蓄積，変容，実現化の周期を含んだサイクルのこと。

モーメントアーム（筋の力）moment arm（of a muscle force）関節における回転中心から筋力の作用線までの最短距離のこと。

モーメント力（モーメント）moment of force（or moment）トルク（torque）を見よ。

─── や行 ───

有酸素運動（エアロビックエクササイズ）aerobic exercise　有酸素系のエネルギー供給系で行われる運動。

─── ら行 ───

力学的なフィードバック　mechanical feedback　外的な抵抗，遂行した運動，あるいはその両者によってで発揮される力の影響。

利尿剤　diuretic　尿排出を増大させる薬。

流体力学的抵抗　hydrodynamic resistance　水などの液体によってかけられる抵抗。

─── わ行 ───

ワークアウト　workout　トレーニングセッション（training session）を見よ。

─── 数学 ───

3年ルール　3-year rule　一般的な準備段階として3年を経過した後に，専門的な重いバーベルを用いたエクササイズ（バーベルスクワットのようなエクササイズ）などの利用を推奨するルール。

60％ルール　rule of 60%　最大負荷を用いる1日（ミクロサイクル）のトレーニング量は，1日の総負荷量の60％にすべきであるという経験的ルール。

─── 欧文 ───

ATP　アデノシン三リン酸（adenosine triphosphate）を見よ。

A勾配　A-gradient　爆発的筋力が発揮される場合の立ち上がり後半の発揮速度を評価する指標；[A勾配＝$F_{0.5}/(T_{max}-T_{0.5})$]。

α運動神経　alpha-motoneuron　運動ニューロン（motoneuron）を見よ。

S勾配　S-gradient　力の勾配（force gradient）を見よ。

参考文献

第 1 章

Baechle T.R., and Earle, R.W. (2000). *Essentials of strength training and conditioning* (2nd ed.). National Strength and Conditioning Association. Champaign, IL: Human Kinetics.

Bompa, T.O. (1998). *Theory and methodology of training: The key to athletic performance* (3rd ed.). Dubuque, Iowa: Kendall Hunt.

Fitz-Clarke, J.R., Morton, R.H., and Banister, E.W. (1991). Optimizing athletic performance by influence curves. *Journal of Applied Physiology, 71*(3), 1151-1158.

Fleck, S.J., and Kraemer, W.J. (2003). *Designing resistance training programs* (3rd ed.). Champaign, IL: Human Kinetics.

Hopkins, W.G. (1991). Quantification of training in competition sports: Methods and applications. *Sports Medicine, 12,* 161-183.

Siff, M.C., and Verkhoshansky, Y.V. (1993). *Supertraining*. Johannesburg, South Africa: University of Witwatersrand.

Smith, D.J. (2003). A framework for understanding the training process leading to elite performance. *Sports Medicine, 33,* 1103-1126.

第 2 章

Fitts, R.H., and Widrick, J.J. (1996). Muscle mechanics: Adaptations with exercise training. *Exercise and Sport Sciences Reviews, 26,* 427-474.

Komi, P.V., and Nicol, C. (2000). Stretch–shortening cycle of muscle function. In V.M. Zatsiorsky (Ed.), *Biomechanics in sport: Performance enhancement and injury prevention* (87-102). Oxford: IOC Medical Commission/Blackwell Science.

Kulig, A., Andrews, J., and Hay, J.G. (1984). Human strength curves. *Exercise and Sports Science Reviews, 12,* 417-466.

Pandy, M.C. (1999). Moment arm of a muscle force. *Exercise and Sports Science Reviews, 27,* 79-118.

Prilutsky, B.I. (2000). Eccentric muscle action in sport and exercise. In V.M. Zatsiorsky (Ed.), *Biomechanics in sport: Performance enhancement and injury prevention* (56-86). Oxford: IOC Medical Commission/Blackwell Science.

Wilkie, D.R. (1950). The relation between force and velocity in human muscle. *Journal of Physiology, 110,* 249-280.

Zatsiorsky, V.M. (2003). Biomechanics of strength and strength training. In P.V. Komi (Ed.), *Strength and power in sport* (439-487). Oxford: IOC Medical Commission/Blackwell Science.

第 3 章

Billeter, R., and Hoppeler, H. (2003). Muscular basis of strength. In P.V. Komi (Ed.), *Strength and Power in Sport* (50-72). Oxford: IOC Medical Commission/Blackwell Science.

Fogelholm, M. (1994). Effects of bodyweight reduction on sports performance. *Sports Medicine, 18,* 249-267.

Jaric, S. (2003). Role of body size in the relation between muscle strength and movement performance. *Exercise and Sport Science Reviews, 31,* 8-12.

Kraemer, W.J., Fleck, S.J., and Evans, W.J. (1996). Strength and power training: Physiological mechanisms of adaptation. *Exercise and Sport Science Reviews, 24,* 363-398.

Semmler, J.G., and Enoka, R.M. (2000). Neural contribution to changes in muscle strength. In V.M. Zatsiorsky (Ed.), *Biomechanics in sport: Performance enhancement and injury prevention* (3-20). Oxford: IOC Medical Commission/Blackwell Science.

第 4 章

Atha, J. (1981). Strengthening muscle. *Exercise and Sport Science Reviews, 9,* 1-73.

Kraemer, W.J., Adams, K., Cafarelli, E., Dudley, G.A., Dooly, C., Feigenbaum, M.S., Fleck, S.J., Franklin, B., Fry, A.C., Hoffman, J.R., Newton, R.U., Potteiger, J., Stone, M.H., Ratamess, N.A., and Triplett-McBride, T. (2002). American College of Sports Medicine position stand: Progression models in resistance training for healthy adults. *Medicine and Science in Sports and Exercise, 34,* 364-380.

Kraemer, W.J., and Ratamess, N.A. (2004). Fundamentals of resistance training: Progression and exercise prescription. *Medicine and Science in Sports and Exercise, 36,* 674-688.

Rhea, M.R., Alvar, B.A., Burkett, L.N., and Ball, S.D. (2003). A meta-analysis to determine the dose response for strength development. *Medicine and Science in Sports and Exercise, 35,* 456-464.

Tan, B. (1999). Manipulating resistance training program variables to optimize maximum strength in men: A review. *Journal of Strength and Conditioning Research, 13*(3), 289-304.

Zatsiorsky, V.M. (1992). Intensity of strength training. *National Strength and Conditioning Association Journal, 14*(5), 46-57.

第 5 章

Baker, D., Wilson, G., and Carlyon, R. (1994). Periodization: The effect on strength of manipulating volume and intensity. *Journal of Strength and Conditioning Research, 8,* 235-242.

Fleck, S.J. (1999). Periodized strength training: A critical review. *Journal of Strength and Conditioning Research, 13*(1), 82-89.

Fleck, S.J., and Kraemer, W.J. (1996). *Periodization breakthrough!: The ultimate training system.* New York: Advanced Research Press.

Stone, M.H., and O'Bryant, H.S. (1987). *Weight training: A scientific approach.* Minneapolis: Burgess.

第 6 章

Albert, M. (1995). *Eccentric muscle training in sports and orthopaedics.* New York: Churchill Livingstone.

Bobbert, M.F. (1990). Drop jumping as a training method for jumping ability. *Sports Medicine, 9,* 7-22.

Enoka, R.M. (2002). *Neuromechanics of human movement.* Champaign, IL: Human Kinetics.

Hettinger, T. (1983). *Isometrisches muskeltraining.* Stuttgart: Thieme Verlag.

Komi, P.V. (2003). Stretch–shortening cycle. In P.V. Komi (Ed.), *Strength and power in sport* (184-202). Oxford: IOC Medical Commission/Blackwell Science.

Mester, J., Spitzenpfeil, P., and Yue, Z. (2003). Vibration loads potential for strength and power development. In P.V. Komi (Ed.), *Strength and power in sport* (488-501). Oxford: IOC Medical Commission/Blackwell Science.

Sekowitz, D.M. (1990). High frequency electrical stimulation in muscle strengthening: A review and discussion. *American Journal of Sports Medicine, 17,* 101-111.

第 7 章

Anderson, M.K., and Hall, S.J. (1997). *Fundamentals of sports injury management.* Baltimore: Williams & Wilkins.

Hrysomallis, C., and Goodman, C. (2001). A review of resistance exercise and posture realignment. *Journal of Strength and Conditioning Research, 15*(3), 385-390.

Kellis, E., and Baltzopoulos, V. (1995). Isokinetic eccentric exercise. *Sports Medicine, 19,* 202-222.

Mazur, L.J., Yetman, R.J., and Riser, W.L. (1993). Weight-training injuries and preventative methods. *Sports Medicine, 16,* 57-63.

McGill, S. (2004). *Ultimate back fitness and performance.* Waterloo, Canada: Wabuno.

Miles, M.P., and Clarkson, P.M. (1994). Exercise-induced muscle pain, soreness, and cramps. *Journal of Sports Medicine and Physical Fitness, 34,* 203-216.

Plowman, S.A. (1992). Physical activity, physical fitness, and low back pain. *Exercise and Sport Science Reviews, 20,* 221-242.

Whiting, W.C., and Zernicke, R.F. (1998). *Biomechanics of musculoskeletal injury.* Champaign, IL: Human Kinetics.

第 8 章

Hoff, J., and Helgerud, J. (2004). Endurance and strength training for soccer players: Physiological considerations. *Sports Medicine, 34,* 165-180.

Kraemer, W.J., Mazetti, S.A., Ratamess, N.A., and Fleck, S.J. (2000). Specificity of training modes. In L.E. Brown (Ed.), *Isokinetics in Human Performance* (25-41). Champaign, IL: Human Kinetics.

Leveritt, M., Abernethy, P.J., Barry, B.K., and Logan, P.A. (1999). Concurrent strength and endurance training: A review. *Sports Medicine, 28,* 413-427.

Sale, D., and MacDougall, D. (1981). Specificity in strength training: A review for the coach and athlete. *Canadian Journal of Applied Sports Science, 6,* 87-92.

Smidtbleicher, D. (1992). Training for power events. In P.V. Komi (Ed.), *Strength and power in sport* (381-395). Oxford: IOC Medical Commission/Blackwell Science.

Tanaka, H., and Swensen, T. (1998). Impact of resistance training on endurance performance: A new form of cross-training? *Sports Medicine, 25,* 191-200.

Viru, A. (1995). *Adaptation in sports training.* Boca Raton, FL: CRC Press.

Widow, G. (1990). Aspects of strength training in athletics. *New Studies in Athletics, 5*(1), 93-110.

第 9 章

De Souza, M.J. (2003). Menstrual disturbances in athletes: A focus on luteal phase defects. *Medicine and Science in Sports and Exercise, 35*(9), 1553-1563.

Ebben, W.P., and R.L. Jensen. (1998). Strength training for women: Debunking myths that block opportunity. *Physician and Sportsmedicine, 26*(5).

Fleck, S.J., and Kraemer, W.J. (2004). *Designing resistance training programs* (3rd ed.). Champaign, IL: Human Kinetics.

Kraemer, W.J. (2002). Development of the off-season resistance training programs for athletes. In M.B. Mellion, W.M. Walsh, C. Madden, M. Putukian, and G.L. Shelton (Eds.), *The team physician's handbook,* 120-127. Philadelphia: Hanley & Belfus.

Kraemer, W.J., and Newton, R.U. (2000). Training for muscular power. In J. Young (Ed.), *Clinics in sports medicine,* 341-368. Philadelphia: W.B. Saunders.

Kraemer, W.J., and Ratamess, N.A. (2003). Endocrine responses and adaptations to strength and power training. In P.V. Komi (Ed.), *Strength and power in sport* (361-386). Oxford: IOC Medical Commission/Blackwell Science.

Loucks, A.B. (2003). Introduction to menstrual disturbances in athletes. *Medicine and Science in Sports and Exercise, 35*(9), 1551-1552.

National Strength and Conditioning Association (NSCA). (1990). *National Strength and Conditioning Association position paper: Strength training for female athletes.* Colorado Springs: NSCA.

Petersen, C. (2005). Weightlifting during pregnancy. Retrieved November 6, 2005, from http://parenting.ivillage.com/pregnancy/pfitness/0,,dfexc_nc1d,00.html.

Pettitt, R.W., and Bryson, E.R. (2002). Training for women's basketball: A biomechanical emphasis for preventing anterior cruciate ligament injury. *Strength and Conditioning Journal, 24*(5), 20-29.

Williams, N.I. (2003). Lessons from experimental disruptions of the menstrual cycle in humans and monkeys. *Medicine and Science in Sports and Exercise, 35*(9), 1564-1572.

第 10 章

American College of Sports Medicine (ACSM). (1993). The prevention of sports injuries of children and adolescents. *Medicine and Science in Sports and Exercise, 25*(8), 1-7.

American Orthopaedic Society for Sports Medicine (AOSSM). (1988). Proceedings of the conference on strength training and the prepubescent. Chicago: AOSSM.

Bar-Or, O. (1989). Trainability of the prepubescent child. *Physician and Sportsmedicine, 17*(5), 65-82.

Blimkie, C.J.R. (1993). Resistance training during preadolescence: Issues and controversies. *Sports Medicine, 15*(6), 389-407.

Committee on Sports Medicine and Fitness. (2001). American Academy of Pediatrics: Strength training by children and adolescents. *Pediatrics, 107*(6), 1470-1472.

Faigenbaum, A.D., Kraemer, W.J., Cahill, B., Chandler, J., Dziados, J., Elfrink, L.D., Forman, E., Gaudiose, M., Micheli, L., Nitka, M., and Roberts, S. (1996). Youth resistance training: Position statement paper and literature review. *Strength and Conditioning, 18*(6), 62-76.

Faigenbaum, A., and Westcott, W. (2000). Strength and power training for young athletes. Champaign, IL: Human Kinetics.

Guy, J.A., and Micheli, L.J. (2001). Strength training for children and adolescents. *Journal of the American Academy of Orthopaedic Surgeons, 9*(1), 29-36.

Kraemer, W.J., Faigenbaum, A.D., Bush, J.A., and Nindl, B.C. (1999). Resistance training and youth: Enhancing muscle fitness. In J.M. Rippe (Ed.), *Lifestyle medicine,* 626-637. Cambridge, MA: Blackwell Science.

Kraemer, W.J., and Fleck, S.J. (2005). Strength training for young athletes (2nd ed.). Champaign, IL: Human Kinetics.

Kraemer, W.J., Fry, A.C., Frykman, P.N., Conroy, B., and Hoffman, J. (1989). Resistance training and youth. *Pediatric Exercise Science, 1,* 336-350.

Kraemer, W.J., Ratamess, N.A., and Rubin, M.R. (2000). Basic principles of resistance training. In *Nutrition and the strength athlete,* 1-29. Boca Raton, FL: CRC Press.

Malina, R.M., and Bouchard, C. (1991). Growth, maturation, and physical activity. Champaign,

IL: Human Kinetics.

Payne, V.G., Morrow, J.R., Johnson, L., and Dalton, S.N. (1997). Resistance training in children and youth: A meta-analysis. *Research Quarterly for Exercise and Sport, 68*(1), 80-88.

第 11 章

Anton, M.M., Spirduso, W.W., and Tanaka, H. (2004). Age-related declines in anaerobic muscular performance: Weightlifting and powerlifting. *Medicine and Science in Sports and Exercise, 36*(1), 143-147.

Campbell, W.W, and Geik, R.A. (2004). Nutritional considerations for the older athlete. *Nutrition, 20*(7-8), 603-608.

Fleck, S.J., and Kraemer, W.J. (2003). *Designing resistance training programs* (3rd ed.). Champaign, IL: Human Kinetics.

Häkkinen, K. (2003). Aging and neuromuscular adaptation to strength training. In P.V. Komi (Ed.), *Strength and power in sport* (409-425). Oxford: IOC Medical Commission/Blackwell Science.

Kraemer, W.J., Adams, K., Cafarelli, E., Dudley, G.A., Dooly, C., Feigenbaum, M.S., Fleck, S.J., Franklin, B., Fry, A.C., Hoffman, J.R., Newton, R.U., Potteiger, J., Stone, M.H., Ratamess, N.A., and Triplett-McBride, T. (2002). American College of Sports Medicine (ACSM) position stand: Progression models in resistance training for healthy adults. *Medicine and Science in Sports and Exercise, 34*(2), 364-380.

Kraemer, W.J., Ratamess, N.A., Anderson, J.M., Maresh, C.M., Tiberio, D.P., Joyce, M.E., Messinger, B.N., French, D.N., Rubin, M.R., Gomez, A.L., Volek, J.S., and Hesslink, R., Jr. (2004). Effect of a cetylated fatty acid topical cream on functional mobility and quality of life of patients with osteoarthritis. *Journal of Rheumatology, 31*(4), 767-774.

Kraemer, W.J., Fleck, S.J., and Evans, W.J. (1996). Strength and power training: Physiological mechanisms of adaptation. *Exercise and Sport Sciences Review, 24,* 363-397.

Roubenoff, R. (2000). Sarcopenia and its implications for the elderly. *European Journal of Clinical Nutrition, 54*(Suppl. 3), S40-S47.

Singh, M.A. (2004). Exercise and aging. *Clinical Geriatric Medicine, 20*(2), 201-221.

Trappe, S. (2001). Master athletes. *International Journal of Sport Nutrition and Exercise Metabolism, 11*(Suppl.), S196-S207.

さくいん

あ行

アイソキネティック　　111
アイソキネティック装置　　116
アイソキネティックトレーニング
　　　　　　　　　　123,124
アイソキネティックマシンエクササイズ　　172
アイソトニック　　111,239
アイソメトリック　　111
アイソメトリックエクササイズ
　　　　　　　　　　127,149
アイソメトリックな収縮　　21,239
アクセント　　125
アクチンフィラメント　　50
アシスティッドドリル　　134
アデノシン三リン酸
　　　　　　　　　13,53,239
アテローム性動脈硬化　　128
アナボリックステロイド　　188
アミノ酸　　58,239
アームカール　　123
アンクルバンド　　134
アンドロゲン　　190,211
異化作用　　52,239
移行期　　239
意識消失　　139
維持負荷　　239
一要因理論　　11,16,239
医療リハビリテーション　　124
インスリン受容成長ホルモン
　　　　　　　　　　　　59
ヴァルサルヴァ法
　　　　　　138,146,236,239
ウエイトベルト　　134,152
ウエイトリフティング
　　　　　　　　150,152,239
運動エネルギー　　130
運動学習効果　　213,240
運動姿勢　　42

運動速度　　31,119,124
運動単位　　61,73,75,83,239
運動単位の活性化　　231,239
運動単位の動員　　63
運動単位の同期化　　64
運動単位の発射頻度　　63
運動の順序　　92
運動の方向性　　35
運動頻度　　120
運動不足症候群　　227
運動連鎖　　65
エアロビックエクササイズ　　247
栄養　　58,233
エキセントリック　　111,128
エキセントリックエクササイズ
　　　　　　　　　　　130
エキセントリックな筋活動
　　　　　　　　　　35,239
エキセントリックな収縮　　21
エクササイズマシン　　116,172
エストロゲン　　190
エフェクトサイズ　　239
横紋筋変性　　141
オスグット症　　208
オーバーユース　　208
オリンピックサイクル　　89

か行

外的な力　　21,240
外的要因　　22
回復期間　　12
回復時間　　94
外腹斜筋　　150
角速度　　123
化骨　　207,241
下肢伸展筋エクササイズ　　112
過食症　　193
加速勾配　　29
活動筋　　114

活動筋の血液増大現象　　52
過負荷の原則　　4,16,240
加齢　　227,233
慣性　　25,240
慣性車輪　　25,240
関節　　172,235
関節角度　　42,45,127,184
関節トルク　　114
関節の回転運動　　26
関節変形症　　236
関節モーメント　　42,46
器具　　202
拮抗筋　　173,240
キネマティックチェーン　　65
急性効果　　15
休息　　91,213,234
急速解放法　　28,32,240
休息期　　11,240
休息時間　　240
強調法・抑揚法　　240
強度係数　　70,240
強度のバリエーション　　92
局所的筋持久力　　187,240
挙上エクササイズ　　202
拒食症　　193
切り返し運動　　36
筋　　40
筋グリコーゲン　　13
筋グリコーゲンの回復現象　　54
筋原線維　　50,240
筋細胞　　50
筋持久力　　166,170,240
筋収縮様式　　21
筋節　　50
筋線維　　50,62,187,188,240
筋損傷　　207,235
筋痛　　129,240
筋電図　　240
筋肉間調整機構　　61,64,75,80

筋肉内調整機構 …61,73,75,76,80	高強度負荷……………………166	持久的スポーツ………………168
筋の弾性 ………………………37	高血圧…………………………128	持久力……………………166,242
筋の低酸素 ……………………52	構造的なエクササイズ………218	持久力指数……………………242
筋の特性………………………183	高負荷…………………………163	持久力トレーニング…………170
筋パフォーマンス ……………17	高負荷のウエイトリフティング	持久力の絶対的な指数……166,242
筋パワー…………………185,232	……………………………40	持久力の相対的な指数……166,242
筋肥大………50,159,165,231	効力係数 ………………………96	刺激負荷………………………242
筋量…………49,165,166,230	呼吸法……………………138,203	自己抵抗エクササイズ………128
筋力 …………17,22,159,184,	骨粗しょう症 ………181,193,241	姿勢……………………………152
188,211,213,241	骨端骨折………………………207	膝関節角度………………………7
筋力曲線 …………………42,241	骨密度……………………196,215	シットアップエクササイズ
筋力低下……………………229,230	個別性の原則 ……………10,241	……………………………149,150
筋力トポグラフィー……112,241	ゴルジ腱反射 ……38,40,132,241	シーティドケーブルロー……205
筋力トレーニング ……………34	コルチゾール …………………59	シニア…………………………227
筋力トレーニングの開始時期	混合型トレーニングセッション	柔軟性…………………………152
……………………………209	……………………………93	柔軟性エクササイズ …………93
筋力トレーニングのガイドライン	コンセントリック………111,125	重力モーメント………………150
……………………………216	コンセントリックな収縮 …21,241	主働筋……………………173,242
筋力トレーニングプログラム	コンプライアンス ………37,241	ジュニア選手…………………200,216
……………………………219,222		馴化現象 ……………5,6,97,242
筋力トレーニング法 …………80	■■■■ さ行 ■■■■	障害の予防……………………171
筋力の定義 ……………………20	サイズの原理 ………63,183,241	上級者…………………………114
筋力の分類 ……………………65	最大下負荷 ……………………85	衝撃吸収………………………144
空気圧を用いた装置…………117	最大下負荷法 ……………82,170	衝撃負荷………………………143
グリコーゲン枯渇……………187	最大関節トルク ………………43	上半身の筋群…………………180
クローズドキネティックチェーン	最大競技重量 ……………70,242	上半身の筋力…………………189
……………………………181,182	最大筋パフォーマンス ……18,242	初期の時間局面 ………………29
クロスブリッジ ……………50,241	最大筋力………………………160	食事制限プログラム …………58
怪我 ……141,147,171,173,181,	最大筋力法 ……………………80	除脂肪組織……………………183
191,200,203,207,208,214	最大骨量………………………196	除脂肪体重
血圧………………………139,215	最大収縮の原則 ………121,242	……………57,181,182,190,215
月経…………………………192,241	最大スピード法 ……………80,85	初心者 ……………………113,217
月経異常………………………192	最大のトレーニング重量……242	女性選手………………………180
月経困難症………………193,241	最大パワー ……………………32	女性のための筋力トレーニング
月経周期 …………192,195,241	最大反復回数 ……………82,242	……………………………195
血漿成長ホルモン ……………59	最大反復法 ……………………80	神経系機能……………………234
腱………………………………40	最大負荷 ………………………85	神経系メカニズム ……………38
牽引………………………154,157	細胞サイズ……………………229	シンスプリント………………208
懸垂運動………………………117	サーキットトレーニング	心臓病…………………………128
懸垂動作 ………………………42	……………………………93,168,242	身体姿勢………………………121
限定要素的な関係……………244	サルコペニア ……………229,240	身体の準備状態 ………………14
腱の弾性 ………………………37	サルコメア …………………50,242	伸張―短縮サイクル運動
コアスタビリティー……172,243	酸化……………………………235	……………………………35,36,38,130
効果係数……………………8,241	残存効果 ……15,98,104,242	伸張反射 ……………38,40,132
高強度筋力トレーニング……52,70,	試合準備メゾサイクル ………88	心拍出量………………………139
74,77,89,139,159,170	試合前メゾサイクル …………97	水中スポーツ ……115,117,135

水分摂取……………………233	体重………………………54	211,231,233,244
スキー選手………………169	体重減少……………………58	テーパリング……………244
スキルと疲労の理論………13,16	大腿四頭筋………………173	デプスジャンプ………129,131
スキルの向上………………14	大腿直筋…………………148	転移………………………99
スクワッティングタイプ………132	多関節エクササイズ………218	転移現象………………7,9,10
スクワット……………22,204	脱臼………………………173	転移変化メゾサイクル………88
スクワットエクササイズ	単関節運動…………………42	転移率………………………10
……………………126,189	単関節エクササイズ………218	電気刺激……………………65
スタティック………………111	短期的なトレーニングプログラム	電気刺激法………………136
スティッキングポイント…42,243	……………………89,244	同時トレーニング…………244
ストレス………………193,242	短距離選手…………………21	等張抵抗………………123,245
ストレスミクロサイクル…95,243	炭水化物……………………62	特異性の原則…………………6
ストレッチング……………138	炭水化物ローディング………13	トルク…………………45,245
スナッチ………………22,242	男性の更年期………………244	トレーニングエクササイズ……16
スナッチエクササイズ………160	男性ホルモンの低下……229,244	トレーニング強度……69,71,77,79
スピードスケート選手………169	タンパク質……………62,73	トレーニング計画……………16
スピード負荷トレーニング	タンパク同化作用…………165	トレーニング効果…15,16,245
……………………133,243	チェーン挙上エクササイズ……124	トレーニング手段……………6
スポーツエクササイズテスト…161	遅延効果……………………15	トレーニング戦略…………102
スポーツパフォーマンス………213	遅延転換………………97,103,244	トレーニング装置…………123
成熟……………………209,243	遅延変容………………97,104,244	トレーニングの構成単位……87
成熟性……………………210	力ー姿勢関係……………120,126	トレーニング負荷………6,16,245
成長………………61,210,212	力ー速度曲線……32,135,162,244	トレーニングプログラム……6,16
成長軟骨……………………207	力勾配………………………29,244	トレーニングマシン…………65
成長ホルモン………59,190,211,	力の立ち上がり……………27	ドロップジャンプ……130,132,138
212,231,233,243	力の発揮速度……161,189,244	トロピカルクリーム………236
脊柱起立筋……………137,144	遅筋運動神経………………62	
脊椎……………126,142,144	遅筋線維	**な行**
絶対筋力……………………55,56	……54,62,83,169,188,244	内的な力………………21,245
背中………………………209	中枢神経系………………60,81	内腹斜筋…………………150
セミスクワットエクササイズ…126	超過回復理論………11,13,16,244	内分泌系ホルモン…………233
前十字靭帯…………………191	長距離走………………………9	乳酸……………………235,238
全身持久力…………………172	跳躍選手……………………21	二要因理論……………13,16,245
漸増性の原則………………237	腸腰筋……………148,149,244	妊娠………………………194
専門性の原則…………………6,243	椎間板……………142,144,150	ねんざ……………………173
専門的な筋力トレーニング……95	抵抗………………………135	年齢………………………233
相対筋力………………54,56,61	抵抗に耐えるエクササイズ……128	
即時効果……………………15	抵抗のタイプ………………24	**は行**
速筋運動神経………………62	抵抗の要因…………………26	バイオメカニクス的変数………75
速筋線維…………54,62,83,	定性的変化法…………………6	バイブレーショントレーニング
136,169,188,243	ディッピング運動…………117	…………………………138
	低負荷……………………163	バウンシングタイプ………131
た行	定量的変化法…………………6	爆発的筋力……………28,246
代謝応答……………………74	適応………………3,16,244	爆発的筋力の指標………29,246
代謝反応……………………73	適応低下の繰り返し現象…5,241	爆発的筋力発揮の不足分………28
代謝率……………………243	テストステロン………59,62,190,	発射頻度……………………73,75

パドリング運動 …………………23	ベンチプレス ……82,124,166,204	力学的なフィードバック …23,247
ハーフメゾサイクル……………103	扁平足……………………………137	陸上運動…………………………115
バーベルスクワット	変容メゾサイクル ………………97	リストバンド……………………134
……………………7,113,119,124	補助器具…………………………151	リトルリーグショルダー………208
ハムストリング……………152,173	補助者……………………………202	リハビリテーション……………154
パラシュートエクササイズ……134	補助装具…………………………151	流体力学的な抵抗…………25,247
パラメータ…………………18,246	ホッピングエクササイズ………131	リラクセーション………………105
パワー……………160,164,188,246	ボディービル……………………180	累積効果……………………………15
パワーエクササイズ……………232	ボディービルダー………………128	
パワー産生………………………230	ボート選手………………………168	**数字**
パワーリフティング…189,228,246	骨…………………………………236	1 RM …………………………70,80
反動係数……………………29,246	ホルモン……………………58,231,247	1日のトレーニング………………91
反動的な筋活動……………130,246	ホルモン濃度……………………189	3年ルール …………………147,247
反動動作……………………36,164		60%ルール………………………247
反復回数……………………78,107,246	**ま行**	
肥満………………………………201	マクロサイクル ………89,102,247	**欧文**
ピラミッド法………………92,246	マシンエクササイズ……………218	ATP ………………………………235
ピリオダイゼーション	マッサージ………………………154	CFmm ………………………xii,70,79
…………89,96,100,102,184,246	末梢性要因…………………49,247	CNS……………………………60,81
ピリオダイゼーションプログラム	マラソン選手……………………168	EMS ……………………………xii,136
………………………101,185,187	マルチプルセット ………184,190	ESD ………………………………xii,28
疲労………………………13,14,234	ミオシンフィラメント……50,247	Fm …………………………………xii,18
疲労骨折…………………………208	ミオシンヘッド……………50,247	Fmm………………xii,19,31,125,170
貧血………………………………139	ミクロサイクル	GH …………………………………xii,59
フィードバック機構……………23	………13,88,90,94,102,160,247	IAP ……xii,145,146,148,150,152
負荷………………70,95,115,246	ミリタリープレス………………124	IES ………………………………xii,29
負荷抵抗……………………………22	無月経………………………193,247	LBPS ………………………xii,142,144,
負荷の保持………………………104	無酸素運動…………………62,247	147,149,152,155
腹腔内圧……………………144,146,246	メゾサイクル ………88,90,94,103,	MSD ………………………xii,74,241
複合負荷…………………………246	160,241,244,247	pH …………………………………235
腹直筋………………………148,152	メタ分析……………………………80	Pm …………………………………xii,18
腹筋エクササイズ………………112	メディシンボール………………119	Pmm………………………………xii,19
フットボール選手………172,222	燃え尽き症候群…………………209	QOL………………………………237
部分効果……………………15,246	モーメント…………………45,247	RC …………………………………xii,29
プライオメトリックス……35,129		RFD ……………………………xii,161
プライオメトリックスドリル…132	**や行**	RM …………………………xii,70,85
フラッシング………………………52	油圧抵抗…………………………116	SSC………………………………130
フラッシング法…………………166	有酸素運動………………………247	TFmm ……………………xii,70,79
フリーウエイト…………………125	腰椎………………………………147	Tm …………………………………xii,27
フリーウエイトエクササイズ	腰痛症候群………………………142	Vm …………………………………xii,18
……………………………116,218	余剰筋力……………………74,241	Vmm………………………………xii,19
プーリーマシン…………………134		
プルアップエクササイズ………112	**ら行**	
プレシーズン期…………………103	ランジ……………………………206	
分割型トレーニング法…165,247	力学的最大パワー………………186	
ヘルニア…………………………148	力学的仕事量 ……………………74	

著者紹介

ブラディミール・ザチオルスキー（Vladimir Zatsiorskys）博士
ペンシルバニア州立大学におけるキネシオロジー研究室の教授。26年間にわたって，旧ソビエト連邦共和国におけるオリンピックチームの筋力とコンディショニングのコンサルタントを行い，100名近くのワールドクラス選手を育成。また，15冊の本と350本の科学論文を執筆。著書は英語，ロシア語，ドイツ語，スペイン語，中国語，日本語，ポルトガル語，イタリア語，ポーランド語，チェコ語，ルーマニア語，クロアチア語，ハンガリー語，ブルガリア語などを含めて，多くの言語に翻訳されている。ポーランドとロシアにおいて博士の称号を受けており，スポーツに関する国際協会の名誉職メンバーにも選ばれている。休日には，読書やクラッシック音楽鑑賞を楽しみ，エクササイズにいそしむ生活を送る。

ウイリアム・クレーマー（William Kraemer）博士
ストーズにあるコネチカット大学におけるキネシオロジー学科の教授であり，ヒューマンパフォーマンス研究室に勤務。コネチカット大学ヘルスセンターにおける医学部の教授，生理学と神経生物学の学科における教授も兼任。これまでにはペンシルバニア州立大学における応用生理学の教授，スポーツ医学センターの研究主任，細胞研究センターの研究副主任，キネシオロジー学科と生理学研究センターの研究員も歴任。また，米国のウエイトリフティング協会におけるスポーツ医科学委員，オリンピック委員会におけるスポーツ科学および技術委員会の委員も務める。
2005年度にコネチカット大学から優れた研究者として賞を受賞，またナショナルストレングス＆コンディショニング協会（NSCA）から，筋力とコンディショニングプログラムの開発に関する賞を受賞。
Journal of Strength and Conditioning Research の編集委員長，Medicine and Science in Sports and Exercise の副編集長，そして Journal of Applied Physiology の編集委員も努める。高校および大学のコーチの経験があり，競技者のための筋力トレーニングに関する多くの本や記事を共同執筆している。

監訳者・訳者紹介

［監訳者］
高松　薫（たかまつ　かおる）
1944年生まれ，香川県出身。東京教育大学体育学部健康教育学科卒業。医学博士（日本医科大学）。現在，流通経済大学スポーツ健康科学部教授，筑波大学名誉教授。
［専門分野］体力トレーニング論。［活動等］現在，日本学術会議連携会員，日本スポーツ体育健康科学学術連合運営委員，国立スポーツ科学センター（JISS）業績評価委員，文部科学省学習指導要領調査研究協力者等を務めている。また，これまでに筑波大学体育科学系，筑波大学人間総合科学研究科長等を務めるとともに，東京都スポーツ振興審議会委員，日本ホッケー協会科学委員会委員長・トレーニングドクター，日本陸上競技連盟科学委員会委員等を務める。［所属学会（役職）］日本体育学会（元常務理事），日本体力医学会（評議員），日本運動生理学会（元理事），日本バイオメカニクス学会，日本発育発達学会，日本スポーツ方法学会（元理事），日本スポーツ教育学会（元理事），American College of Sport Medicine。［主な著書］『スポーツの知と技』（大修館書店，1998/分担），『スポーツスピード・トレーニング』（訳書）（大修館書店，1999/分担），『新学習指導要領による高等学校体育の授業 上巻』（大修館書店，2001/分担），『運動生理・栄養学』（建帛社，2006/共編）。

［訳者］
図子浩二（ずし　こうじ）
1964年生まれ，香川県出身。筑波大学大学院博士課程体育科学研究科体育科学専攻。博士（体育科学）。現在，鹿屋体育大学教授。
［専門分野］スポーツコーチング論，スポーツトレーニング論。［活動等］1996年より鹿屋体育大学陸上競技部コーチ（跳躍・混成競技）。2001～2003年まで日本オリンピック委員会強化スタッフ。大学および大学院では，コーチ学概論，運動学概論，スポーツトレーニング実践論，スポーツコーチング学特講など，指導者となるための主要授業を担当。2002～2003年まで西オーストラリア大学においてバイオメカニクス研究の研究員として従事。［所属学会（役職）］日本体育学会，日本体力医学会（評議員），日本バイオメカニクス学会，国際バイオメカニクス学会，日本スポーツ運動学会（理事），日本トレーニング科学会（理事）。［主な著書］『スポーツ医学研修ハンドブック』（文光堂，2004年/共著），『パーソナルトレーナーのための基礎知識』（森永製菓株式会社健康事業部出版，2005年/共訳），『スポーツ選手と指導者のための体力・運動能力測定法』（大修館書店，2004年/共著），『競技力向上のトレーニング戦略』（大修館書店，2006年/共訳）他。

筋力トレーニングの理論と実践
© Kaoru Takamatsu & Koji Zushi, 2009　　　NDC781／xii, 257p／26cm

初版第1刷発行	2009年10月20日

著者	ブラディミール・ザチオルスキー
	ウイリアム・クレーマー
監訳者	高松　薫
訳者	図子浩二
発行者	鈴木一行
発行所	株式会社大修館書店
	〒101-8466 東京都千代田区神田錦町 3-24
	電話 03-3295-6231（販売部）03-3294-2358（編集部）
	振替 00190-7-40504
	［出版情報］http://www.taishukan.co.jp

編集協力	錦栄書房
装丁者	中村友和（ROVARIS）
印刷所	壮光舎印刷
製本所	難波製本

ISBN 978-4-469-26688-7　　Printed in Japan

Ⓡ 本書の全部または一部を無断で複写複製（コピー）することは、
著作権法上での例外を除き禁じられています。

大修館書店のトレーニング関連書籍

トレーニング指導者テキスト 理論編

NPO法人日本トレーニング指導者協会 編著

●解剖学，バイオメカニクス，生理学，栄養学，心理学など，現場で科学的なトレーニングを行うためのバックグラウンドとなる様々なテーマを広く取り上げ，指導者として身につけておくべき基礎知識をわかりやすく解説。JATI認定トレーニング指導者の養成講習会の教本。

B5判・212頁，本体2,800円

トレーニング指導者テキスト 実践編

NPO法人日本トレーニング指導者協会 編著

●筋力トレーニング，持久力トレーニング，スピードトレーニング，柔軟性トレーニングなど様々なトレーニングの理論・方法やプログラムの作成，効果の測定・評価など，トレーニング指導者が求められる実践的な知識について解説。

B5判・248頁，本体2,800円

身体を中心から変える コアパフォーマンス・トレーニング CD-ROM付

マーク・バーステーゲン，ピート・ウィリアムズ 著　咲花正弥 監訳　栢野由紀子，澤田勝 訳

●バランスボールやロープ，ダンベルなどを使い，コア（体幹）の筋肉を鍛え，スピード，パワー，バランス力，柔軟性等の身体能力の向上を目指すトレーニングの理論と実際。腰痛・転倒予防にも有効。CD-ROMには，72のエクササイズについて正面と横からの動画を収録。

B5変型判・240頁，本体2,400円

写真でわかる ファンクショナルトレーニング

マイケル・ボイル 著　中村千秋 監訳

●動きを重視したエクササイズの実践により，スタビリティからアジリティ，スピード＆パワーを高めることが可能となる。パフォーマンスの向上はもちろん，コンディショニングにも不可欠。けがの防止やリコンディショニングにも有効。

B5判・210頁，本体2,000円

競技力向上のトレーニング戦略

テューダー・ボンパ 著　尾縣貢，青山清英 監訳

●主要な大会で選手のパフォーマンスをピークにもっていくには，シーズン序盤から，計画的にトレーニングを組み立てていく必要がある。本書はピリオダイゼーション，すなわちトレーニング過程を区分し配置していく「期分け」の理論と方法について，具体例をあげながら解説。

B5変型判・330頁，本体4,000円

ゲーム形式で鍛える サッカーの体力トレーニング

ヤン・バングスボ 著　長谷川裕，安松幹展，上田滋夢 訳

●ボールを使ったゲーム形式で楽しく体力づくりを行い，同時に選手として必要なテクニックや判断力も身につけるという一石二鳥の最新トレーニング法。欧米のトップチームも実践し，その有効性が証明された。発育段階やチームレベルに応じてやり方が工夫・調整できる。

B5変型判・144頁，本体1,600円

定価＝本体価格＋税5%（2009年9月現在）